Tillmann Bendikowski

DER DEUTSCHE GLAUBENSKRIEG

Tillmann Bendikowski

DER DEUTSCHE GLAUBENSKRIEG

Martin Luther, der Papst und die Folgen

C. Bertelsmann

Der Verlag weist ausdrücklich darauf hin, dass im Text enthaltene externe Links vom Verlag nur bis zum Zeitpunkt der Buchveröffentlichung eingesehen werden konnten. Auf spätere Veränderungen hat der Verlag keinerlei Einfluss. Eine Haftung des Verlags ist daher ausgeschlossen.

MIX
Papier aus verantwortungsvollen Quellen
FSC® C014496

Verlagsgruppe Random House FSC® N001967

1. Auflage

Neumarkter Str. 28, 81673 München
Umschlaggestaltung: buxdesign München
Bildredaktion: Dietlinde Orendi
Satz: Uhl + Massopust, Aalen
Druck und Bindung: GGP Media GmbH, Pößneck
Printed in Germany
ISBN 978-3-570-10197-1

www.cbertelsmann.de

Inhalt

Vorwort: Die deutsche Geschichte – eine Sache des Glaubens

Nun sag, wie hast du's mit der Religion?

(Gretchen zu Faust)

Wir leben in einer eigentümlichen Zeit: Die Religion kehrt zurück. Hat es damit angefangen, als »wir« Papst wurden? Als Joseph Kardinal Ratzinger im Jahr 2005 als Benedikt XVI. zum Oberhaupt der römischen Weltkirche aufstieg? Als nicht nur die Katholiken in Deutschland plötzlich mehr denn je nach Rom schauten, in der Hoffnung auf spirituelle Impulse oder gar geistiges Heil? Und man hat den Eindruck, als hätte sich diese Begeisterung nach der Wahl des Jesuiten Jorge Mario Bergoglio zum Papst 2013 noch einmal gesteigert. Wie ein Verkünder lang ersehnter Wahrheiten erscheint dieser Papst Franziskus vielen, auch weil er augenscheinlich den Prunk der angeblich so dekadenten vatikanischen Kurie verachtet. Er richtet seinen Blick stattdessen auf die Not der Armen und ist durch sein gesamtes Auftreten auch für die Politiker dieser Welt zu einer neuen moralischen Instanz aufgestiegen.

Es ist nicht nur der Katholizismus, der hierzulande eine Belebung erhofft. Auch der deutsche Protestantismus erlebt eine neue Zeit, die einige sogar als notwendige Phase einer neuen Identitätsstiftung empfinden. Emotionaler und theologischer Fluchtpunkt dieser Hoffnung ist fraglos das große Jubiläum im Jahr 2017: Fünfhundert Jahre nach der Reformation wird in Deutschland dieses weltgeschichtliche Ereignis mit großem Aufwand gefeiert. Wird das auch dazu führen, dass evangelisches Kirchenleben und Selbstbewusstsein wieder erstarken? Könnte das Reformationsjubiläum als Impuls für die Protestanten so wichtig werden, wie es die Wahl des »deutschen Papstes« Benedikt vor einigen Jahren für die Katholiken war? Vieles deutet darauf hin. Die Reformatoren wollten damals nichts weniger als »eine Reform der ganzen Kirche an Haupt und Gliedern«, heißt es im aktuellen Grundlagentext der Evangelischen Kirche in Deutschland (EKD) dazu. »Dieses Anliegen darf nach fünfhundert Jahren nicht aus dem Blick geraten.«[1] Die katholische Kirche hört das fraglos nicht so gern: Mit der »ganzen Kirche« muss auch sie sich angesprochen fühlen, und ob sie sich ausgerechnet von der EKD eine Reform an Haupt und Gliedern ans Herz legen lassen will, lässt sich wohl bezweifeln.

Die Jubiläumsvorbereitungen für 2017 fallen in eine Zeit, in der die Auseinandersetzung um den rechten Glauben keine Privatangelegenheit zwischen mehr oder weniger frommen Mitmenschen ist. Längst ist die Frage nach dem Verhältnis von Politik und Religion wieder ein zentraler Gegenstand der öffentlichen Debatte. Das Auftreten radikaler islamischer Gruppen verschreckt die Menschen, der Begriff des »Andersgläubigen« taucht wieder aus den Tiefen einer finsteren Vergangenheit auf. Toleranz gegenüber anderen Glaubensangeboten wird zuweilen zum Gebot der Stunde, während der Staat sich herausgefordert sieht, an sein höchsteigenes Interesse zur Wahrung des inneren Friedens zu erinnern und sich Gedanken darüber zu machen, mit welchen Mitteln er diesen notfalls durchsetzen kann.

Diese Rückkehr des Religiösen wirft viele Fragen auf. Dabei handelt es sich nicht um ein neues Phänomen. Denn es gibt hier Aspekte, die wir aus unserer eigenen Geschichte recht gut kennen. Dass Menschen die eigene Religion als wertvoller und »wahrer« empfinden als den Glauben der anderen, dass Angehörige unterschiedlicher Religionen kulturell weitgehend getrennt voneinander leben, dass sie sich wegen der Verletzung ihrer religiösen Gefühle auf der Straße prügeln und dass sie für den vermeintlich rechten Glauben gegeneinander in den Krieg ziehen – all das kennen wir Deutschen nur allzu gut. Denn in religiöser Hinsicht nahm Deutschland über Jahrhunderte hinweg eine Sonderstellung unter den europäischen Nationen ein: Nirgendwo sonst lebten Katholiken und Protestanten in einem religiös so tief gespalteten Land. Als gemischtkonfessionelle Nation wider Willen hat dieses Land seit den Tagen Martin Luthers seine ganz eigenen Erfahrungen mit dem Ringen um den »wahren Glauben« an den »richtigen Gott« machen müssen. Lange herrschte hier eine Atmosphäre, die stets von religiöser Konkurrenz, oft von offener Feindschaft und zuweilen von Hass bestimmt war. Ein regelrechter Glaubenskrieg durchzieht unsere Vergangenheit, und er hat die Menschen in diesem Land verändert. Er hat uns geprägt.

Dieser jahrhundertelange Dauerkonflikt zwischen Katholiken und Protestanten führte auch dazu, dass sich mit dem 19. Jahrhundert abseits der Kirchen neue Gemeinschaften bildeten, in denen die Deutschen fortan ihr Heil, ihr Glück suchten. Es entstanden Gruppierungen, die im Folgenden als neue »Beglückungsgemeinschaften« bezeichnet werden. Sie hatten neben religiösen auch politische oder lebensreformerische, durchaus glaubensähnliche Heilsversprechen und Vorstellungen von einem (auch irdischen) Paradies im Angebot. Vieles, was die christlichen Konfessionen auszeichnet, fand sich hier in abgewandelter, mal mehr, mal weniger säkularisierter Form wieder: Märtyrer, Heilige, Propheten, Gläubige samt Verachtung der Ungläubigen oder die Überzeugung von der eigenen Auserwähltheit. Der Glaubenskrieg, der zuvor ein rein religiöser und interkonfessioneller Konflikt gewesen war, weitete sich durch diese neuen Beglückungsgemeinschaften sogar noch aus, Bekenntnistreue und Dogmatismus machten fortan Karriere auch außerhalb der Kirchen.

Dieses Buch widmet sich deshalb nicht nur Entstehung und Verlauf der konfessionellen Auseinandersetzungen in den zurückliegenden Jahrhunderten, sondern auch dem Übergreifen dieses Konflikts und der damit verbundenen antagonistischen Grundhaltung auf andere gesellschaftliche Gruppen. Die Deutschen, ihre Religionen und ihre politische Kultur – das ist eine ganz besondere Konfliktgeschichte. Zugleich stellt sich die Frage, ob wir aus der deutschen Geschichte etwas für ein friedliches Verhältnis zwischen den Religionen lernen können. Einen Versuch ist es wert.

1. Die Konfessionen werden erfunden

Wir leben in einer Zeit, in der nicht nur Kinder Schwierigkeiten damit haben, die Unterschiede zwischen Katholiken und Protestanten plausibel zu erklären. Alte Gegensätze scheinen sich abgeschwächt zu haben, theologische Details interessieren selbst das Kirchenvolk offenkundig immer weniger. Oft reicht es heute schon, sich bei der Frage nach den Unterscheidungsmerkmalen der Konfessionen mit dem Hinweis zu begnügen, die einen hätten einen Papst, die anderen aber offensichtlich nicht. Dass heute die theologischen und kulturellen Differenzen zwischen Katholiken und Protestanten nicht mehr so präsent sind, ließe sich entweder als hoffnungsvolles Zeichen einer erfolgreichen Ökumene interpretieren oder aber als Ausdruck des generellen Bedeutungsverlustes der christlichen Kirchen in Deutschland, denn die stärkste »Religion« bilden hierzulande längst die Konfessionslosen. Mehr als ein Drittel der Bevölkerung wird ihnen zugerechnet, Katholiken und Protestanten liegen jeweils knapp dahinter. Heute, so hat man den Eindruck, sind es die Unterschiede zwischen Christen und Nichtchristen, die in diesem Lande von Bedeutung sind; dass sich Christen immer noch nach Konfessionen unterscheiden, scheint dagegen eher belanglos zu werden.

Das war einmal ganz anders. Denn Deutschland ist das Land, in dem der konfessionelle Gegensatz erfunden wurde. Hier stand schließlich die Wiege einer der größten Umwälzungen, die Europa zu Beginn der Neuzeit erfasst hat, eine wahre Revolution der Befreiung: Mit der von Martin Luther angestoßenen Reformation formierte sich ein Aufstand des religiösen Gewissens gegen kirchliche Missstände, der dann aber bekanntermaßen nicht zur großen Reform der *einen* gemeinsamen christlichen Kirche führte, sondern zur Geburt weiterer, neuer Kirchen. Das brachte die Menschen in Deutschland in neue Schwierigkeiten, denn fortan standen sie vor der Wahl unterschiedlicher Bekenntnisse, wobei diese Wahl lange Zeit keineswegs eine freie war, sondern von ihrem jeweiligen Landesherrn für alle Untertanen entschieden wurde. Neue Kirchen entstanden, man kannte nun beispielsweise Lutheraner ebenso wie Calvinisten. Und die verbliebenen Katholiken mussten sich notgedrungen den neuen Herausforderungen stellen, um überhaupt zu überleben. Und dies alles zu einer Zeit, da Religion und der Glaube den Alltag fast vollständig prägten. Denn noch lange nach der Reformation blieben die Kirche und ihre Geistlichen selbstbewusste Inhaber auch von politischer Macht; sie bestimmten den Gang der großen Politik, und sie hatten den Alltag in den Städten und Dörfern weitgehend im Griff. Politisches, soziales und wirtschaftliches Leben – das existierte in Deutschland nicht ohne Religion und Kirche. Als es die Kirche nach der Reformation gleich zweimal gab, mussten sich die Menschen damit irgendwie arrangieren, sie mussten fortan notgedrungen mit der Trennung nach Katholiken und Protestanten leben. Und das, so gut es eben ging – aber so richtig gut ging das zunächst einmal gar nicht.

Dass die neue Koexistenz nicht so recht gelingen wollte, lag zu einem gewissen Maß auch an den beiden Männern, die den Anfang dieser Geschichte bilden. Einer von ihnen ist erwartungsgemäß Martin Luther, der in der deutschen Erinnerung für die Reformation steht, wenngleich es zum Teil weitere bedeutende und einflussreiche Reformatoren gab, etwa Ulrich Zwingli, Philipp Melanchthon oder Johannes Calvin. Luther agierte nicht allein auf der Bühne der Religionsgeschichte, mit ihm waren dort nicht nur seine Mitstreiter und Wegbegleiter versammelt, sondern von Beginn an auch seine Kritiker und erklärten Feinde, die ihn schon recht bald zum Teufel wünschten – wenn sie ihn nicht sogar selbst für diesen hielten. Auch wenn sich das historische Großereignis der Glaubensspaltung keineswegs auf so etwas wie ein Duell zweier Männer reduzieren lässt, ist es in diesem Falle gleichermaßen reizvoll wie erhellend, die beiden großen Gegenspieler im Umfeld der Reformation einmal genauer in den Blick zu nehmen: Hier der glaubensfeste Augustinermönch Martin Luther, der zunächst mit sich und dann mit der ganzen Welt um den rechten Glauben rang, dort der Renaissancepapst Leo X., der wie nur wenige andere Kirchenfürsten Reichtum und Dekadenz verkörperte und unter dem die Kirche Christi zu einem bloßen Machtapparat einflussreicher Familien und Cliquen verkommen war. Der dekadente Papst und der gewissensstarke Reformator haben sich persönlich nie getroffen, und doch sind sie im 16. Jahrhundert die Hauptprotagonisten im Kampf um den »wahren Glauben«. Einst waren sie Brüder in dem einen, gemeinsamen Glauben, doch bald traktierten sie sich gegenseitig mit den heftigsten Vorwürfen. Als »Antichrist« beschimpfte der eine den anderen, und der wiederum verurteilte seinen Gegenspieler als »Ketzer«. Das Tor zur Glaubensspaltung stand weit offen …

Martin Luther und Leo X. – der Ketzer und der Antichrist

Mit dem 16. Jahrhundert lassen die Historiker traditionell die Neuzeit beginnen. Das ist keine willkürliche Setzung, denn zu diesem Zeitpunkt ergriff eine ungeheure Dynamik die europäische Welt. Diese Welt war aufregend. Viel Neues geriet in den Blick der Menschen, zahlreiche alte Sicherheiten gingen verloren. Das machte gleichermaßen Mut wie Angst, neue Antworten auf eine sich verändernde Welt mussten her. Wie konnten diese aussehen?

Vor allem die Entdeckung neuer Welten im geografischen Sinn veränderte Europa. Immer mehr wagemutige Seefahrer stachen in See, um kürzere Wege zu alten, schon bekannten Reichen zu erkunden oder unentdecktes Land aufzuspüren, immer auch getrieben von Berichten über sagenhafte Schätze und Reichtümer. Die Welt ist eine Kugel – da waren sich die Gebildeten unter ihnen bereits sicher, auch Christoph Kolumbus, der auf der Suche nach dem Seeweg nach Indien unversehens Amerika entdeckte. Andere Wagemutige unternahmen Erkundungsreisen auf dem Landweg, etwa in das Innere Afrikas und immer wieder Richtung Asien. Und die Kunde von den neuen Dingen fand ebenso wie die Erkenntnisse der neuen Wissenschaften jetzt ihren Weg in eine völlig veränderte Öffentlichkeit. Die beweglichen Lettern, deren Erfindung sich bis heute mit dem Namen Johannes Gutenberg verbindet, revolutionierte die Produktion von Büchern. Im Jahr 1480 waren bereits in 110 europäischen Städten Buchdruckereien in Betrieb, davon 30 in Deutschland.[2] Die Welt wurde spürbar größer, und immer mehr Menschen nahmen Notiz von den damit einhergehenden Veränderungen. Dieses 16. Jahrhundert versprach ein unglaublich spannendes Säkulum zu werden.

Die Dynamik dieser neuen Zeit machte erwartungsgemäß auch nicht halt vor dem christlichen Glauben. Vieles geriet in Bewegung. Ein neues »frommes« Verhalten entwickelte sich, das Priestern wie Laien ganz neue Formen der Beschäftigung mit Gott und der Verkündigung ermöglichte. Sie lösten sich vielfach von alten, in zahlreichen Zwängen überkommenen Vorgaben, der Glaube bekam Züge von Privatheit und Individualität, die einer allmächtigen und stets präsenten Kirche immer weniger bedurften. Viele gute Christenmenschen waren eher still und fromm, nicht laut und machtbewusst – ganz anders als die alles beherrschende römische Kirche mit ihrem pompösen Auftreten. Der Papst im fernen Rom – ohnehin nur erreichbar für die wenigen Mächtigen und Reichen, und auch das erst nach wochenlanger beschwerlicher Reise über die Alpen – hielt sich für das Maß aller kirchlichen (und weltlichen) Dinge: Er hatte sich von der zwischenzeitlichen Mitbestimmung der Konzilien befreit und war zum ersten religiösen Herrscher Europas aufgestiegen.[3]

Doch kein Herrscher ohne Kritiker. So war und blieb auch der Papst nicht unumstritten. Bereits am Ende des 15. Jahrhunderts hatte sich Unbehagen in der römischen Kirche geregt, vor allem nördlich der Alpen im Heiligen Römischen Reich Deutscher Nation. Immer mehr Zeitgenossen waren darüber irritiert, wie sehr sich die Kurie in Rom mit einem untrüglich scheinenden Instinkt für gute Geschäfte dem italienischen Handelskapitalismus geöffnet hatte. Die Kirche bediente sich gekonnt der modernen Finanzmethoden, gerade wenn es um die ausufernden Bauvorhaben des jeweiligen Papstes ging. Im Vatikan wurde mehr als je zuvor geplant und gebaut, nicht nur am imposanten päpstlichen Palast, sondern vor allem am neuen, riesigen Petersdom, der zum Symbol für die römische Weltmacht werden sollte. Rom und seine Päpste schienen keine Grenzen mehr zu kennen. Repräsentativer und monströser als je zuvor agierten die Kirchenoberhäupter, immer prächtiger mussten die neuen Gebäude und Kirchen sein, die ihren politischen und kulturellen Machtanspruch unterstreichen sollten.

Es sind die sogenannten Renaissancepäpste dieser Zeit, die einen besonders prachtvoll ausgeprägten Lebensstil an den Tag legten. Sie schufen dadurch zugleich ein inspirierendes Umfeld für Wissenschaften und Künste. Damit wurde Rom zu einem ersten Zentrum der Renaissance. Fraglos profitierte ganz Europa von dieser »Wiedergeburt« der Antike und von den neuen intellektuellen Impulsen ihrer Protagonisten. Rom tat aber nicht nur anderen Gutes, sondern dachte stets auch an sich selbst: Die römischen Kirchenoberhäupter agierten wie »verweltlichte Macht- und Genusspäpste«. Einer der »verruchtesten« unter ihnen – so der Luther-Biograf Heinz Schilling – war der aus dem reichen Geschlecht der Borgia stammende Papst Alexander VI. (Pontifikat 1492–1503). Selbst gutwilligsten katholischen Theologen und Historikern bietet sich als Entschuldigung wohl nur an, dass es eigentlich der Beweis für den göttlichen Ursprung der katholischen Kirche gewesen sein muss, solch ein Kirchenoberhaupt überhaupt überstanden zu haben.[4] In der Tat fällt es schwer, etwas Frommes über diesen Mann zu sagen, und nicht von ungefähr sind deshalb nur weltliche »Verdienste« überliefert: dass er nur durch Stimmenkauf auf den päpstlichen Stuhl gekommen war, dass er neun Kinder mit verschiedenen Mätressen hatte, dass er sein Pontifikat vor allem als politisches Instrument verstand, um den Einfluss seiner eigenen Familie zu fördern. Keine Frage: Alexander VI. war machtbewusst und skrupellos – und damit ein durchaus typischer Papst seiner Zeit.

Galt dieser Alexander der Nachwelt schon als fragwürdiger Papst in der Nachfolge Christi, so trifft allerdings auf einen seiner Nachfolger das wenig schmeichelhafte Kompliment zu, dass seine Regentschaft zum wohl verhängnisvollsten Pontifikat der Kirchengeschichte wurde. Die Rede ist von Leo X. Viele wissen heute von ihm nur noch, dass er das Pech hatte, ausgerechnet zu Luthers Zeiten den Nachfolger Petri zu geben und die Wucht der aufkommenden reformatorischen Bewegung kolossal zu unterschätzen. Tatsächlich passt solch eine Fehleinschätzung zu diesem Mann, der viel zu sehr mit anderen Dingen beschäftigt war, als dass er ein Ohr für die schärfer werdende Kritik an der kirchlichen Herrschaft gehabt hätte. Macht, Besitz, Geld und die schönen Künste waren die Dinge, die seine Zeit und seine Aufmerksamkeit als Papst vor allem anderen beanspruchten. Das lag auch an der Herkunft dieses Kirchenfürsten.

Leo X. wurde als Giovanni de' Medici am 11. Dezember 1475 in Florenz geboren, stammte also aus der mächtigen Bankiers- und Unternehmerdynastie der Medici. Seine Familie dominierte mit ihrem Kapital und ihrem Einfluss die mittelalterliche

Republik Florenz, Giovannis Vater Lorenzo erhielt nicht zufällig den Beinamen »der Prächtige«. Er war de facto zum Alleinherrscher der Republik aufgestiegen. In dieser Herrscherfamilie gehörte es zum guten Ton, umfassend humanistisch gebildet zu sein. Ebenso selbstverständlich war die großzügige finanzielle Förderung von Wissenschaft und Kunst; neben vielen anderen kam beispielsweise der junge Michelangelo in den Genuss einer solchen Unterstützung. Als strategisch denkendes Familienoberhaupt hatte Lorenzo schon früh festgelegt, was aus seinen Söhnen werden sollte, damit sie den Einfluss der Dynastie sichern und vergrößern konnten. In Bezug auf seinen zweitgeborenen Sohn Giovanni entschied sich der Vater für den geistlichen Stand. Die Familie der Medici hatte immer gute Geschäfte mit der päpstlichen Kurie gemacht, da schadete es nach Meinung des Vaters nicht, selbst einen Geistlichen in den eigenen Reihen zu haben, der in der Hierarchie des Vatikans möglichst weit aufsteigen sollte. Und sicherheitshalber vermählte Lorenzo auch noch seine Tochter Maddalena mit dem Sohn des seit 1484 amtierenden Papstes Innozenz VIII., an dessen Hof Korruption und Vetternwirtschaft ganz offen betrieben wurden.[5]

Im Sinne einer solchen Karriere wurde alles für das Fortkommen des jungen Giovanni getan. Von führenden Humanisten erzogen und mit reichen Pfründen ausgestattet, wurde er vom amtierenden Papst, der seinerseits an guten Beziehungen zu der florentinischen Familie interessiert war, schon 1489 zum Kardinal erhoben, obwohl der Junge da gerade einmal 14 Jahre alt war. Heutige Vorstellungen davon, was einen Geistlichen zu dieser hohen kirchlichen Würde befähigt, spielten damals erkennbar eine untergeordnete Rolle. Zunächst konnte sich der junge Mann auch gar nicht auf theologische Fragen oder das Heil der Kirche konzentrieren, denn er musste turbulente Jahre überstehen: Seine Familie wurde 1494 von oppositionellen Gruppen aus der Stadt ins Exil getrieben, Giovanni floh zunächst nach Bologna, reiste dann später nach Deutschland, Flandern und Frankreich, um im Jahr 1500 in Rom einzutreffen und dort zunehmend an politischem Einfluss zu gewinnen. Binnen weniger Jahre machte er Karriere im Vatikan und übernahm 1512 schließlich sogar – das war eine besondere Auszeichnung – den Befehl über ein päpstlich-spanisches Heer, das die nach Italien vorgedrungenen feindlichen Franzosen vertreiben sollte. Er wurde allerdings gefangen genommen, konnte jedoch mit viel Glück fliehen und sich wieder in Rom in Sicherheit bringen. Ein durchschnittliches Kardinalsleben? Heute sicher nicht, doch zur damaligen Zeit absolut im Rahmen für Würdenträger einer Kirche, die tief verstrickt waren in die Turbulenzen der europäischen Machtpolitik.

Fortan ist das Glück Giovanni de' Medici wieder hold. Seine im Exil lebende Familie konnte nach politischen Umwälzungen wieder in das heimatliche Florenz zurückkehren, er selbst übernahm als Familienoberhaupt rasch die politische Führung der Stadt, und der nächste Karrieresprung stand schon an: Als im Februar 1513 Papst Julius II. starb, entschieden sich die Kardinäle nach kurzem Konklave für den 37-Jährigen. Was gab es denn auch groß zu besprechen, wenn der Preis stimmte? Dass sich Papstwähler von den mächtigen italienischen Stadtfamilien bestechen ließen, war bekannt. Neapel, Venedig, Florenz – alle wollten sie das lukrative päpstliche Ruder übernehmen. Jetzt waren es eben die Medici aus Florenz.

Dass Giovanni de' Medici offensichtlich die eine oder andere Voraussetzung für das Papstamt fehlte, war letztlich kein Hindernis. Er war zwar in jungen Jahren zum Kardinal erhoben worden, hatte jedoch die sonst üblichen Stationen der priesterlichen Karriere übersprungen. Das musste nach seiner Wahl der Form halber rasch nachgeholt werden. Am 15. März 1513 erhielt er die Priesterweihe, zwei Tage später die Bischofsweihe, wieder zwei Tage später wurde er zum Papst gekrönt[6] – zumindest in dieser Hinsicht musste alles seine Ordnung haben. Als Leo X. war Giovanni de' Medici nun im Zentrum der kirchlichen und weltlichen Macht angekommen und stand demonstrativ für die Allianz von Kirche und italienischer Hochfinanz. So hatte es sich sein inzwischen allerdings verstorbener Vater Lorenzo als weitblickender Kaufmann immer gewünscht. Er wäre fraglos stolz gewesen auf seinen Zögling.

Der neue Papst war ein Mann von Welt. Er kannte Europa zum Teil aus eigener Anschauung, er war gebildet und zudem ein Kirchenfürst von gutem und erlesenem Geschmack. Vornehm ausgedrückt, führte er »Rom und die Christenheit in heiterer Gelassenheit auf einen Höhepunkt ästhetischer Repräsentation«.[7] Der mächtige Herrscher befleißigte sich also eines in jeder Hinsicht feudalen Lebensstils: Er pflegte sich morgens spät zu erheben, nutzte die Vormittage gewöhnlich für Audienzen und den Besuch der Messe, um nach dem Essen zunächst zu ruhen und dann einen Ausritt durch die ausgedehnten vatikanischen Gärten zu unternehmen. War er auf Reisen, nahm er gern an den von ihm so geschätzten Jagdausflügen teil. Auch wenn er sich hinsichtlich seiner persönlichen Essgewohnheiten eher zu mäßigen schien, ließ er gern heitere und üppige Gelage an seinem Hof ausrichten. Vor allem die musikalische Unterhaltung hatte es ihm dabei angetan; er liebte die Musik, hatte sich früher sogar an eigenen Kompositionen versucht und lud jetzt Künstler aus Italien, Frankreich und Spanien nach Rom ein, um sich an ihren Auftritten zu erfreuen. Noch tief in der Nacht, so hieß es in einer späteren Beschreibung, erfüllten für gewöhnlich die Klänge heiterer Musik den Vatikan.[8] Das Leben unter diesem Papst war bunt, fröhlich und oft ziemlich laut.

Zu gutem Essen und erlesener Musik gehörten auch jene poetischen Darbietungen, an denen sich der Papst selbst beteiligte. Die Kunst, aus dem Stegreif Verse zu machen, war zu dieser Zeit hoch geschätzt, regelmäßig wurden Wettbewerbe um die besten Einfälle und Vorträge veranstaltet. Neben diesen »Sprach-Spielen« gab es auch Auftritte professioneller Possenreißer, die als Spaßmacher eher den schlichteren Humor bedienten und für aufregend derbe Späße sorgten. »An derselben Tafel, an welcher Kardinäle, Botschafter, Dichter und Künstler bewirtet wurden«, so beschrieb es ein Kirchenhistoriker später erkennbar irritiert, »durften Possenreißer, halb verrückte Poeten und sonstige Schmarotzer ihr abstoßendes und närrisches Wesen treiben.«[9] So heißt es dazu beim Renaissancehistoriker Jacob Burckhardt:

> »Ganz merkwürdig zeigt sich in Papst Leo X. die echte florentinische Vorliebe für Spaßmacher. Der ›auf die feinsten geistigen Genüsse gerichtete und darin unersättliche‹ Fürst erträgt und verlangt doch an seiner Tafel ein paar witzige Possenreißer und Freßkünstler, darunter zwei Mönche und einen Krüppel; bei festlichen Zeiten behandelte er sie mit gesucht antikem Hohn als Parasiten, indem ihnen Affen und Raben unter dem Anschein köstlicher Braten aufgestellt werden.«[10]

Leo liebte zugleich das Kunstvolle und Kostbare. Er mochte nicht nur die Musik und ließ die besten Künstler an seinen Hof rufen, sondern kaufte auch gern aufwendig mit Gold und Silber verzierte Musikinstrumente. Er stieg zum großen Mäzen für Dichter, Gelehrte, Musiker und Künstler auf, Rom wurde zu einem Zentrum des künstlerischen Lebens: Michelangelo, Raffael und viele andere kamen. Übrigens führte das Aufeinandertreffen so bedeutender Künstler auch zu ständigen Konflikten. So waren gegenseitige Verdächtigungen und Intrigen zwischen Michelangelo und Raffael nahezu an der Tagesordnung. Gleichwohl, und mit welcher Begleitmusik auch immer versehen: Am Tiber wurden Kunst und Geschäfte gemacht. Und Leo X. lebte allen in der Stadt eine demonstrative klerikale Prunksucht und Verschwendung vor. Der Historiker Leopold von Ranke sollte später einmal von ihm als einem Papst in einer Art »geistiger Trunkenheit« sprechen, den sein Geschick »von Genuß zu Genuß« trug.[11] Die Nachwelt hat diese »Trunkenheit« und Verschwendungssucht wiederholt angeprangert und zuweilen dann doch ein wenig sentimental auf die ungeheure künstlerische und wissenschaftliche Fülle dieses Lebens im Vatikan geschaut. Die Kultur der Renaissance hatte hier einen Fürstenhof und ein höfisches Leben der Extraklasse erlebt, die auch Jacob Burckhardt begeisterte:

> »Rom hatte seinen wahrhaft einzigen Hof Leos X., eine Gesellschaft von so besonderer Art, wie sie sonst in der Weltgeschichte nicht wieder vorkommt.«[12]

Die höchst weltliche Folge dieses gesellschaftlichen Lebens war allerdings eine notorische Geldnot, die Leos Pontifikat begleiten sollte – das gute Leben kostete einfach zu viel Geld. Oder, wie es einmal formuliert wurde: Leo konnte eben »kein Geld beisammen sehen«.[13] Der Papst musste immer wieder neue Anleihen aufnehmen, längst nicht mehr nur bei den Bankiers, sondern auch bei Privatleuten oder anderen Kardinälen, die damit wiederum Einfluss auf ihn nehmen konnten. Der Vatikan brauchte Geld, auch weil sich zu allem Überfluss die päpstlichen Beamten als korrupt und geldgierig erwiesen. In der gesamten christlichen Welt war die Redewendung wohlbekannt, dass man in Rom eigentlich alles kaufen könne – und damit waren eben auch die geistlichen Güter gemeint. Selbst die Frohe Botschaft schien nur eine Frage des Geldes zu sein, weil Papst Leo X. seine Kirche und ihre Gläubigen zunehmend auf die Rolle von Geldbeschaffern reduzierte.

Zum zentralen Instrument des päpstlichen Geldbeschaffungssystems wurden die Ablässe. Sie sorgten bei Laien wie Klerikern zunehmend für Unmut und führten bald zu immer lauter werdender Kritik. Dabei waren diese Nachlässe zeitlicher Sündenstrafen – das waren Ablässe im theologischen Sinne – auch unter Leo X. kein neues Phänomen, nur entwickelten sich unter seinem Pontifikat vermehrt neue Formen und Dimensionen dieses Handels mit Gott. Eine regelrechte Kommerzialisierung des Ablasses hatte bereits im 14. Jahrhundert eingesetzt, nun, zu Beginn des 16. Jahrhunderts, erreichte sie ihren Höhepunkt durch den planmäßigen und von der Kirche immer massiver geförderten Ablasshandel. Damit geriet die ursprünglich gut gemeinte theologische Sündenvergebung in einen ganz und gar irdischen Kreislauf von Geldgier und Machtpolitik. Einige der Ablassprediger, die jetzt durch die Lande zogen, gingen sogar so weit, die Ablassbriefe wie Geld zu verwenden – und manch einer hatte augenscheinlich auch noch Gefallen daran, ausgerechnet Besuche bei Prostituierten mit diesen Briefen zu bezahlen.[14] Das ging in den Augen selbst wohlmeinender Zeitgenossen dann doch deutlich zu weit. Schließlich spaltete der Ablass die Gläubigen: Den einen galt er als gottgefälliges Werk, als menschenfreundliche Verantwortung gegenüber dem Jenseits (weil der Ablass inzwischen auch für bereits Verstorbene erwirkt werden konnte) und zudem als willkommene Erleichterung der eigenen Sündenlast. Den anderen hingegen war er weltliches Instrument der Ausplünderung der Gläubigen durch die korrupte römische Kurie. Der mittelalterliche Lyriker Walther von der Vogelweide gehörte schon im 13. Jahrhundert zu den scharfen Kritikern:

»Saget an, hêr Stoc, hât iuch
der bâbest her gesendet,
daz ir in rîchet und
uns Tiuschen ermet unde swendet?«

(Sagt an, Herr Opferstock, hat euch
der Papst hergesandt,
damit ihr ihn reich macht und
uns Deutsche arm macht und auszehrt?)[15]

Kritik am Ablass hatte also eine Tradition, wenngleich es weiterhin auch Zustimmung gab. Von Gläubigen geschätzt waren etwa die Ablässe für Besuche der Peterskirche oder später der Grabeskirche des heiligen Franziskus in Assisi. Auch für die Teilnahme an Kreuzzügen winkte der Nachlass zeitlicher Strafen vor Gott. Gleiches galt für die Käufer von Ablassbildern, den seit dem 15. Jahrhundert eigens für diesen Zweck angefertigten Holzschnitten oder Kupferstichen. Es gab in einer Welt der religiösen Bedürfnisse offensichtlich eine Nachfrage nach theologischem Angebot.

In Deutschland nahmen das Gebaren der Ablassprediger und überhaupt die Organisation dieses frommen Handels indes ein solches Ausmaß an, dass schließlich die große Politik involviert beziehungsweise selbst ein Teil dieses Geschäftes wurde: Die Landesherren im Heiligen Römischen Reich Deutscher Nation ließen zu Beginn des 16. Jahrhunderts auf ihren Territorien die Ablassprediger mit ihren Predigten und Verkäufen gewähren, erwarteten dafür aber selbstverständlich eine angemessene Beteiligung an den Erlösen. Andernfalls, so drohten die weltlichen Herren der Kirche, würden sie den schwunghaften Handel kurzerhand untersagen. Das war eine Form der Erpressung, der sich selbst die Kurie beugen musste (wohl in der berechtigten Hoffnung, dass trotz dieser Beteiligung noch genug in der eigenen Kasse übrig bleiben würde). Und so sagte der Papst in Einzelfällen einem Landesherrn bis zu zwei Drittel der Einnahmen zu – ein lukratives Geschäft, für das der Fürst selbst ja fast keine eigenen Leistungen beisteuern musste.[16] So hatten nun also viele etwas vom Ablasshandel: der Papst in Rom ebenso wie die Herrscher auf dem europäischen Kontinent – und mit viel gutem Glauben selbstverständlich auch die Gläubigen, die für sich oder ihre Angehörigen zumindest den drohenden Aufenthalt im Fegefeuer durch eine Geldzahlung verkürzt zu haben glaubten.[17] Wenn sie sich diesen Handel finanziell leisten konnten …

»Wenn das Geld im Kasten klingt,
die Seele aus dem Feuer springt.«

(Inschrift auf Ablasstruhen zu Beginn des 16. Jahrhunderts)

Aber Rom brauchte immer mehr Geld, konkret für den Bau des neuen Petersdoms. Der sollte nach dem Willen der Renaissancepäpste etwas Besonderes werden. Bislang stand an diesem zentralen Ort im Vatikan eine Basilika aus dem 4. Jahrhundert, über dem vermeintlichen Grab des Apostels Petrus. Jetzt sollte diese Grabkirche, die zugleich auch Hauptkirche des Papstes war, nicht mehr durch weitere Um- oder Anbauten vergrößert und verschönert werden. Man entschied sich vielmehr für Abriss und Neubau. 1506 hatte Papst Julius II. – der Vorgänger Leos X. – den Grundstein für den größten Kirchenbau der Welt gelegt. Nur die teuersten Materialien, nur die besten Baumeister und Künstler sollten das mächtige Gotteshaus prägen. Vier Jahrzehnte nach der Grundsteinlegung sollte beispielsweise Michelangelo als Bauleiter der Petruskirche fungieren. Julius II. hatte bereits 1507 einen Ablass zur Finanzierung des Neubaus im Herzen des Vatikans ausgeschrieben. Und wenngleich Leo X. bei Beginn seines Pontifikats 1513 einer vatikanischen Tradition gemäß zunächst alle zuvor bewilligten Ablässe wiederrufen ließ – jenen zur Förderung des Baus von St. Peter nahm er ausdrücklich aus. Darüber hinaus erweiterte er die Zahl derjenigen Länder, in denen jener künftig verkauft werden durfte.

Der sogenannte Petersablass sollte Geschichte machen, denn gerade der Umgang mit ihm erschien selbst jenen Zeitgenossen als besonders skandalös, die durch die Ablasspraxis der Kirche schon Kummer gewohnt waren. Das galt besonders für die Vereinbarung Roms mit Albrecht von Brandenburg, dem in Deutschland einflussreichen Erzbischof von Mainz und Magdeburg. Dieser hatte sich zwar durch zahlreiche Zahlungsverpflichtungen auch gegenüber dem Vatikan in eine finanziell angespannte Situation gebracht: Da waren zunächst die noch ausstehenden Konfirmationsgebühren – 14 000 Gulden waren allein als Zahlung zur Bestätigung seiner Wahl an den Papst fällig. Und Albrecht hatte dem Mainzer Domkapitel versprochen, diese Summe im Falle seiner Wahl nicht seiner neuen Diözese aufzubürden, sondern sie selbst zu bezahlen. Zugleich hatte er aber noch weitere 10 000 Gulden an den Papst zu zahlen, damit er zugleich Erzbischof von Magdeburg und Administrator des Bistums Halberstadt bleiben durfte.[18] Der Aufstieg in der kirchlichen Hierarchie hatte eben seinen Preis.

Mit den Päpsten in Rom verband Albrecht seine Vorliebe für die Künste der Renaissance. Auch er förderte sie nach Kräften – schließlich war er als einer der sieben Kurfürsten im Reich (die den König wählten) einer der mächtigsten deutschen Regenten. Doch wie der Vatikan stieß auch der Erzbischof trotz der Anhäufung von Pfründen schließlich an die Grenzen seiner finanziellen Leistungsfähigkeit. Er brauchte dringend Geld. In seiner Not wandte er sich an das Bankhaus der Fugger, das finanzkräftig genug war, um dem Herrscher vorerst aus der Klemme zu helfen. Jacob II. Fugger (dem die Nachwelt treffenderweise den Beinamen »der Reiche« verlieh) war auch als *der* Bankier der Päpste und der Kurie bekannt. In seiner Zeit waren die Fugger zum größten europäischen Bankhaus aufgestiegen. Das schien Albrecht die beste Adresse zu sein, um sich Geld zu leihen und die Rückzahlung seiner Schulden an einen besonders ambitionierten Ablasshandel zu koppeln. Er wollte dafür in seinem Herrschaftsgebiet Ablässe für wenigstens 52 000 Gulden verkaufen – eine damals unglaublich hohe Summe. Dass es hierbei nicht nur um das Seelenheil der Gläubigen ging, sondern zunächst auch um ein gutes Geschäft des Erzbischofs Albrecht und im nächsten Schritt um die Ansprüche der Gläubiger, war allen Beteiligten nur allzu klar. Zur Sicherung ihrer Ansprüche begleiteten nämlich Vertreter des Bankhauses Fugger die Ablassprediger fortan bei ihrer »seelsorglichen« Arbeit, weniger um das vermeintlich fromme Werk zu unterstützen, als vielmehr direkt vor Ort ihren zugesagten Anteil an dem Handel einzukassieren.[19] Sicher war sicher. Dieses Auftreten war sogar den Organisatoren des Ablasshandels unangenehm, deshalb sollte das einfache Volk von diesen politischen Abmachungen hinter dem theologischen Geschäft möglichst nichts erfahren – aber das wusste selbstverständlich Bescheid.

Der derart weltlich betriebene Handel mit den Ablässen war längst in zahlreichen Ländern zu einem Ärgernis geworden. Nicht nur in Deutschland klagten die Stände, die Städte und Herrschaften über die verlangten Ablassgelder und die hohen Steuern für die Kurie. Die Kritik am päpstlichen Rom nahm zu. Viele stellten sich die Frage, inwieweit der Ablasshandel in dieser Form eigentlich noch mit den ursprünglichen Ideen des Christentums zu vereinbaren war. Aber es ging nicht nur um Theologie, sondern seitens der Landesherren und Städte auch um möglichen Widerstand gegen finanzielle Ausbeutung. Wieder andere nutzten die Gelegenheit, antiitalienische, weil durchaus auch nationale Töne anzustimmen.[20] Ämterkauf und Nepotismus wurden so offensichtlich betrieben, dass die moralische und theologische Glaubwürdigkeit der Kirche zunehmend schwand.

Zusätzlich erschüttert wurde die Stellung der römischen Herrschaft durch die Kritik der Humanisten. Sie schlugen einen neuen Ton an, spotteten über Mönche und Päpste, machten die Lebensführung des gesamten geistlichen Standes zum Thema. Zugleich erschloss der Humanismus den Zugang zu den antiken Sprachen und damit zum Studium auch der biblischen Texte im Original. Gerade in Deutschland beeinflussten die Humanisten viele der späteren Reformatoren und verbanden ihre Kritik an Rom von Beginn an mit der deutschen Frage. So auch der populäre Humanist Ulrich von Hutten. Die Ausbeutung und Unfreiheit Deutschlands sah er mitverursacht durch die Finanzgier des Vatikans. Er beschrieb diese Verbindung, als er sich 1520 erstmals in deutscher Sprache mit seiner *Clag vnd Vormanung gegen den übermässigen vnchristlichen Gewalt des Bapsts zu Rom* an eine breitere Leserschaft wandte. In dieser in Versform gehaltenen Flugschrift machte er die Papstkirche direkt für die Ausbeutung und die Unfreiheit Deutschlands verantwortlich.[21]

Doch bei aller Kritik an Rom: Die Menschen in den deutschen Ländern waren im Rahmen der damaligen Zeit gläubige Menschen, besonders gläubige sogar. Das beginnende 16. Jahrhundert war von einer Frömmigkeit erfüllt, die von einem tiefen Glauben an Erlösung geprägt war. Die Verehrung von Heiligen und Reliquien war weit verbreitet, Massen von Menschen strömten zu Wallfahrten zusammen. Die Bedenken gegen Rom waren also ein Beleg für eine wachsende Kirchenkritik, aber keineswegs so etwas wie ein Vorbote eines neuen Unglaubens außerhalb des christlichen Weltbildes. Fast schien es, als hätte die römische Kirche sogar ein Problem, der zunehmenden Volksfrömmigkeit noch gerecht zu werden. Die Gläubigen nahmen die Sache zuweilen selbst in die Hand: So mehrten sich in den Städten die Fälle, in denen begüterte Bürger mit Stiftungen und Spenden ihr persönliches Seelenheil sichern wollten; auf diesem Wege füllten sich die Kirchen mit Altären und religiösen Kunstwerken. Neue Formen der Heiligen- und Reliquienverehrung griffen um sich, die Wallfahrten wurden zum sichtbaren Ausdruck einer neuen Volksfrömmigkeit. Denn die Menschen in Deutschland waren am Vorabend der Reformation alles andere als ungläubig, tatsächlich waren sie viel frommer als lange zuvor.[22]

Damit trafen also zwei Phänomene aufeinander, die zusammen eine besondere historische Sprengkraft hatten: die neue, tiefe Frömmigkeit und die heftige Kritik an den offensichtlichen Missständen der Kirche. Und diese Kritik betraf längst keineswegs nur den Ablass: Das gesamte Auftreten der Kirche, ihrer Bischöfe und Geistlichen stand nun im Fokus. Die Gläubigen waren unzufrieden, und die Laien hatten längst begonnen, die gesellschaftliche Führungsrolle der Kirche anzufechten. Sie wollten nicht länger hinnehmen, dass der Klerus die Kirche zuvörderst als sein Eigentum betrachtete, das lediglich dem eigenen wirtschaftlichen Vorteil und der Befriedigung privater Gelüste diente. Und die fetten Pfründen der Reichskirche wurden offenkundig nur noch zur Versorgung des Adels verwendet, nicht aber für irgendwelche religiösen Zwecke.[23] Mit dem Christentum hatte das doch eigentlich nicht mehr viel zu tun, oder?

Die römische Kirche sah das anders, und wer in seiner Kritik an ihr zu weit ging, wurde verfolgt und gemaßregelt. Deshalb musste man es sich zu dieser Zeit gut überlegen, ob man die Öffentlichkeit oder Kirchenfürsten an seinen Gedanken teilhaben lassen wollte. Zu denen, die sich nach reiflicher Überlegung dazu entschlossen hatten, zählt der deutsche Augustinermönch Martin Luther (1483–1546). Er war weniger erzürnt über die kirchliche Lehre vom Ablass als vielmehr über den im Lande praktizierten Ablasshandel, vor allem über den Petersablass und dessen Verkauf auf dem Gebiet des Mainzer und Magdeburger Erzbischofs Albrecht. Luther ließ es nicht, wie so viele andere, bei stiller Ablehnung bewenden, sondern gab seiner Empörung Ausdruck. Er griff zur Feder und schrieb dem nach Ablassgeldern schielenden Erzbischof Albrecht 1517 einen wütenden Brief, der an Klarheit nichts zu wünschen ließ:

> »Hochwürdiger Vater in Christus, durchlauchtigster Kurfürst!… Es wird im Lande unter dem Schutz Eures erlauchten Titels der päpstliche Ablaß zum Bau von Sankt Peter feilgeboten. Ich klage dabei nicht so sehr über das Geschrei der Ablaßprediger, das ich persönlich nicht gehört habe. Wohl aber bin ich schmerzlich erzürnt über die grundfalsche Auffassung, die das Volk daraus gewinnt und mit der man sich überall öffentlich brüstet. Offenbar glauben die unglücklichen Seelen, ihrer Seligkeit sicher zu sein, sobald

sie nur einen Ablaßbrief gelöst haben; ebenso glauben sie, daß die Seelen sofort aus dem Fegefeuer fahren, sobald sie das Lösegeld in den Kasten gelegt hätten.«[24]

Martin Luther hielt diesen ganzen Ablasshandel für einen feisten Schwindel und erklärte dem Erzbischof und Kurfürsten Albrecht zudem unverblümt, dass er in dieser Sache »nicht länger schweigen« könne. Die Vorstellung von einem Ablass sei theologisch abwegig, die Menschen würden getäuscht – und wer den Ablasshandel begünstige, vergehe sich im Grunde genommen an diesen armen Seelen, die um ihr Heil fürchten. Das war eine klare Absage an die gesamte herrschende Finanzierungspraxis der Kirche. Und der Erzbischof? Der reagierte vergleichsweise gelassen. Er verwarf diese Kritik zunächst einmal nicht, sondern forderte ein Gutachten der Universität Mainz an, das allerdings etwas vage ausfiel und empfahl, die Sache zur Entscheidung doch lieber dem Papst zu übergeben. Den hatte Albrecht allerdings schon selbst informiert. Doch Leo X. fand das Auftreten des Augustinermönches im fernen Deutschland wohl nicht weiter bedrohlich, und so legten seine Räte den Fall vorerst zu den Akten, statt – was denkbar gewesen wäre – unmittelbar einen Prozess gegen Luther anzustrengen.[25]

Martin Luther war zu diesem Zeitpunkt in deutschen Landen bereits ein durchaus bekannter Mann. Der 1483 in Eisleben geborene und in Mansfeld aufgewachsene Sprössling einer Bergwerksunternehmerfamilie hatte die Universität Erfurt besucht und zunächst auf Wunsch des Vaters ein Studium der Jurisprudenz angefangen. Das brach er jedoch 1505 ab und entschied sich stattdessen für ein Leben im Kloster. Auf ihn wartete nun ein strenges Mönchsleben bei den Augustinereremiten in Erfurt. Sein Orden erkannte früh Kraft und auch Durchsetzungsvermögen des Mannes, und so stieg er bald in der Hierarchie des Klosters auf. Er wurde 1510 oder 1511 vermutlich sogar mit einer – wie es hieß – Reise »in Ordensangelegenheiten« nach Rom betraut, was als eine Auszeichnung zu verstehen war.

Bei dieser wie bei anderen Gelegenheiten hatte der Mönch schon längst gezeigt, dass er zu eigenständigem Denken fähig und willens war. Sein Biograf Heinz Schilling bescheinigt dem ab 1512 dann als Professor in Wittenberg forschenden und lehrenden Luther bereits für diesen Lebensabschnitt »jene Entschiedenheit und Querköpfigkeit des späteren Reformators, die ihn zu bedingungslosem Widerstand gegen alles befähigten, was ihn von der einmal erkannten Wahrheit abzubringen suchte, selbst gegen Papst und Kaiser«.[26] War das nicht der richtige Mann für eine dringend nötige Revolution? Wer, wenn nicht dieser junge, intelligente und willensstarke Martin Luther, konnte das längst überfällige Aufbegehren gegen den Zustand der Kirche entscheidend vorantreiben? Und war nicht genau jetzt dafür auch der richtige Zeitpunkt? Er könne in dieser Angelegenheit »nicht länger schweigen«, hatte Luther Erzbischof Albrecht angesichts des skandalösen Ablasshandels erklärt. Es mag sein, dass Albrecht die erwähnte »Querköpfigkeit« und Hartnäckigkeit des Augustiners unterschätzt hat. Denn wenn dieser sagte, er könne nicht schweigen, dann meinte er das auch so. Martin Luther schwieg nicht. Schon mit seinem Schreiben an den Erzbischof legte er seine 95 Thesen vor. Sie kursierten bald unter dem lateinischen Titel *Disputatio pro declaratione virtutis indulgentiarum*. Es war eine Abrechnung, in der es beispielsweise hieß:

> »Der Papst erläßt den Seelen im Fegfeuer keine einzige Strafe, die sie nach den kirchenrechtlichen Bestimmungen in diesem Leben hätten abtragen müssen.
>
> Wenn überhaupt irgendein Erlaß aller Strafen jemandem gewährt werden kann, dann ist gewiß, dass er nur den Vollkommensten, d.h. den Allerwenigsten gewährt werden kann.

Unausweichlich wird deshalb der größte Teil des Volkes betrogen durch jene unterschiedslose und großspurige Zusage erlassener Strafe …

Lug und Trug predigen diejenigen, die sagen, die Seele erhebe sich aus dem Fegefeuer, sobald die Münze in den Kasten fällt.

Das ist gewiß: Fällt die Münze klingend in den Kasten, können Gewinn und Habgier zunehmen. Die Fürbitte der Kirche aber liegt allein in Gottes Ermessen.«[27]

Es war der 31. Oktober 1517. Die Nachwelt hat später irrtümlich das Bild verbreitet, wonach der Mönch selbst diese Thesen an die Wittenberger Schlosskirche genagelt haben soll. Doch einen solchen revolutionären Thesenanschlag durch den hammerschwingenden Reformator hat es wohl nicht gegeben. Womöglich hatte ein Mitstreiter den Text tatsächlich an der Schlosskirche ausgehängt, dann aber wohl im Sinne der Ankündigung einer akademischen Disputation und der Aufforderung zur Diskussion mit dem Urheber. Aber ganz sicher hat Luther die Thesen umgehend als Plakat drucken lassen – damit hängte der Mönch die Kritik an seiner Kirche, wenn auch nicht wörtlich an die Tür der Schlosskirche, so doch zumindest in einem publizistischen Sinne an die ganz große Glocke, um von Beginn an eine möglichst breite Öffentlichkeit zu erreichen: Kollegen und Bekannte, humanistisch gebildete Mönche und Kleriker, seine Studenten und auch Laien.[28]

Luthers Text wurde zu einem Fanal. Vielleicht war er selbst überrascht von der Geschwindigkeit, mit der sich seine Ablassthesen verbreiteten, und womöglich auch von der beachtlichen Zustimmung, die seine Ausführungen erfuhren. Binnen kurzer Zeit kursierten seine Thesen in den Kreisen deutscher Humanisten und Theologen. Dabei kam ihm zugute, dass der Buchdruck in den Jahren zuvor die technischen Voraussetzungen für die auflagenstarke Verbreitung von solchen Texten geschaffen hatte. Erst auf diesem Wege entstand durch das neue Medium eine eigenständige reformatorische Öffentlichkeit, vor allem in den Städten, wo viele Bürger offen waren für neue, belebende Ideen. So wurde die Reformation zugleich zu einer Medienrevolution: Luthers bereits im folgenden Jahr vorgelegter *Sermon über Ablaß und Gnade*, der in deutscher Sprache erschien und seine Kritik am Ablasshandel zusammenfasste, wurde binnen zwei Jahren 25-mal nachgedruckt und erreichte eine Auflage von etwa 60 000 Exemplaren.[29] Später sollte die Zahl der kursierenden Schriften in die Millionen gehen. Das war ein grandioser publizistischer Erfolg – und ein untrügliches Zeichen dafür, dass Martin Luther mit seinen Gedanken einen Nerv der Zeit getroffen hatte. Er war der Mann der Stunde.

Im Jahr 1520 folgte *An den christlichen Adel deutscher Nation von des christlichen Standes Besserung.* Mit dieser sprachmächtigen Schrift ging Luther in seiner Kritik gegenüber Rom noch einen Schritt weiter und bestritt darin auch die Autorität des Papstes über die weltlichen Obrigkeiten. Überhaupt müsse der Papst endlich dazu angehalten werden, wieder in Demut und wirklicher Nachfolge Christi zu leben. Der aufwendige Lebensstil des Kirchenoberhauptes müsse kritisch unter die Lupe genommen und ein Konzil einberufen werden. Über den Missbrauch von Wallfahrten sei ebenso zu sprechen wie über die in der Heiligen Schrift nirgendwo vorgeschriebene Ehelosigkeit der Priester. Zudem forderte Luther nun auch die Unabhängigkeit des deutschen Kaisertums vom Papst sowie die Errichtung einer von Rom unabhängigen Kirche. Der Augustiner war grundsätzlich geworden – er ging Schritt für Schritt die Verfehlungen seiner Kirche durch und scheute nicht davor zurück, vermeintlich radikale Forderungen zu stellen.

Im selben Jahr publizierte Luther, seit einigen Jahren bereits Professor für Bibelauslegung an der Wittenberger Universität, seine endgültige Abrechnung mit der römischen Priesterkirche: *Von der babylonischen Gefangenschaft der Kirche* war seine zunächst auf Lateinisch (*De captivitate Babylonica ecclesiae*) erschienene Schrift betitelt, in der er das Papsttum und die Kirche wegen der herrschenden Sakramentspraxis beschuldigte, eine regelrechte Knechtschaft der Seelen verursacht zu haben. Die Sakramente seien längst nicht mehr in Händen der Christen, sondern – weil es nur den Priestern vorbehalten sei, sie zu spenden – im Besitz der römischen Kirche. Und die missbrauche sie als Instrument ihrer Herrschaft über die Menschen. Er selbst wolle von den bekannten sieben Sakramenten ohnehin nur noch drei gelten lassen: die Eucharistie (wobei er zugleich beklagte, dass dem Laien dabei der Kelch versagt wurde), die Taufe und die Buße. Das war die offene Abrechnung mit dem Kern der römischen Priesterkirche.

> »Grundsätzlich und als erstes muß ich verneinen, daß es sieben Sakramente gibt, und kann zur Zeit drei dafür setzen: die Taufe, die Buße, das Brot. Und diese alle sind uns durch die römische Kurie in elende Gefangenschaft geraten, und die Kirche ist all ihrer Freiheit beraubt.«[30]

Ebenfalls 1520 erschien schließlich Luthers berühmteste reformatorische Flugschrift *Von der Freiheit eines Christenmenschen*, versehen mit einem persönlichen Sendschreiben an Papst Leo X. Letzteres erschien durchaus sinnvoll, denn inzwischen hatten Kirche und Papst auf Luthers Kritik reagiert – allerdings anders, als dieser erhofft hatte. Während Luther in Wittenberg über seinen reformatorischen Schriften saß, hatten die theologischen Fakultäten in Köln und Löwen über seine Thesen beraten und ihn daraufhin zum Häretiker erklärt. Zugleich war in Rom ein Ketzerprozess gegen ihn eröffnet worden – und in beiden Fällen wurde Luther selbst nicht gehört. Das Urteil in Rom erfolgte rasch und fiel eindeutig aus. Im selben Jahr noch wurden 41 Irrlehren des Wittenbergers aufgelistet. Luther wurde eine Frist von 60 Tagen gesetzt, seine Thesen zu widerrufen. Sollte er es nicht tun, würde er exkommuniziert und somit aus der Kirche verstoßen werden:[31]

> »Weil die genannten Irrtümer und viele andere in den Büchlein oder Schriften eines gewissen Martin Luther enthalten sind, verdammen, verwerfen und verstoßen wir zugleich die genannten Bücher und alle Schriften, ob sie in lateinischer oder deutscher Sprache geschrieben sind ... Sie sollen alle sogleich nach ihrer Veröffentlichung, wo immer sie sich befinden, durch die zuständigen Bischöfe und andere oben erwähnte Personen gesucht, öffentlich und feierlich in Gegenwart der Geistlichkeit und des Volkes bei allen und jeder angedrohten Strafe verbrannt werden.«

Deutlicher als in dieser Strafandrohung ging es nicht – und entschlossener konnte auch der Widerstand nicht sein, den Martin Luther der römischen Drohung entgegensetzte. Ein Widerruf kam für den kompromisslosen Gottesmann nicht infrage, also wurde er entsprechend der päpstlichen Drohung im Januar 1521 offiziell zum Ketzer erklärt. Das hatte nun auch weltliche Folgen: Der römisch-deutsche König und spätere Kaiser Karl V. sah sich nach den herrschenden Vorstellungen von Kaisertum und Reich als Beschützer des christlichen Abendlandes, das Treiben eines Ketzers in seinem Reich wollte er deshalb keineswegs dulden. Er strebte folglich die Ächtung des unbequemen Geistes an, durch Verhängung der sogenannten Reichsacht, die den Betroffenen für vogelfrei erklärte und ihn damit rechtlos machte. Dafür musste Karl V. allerdings eine rechtliche Hürde nehmen: Vor einer solchen Maßnahme war, anders als bei den kirchlichen Verfahren in Rom, der Beschuldigte selbst zu hören, auch wenn man sich über die Verurteilung vielleicht schon längst einig war. Martin Luther durfte sich also erklären. So kam es im April 1521 auf dem Reichstag zu Worms zu einem historischen Zusammentreffen.

Mit Recht wurde später darauf hingewiesen, dass bei diesem

Reichstag zwei denkbar unterschiedliche Männer aufeinandertrafen, die aus zwei Welten stammten, wie sie gegensätzlicher kaum sein konnten. Der Habsburger stand erst am Beginn seiner Herrscherlaufbahn. Er war 21 Jahre alt, 1516 als Karl I. König von Spanien und 1519 zum römisch-deutschen König gewählt worden. Da sein Herrschaftsgebiet große Teile des Herzogtums Burgund sowie die Königreiche Kastilien und Aragon (also die heutigen Territorien von Picardie, Belgien, Niederlande, Spanien, Süditalien samt überseeischen Kolonien) umfasste, war Karl außenpolitisch gefordert; vor allem die Rivalität zum Königreich Frankreich prägte seine Regentschaft. Eine innenpolitische Krise, ausgelöst von einer Grundsatzdebatte über das Existenzrecht der päpstlichen Kirche, konnte er da nicht gebrauchen. Sollten Karl V. und Martin Luther womöglich im Vorfeld die Hoffnung gehabt haben, den jeweils anderen zu »bekehren« und auf die eigene Seite zu ziehen, so wurden sie enttäuscht. Vielmehr wurden die Gegensätze durch die Begegnung in Worms größer. Luther wurden zu Beginn der Anhörung seine Schriften vorgelegt: Das seien wohl seine Werke, erwiderte der Wittenberger Professor, aber zu widerrufen habe er nichts. Auch der Vorwurf, es sei doch eine Anmaßung, wenn er als Einzelner für sich die Wahrheit beanspruchen würde, fast allein gegen die Kirche und das ganze Reich, konnte den Augustiner nicht beeindrucken. Er blieb selbstbewusst und unnachgiebig. Auch wenn er als Einziger in der Gewissheit lebe, die Wahrheit zu verkünden, so bleibe dies doch seine Aufgabe. Gott selbst habe ihn dazu gebracht – nun müsse er diesen Weg auch weitergehen. Und dann folgte jener später so berühmt gewordene Ausspruch, der auf lange Zeit zu einem stolzen Erbe des Protestantismus werden sollte:

> »Und solange mein Gewissen durch die Worte Gottes gefangen ist, kann und will ich nichts widerrufen, weil es unsicher ist und die Seligkeit bedroht, etwas gegen das Gewissen zu tun. Gott helf mir. Amen.«[32]

Damit war alles gesagt. Martin Luther fühlte sich durch Gottes Wort in die Pflicht genommen, es oblag ihm nicht, seinen Kurs zu verlassen. Wohl ohne sein Zutun formulierten geschickte Lektoren sein Bekenntnis von Worms dann kurze Zeit später für die Nachwelt griffiger um zu: »Ich kann nicht anders, hier stehe ich, Gott helfe mir, Amen.«[33]

So angetan Luthers Anhänger von seinem Auftritt waren, so unbeeindruckt zeigten sich seine Gegner. Ein venezianischer Gesandter sprach von einem »sehr mittelmäßigen Auftritt«, und der König meinte schlicht: »Der wird mich nicht zum Ketzer machen.« Zwar beherrschte Karl kaum die lateinische und die deutsche Sprache, doch er glaubte genug von dem verstanden zu haben, was dieser Augustinermönch von sich gegeben hatte.[34] Denn deutlicher konnte die Situation ja nicht sein: Der selbst ernannte Reformator hatte sich zu seinen Äußerungen bekannt und darüber hinaus keine Möglichkeit gesehen, der römischen Kirche entgegenzukommen. Und der Kaiser fühlte sich als Verteidiger des Glaubens, er musste als solcher unbeirrt an der kirchlichen Tradition festhalten. So diktierte er eine lange – französische – Deklaration, in der er Luthers Irrtum festschreiben ließ:

> »Denn es ist gewiß, daß ein einzelner Ordensbruder irrt mit seiner Meinung, die gegen die ganze Christenheit ist sowohl während der vergangenen tausend und mehr Jahre als auch in der Gegenwart; dieser Ansicht nach wäre die ganze genannte Christenheit immer im Irrtum gewesen und würde es heute noch sein.«[35]

Der Augustinermönch Martin Luther wurde mit der Reichsacht belegt und war fortan vogelfrei. Lektüre und Verbreitung seiner Schriften wurden verboten. War Luther jetzt tatsächlich in ernster Gefahr? Sicherheitshalber zogen ihn seine Anhänger aus dem Verkehr. Auf der Rückreise von Worms nach Wittenberg wurde er am Fuß der Wartburg südwestlich von Eisenach Opfer einer vorgetäuschten Entführung. Kurfürst Friedrich der Weise von Sachsen hatte die »Tat« in Auftrag gegeben, um seinen Schützling nach Verhängung der Reichsacht in Sicherheit zu bringen. Als »Junker Jörg« brachte man den Reformator auf die Wartburg, die sich für ein Versteck recht gut eignete, weil sie ein wenig in Vergessenheit geraten war. Die einstige Residenz der mächtigen Ludowinger hatte im 12. und 13. Jahrhundert noch als Musterbeispiel spätromanischer Baukunst gegolten und gleichermaßen als beeindruckendes Herrschaftssymbol wie kulturelles Zentrum höfischer Kultur gedient. Doch seit sie im Jahr 1263 in den Besitz der Wettiner gelangt war, hatte sie an Ausstrahlung erheblich eingebüßt. Notdürftig erhalten, hatte sie inzwischen nur noch regionale Bedeutung.[36] Ein denkbar gutes Versteck also abseits des großen politischen Geschehens.

Kirche und Reich hatten ihr Urteil gesprochen, aber schon in diesem Moment muss es illusorisch erschienen sein, dass damit Ruhe in Deutschland einkehren würde. Zu viel war bereits geschrieben und gelesen worden. Während der Beratungen in Worms wurde das ungeheuer große öffentliche Interesse offenbar, denn dies war kein Geheimtreffen, dessen Verlauf nur wenige Eingeweihte interessierte. Ganz im Gegenteil: Gerüchte schwirrten in der aufgeladenen Stimmung auf den Straßen der Stadt umher, es gab anonyme Drohungen und offene Unterstützung. Nein, beendet wurde mit dem Schuldspruch nichts. »Den meisten Reichsständen«, so urteilt Heinz Schilling, »gefiel die mit dem Wormser Edikt, so der bald berühmt-berüchtigte Name des Erlasses, verhängte Acht gegen Luther ganz und gar nicht. Ebenso wenig der großen Mehrzahl der Deutschen.«[37] Der Reformator hatte nicht nur in den deutschen Landen Unterstützer, seine Ideen – allen voran seine Kritik an der Papstkirche – waren auch in den angrenzenden Ländern auf Resonanz gestoßen. Rom war darüber selbstverständlich informiert, verärgert und irritiert. Schon vor dem Wormser Reichstag hatte der päpstliche Nuntius an den Vatikan gemeldet, dass ganz Deutschland »in heller Aufruhr« sei: »Neun Zehntel erheben das Feldgeschrei ›Luther‹, und für das übrige Zehntel, falls ihm Luther gleichgültig ist, lautet die Losung wenigstens ›Tod dem römischen Hof‹.«[38]

Totgeschlagen wurde in diesem Moment noch niemand – aber die Bücher, die die neuen Ideen transportierten, wurden bereits demonstrativ vernichtet. Am 12. November 1520 waren auf Veranlassung des päpstlichen Nuntius in Köln und Mainz die Werke Martin Luthers öffentlich verbrannt worden. Die Reformatoren wollten da nicht zurückstehen und veranstalteten einen Monat später ihrerseits einen Anschlag auf das gedruckte päpstliche Wort. Wer dem Studium der evangelischen Wahrheit zugeneigt sei, so hieß es in Wittenberg, möge sich abends vor einem der Stadttore einfinden.[39] So ein Spektakel war zu dieser Zeit zwar nicht an der Tagesordnung, aber noch lange nicht so negativ besetzt wie in heutiger Zeit. Ungewöhnlich in diesem Fall waren allerdings nicht nur der Ort der Verbrennung (nämlich der Schindanger, wo sich die Bürger normalerweise der für unehrlich erachteten Dinge entledigten), sondern vor allem auch die demonstrativ vernichteten Werke. In den Flammen landeten nämlich mehrere Ausgaben des kanonischen Rechts, eine Handschrift scholastischer Beichtpraxis sowie Traktate von Luther-Gegnern. Der Reformator hätte gern auch noch Schriften des großen Thomas von Aquin verbrannt, doch der örtliche Bibliothekar verhinderte dies mit dem Hinweis, man brauche diese Schriften doch noch als Grundlagenliteratur für die Ausbildung der Theologiestudenten. Als schließlich das Feuer schon brannte, trat Martin Luther selbst an die Flammen und warf einen Druck der gegen ihn verhängten Bannandrohungsbulle hinein. Ob er dabei wirklich die folgenden Worte gesagt hat, bleibt offen. Zuzutrauen wären sie dem überzeugten Streiter auf jeden Fall:

»Weil du die Wahrheit Gottes verderbt hast, verderbe dich heute der Herr. Hinein damit ins Feuer.«[40]

Als über den streitbaren Mönch in Worms die Reichsacht verhängt worden war, befand sich Martin Luther längst in Sicherheit. Unter dem Schutz seines Landesherrn, des Kurfürsten von Sachsen, fand er auf der Wartburg auch die erforderliche Zeit für seine Arbeit. Heinz Schilling nennt die nun folgenden zwölf Monate auf der Burg einen »Glücksfall« für den Reformator, weil dieser nun – den Tagesgeschäften entrückt – die theologischen Grundlagentexte abfassen konnte, die er und seine Gefolgsleute zur Absicherung der neuen Lehre und der damit einhergehenden Erneuerung von Gottesdienst und Kirchenordnungen dringend benötigten. Aber Martin Luther war keineswegs aus der Welt: Er blieb nicht nur weiterhin Mittelpunkt des Wittenberger Reformkreises, sondern er war darüber hinaus auch durch seine Schriften im ganzen Land präsent. Zudem musste er sich – durch Korrespondenzen bestens über die Geschehnisse im Reich unterrichtet – immer wieder gegen kirchliche Vorwürfe zur Wehr setzen. Denn Rom nahm die reformatorischen Schriften keineswegs kampflos hin, und aus diesem Streit um den rechten Glauben konnte sich Luther als Anführer der Reformation nicht einfach heraushalten.[41]

So hatte auch Luthers theologische Grundaussage die kirchliche Welt längst erschüttert: Schon vor Jahren hatte er aus seinem eigenen religiösen Erleben heraus die Vorstellung formuliert, dass der Mensch in seiner Sündhaftigkeit nicht aus eigener Kraft das Heil erlangen könne – und dass auch die von der Kirche bereitgestellten Mittel ihm dabei nicht helfen würden. Damit war der Weg zur Rechtfertigungslehre frei: Eine Rechtfertigung des Menschen vor Gott werde nicht durch irgendwelche Leistungen bewirkt, sondern sie sei ein Geschenk Gottes, das der Mensch als Gnade nur dankbar entgegennehmen könne, wenn er an das Heil glaube. Die zentralen Elemente dieser neuen Theologie waren und sind die vier *Soli*: Allein durch Christus (*solus Christus*), allein durch die Gnade Gottes (*sola gratia*), allein durch den Glauben (*sola fide*) und allein durch die Schrift (*sola scriptura*) komme der Mensch zum richtigen Glauben.

Auch eine praktische Frage konnte und wollte Luther nicht länger unkommentiert lassen: die Frage nach Zölibat und Mönchsgelübde. Dass diese Lebensformen nicht aus der Bibel heraus begründbar und deshalb also Erfindungen der Papstkirche seien, hatte er schon zuvor in einer seiner Schriften erklärt. Damit war er auf große Resonanz gestoßen. Während er selbst auf der Wartburg noch entschlossen war, weiterhin im Mönchsstand zu leben, wagten andere Pfarrer bereits den Schritt in eine neue Zeit: Nahe Wittenberg ging nun ein erster Geistlicher offiziell eine Priesterehe ein – und Luther gratulierte den Neuvermählten und wünschte ihnen Glück. In den folgenden Wochen erlebte der Zölibat einen regelrechten Dammbruch – Dutzende von Priestern gründeten nun Pfarrfamilien. Wenn sich Luther anfangs zuweilen skeptisch zeigte, dann deshalb, weil er die wirtschaftlichen Folgen für die Betroffenen fürchtete. Die Eheschließung eines Priesters führte schließlich zu dessen Amtsenthebung und brachte wegen der ausfallenden Einkünfte möglicherweise große Not über junge Familien. Doch das waren weltliche Bedenken, theologisch legte der Reformator bald nach und lehnte für eine erneuerte Kirche Mönchtum und Zölibat angesichts der gottgeschenkten evangelischen Freiheit kategorisch ab. Für die katholischen Gegner war diese Festlegung ein weiteres, höchst alarmierendes Zeichen der Häresie, während man auf reformatorischer Seite diese Klarstellung als wahren »Anfang der Befreiung von Mönchen und Nonnen« feierte, die das öffentliche Leben in Deutschland umstürzen werde.[42]

Luther selbst lebte trotz seiner Angriffe auf das Mönchtum noch zölibatär. Auch nach seiner Rückkehr in das Wittenberger Augustinerkloster 1522 trug er öffentlich zunächst weiter die Mönchskutte, erst seit Oktober 1524 demonstrativ weltliche Kleidung. 1525 setzte er durch seine Heirat mit Katharina von Bora, die gemeinsam mit anderen Nonnen aus einem Zisterzienserkloster geflohen war, ein deutliches Zeichen dafür, dass auch er aus seinen theoretischen Schriften praktische Konsequenzen für sein persönliches Leben ziehen wollte. Die Ehe wurde indes weitgehend heimlich geschlossen, nur eine kleine Gruppe von engen Freunden war geladen. Doch diese Suche nach dem privaten Glück konnte selbstverständlich keine private Angelegenheit bleiben, die Heirat erregte noch lange nach Bekanntwerden die Gemüter. Es waren vor allem die Gegner Luthers, die nun den Reformator und seine Ehefrau genüsslich mit Häme und Spott überzogen. Sie konnten diese Verbindung einfach nicht akzeptieren und unterstellten Luther eine unkontrollierte Sexualität; auch Katharina wurde in dieser Hinsicht dauerhaft denunziert. Diese Verunglimpfung sollte sich auf katholischer Seite übrigens lange halten und das populäre Luther-Bild bis ins 19. Jahrhundert hinein negativ prägen. Der Reformator selbst hatte von seinen Gegnern nichts anderes erwartet als die persönliche Verunglimpfung. Letztlich sah er sich durch diese Angriffe in seiner Meinung durchaus bestätigt, dass er mit seiner Eheschließung Gottes Weisung erfüllt hatte.[43]

Die wenigen Jahre seit dem Thesenanschlag hatten Luthers Leben also nachhaltig verändert; er hatte den Papst kritisiert, mit Rom gebrochen, sein Mönchsleben beendet und schließlich geheiratet. Doch was er in diesen Jahren initiiert hatte, war weit mehr als eine Diskussion um den richtigen Glauben und die daraus abzuleitende Lebensführung des Einzelnen. Das war es zwar in seinem Ursprung, aber es ging von Beginn an auch um politische Fragen. Und die Reformation löste ein politisches Erdbeben aus. Die Gesellschaft des beginnenden 16. Jahrhunderts war in Bewegung geraten, soziale und politische Anliegen diverser Bevölkerungsgruppen verlangten nach Klärung.

Das Reich sah sich angesichts des Auseinanderbrechens der vormals alles vereinenden Kirche mit einer Legitimations- und Organisationskrise konfrontiert, in den Städten etablierten sich Bürger und Räte mit alten und neuen Ansprüchen, die Ritter fürchteten um ihren Einfluss, und auf dem Lande drohten die Bauern mit Revolten, wenn sie ihre traditionellen Rechte bedroht sahen. In dieser Gemengelage höchst unterschiedlicher und sich widersprechender Interessen wirkte die Spaltung der Kirche eskalierend. Die Reformation eröffnete hier nicht nur neue Möglichkeiten des Glaubens, sondern lieferte zugleich auch neue Anlässe und Formen der Konfrontation. So verband sich auch jener Konflikt, der als Bauernkrieg von 1524/25 in die Geschichtsbücher einging, mit der neuen religiösen Bewegung. Die Frage nach dem richtigen Glauben wurde zur sozialen Frage, deren Beantwortung im Kampf auf Leben und Tod ausgefochten werden sollte.

Bauernaufstände und Bauernrevolten waren in der spätmittelalterlichen Gesellschaft nichts Ungewöhnliches. Bauern setzten sich zur Wehr, wenn Grundherren oder staatliche Herrschaftsträger vermeintlich gegen überkommene tradierte Rechte verstießen oder wenn höhere Abgaben und ungerechte Steuern verlangt wurden. Wenn Bauern zu den Waffen griffen, taten sich rasch benachbarte Dörfer zusammen, sodass bald Heere von mehreren tausend Menschen entstanden, die für die staatliche Ordnung eine ernst zu nehmende Bedrohung darstellten. Zu Beginn der 1520er-Jahre gärte es ohnehin unter den Bauern. Die Unruhe unter ihnen steigerte sich noch, als lutherische Geistliche durch das Land zogen, um für den neuen Glauben zu werben und gegen die römische Papstkirche zu wettern. Die Bauern lebten zum Teil an der Grenze ihrer Belastbarkeit. Obwohl sie schon genug durch den berüchtigten Zehnten belastet waren, forderten die Territorialherren immer höhere Abgaben. Häufig versuchten zudem Ritter und Klöster, ihre finanziellen Probleme auf Kosten der Bauern zu lösen, und die zahlreichen Privilegien des Adels erzeugten ohnehin permanent Neid und Missgunst. Zudem hatte die Kirche auch im Bauernstand längst ihre Autorität eingebüßt, sodass wachsende Kritik an Geistlichen und Mönchen Bestandteil des Alltags wurde. Als lutherische Prediger das »göttliche Recht« auch auf das Feld der Politik ausdehnten und den Beschwerden der Bauern damit neue Legitimität verschafften, brach der Aufstand in dieser Stimmungslage endgültig los.[44]

Die Revolte begann im deutschen Südosten, erfasste bald Oberschwaben, Franken, Thüringen und auch Teile Sachsens. Überregionale Bündnisse bildeten sich, mehrere Monate lang bestimmten die Bauern in weiten Teilen Süd- und Westdeutschlands das politische Geschehen, ehe sie im Sommer 1525 in mehreren Schlachten von den Armeen der Territorialfürsten niedergeschlagen wurden. Es waren regelrechte »Bauernschlachten«, die Tausende von Toten forderten; so sollen bei der Niederwerfung des elsässischen Bauernhaufens bei Zabern annähernd 18 000 Bauern erschlagen worden sein. Ein solches Schicksal widerfuhr auch den thüringischen Bauern unter Führung von Thomas Müntzer, der seinen Gefolgsleuten erklärt hatte, die Kugeln der Obrigkeit könnten ihnen nichts anhaben, weil Gott mit ihnen sein werde. Am Ende wurden sie 1525 bei Frankenhausen zu Tausenden niedergemacht.[45]

Besonders die römische Kirche wurde Ziel der Angriffe: Klöster und Kirchen wurden geplündert, Mönche und Priester attackiert. Die Kirche habe das Volk viel zu lange geschunden, statt die Menschen auf den Weg des Evangeliums und der Wahrheit zu führen, hieß es zuweilen, und so erschien manches Kloster schlicht als Ort des Verrats und der Unterdrückung.[46] Auch deshalb interpretierte die römische Kirche den Bauernkrieg in Deutschland als sichtbaren Beweis dafür, dass die neue häretische Lehre zu Krieg und Verderben führen werde. Wenn auch dieser Bauernkrieg nicht ursächlich religiös oder konfessionell begründet war, so wurden die Abrechnungen der »neuen« mit der »alten« Kirche doch wichtiger Bestandteil dieser Kämpfe. Und sie lieferten mit ihrer ausufernden Gewalt unter konfessionellen Vorzeichen bereits einen bitteren Vorgeschmack auf kommende Religionskriege, etwa als 1525 katholische Landsknechte gefangene Bauern in Massen niedermetzelten, weil diese sich zu Martin Luther bekannten.[47]

Gerade Luther musste sich zum Geschehen positionieren und seine Lehren daraus ziehen. Das tat er schließlich klar und deutlich. Nachdem sich die Aufständischen bei ihren Forderungen auf die Bibel berufen hatten, hielt er ihnen entgegen, dass aus der Heiligen Schrift keineswegs soziale und politische Forderungen nach Umverteilung herauszulesen seien. Und schlimmer noch für die Bauern: Jeder Aufruhr gegen eine von Gott gesetzte Obrigkeit sei unzulässig. Die Bauern hätten – so forderte Luther 1525 in seiner Schrift *Wider die mörderischen und räuberischen Rotten der Bauern* – gehorsam zu sein, die Landesherren dürften mit aller Härte gegen die Aufständischen vorgehen. Dass der Reformator, mit dem sich politische Hoffnungen im Volk verbanden, sich so eindeutig auf die Seite der Obrigkeit stellte, war für viele eine Enttäuschung. Zugleich erkannte Luther, dass sich die Reformation nicht als Volksbewegung durchsetzen würde, sondern dass eine solche umfassende Neugestaltung des kirchlichen Lebens gut organisiert sein musste. Und das war seiner Meinung nach nun die Aufgabe der Obrigkeit. Die einzelnen Landesherren sollten nunmehr die Sache organisatorisch in die Hand nehmen, was auch der Kirchenspaltung in Deutschland eine neue Qualität gab. Denn die Frage der Konfessionszugehörigkeit der Untertanen wurde somit zu einer Aufgabe der Landesherren, die entschieden und notfalls eben durchgefochten werden musste.

Während die Kirchenspaltung in Deutschland ihren Weg nahm, war im fernen Rom der einstige Widersacher Martin Luthers bereits Geschichte: Leo X. war Ende 1521 im Alter von nur 45 Jahren gestorben. Er hatte sich zwar vorgenommen, sein irdisches Dasein mittels Heiterkeit, Scherz und Musik zu verlängern,[48] doch mit diesem Vorhaben war er jetzt erkennbar gescheitert. Der Medici-Papst war außerstande, die Kritik an Papstkirche und seiner persönlichen Herrschaft in ihrer ganzen Tragweite zu erkennen. Ihm hatte sich das tief religiös geprägte Auftreten Luthers nie erschlossen, die Glaubensfestigkeit und unbedingte Bindung des Augustinermönches an das Wort Gottes sowie die sich daraus ergebenden gesellschaftlichen und politischen Konsequenzen konnte er schlicht nicht nachvollziehen. Auch die in ganz Europa herrschende romfeindliche Stimmung nahm er letztlich nicht als Bedrohung wahr.[49]

Die beiden Männer, die sich persönlich nie kennengelernt hatten, hinterließen der Nachwelt erheblichen Ballast, indem sie sich gegenseitig mit den schlimmsten Verdächtigungen bedachten: Martin Luther hatte Papst Leo X. zum »wahren und leibhaftigen Antichrist« erklärt,[50] der Papst seinerseits den Reformator offiziell zum Ketzer und ihn dem Kirchenbann unterworfen. Mit ihren gegenseitigen Verurteilungen hatten die beiden rhetorisch schon die höchste Stufe der Eskalation erreicht, mehr an Verteufelung des anderen war zumindest in sprachlicher Hinsicht nicht mehr möglich. Solche gegenseitigen Verdammungsstrategien waren durchaus stilbildend für die kommenden Auseinandersetzungen zwischen Katholiken und Protestanten. Der Papst blieb vielen Protestanten der »Antichrist«, Martin Luther und die Seinen galten fortan aus römischer Perspektive als »Ketzer«. Dies war im 16. Jahrhundert so, und das sollte auch in den kommenden Jahrhunderten so bleiben.

Nun war Martin Luther indes nicht der Erste und nicht der Einzige, der das römische Kirchenoberhaupt zum Antichristen erklärte. Mit dieser auf das Johannesevangelium zurückgehenden Figur wurde traditionell derjenige als der Gegenspieler Gottes bezeichnet, dessen Auftreten dem Untergang der Welt und der Ankunft des Messias vorausgehen werde. Andere

Christen hatten geglaubt, dass der Antichrist in Gestalt eines Königs in der Welt erscheinen werde – und davon war es nur ein kurzer Schritt, sich auch den Papst als möglichen Antichristen vorzustellen. Schon im 14. und 15. Jahrhundert fanden sich entsprechende Prophetien und Visionen, ehe der Begriff »Antichrist« seit der Reformationszeit vor allem für die Polemik zwischen Katholiken und Protestanten verwendet wurde.[51]

Doch der Vorwurf, der Antichrist zu sein, war keineswegs harmlos. In der tief religiös geprägten Welt des 16. Jahrhunderts sorgte die Ankündigung von der Ankunft des Antichristen regelrecht für Angst und Schrecken. Denn die Zeiten damals waren geprägt von einer weit verbreiteten Weltuntergangsstimmung. Das hat die Reformation zweifelsohne begünstigt, und diese wiederum hat die Erwartung eines nahen Weltendes verstärkt. Ein Reformator wie Johannes Calvin hielt sich selbst angesichts der welthistorischen Situation für einen der endzeitlichen Propheten. Sogar seine Freunde und sein Umfeld dachten in diesen Jahren und Jahrzehnten in endzeitlichen Kategorien: »Die Welt ist am Ende«, predigte einer von ihnen, der Theologe Pierre Viret, und sah »schrecklichere Katastrophen, als die du kommen sahst, geschehen«. Die Menschheitsgeschichte neigte sich aus dieser Perspektive ihrem Ende zu, jetzt galt es lediglich die Zeichen der Zeit richtig zu deuten.[52] Martin Luther hat dies 1530 getan, als er angesichts der neu aufflackernden »Türkengefahr« und der Verderbtheit der römischen Kirche formulierte:

»Es ist alles aus und erfullet,
Das romisch reich ist am ende,
Der Turcke auffs hohest komen,
die pracht des Bapstumbs fellet dahin,
und knacket die Wellt an allen ende fast,
als wolt sie schier brechen und fallen.«[53]

Die Gewissheit der Reformatoren, in einer Zeit vor dem Weltuntergang und somit der nahen Wiederkunft Gottes zu leben, hat fraglos dazu beigetragen, dass sie dem Papst und der römischen Kirche so unversöhnlich gegenüberstanden. Dass sie die Päpste als Antichristen bezeichneten, war somit nicht nur eine Diffamierung eines Gegners, sondern auch die notwendige Beschreibung eines als historisch verstandenen Faktums. Die Zeiten erschienen dramatisch, also musste man zu drastischen Worten greifen.

So waren die Pflöcke der gegenseitigen Verdammung eingeschlagen und die jeweils eigenen Ansprüche auf die richtige Deutung des Evangeliums markiert. Zu dieser Haltung gehören auch die heftigen judenfeindlichen Äußerungen, die im Jahr 1543 in Luthers Schrift *Von den Juden und ihren Lügen* kulminierten. Sogar die Vertreibung von Juden und die Zerstörung ihrer Siedlungen erschienen darin legitim – schließlich wollten sie sich ja nicht taufen lassen, obwohl Luther ihnen mit der neuen Lehre den in seiner Sicht »wahren Glauben« präsentierte. Damit leistete der Reformator dem bereits bestehenden Judenhass erheblich Vorschub, und im weiteren Verlauf der deutschen Geschichte sollten sich Antisemiten in ihrem Wahn immer wieder auch auf Martin Luther berufen.

Wie sollte das Leben in Deutschland nun weitergehen? Religion war schließlich ein zentraler Ordnungsfaktor der frühneuzeitlichen Gesellschaft. Sie prägte den Alltag von der Taufe bis zum Tod, vor Ort war der Priester eine Instanz auch der weltlichen Ordnung. Die Herrschaft über Dorf und Stadt war religiös legitimiert, denn König und Kaiser galten letztlich als Regenten von Gottes Gnaden, die eben Politik im Namen Gottes exekutierten. Der Zweifel an der Wahrhaftigkeit dieser traditionellen Vorstellungen war nun auf fruchtbaren Boden gefallen, und die Kirche hatte mit der Infragestellung ihres bislang unhinterfragbaren Papstes als Gottes Vertreter auf Erden ihren Absolutheitsanspruch eingebüßt – kurz: Das gesamte religiöse, soziale und politische Leben wurde in seinen Grundfesten erschüttert. Die mentale Verunsicherung lässt sich kaum überschätzen. Es zerbrach die politische Reichseinheit der Fürsten, evangelische Landesherren zogen die über Jahrhunderte angesammelten Besitztümer der alten Kirche ein. Nonnen und Mönche verließen ihre Klöster, Priester heirateten. Es ist wohl nicht übertrieben zu konstatieren, dass in Deutschland eine Welt zusammengebrochen war.

Der Name Luther war ein Fanal, allein der Name war schon Ausdruck von Protest und möglicherweise Neubeginn. Auch wer von den theologischen Schriften kaum Kenntnis hatte, sie vielleicht nur vom Hörensagen kannte, konnte mit diesem Schlagwort agieren. Als im Jahr 1527 Söldner aus dem Heer Kaiser Karls V. wochenlang Rom und den Vatikan plünderten und verwüsteten, hatte manch einer in seiner Wut auf den Papst (das war inzwischen Clemens VII.) wohl auch die Parolen des deutschen Reformators im Kopf. Jedenfalls hinterließ Luther just in diesem Moment der Verwüstungen seine Spuren im Kirchenstaat: Ein unbekannter deutscher Landsknecht kratzte den Namen »LUTHER« in Großbuchstaben auf ein Fresko von Raffael.[54] Das war vielleicht ein Frevel am Werk des Künstlers, aber zugleich der Vorbote einer viel größeren Gefahr für den Fortbestand der alten Kirche.

Martin Luther hatte die Welt verändert. Mag die Zeit des beginnenden 16. Jahrhunderts mit ihren neuen sozialen und politischen Herausforderungen auch reif für eine Revolution gewesen sein, mögen auch die Renaissancepäpste, vor allem Leo X., den Boden für eine Kritik an Rom und damit der Papstkirche bereitet haben – es war letztlich der Augustinermönch aus Wittenberg, der zum richtigen Zeitpunkt kraft seiner Worte die Kirche Gottes wieder auf den rechten Weg bringen wollte. Rückblickend erscheint Luther heute vielen als der notwendige »Rebell in einer Zeit des Umbruchs«.[55] Der Reformator wollte keine neue Kirche, aber er musste sie nun, da die katholische Kirche offensichtlich nicht überwunden war, in Kauf nehmen und alle Kraft auf ihr Erstarken setzen. Diese neue Kirche hatte noch keine festen Formen, als Organisation war sie nicht erkennbar, erst langsam etablierte sich ein evangelisches Leben.

Mit der Etablierung neuer Kirchen ging es ums Ganze, nämlich um die Frage, welche der Kirchen in Zukunft die Macht haben würde, den »wahren Glauben« zu verkünden. War es die alte römische Kirche oder waren es die neuen Kirchen, die sich jetzt erst einmal finden und organisieren mussten? Denn es entstand nicht nur *eine* protestantische Kirche, Europa erlebte vielmehr die Geburt zahlreicher weiterer protestantischer Kirchen. Die frühneuzeitlichen Konfessionskirchen (und mit ihnen verbunden die jeweils eigenen Konfessionskulturen) werden den Kontinent in der Folgezeit tief prägen: intellektuell und kulturell, politisch und sozial. Diese Ausdifferenzierung von Konfessionen sollte sich manchmal in fruchtbarer Konkurrenz vollziehen, öfters aber in Gegnerschaft und zuweilen in regelrechter Feindschaft.[56] Es etablierten sich also neue Kirchen, aber gab es deshalb für die Menschen in Deutschland auch ein neues religiöses und weltliches Glück?

Neue Kirchen, neues Glück, neuer Streit

Die Reformation hatte ungewollt ein geteiltes Deutschland geschaffen. Während einige Fürsten weiterhin treu zum Papst und zur römischen Kirche standen – und auch den katholischen Kaiser Karl V. unterstützten –, entschieden sich andere für das neue Bekenntnis Luthers. Protestantisch waren zunächst einige Reichsstädte, dann Fürstentümer und Grafschaften, 1525 schloss sich das einstige Deutschordensland Preußen an, das sich nun zu einem weltlichen Herzogtum erklärte. Große Territorien des Reichsgebiets waren bald lutherisch, neben den preußischen Besitzungen auch Sachsen, im Westen welfische und hessische Gebiete sowie einzelne Landstriche in Süddeutschland. Schon wenige Jahre nach Luthers Thesenanschlag hatte sich die religiöse Landkarte in Deutschland vollständig verändert: Vom Bodensee im Südwesten zog sich ein breiter Gürtel protestantischer Territorien über Württemberg und Franken, Thüringen und Sachsen bis Norddeutschland hin, das von Friesland im Westen bis nach Ostpreußen im Osten des Reiches ein konfessionell weitgehend geschlossenes Gebiet war. Größere zusammenhängende katholische Gebiete stellten nur noch die Territorien der Habsburger dar. Die katholischen Erzbistümer Mainz, Trier und Köln sowie die Bistümer Münster, Paderborn und Würzburg lagen wie Inseln in einem großen protestantischen Meer.[57]

Die konfessionelle Spaltung wurde bald auch politisch nachvollzogen. 1529 wurden jene Reichsstände, die sich zur Reformation bekannten, auf dem Reichstag von Speyer vom Kaiser und von der katholischen Mehrheit dazu gedrängt, ihre Bemühungen um die Einführung des neuen Bekenntnisses auf- und ihr neu aufgebautes Kirchenwesen wieder preiszugeben. Fünf Fürsten und 14 Reichsstädte wollten diesen Beschluss indes nicht hinnehmen und formulierten noch während des Reichstags ihren »Protest zu Speyer« – weshalb die Gruppe bald auch den Namen »Protestierende« oder eben »Protestanten« trug. Weil »in Sachen Gottes Ehre und der Seelen Seligkeit belangend ein jeglicher Stand für sich selbst vor Gott stehen und Recht geben muß«, wolle man das Rad trotz des Drucks der Mehrheit in konfessioneller Hinsicht nicht mehr zurückdrehen. Das katholische und kaiserliche Ansinnen wurde zurückgewiesen. Diesen »Protestanten« gehörte zwar mit dem Kurfürsten von Sachsen nur einer der insgesamt sieben einflussreichen Kurfürsten des Reiches an, aber die beteiligten lutherischen Reichsstände waren selbstbewusst genug, sich jetzt zu einem politischen und militärischen Bündnis zusammenzuschließen, dem Schmalkaldischen Bund (benannt nach dem thüringischen Städtchen Schmalkalden, wo man diesen Bund gründete). Mit diesem Schritt wollten die lutherischen Reichsstände vor allem den möglichen Gefahren durch die Verhängung einer Reichsacht begegnen, und dies eben notfalls auch mit militärischen Mitteln.[58]

Zugleich hatte die Protestation zu Speyer, die bis heute zuweilen als »Geburtsstunde des Protestantismus« bezeichnet wird, ein grundsätzliches politisches wie rechtliches Problem aufgeworfen, das Deutschland noch lange beschäftigen sollte. Auf welcher Grundlage konnten die Anhänger der Reformation in Zukunft dem Reich und dem Kaiser loyal dienen, wenn sie doch in Fragen des kirchlichen Lebens Autonomie beanspruchten? Dadurch relativierten sie demonstrativ den Machtanspruch des Kaisers, der überdies gar nicht gewillt war, seine Entscheidungshoheit über die »richtige« Religion aufzugeben. Mehr noch, Kaiser Karl V. fühlte sich dazu berufen, die katholische Glaubenseinheit zu verteidigen und die massiv erschütterte päpstliche Autorität wiederherzustellen. Kurzum: Dieser Herrscher wollte auf Reichsebene den eigentlichen, aus seiner Sicht entscheidenden Kampf gegen die Reformation führen. Er wollte deren Folgen schlicht wieder aus der Welt schaffen – und genau das wussten die deutschen Protestanten und setzten dem Kaiser deshalb unverdrossen ihre Forderungen entgegen. Die lutherischen Reichsstände nahmen für sich in Anspruch, die Frage nach dem richtigen Bekenntnis jetzt und in Zukunft selbst zu entscheiden. Was der Kaiser nach Jahrhunderten selbstverständlichen Führungsanspruchs in Glaubensfragen dazu sagte, sollte in Zukunft zweitrangig sein. Dieser Grundgegensatz zwischen den evangelischen Städten und Ländern einerseits und dem katholischen Kaiser andererseits sollte andauern. Gleichzeitig war dies ein Streit um Politik und Macht im Reich und deshalb brandgefährlich für die Stabilität des ganzen Landes.

Konflikte gab es aber bald nicht nur zwischen der alten Kirche und den Lutheranern, sondern auch unter den Anhängern der Reformation selbst. Martin Luther hatte der Kritik an der Papstkirche zwar ein Gesicht und schließlich auch ein theologisches Programm gegeben, aber er war nicht der Einzige, der Anspruch auf den »wahren Glauben« erhob. So entstanden neben der lutherischen auch die reformierten Kirchen, vor allem durch die Impulse des Schweizer Reformators Ulrich Zwingli (1484–1531) sowie durch Johannes Calvin (1509–1564). Während Luthers Lehren vor allem im Deutschen Reich und im angrenzenden Skandinavien Verbreitung fanden, stießen Calvins Ideen vor allem in Westeuropa auf Resonanz. Calvin hatte sich schon während seines Studiums in Paris zur Reformation bekannt und deshalb Frankreich verlassen müssen. Er ließ sich schließlich in Genf nieder, wo er seine theologischen Gedanken ausformulierte und sie konsequent, nämlich streng und schließlich sogar mit Gewalt, in die Praxis umsetzte.

Johannes Calvin trieb maßgeblich – und energischer als Martin Luther – die sogenannte Prädestinationslehre voran, wonach der einzelne Mensch von Gott von Beginn an entweder auserwählt (»prädestiniert«) oder verworfen sei. Im letzteren Fall lasse sich hier auf Erden nichts mehr retten, auch kein noch so moralisch einwandfreies Leben könne Gott umstimmen, so Calvin. Wer so glaubte, musste notwendigerweise nach Hinweisen und göttlichen Zeichen Ausschau halten, um zu erfahren, zu welcher dieser beiden Gruppen er denn gehörte. Wenn es sie denn gab. Der Calvinismus ging davon aus, dass es der individuelle Lebenserfolg des Menschen sei, der darauf die Antwort lieferte: Wer Glück im Diesseits hatte, wer zu Reichtum kam und berufliche Erfolge vorweisen konnte – den hatte der liebe Gott auserwählt.

Und die anderen? Gerade Calvin selbst hatte nicht viel Geduld mit seinen Mitmenschen, die sich seiner Vorstellung und vor allem seiner bald für Genf vorgelegten und umgesetzten

Kirchenverfassung widersetzten. Die neue Kirche sollte nicht nur in theologischer Hinsicht für Ordnung stehen, sondern für sie waren jetzt auch Disziplin und Sittlichkeit von Bedeutung. Ein Konsistorium sollte über die Gemeindemitglieder und ihren tadellosen Lebenswandel wachen, ein regelrechtes Spitzelwesen wurde geschaffen. Wer tatsächlich oder angeblich der Spiel- oder Trunksucht frönte, wer Gott lästerte oder die Ehe gebrochen hatte (beide Delikte öffneten Denunziationen Tür und Tor), wurde bei der Gemeindeführung gemeldet und bestraft. Es gab sogar Gläubige, die sich in ihrem Streben nach einem besonders gottgefälligen Leben selbst vor dem Konsistorium anzeigten. Die Abweichung vom »wahren Glauben«, so lebte es der Calvinismus in Genf vor, musste konsequent geahndet werden.

Dass dieses gestrenge Regime auch Gegner hatte, ist naheliegend. Die Auseinandersetzungen in Genf wurden grundsätzlich und heftig geführt, sie eskalierten und mündeten in offene Gewalt. Die Gegner Calvins unterlagen schließlich 1555 der neuen Herrschaft; ihr erbitterter Kampf gegen den Reformator endete mit zahlreichen Verbannungen und Hinrichtungen. Und Genf wurde fortan auch für die in Deutschland entstehende reformierte Kirche zu einem Vorbild, das sich an der göttlichen Offenbarung orientierte. Der blutige Preis, der dafür in Genf gezahlt worden war, schien für die Anhänger dieser Bewegung nicht allzu sehr ins Gewicht zu fallen.

Schon vor Johannes Calvin war unabhängig von Martin Luther der Schweizer Ulrich Zwingli seinen eigenen Weg der Reformation gegangen. Er setze auf eine »totale Verchristlichung aller Lebensbereiche im engsten Zusammenwirken städtischer Behörden und reformatorischer Geistlicher«.[59] Anders als Martin Luther sprach Zwingli nicht von »zwei Reichen«, womit einerseits das Reich Gottes und andererseits das weltliche Reich auf Erden gemeint waren, sondern von einer völligen Einheit der geistlichen und der weltlichen Lebensordnung. In Zürich, wo sich der Rat der Stadt als weltliche Macht und kirchliche Obrigkeit zugleich verstand und er nach dem Willen Zwinglis mit den alten Traditionen gründlich aufräumte, setzte Zwingli sein kirchliches Reformprogramm zunächst durch: Klöster wurden aufgehoben, Prozessionen und sogar das Orgelspiel abgeschafft, ebenso die Firmung, die letzte Ölung und der Gemeindegesang. Es war eine radikale Abrechnung mit der alten kirchlichen Tradition.

Zwingli fand auch in Süddeutschland Anhänger und wurde dadurch für das neue Luthertum eine ernst zu nehmende Konkurrenz. Beide Gruppen brauchten ein gemeinsames religiöses Bekenntnis, wenn sie gegen die römische Kirche bestehen wollten – eine Zersplitterung der Bewegung konnte sie nur schwächen. Doch ihre Anführer mussten zugleich darum bemüht sein, ihren jeweiligen Anspruch auf die einzig »richtige« Lehre zu wahren, und so blieben theologische Differenzen notwendigerweise nahezu unüberbrückbar. Immerhin trafen sich Luther und Zwingli auf Vermittlung des hessischen Landgrafen Philipp im Herbst 1529 in Marburg ein einziges Mal. Es ging um das zentrale Streitthema innerhalb der reformatorischen Bewegung: das Abendmahl (Eucharistie) und die damit verbundene Transsubstantiation, also die Wandlung von Brot und Wein in den Leib und in das Blut Jesu Christi in der heiligen Messe. Daran entzündeten sich, so Heinz Schilling, »jahrzehntelange innerprotestantische Streitigkeiten, die mit hoher Gelehrsamkeit ausgetragen wurden, aber auch mit brutaler Härte – bis hin zur Vertreibung der Andersdenkenden«.[60]

Worum ging es in diesem Streit? Wenn im Gottesdienst Wein und Brot gereicht wurden, so verwandelte der Priester sie keineswegs wahrhaftig in das Blut und den Leib Christi, wie es die römische Kirche verkündete. Darin waren sich Luther und Zwingli noch einig. Aber während Luther lediglich diese »Wandlung« verwarf, hielt er an der sogenannten *Realpräsenz* Gottes im Abendmahl fest. Christus war demnach in diesem

Moment in Brot und Wein *wahrhaft gegenwärtig*, Zwingli hingegen wollte nur die *symbolische Anwesenheit* gelten lassen – materialiter »anwesend« war Christus für ihn in dieser Form nicht. War dieser Streit zu lösen? Eigentlich nicht, weil es eine Glaubensfrage war, die mit keinem noch so guten Argument letztlich beantwortet werden konnte. Der deutsche Protestantismus fand hier zunächst keine gemeinsame Linie. Die römische Seite dürfte es gefreut haben …

Zwinglis Lehren mündeten schließlich ebenfalls in Gewalt. Als der Reformator versuchte, seine Ideen in der gesamten Schweiz zu verbreiten, provozierte er zunehmend politische und schließlich kriegerische Konflikte. Am sogenannten Zweiten Kappeler Krieg, in dem reformierte Kantone unter Zürichs Führung gegen die katholischen Kantone unterlagen, nahm der Theologe als Feldprediger an der Seite Zürichs teil. Er hatte sich schon an anderen Feldzügen seiner Landsleute beteiligt, diesmal jedoch wurde er getötet. Wieder hatte ein Mann bei der Verteidigung des »wahren Glaubens« den Tod gefunden, könnte man das Geschehen kommentieren, aber diesmal war es schließlich ein Reformator selbst. Seine Lehre und seine Kirche gingen mit seinem Tod zwar nicht unter, aber seine reformatorische Strömung wurde erheblich geschwächt. Und damit wurde wiederum zwangsläufig Martin Luther gestärkt, der nun in Deutschland mit seiner Bewegung unangefochtener agieren konnte.

Ein wichtiger Bestandteil der reformatorischen Impulse jener Jahre war auch die sehr vielgestaltige Täuferbewegung. Auch diese hatte ihren Ursprung in theologischen Differenzen, war aber von Beginn an in besonderem Ausmaß geprägt von sozialen und politischen Konflikten. Die erste Täufergemeinde entstand in Zürich, als sich Gegner von Zwingli zusammenschlossen. Auch dort wurde mit größter Heftigkeit um eine theologische Frage gestritten: die Kindstaufe. Sie galt Zwinglis Gegnern als unbiblisch, während der Rat der Stadt an ihr festhielt und am 18. Januar 1525 bei Strafe der Verbannung verfügte, dass wie bisher alle Kinder innerhalb der ersten acht Tage nach ihrer Geburt getauft werden mussten.[61] Für die »Täufer« war das nicht hinnehmbar, sie protestierten, ließen sich auf den Konflikt ein und nahmen Verhaftung und Verbannung ihrer Anhänger in Kauf.

Die Täuferbewegung, die sich von der Schweiz in das Elsass und nach Süddeutschland sowie schließlich bis nach Polen und den Niederlanden verbreitete, wurde also im Konflikt mit der weltlichen Obrigkeit und der herrschenden Theologie geboren. Die Geschichte ihrer Verbreitung war durchweg durch heftige Auseinandersetzungen geprägt. Das lag auch daran, dass die Täufer selbst für die damalige Zeit als äußerst radikal galten. Sie lehnten wichtige Bestandteile der damals für evangelische wie katholische Christen geltenden politischen und sozialen Ordnung ab. Sie wollten keine bürgerlichen Ämter übernehmen, leisteten keine Eide und verweigerten überdies zumeist die Teilnahme am Kriegsdienst. Stattdessen wollten sie bereits auf Erden mit ihresgleichen ein ungestörtes und gottgefälliges Leben führen. Dass sie dabei eine Art Gütergemeinschaft im Sinne des urchristlichen »Liebeskommunismus« verkündeten und zudem viele ihre Anhänger aus den Unterschichten stammten, machte sie der Obrigkeit zusätzlich suspekt. Die Täufer galten bald als gefährlich, evangelische wie katholische Obrigkeiten gingen rigoros gegen sie vor. An verschiedenen Orten des Reiches kam es zu einer ganzen Serie von Folterungen und Hinrichtungen.[62]

Ihren grausigen Höhepunkt erreichte diese Geschichte von Krieg und Gewalt 1534 im Täuferreich von Münster. Dort wurde ein Rat von Täufern eingesetzt, angeführt von einem so titulierten »König«. Das neue Stadtregiment hatte ganz eigene reformatorische Vorstellungen und setzte seine Ideen von einer Gütergemeinschaft aller Bürger durch, aber auch das Prinzip der Polygamie. Gleichzeitig begann eine gnadenlose Verfolgung von angeblich Ungläubigen. Schon früh hatten viele Katholiken und auch jene Protestanten, die sich nicht zu den Täufern bekannten (auch in Münster war die Erwachsenentaufe deren unverzichtbares Merkmal), die Stadt verlassen; später wurden die verbliebenen Andersgläubigen aus der Stadt vertrieben. Das Schreckensregiment wurde schließlich erst 1535 nach der Erstürmung der Stadt durch Truppen des Grafen Franz von Waldeck, Bischof von Münster und Osnabrück, gewaltsam beendet. Aber auch die bischöflichen Truppen waren nicht zimperlich bei der Anwendung von Gewalt, Hunderte von Wiedertäufern wurden getötet. Ihre Anführer wurden bestialisch gefoltert, deren Leichname schließlich in eisernen Körben hoch oben am Turm der Lamberti-Kirche zur Schau gestellt, wo die Behältnisse heute für Touristen schaurig-schönen Schrecken verbreiten.

Das Regime von Münster hatte der Täuferbewegung nachhaltig geschadet, der Ruf dieser reformatorischen Bewegung war anschließend in solchem Ausmaß beschädigt, dass sie an den weiteren Bestrebungen einer kirchlichen Neugestaltung Deutschlands kaum mehr Anteil hatte. Ihre Geschichte verdeutlicht, wie rasch die Kritik an bestehenden kirchlichen und politischen Systemen und neue theologische Impulse in Gewalt münden konnten. Das Ringen um den »wahren Glauben« war zum handfesten Kampf geworden. Die Täuferbewegung war schließlich unterlegen, ihre Mitglieder wurden – von evangelischen wie katholischen Kräften gleichermaßen – rigoros bekämpft und als Konkurrenten ausgeschaltet. In einem Märtyrerlied konnten die Täufer 1526/27 ihr Schicksal noch einmal besingen, ehe auch sein Texter schließlich hingerichtet wurde:

»Wir schleichen in den Wäldern um.
Man sucht uns mit den Hunden.
Man führt uns als die Lämmlein stumm
gefangen und gebunden.

Man zeigt uns an vor jedermann
als wären wir Aufrührer.
Wir sind geacht
Wie Schaf zur Schlacht,
als Ketzer und Verführer.«[63]

Die Anhänger Martin Luthers bildeten keine einheitliche Bewegung, von einer Vielfalt lutherischer Konfessionskulturen spricht heute die Forschung. Die unterschiedlichen Auffassungen wurden besonders nach dem Tod des Reformators offenbar. Martin Luther war am 18. Februar 1546 gestorben, vermutlich an einem Herzinfarkt. Wie schon sein Leben, so war auch sein Sterben keine Privatangelegenheit, sondern ein öffentliches, im Grunde genommen politisches Ereignis. Hatte der Reformator einen friedlichen Tod gefunden? Ein solcher wäre als Ausweis seiner Rechtgläubigkeit erschienen und damit zwangsläufig als Beleg für die Richtigkeit des reformatorischen Glaubens. Seine Gegner – wie hätte es in der konfessionell aufgeheizten Atmosphäre dieser Jahre anders sein können? – nutzten hingegen sein Ableben genüsslich für weitere Verunglimpfungen seiner Person aus: Er sei unter Qualen gestorben (so wie es gemäß der traditionellen Vorstellung Ketzern in der Stunde des Todes eben ergehen musste), womöglich habe er sogar Selbstmord begangen. Diese und andere Schreckgespenster wurden kolportiert, wohl immer verbunden mit der Hoffnung auf römisch-katholischer Seite, mit Luthers Tod werde man nun den gesamten protestantischen Spuk wieder los.[64]

Dem war bekanntlich nicht so. Der Protestantismus hatte Bestand, musste sich aber noch formieren. Uneinig war man sich und blieb es bei theologischen Fragen wie dem Abendmahl und der Prädestination. Zwischen dem reformierten und dem lutherischen Bekenntnis konnte auch nach Luthers Tod keine Einigung erzielt werden; innerhalb des Calvinismus bildete sich schließlich eine eigenständige Prädestinationslehre heraus, in der detailliert über den konkreten Moment von Gottes Entscheidung über die Seelen spekuliert wurde.[65] Wollte man es positiv beschreiben, so könnte man sagen, dass der deutsche Protestantismus von Beginn an von seinen internen Diskussionen lebte – es wurde debattiert und gestritten, es wurde um den rechten Glauben gerungen. Der Preis dafür war allerdings die mögliche Schwächung des neuen Bekenntnisses gegenüber der alten Kirche.

Luthers Tod fällt in eine Zeit, in der das Heilige Römische Reich fast drei Jahrzehnte nach dem »Thesenanschlag« des Reformators von denkbar heftigen Auseinandersetzungen erschüttert wurde, von lokalen Konflikten und schließlich einem regelrechten Religionskrieg, der einmal zutreffend als »die gewaltigste militärische Kraftentfaltung« beschrieben worden ist, die bis zu diesem Zeitpunkt auf deutschem Boden stattgefunden hatte:[66] dem Schmalkaldischen Krieg 1546/47. In diesem errang Kaiser Karl V. gegen den protestantischen Schmalkaldischen Bund für sich und seine katholische Sache einen großen militärischen Sieg. Der sächsische Kurfürst und der Landgraf von Hessen, die beiden »Bundeshauptleute« des protestantischen Bündnisses, mussten sich geschlagen geben und gerieten in Gefangenschaft. Die Menschen in Deutschland erlebten den Schmalkaldischen Krieg als Zeit des Schreckens, Söldnertruppen zogen durch das Land, Schlachten mit Tausenden Kämpfern wurden geschlagen. Der Schmalkaldische Bund, der in den 15 Jahren seines Bestehens zu einem beachtlichen europäischen Machtfaktor aufgestiegen war, wurde 1547 endgültig geschlagen und aufgelöst. Doch ein totaler Sieg, vielleicht gar eine Überwindung des Protestantismus nur ein Jahr nach Luthers Tod blieb ein katholischer Traum – das protestantische Deutschland ließ sich nicht so ohne Weiteres schlagen, auch wenn das viele weiterhin glaubten. Kaiser Karl V. hatte wohl die Fürsten besiegt, so der französische Historiker Fernand Braudel, aber ihre Untertanen, ihren Glauben nicht:

»Und überdies hilft in religiösen Angelegenheiten die Gewalt meist nicht viel. Die protestantischen Prediger wie Hunde aus dem Süden Deutschlands zu verjagen – nichts ist einfacher, doch was dann? Im Grunde bleibt alles offen.«[67]

Vor dem Letzten scheute Karl V. zurück, vielleicht aus eigenem religiösen Empfinden heraus, vielleicht auch aus politischem Kalkül: Er wagte es nicht, sich an dem toten Luther zu vergreifen, nachdem im Mai 1547 am Ende des Schmalkaldischen Krieges sich auch die Lutherstadt Wittenberg der Übermacht der kaiserlichen Truppen beugen musste, die daraufhin siegreich in die Stadt einzogen. Wenn man so will, kam es nun, 26 Jahre nach dem Reichstag in Worms, zu einer zweiten Begegnung zwischen Kaiser und Reformator: Karl V. stand in der Wittenberger Schlosskirche vor dem Grab Martin Luthers. Was würde der Kaiser tun? Vor allem spanische Berater und Gesandte Roms sollen ihm dazu geraten haben, den Leichnam exhumieren und verbrennen zu lassen.[68] Doch der Kaiser winkte ab; er wollte seinen Sieg dazu nutzen, um – wie er es im Vorjahr in einem Brief an seine Schwester formuliert hatte – »die Verhältnisse in Deutschland zu ordnen und zu befrieden«.[69]

Das war in den Augen des Kaisers nur dadurch zu erreichen, dass die Protestanten wieder in den Schoß der päpstlichen Kirche zurückkehrten. Doch sowohl politische Interessenkonflikte innerhalb des katholischen Lagers (die Landesfürsten standen mit ihren regionalen Interessen keineswegs immer vorbehaltlos hinter dem Kaiser) als auch protestantisches Beharrungsvermögen ließen ein solches Vorhaben scheitern. Die neuen Kirchen in Deutschland hatten erkennbar Bestand, da half letztlich auch kein militärischer Sieg.

Wie sollte es in Deutschland weitergehen? Die weltliche Obrigkeit, das Reich, musste sich um die Religionen kümmern, wollte sie einem funktionierenden Staatsgebilde vorstehen. Im Jahr 1555 wurde auf dem Reichstag in Augsburg ein entsprechender Anlauf unternommen und der »Augsburger Religionsfrieden« geschlossen, nach dem die Konfessionen jetzt nicht mehr vereint werden sollten. Vielmehr wurde hier erstmals das unbefristete Nebeneinander zweier Varianten des christlichen Glaubens innerhalb eines politischen Systems festgeschrieben. Friede und die Sicherung ihres Besitzstandes wurden nun gleichermaßen den Katholiken wie den Anhängern des sogenannten *Augsburger Bekenntnisses (Confessio Augustana)* gewährt. Diese grundlegende Bekenntnisschrift, die den Glauben und die Lehre der neuen Kirche zusammenfasste, war während des Reichstags feierlich verlesen und Kaiser Karl V. von den Protestanten überreicht worden. In Augsburg wurde zugleich festgelegt, dass die Reichsstände jetzt auch die Konfession ihrer Untertanen bestimmten: »cuius regio, eius religio«. Der Glaube war also keine private Angelegenheit des Einzelnen mehr, sondern Sache eines ganzen Landesvolkes. Wer seinem Landesherrn bei einem Wechsel zum »richtigen« Glauben nicht folgen wollte, bekam im Paragraph 24 des Augsburger Religionsfriedens zumindest das Recht, das Land samt Familie und Eigentum zu verlassen. Oder besser: Er musste das Land verlassen. Immerhin wurde die rechtliche Grundlage für Glaubensflüchtlinge innerhalb Deutschlands geschaffen.

> »Wo aber Unsere, auch der Churfürsten, Fürsten und Stände Unterthanen der alten Religion der Augspurgischen Confession anhängig, von solcher ihrer Religion wegen … mit ihren Weib und Kindern an andere Orte ziehen und sich nieder thun wollen, denen soll solcher Ab- und Zuzug, auch Verkauffung ihrer Haab und Güter … zugelassen und bewilligt, auch an ihren Ehren und Pflichten allerdings unentgolten seyn.«[70]

Dieser Religionsfriede hatte durchaus etwas Richtungsweisendes. Er war nämlich ein politischer Kompromiss, der die theologische Wahrheitsfrage ausklammerte und vielleicht erst deshalb eine Verständigung möglich machte. Im Reich sollte fortan Parität zwischen den Konfessionen gelten, während in den Territorien die konfessionelle Einheitlichkeit zur strikten Norm wurde.[71] Zugleich blieb das Ringen zwischen den Konfessionen damit in der Schwebe. Indem der Landesherr die Religionsausübung bestimmte, wurde die fortdauernde territoriale Spaltung des Reiches durch die konfessionelle Spaltung vertieft.[72]

Derweil mussten die Konfessionen selbst noch intern ihre Fronten klären, etwa der Protestantismus. Für ihn forderten die einflussreichen Kurfürsten von Brandenburg und Sachsen endlich ein Ende der Streitigkeiten. Das sollte 1580 das sogenannte *Konkordienbuch* bringen, eine Übereinkunft, die für die Lutheraner zum zentralen Dokument der Bekenntnisbildung wurde. Für eine gemeinsame evangelische Kirche sei eine »allgemeine summarische Lehre« vonnöten, hieß es in der Einleitung, und man wolle keine reformatorische Strömung ausgrenzen, soweit sie mit der Norm des *Konkordienbuches* übereinstimmte. Wer nicht mitmachte, musste weichen: In Wittenberg wurden 1581 jene Professoren entlassen, die sich dieser Übereinkunft nicht anschlossen.[73]

Die katholische Kirche hatte derweil in den Jahren nach dem Augsburger Religionsfrieden große Not, überhaupt ihren Bestand zu wahren. Ihre heile Welt war zerstört. In den Städten und beim Adel schien die Sympathie für die Reformation ungebrochen, zunehmender Priestermangel bewirkte vielerorts einen Zusammenbruch der Seelsorge. Geblieben waren dem Katholizismus oft nur schlecht ausgebildete Geistliche, die schon mit dem theologischen Alltagsgeschäft ausgelastet und der reformatorischen Herausforderung in ihren Gemeinden oft nicht gewachsen waren.[74] Die Amtskirche setzte deshalb jetzt verstärkt auf Visitationen, und diese offenbarten das Bild eines niederen Klerus, der oft nur über begrenzte liturgische und pastorale Kenntnisse verfügte, zuweilen nicht einmal predigen konnte oder manchmal sogar in unerlaubter Ehe lebte. So kam beispielsweise 1570 ans Licht, dass 80 Prozent der katholischen Pfarrer in der Diözese Brixen mit einer Frau zusammenlebten.[75] Diese Zahl kann nicht auf den gesamten deutschsprachigen Klerus übertragen werden – sie macht aber deutlich, wie groß die Kluft zwischen theologischer Theorie bei der Kirchenführung einerseits und der katholischen Praxis im desaströsen kirchlichen Leben der alten Kirche andererseits war.

Der deutsche Katholizismus befand sich fraglos in einem Zustand des Verfalls. Der Klerus in den Gemeinden hatte der Wucht und der Attraktivität der neuen Ideen wenig entgegenzusetzen. So fand die evangelische Bewegung immer mehr Anhänger – nach 1550 hatte es fast den Anschein, als ob das gesamte Heilige Römische Reich protestantisch werden würde. Die Katholiken blieben ihren Gottesdiensten fern, nahmen immer seltener an der Kommunion teil und gingen nicht mehr zur Beichte. Besonders attraktiv waren hingegen die evangelischen Messen, weil die Besucher auch zum Kelch greifen durften, was in der katholischen Kirche dem Priester vorbehalten blieb. Die Einnahme des Abendmahls in Form von Brot und Wein, also in beiderlei Gestalt, war revolutionär – und faszinierte auch die Katholiken. Sogar die Stände im katholischen Bayern verlangten 1553 die Zulassung des Kelches für die Gemeinde, drei Jahre später schlossen sich der Adel und die Städte Ober- und Niederösterreichs, der Steiermark, Kärntens und Krains dieser Forderung an. Erst durch den energischen Widerstand der Herrscherhäuser der Wittelsbacher und der Habsburger wurde dieser Bewegung Einhalt geboten.[76]

Im Alltag der Deutschen setzten sich nach dem Augsburger Religionsfrieden die Konflikte um den »wahren Glauben« zwischen den Konfessionen fort, auch weil diese Vereinbarung durch zahlreiche Unklarheiten in den folgenden Jahrzehnten immer wieder neue Auseinandersetzungen zur Folge hatte. Manchmal waren es allerdings klare Verstöße gegen dieses

Reichsgesetz, etwa wenn ein geistlicher katholischer Fürst zum Protestantismus konvertierte und seinen Besitz nicht abgeben wollte, wie es in Augsburg beschlossen worden war. So etwas geschah beispielsweise in Köln, wo der dortige Erzbischof 1582 zum evangelischen Glauben übertrat und sein Land nun unter seiner Herrschaft in ein weltliches Fürstentum verwandeln wollte. Unterstützt von Kaiser und Papst, verhinderten spanische und bayerische Truppen im sogenannten Kölner Krieg bis 1585 das Vorhaben. Köln blieb ein katholisches geistliches Territorium. Das Reich und die alte Kirche hatten den Verstoß gegen den Augsburger Religionsfrieden in ihrem Sinne gelöst – wenn auch nur mit militärischer Gewalt.

In der Praxis bedeutete ein solches Vorgehen, dass viele Städte wiederholt geplündert und die Kämpfe internationalisiert wurden. Den spanischen und bayerischen Truppen standen auf protestantischer Seite nicht nur kurpfälzische, sondern auch niederländische Soldaten gegenüber. Der Konflikt um den »wahren Glauben« in Deutschland war zu einem Krieg mit europäischer Beteiligung geworden, und das Kölner Beispiel sollte in Zukunft leider Gottes Schule machen. Für die Menschen war es schockierend, dass Glaubensverschiedenheiten zum Krieg führen konnten, der Belagerung und Plünderung ihrer Stadt, Hunger, Elend oder Verlust von Besitz und Leben mit sich brachte.

Die konfessionelle Konfliktlinie mag scharf erscheinen, doch in manchen Gemeinden herrschte ein ziemliches konfessionelles Durcheinander. Die Konfessionsgrenzen waren noch durchaus fließend. Es gab sogar zahlreiche lokale Mischformen zwischen den Religionen, die vor allem die katholische Amtskirche mit Sorge betrachtete. Da wurde beispielsweise von einem katholischen Priester berichtet, der mit seiner Gemeinde bei einer Prozession ein einschlägiges evangelisches Lied anstimmte. Aus anderen Gemeinden wurden Rufe nach der Einführung der Priesterehe und immer wieder nach Zulassung des Laienkelches laut. Pfarrer wie Gemeindemitglieder waren in dieser Zeit gerade in den noch katholischen Gebieten tief verunsichert. Sie (und mit ihnen auch Teile der katholischen Obrigkeit) hofften oft auf ein Entgegenkommen ihrer Kirche gegenüber den reformatorischen Ideen, um so die noch schwankenden Bevölkerungsteile an die alte Kirche binden zu können.[77]

Aus eigener Kraft konnte sich der alte Glaube in Deutschland kaum behaupten, geschweige denn erneuern. Theologische Hilfe musste von außen kommen, vom Vatikan, missionarische und pastorale Hilfe wohl von den Orden. Für eine wie auch immer geartete »Gegenreformation« reichte das allerdings bei Weitem nicht aus. Wollte der Katholizismus wirklich eine Wende zurück in die Zeit vor der Reformation erreichen, so brauchte die alte Kirche dafür die Macht der weltlichen Höfe und ihrer mächtigen Bischöfe, die im Reich ja zugleich einflussreiche Landesherren waren.[78]

Zu den wichtigsten Trägern der katholischen Reform wurden jetzt die Jesuiten, die mit strenger akademischer Ausbildung und diszipliniertem kämpferischen Einsatz ihrem Hauptgegner, der evangelischen Reformation, gegenübertraten. In der zweiten Hälfte des 16. Jahrhunderts verbreitete sich der Orden rasch über Europa, in Deutschland zählten beispielsweise die bayerischen Herzöge zu seinen Förderern. Die Jesuiten setzten vor allem auf Erziehung und Ausbildung nicht nur der eigenen Mitglieder, sondern auch der Söhne von Adel und Fürsten.[79] Viele bedeutende Vorkämpfer der katholischen Sache waren in jungen Jahren von den Jesuiten zur Konversion aus dem Protestantismus bewegt worden.[80] Wenn man so will, betrieb die Gesellschaft Jesu damit Gegenreformation im praktischen Sinne.

Inhaltlich sollte die katholische Antwort auf die Reformation auf dem Konzil von Trient gefunden werden. Dieses war erstmals 1545 zusammengetreten, ein Jahr vor Luthers Tod, wurde zwischenzeitlich nach Bologna verlegt und vertagt, ehe es 1562/63 am Ursprungsort zu Ende gebracht wurde. Das Ergebnis war der unwiderrufliche Bruch mit den Reformatoren. Viele der von Martin Luther und anderen gestellten Fragen wurden aufgegriffen – und als irrig verworfen. So insistierte man, gegen die Verwendung von Volkssprachen in Liturgie und Heiliger Schrift, auf der Bedeutung der lateinischen Sprache und verurteilte die Mitwirkung von Laien zugunsten einer Stärkung der Kleriker in der Kirche. Statt Vielfalt der Riten und theologischer Diskussion standen strenge Uniformität und Zensur auf der Tagesordnung.[81]

Der klaren Abgrenzung gegenüber diesen »Ketzern« folgte in den Beschlüssen des Konzils die Stärkung der katholischen Kirchenorganisation, um die eigene Sache in Zukunft schlagkräftiger vertreten und verteidigen zu können. So sollten Bischöfe nicht mehr gewählt werden und künftig unbedingt vor Ort residieren. Durch ständige Visitationen und Synoden sollten sie fortan dafür sorgen, dass der Klerus in Ausbildung und Verhalten den Vorstellungen der katholischen Kirche entsprach und nicht auf theologische Abwege geriet. Für das Heilige Römische Reich wurde zudem eine eigene Kardinalskongregation eingerichtet, um auch dort den Widerstand gegen die »Ketzer« koordinieren zu können.[82]

Vor Ort griffen die Bischöfe aber nicht nur zu den Mitteln der Schul- und Seminargründungen oder der Visitationen, sondern veranlassten auch regelrechte Protestantenverfolgungen. So nutzte etwa der Würzburger Bischof seit 1585 radikal das ihm als Landesherr zustehende Konfessionsrecht gegenüber seinen Untertanen aus. Damit war er der erste geistliche Fürst, der konsequent von dem Recht Gebrauch machte, das Bekenntnis seiner Untertanen flächendeckend und ohne Ausnahmen durchzusetzen. Die Protestanten unter seinen Untertanen mussten entweder katholisch werden oder emigrieren. In Scharen verließen daraufhin evangelische Einwohner das Land, etwa tausend von ihnen wurden vermutlich zur Auswanderung gezwungen.[83] Der Sohn des Glasmalers Elias Ditwar aus Würzburg notiert später, wie sein Vater den Verlust seiner Heimat erlebte:

> »Um das Jahr Christi 1588 hat sich mein Vater, wie damals viele andere Protestanten, von Würzburg nach Kitzingen gewandt. Als er seine Sachen zu Schiff gebracht und der Schiffmann vom Lande abfahren wollte, hat er, im Schiffe stehend, mit lauter Stimme das Lied zu singen angefangen: ›An Wasserflüssen Babylon, da saßen wir mit Schmerzen.‹«[84]

Die Landesherren waren zwar im Besitz des Konfessionsrechts und bestimmten also nach ihrem Willen das Bekenntnis ihrer Untertanen. Doch auch dieses umfassende Recht mussten sie politisch erst einmal durchsetzen. Unterschiedlich waren die Widerstände, die ihnen zuweilen im eigenen Land entgegengesetzt wurden, und dementsprechend unterschiedlich waren auch die Erfolge, die die Landesherren bei der Durchsetzung ihres Rechtes hatten. Als beispielsweise der geistliche Reichsfürst Balthasar von Dernbach auf dem Gebiet des Fuldaer Stifts in voller Schärfe gegen seine protestantischen Untertanen vorging, ihre Kultusformen verbot und ihnen mit Ausweisung drohte, brachte er unter anderem die Ritterschaft und die Stadt Fulda gegen sich auf. Sie riefen sogar die evangelischen Landgrafen von Hessen und den Kurfürsten von Sachsen zu Hilfe, die allerdings angesichts der herrschenden Rechtslage von einer Intervention absahen. Doch angesichts des Widerstandes resignierte Balthasar von Dernbach bald darauf, ließ seine forschen Pläne fallen und machte sogar Platz für einen neuen Landesherrn.

Auch andere stießen an ihre Grenzen: Der Mainzer Kurfürst schickte 1574 einen Tross von 2000 Mann ins Eichsfeld, um dort wieder das katholische Bekenntnis einzuführen. Angesichts des ihm dort entgegenschlagenden Widerstandes beschränkte der Mainzer zwar die Religionsfreiheit des Adels, wagte es aber nicht, andersgläubige Untertanen auszuweisen.[85] Die Anhänger des Luthertums waren längst nicht mehr immer und überall bereit, sich den konfessionellen Anordnungen der katholischen Obrigkeit einfach zu beugen. Sie zogen Juristen zu Rate, riefen das dafür zuständige Reichskammergericht an, ignorierten die Anweisung von bischöflichen Beamten oder baten notfalls benachbarte protestantische Fürsten um Hilfe.[86]

Es zeigte sich schon zu diesem Zeitpunkt, dass die Auseinandersetzungen zwischen den Bekenntnissen eigentlich unlösbar waren, weil die Frage nach dem rechten Bekenntnis keine verhandelbare Position darstellte. Und so hatten sich bereits Mitte des 16. Jahrhunderts mehrere Konfessionskirchen und Konfessionskulturen gebildet, die einander unversöhnlich gegenüberstanden. »Jede einzelne von ihnen«, so hat es Heinz Schilling beschrieben, »beharrte weiterhin auf einem universellen, alle anderen Wahrheiten ausschließenden Wahrheitsanspruch.« Zwischen den Christen blieb somit kein Raum »für einen programmatischen Willen zur Toleranz«.[87]

Die Reformation hatte fraglos zu einer Renaissance der Religion geführt, weil auch die katholische Kirche wichtige Impulse für eine eigene Reform umsetzte. Doch zugleich war das der Reformation innewohnende bedingungslose Verlangen nach dogmatischer Reinheit ihre dunkle Kehrseite. Einheit und Reinheit des Glaubens waren als Denkvorstellung in die moderne Welt entlassen worden, »Toleranz« gegenüber anderen Bekenntnissen war nicht gewollt. Sie kam im Alltag gegen alle theologische Ideologie eher unabsichtlich oder schlicht notgedrungen zum Tragen. In der bestehenden Konkurrenz der Konfessionen vermochte sich keine Seite entscheidend durchzusetzen, und so hatte sich schließlich auf deutschem Boden gegen den Willen der theologischen Protagonisten eine regional geteilte Mehrkonfessionalität etabliert. Mit wachsender Mobilität wurde die Begegnung mit Andersgläubigen in einem gewissen Maße Bestandteil der eigenen Realität, das weiterhin gültige Einheitsgebot wurde in der Praxis immer mehr »durchlöchert«.[88]

Was hatte die Einführung der Reformation den Menschen in Deutschland gebracht? Auf der Habenseite stand ein erstaunlich erfolgreicher Aufstand gegen eine Papstkirche, die die christliche Botschaft durch ihr eigenes Auftreten weitgehend denunziert hatte. Jetzt gab es neue Kirchen, in denen das vermeintlich wahre Bekenntnis seinen Raum hatte. Aber sonst? Sonst hatte dieser Umbruch eben auch umfangreiche Zumutungen in Glaubenssachen zur Folge. In ihrer übergroßen Mehrheit hatten die Menschen in Deutschland keinen Einfluss mehr auf ihre Konfessionszugehörigkeit. Die gemischte konfessionelle Struktur Deutschlands entsprang nicht dem Wunsch der Menschen, sondern den machtpolitischen Rahmenbedingungen der Reformation, den aus höchst unterschiedlichen Motiven getroffenen Entscheidungen der Landesherren.[89] Es konnte keineswegs jeder glauben, was er wollte, sondern nur das, was sein Landesherr glaubte. Und wer diesen Glauben nicht teilte, musste entweder sein Bekenntnis gegen ein anderes eintauschen oder das Land verlassen.

Zugleich mündeten die Vielfalt der Bekenntnisse und die Konfessionalisierung der Lebensverhältnisse in eine neue Form des sozialen Drucks. Sowohl die protestantische als auch die katholische Kirche wollten mit dem angeblichen »Schlendrian« in den Gemeinden aufräumen. Die notorisch schlechte Beteiligung am Kirchenleben, mäßiger Kirchenbesuch oder auch der mangelnde Respekt vor Pfarrern im Besonderen und vor der Religion im Allgemeinen waren lutherischen wie katholischen Geistlichen gleichermaßen ein Dorn im Auge. Vor allem die Feier des Abendmahls wurde fortan zum zentralen Punkt der konfessionellen Gruppenbildung, diente als Ausdruck der eigenen Identität und zugleich der Abgrenzung gegenüber den Andersgläubigen.[90] Wenn man so will, galt die Regel: Zeigt mir, wie du Abendmahl feierst, und ich sage dir, zu welcher Konfession du gehörst. Die Katholiken empfingen das Sakrament in Gestalt des Brotes, die Protestanten in beiderlei Gestalt. Der Bekenntnisunterschied war sichtbar, wenngleich in Wahrheit sehr viel tiefer gehend.

Fortan wurde genau kontrolliert, wer was in der Kirche machte. Katholische Landesherren betrieben eine strenge Konfessionsüberwachung, indem sie sich von den Pfarrern gewissenhaft über Abendmahlsbesuch und Beichtverhalten berichten ließen; der vom Pfarrer beglaubigte Beichtzettel wies den Kirchgänger im günstigen Fall als kirchentreuen Untertanen aus. Aber auch die evangelische Obrigkeit hielt die protestantischen Pfarrer dazu an, Kommunikantenlisten zu führen. In den reformierten Gemeinden ging es schon früh besonders streng zu, weil die dort geübte Kirchenzucht zugleich die moralische Befähigung des Einzelnen zur Teilnahme am Abendmahl im Blick hatte. Die Kirchen schauten also sehr genau, wer zu ihren Abendmahlsfeiern kam – und hielten für eklatante Verstöße die kirchliche Höchststrafe bereit, nämlich den Ausschluss aus der Abendmahlsgemeinschaft. Bei der Bedeutung der konfessionellen Gemeinschaft konnte das vor Ort den Ausschluss aus der sozialen Gemeinschaft bedeuten.[91]

Neu war für Deutschland seit der Reformation auch die Erfahrung, wie rasch Auseinandersetzungen um den »wahren Glauben« in Gewalt enden konnten. Schon der Bauernkrieg mit seiner entfesselten Gewalt hatte die Menschen in Angst und Schrecken versetzt, das brutale Vorgehen im Zusammenhang mit der Täuferbewegung wirkte in Form schauriger Geschichten noch lange nach, der Schmalkaldische Krieg hatte Tausende von Soldaten das Leben gekostet. Religion bedeutete fortan oft auch Gewalt, Andersgläubige mussten sich grundsätzlich bedroht fühlen. Man hatte jetzt in Deutschland nicht nur Angst vor Gott und dem Schicksal, auch nicht nur vor der Obrigkeit in Gestalt des Landesherrn, der unduldsam seine Rechte einforderte, sondern auch vor der Verfolgung durch den Andersgläubigen. Hatten nicht schon im Bauernkrieg katholische Landsknechte Gefangene nur deshalb ermordet, weil sie sich als Lutheraner zu erkennen gegeben hatten? Musste man jetzt nicht grundsätzlich Angst vor dem Nachbarn haben, weil der bei passender Gelegenheit und entsprechend aufgeheizter Atmosphäre ebenfalls zum Mörder werden konnte? Angesichts solcher Ängste sorgte in den deutschen Ländern im Jahr 1572 eine Nachricht aus Frankreich für größten Schrecken. Das Königreich war für über drei Jahrzehnte von konfessionellen Bürgerkriegen heimgesucht worden, Menschen waren dort allein wegen des Streits um den rechten Glauben übereinander hergefallen:

> »Es wurde im ganzen Lande auch gebrandschatzt und getötet im Namen der beiden feindlichen Bekenntnisse. Der Unterschied der religiösen Bekenntnisse wurde tief ernst genommen, er machte aus Menschen, die sonst gar nichts trennte, die alleräußersten Feinde. Einige Worte, besonders das Wort Messe, wirkten so ungeheuer, daß ein Bruder für den anderen unverständlich und von fremdem Blute wurde.«
> (Heinrich Mann in seinem historischen Roman über *Die Jugend des Königs Henri Quatre*)[92]

Grausamer Höhepunkt der Gewalt in Frankreich war die sogenannte »Bartholomäusnacht« im Jahr 1572, deren Bekanntwerden in ganz Europa für Schrecken und Empörung sorgte. Eigentlich sollte eine königliche Hochzeit nach Jahren des Kampfes Frieden bringen. Der hugenottische (also protestantische) König Heinrich von Navarra sollte die katholische Margarete, die Schwester des französischen Königs, heiraten. Die amtierende französische Königin hingegen agitierte derweil weiter gegen die Hugenotten und ließ wenige Tage nach der

Hochzeit einen Mordanschlag auf deren politischen Anführer verüben. Als der allerdings scheiterte, dehnte sie ihre Mordpläne kurzerhand auf alle zu den Hochzeitsfeierlichkeiten in Paris versammelten protestantischen Hugenotten aus, wobei sie auf die aktive Mithilfe der Stadtbevölkerung bauen konnte. In dem dann einsetzenden Blutrausch wurden fast alle in Paris weilenden Hugenotten getötet, auch in den Provinzen wurden viele von ihnen erschlagen. Details des Pogroms machten bald die Runde. Protestanten wurden durch die Straßen gehetzt und erschossen, in ihren Häusern erschlagen und selbst Frauen und Kinder bestialisch niedergemetzelt. Am Morgen des Bartholomäustages bedeckten die Leichen die Straßen oder trieben in der Seine. Bis zu 10 000 Protestanten wurden in Frankreich Opfer dieser Gewaltorgie.

Dass in Frankreich nach diesem schrecklichen Geschehen der konfessionelle Bürgerkrieg weiterging, ist naheliegend. Damit erwies sich auch die Annahme als verfehlt, dass das Blutbad den französischen Protestantismus endgültig gebrochen habe und das Ereignis als Teil der erfolgreichen Gegenreformation in Europa zu verstehen sei.[93] Über Frankreich hinaus wurde die Bartholomäusnacht zum Inbegriff des konfessionellen Schreckens. Ein solches Pogrom schien nun im Prinzip überall möglich zu sein, nicht nur in Frankreich. Die Angst vor ähnlichen Vorfällen war auch in Deutschland nicht unbegründet. Dass die Sorgen berechtigt waren, zeigte sich nur knapp zwei Generationen später, als Deutschland für drei Jahrzehnte in den Strudel eines großen Krieges gezogen wurde. Ein Jahrhundert nach Luthers »Thesenanschlag« begann der Dreißigjährige Krieg, die Auseinandersetzung um den »wahren Glauben« bekam ein grausames Antlitz und wurde für das Land zur Katastrophe.

Es wäre ungerecht, den Menschen in der schönen schwäbischen Stadt Donauwörth die Schuld am Ausbruch des Dreißigjährigen Krieges zuzuschieben. Dennoch ist es im Rückblick durchaus beachtlich, welch konfessionellen Ärger sie in ihren Straßen anzettelten und welch fatale Folgen ihre Zwistigkeiten auslösten. Was war geschehen? Es begann im Jahr 1606: In der Stadt an der Mündung des Flüsschens Wörnitz in die Donau, die zu diesem Zeitpunkt schon auf eine stolze Geschichte zurückblickte, hatte sich seit einigen Jahren die Reformation durchgesetzt – fast jedenfalls. Ein kleines Häufchen Katholiken wagte es nämlich weiterhin, dem alten Glauben anzuhängen. Von einigen Mönchen unterstützt (vermutlich auch noch von Jesuiten ermutigt), wollten sie nicht nur ihren Glauben wahren, sondern auch sich und vor allem der gesamten, weitgehend andersgläubigen Stadt zeigen, wie selbstbewusst eine Handvoll Katholiken auftreten konnte. So veranstalteten sie am 25. April 1606, dem Tag des heiligen Markus, eine Prozession durch die Stadt. Damit war Ärger vorprogrammiert.

Zwar hatten auch die Protestanten in Donauwörth eigentlich nichts gegen den Evangelisten Markus einzuwenden. Und auch nichts dagegen, dass man ihn vor allem in bäuerlichen Gegenden traditionell um Hilfe für eine gute Ernte anrief. Aber dass die wenigen Katholiken Donauwörths bei dieser Gelegenheit selbstbewusst singend durch die protestantische Stadt zogen und dabei noch demonstrativ einige ihrer Fahnen schwenkten, erschien vielen dann doch eher als Provokation denn als ernst gemeinte Verehrung des Heiligen. Und mit dieser Einschätzung dürften die protestantischen Bürger wohl richtiggelegen haben. Jedenfalls verhinderten sie kurzerhand das katholische Treiben, 1606 ebenso wie bei einem erneuten Versuch im folgenden Jahr. Keine katholischen Aufzüge in unserer Stadt – das mussten die Protestanten ihnen ein für alle Mal klarmachen. Doch da die Katholiken hartnäckig blieben und eben 1607 wieder durch die Straßen zogen, zeigten sich die Protestanten unnachsichtig und griffen kurzerhand zur Selbsthilfe. Angeblich drängten sie die Andersgläubigen von den Straßen, entwendeten deren Fahnen und schleiften sie demonstrativ durch den Straßenkot. Als die Katholiken nach diesem Sakrileg aus Donauwörth hinauszogen (vielleicht flüchteten sie auch schlicht vor der aufgebrachten Menge), riefen die Protestanten ihnen »Friedensstörer« und »Halunken« hinterher. Und dass sie zusehen sollten, »wie sie wieder hereinkommen«.[94]

Die Stimmung in der Stadt war jedenfalls gründlich vergiftet, aber das wäre nicht weiter erwähnenswert gewesen, denn Ähnliches trug sich zu dieser Zeit auch in anderen deutschen Städten zu. Irgendwie war Donauwörth zu dieser Zeit überall. Nur leider war es nun doch keine Stadt wie alle anderen, denn es war eine sogenannte Reichsstadt, die keinem Fürsten oder einfachen Landesherrn unterstellt war, sondern direkt dem Kaiser, in diesem Fall Rudolf II. Der wurde also kraft Amt zwangsläufig in alle ernsthaften Konflikte seiner Städte verwickelt, so also auch in die Vorgänge von Donauwörth. Der katholische Habsburger Rudolf glaubte, seine eigenen Glaubensbrüder schützen und obendrein als Kaiser grundsätzlich den Katholiken in seiner Reichsstadt ihr verbrieftes Recht auf Ausübung ihres Glaubens garantieren zu müssen. Dieses Recht hatte man im Augsburger Religionsfrieden 1555 schließlich ausdrücklich festgelegt, gerade für die Städte, in denen es beide Religionen gab (wie eben auch in Donauwörth). So hieß es im Paragraph 27 des Augsburger Religionsfriedens:

> »Nachdem aber in vielen Frey- und Reichs-Städten die beede Religionen … ein zeithero im Gang und Gebrauch gewesen, so sollen dieselbigen hinführo auch also bleiben und in denselben Städten gehalten werden und derselben

Frey- und Reichs-Städt Bürger und andere Einwohner, geistlichs und weltlichs Stand, friedlich und ruhig bey- und neben einander wohnen und kein Teil des andern Religion, Kirchengebräuch oder Ceremonien abzuthun oder ihn darvon zu dringen unterstehe.«[95]

Katholiken und Protestanten »friedlich und ruhig bey- und neben einander«? Das schien zumindest in Donauwörth zu diesem Zeitpunkt überhaupt nicht zu funktionieren. Der Kaiser glaubte also handeln zu müssen und übergab die Angelegenheit dem Reichshofrat, der schon häufiger bei Konfessionsangelegenheiten angerufen worden war, obwohl dessen Zuständigkeit hierfür durchaus umstritten war. Außerdem war gegen den Reichshofrat schon seit Jahren immer wieder der Vorwurf der konfessionellen Einseitigkeit erhoben worden,[96] weshalb dieser Schritt zusätzlich den Argwohn der Protestanten weckte. Und auch diesmal schienen wieder die Katholiken von dem Urteil des Gremiums zu profitieren. Denn das Gericht reagierte auf die Vorgänge in Donauwörth ziemlich überraschend mit der in einem solchen Fall höchst ungewöhnlichen Maßnahme der Reichsacht, mit der Begründung, dass die protestantischen Bewohner den Religionsfrieden gebrochen hätten. Es war offensichtlich, dass Kaiser Rudolf bei diesem Urteil seine Finger im Spiel hatte. Er schlug sich demonstrativ auf die Seite der wenigen Katholiken der Stadt, deren Rechte er verletzt sah.

Um die Reichsacht durchzusetzen, folgte nun die Reichsexekution, die der Kaiser dem – ebenfalls katholischen – Herzog von Bayern übertrug. Das wiederum stellte aus Sicht der Protestanten eine weitere Ungerechtigkeit dar, denn eigentlich hätte damit der lutherische Herzog von Württemberg als Oberster des angrenzenden schwäbischen Kreises beauftragt werden müssen.[97] Der bayerische Herzog jedenfalls legte keinerlei Fingerspitzengefühl an den Tag, sondern vollstreckte den am 1. Dezember 1607 erlassenen Exekutionsbefehl in überraschender Eile und rückte schon am 17. Dezember mit seinen Truppen in der Reichsstadt ein.[98] Die katholische Macht hatte sich durchgesetzt und die protestantische Mehrheit vor Ort brüskiert.

Der Vorfall in Donauwörth stellte in gewisser Hinsicht einen spektakulären Einzelfall dar, aber es war vor allem die angespannte konfessionelle und politische Situation im Heiligen Römischen Reich, in der dieses lokale Ereignis eine konfliktverschärfende Bedeutung gewann. Die verhinderten Prozessionen in der Stadt zeigten, dass man in deutschen Landen gut neunzig Jahre nach der Reformation von einem friedlichen Ausgleich weit entfernt war. Was die streitbaren Protestanten und die dickköpfigen Katholiken in Donauwörth auf den Weg brachten, vollendete der ungeschickt auftretende und deshalb zum Ausgleich unfähige Kaiser Rudolf II. Eine Verständigung zwischen den Bekenntnissen, den Reichsstädten, Fürsten, Bischöfen und der Reichsführung schien nicht mehr möglich zu sein.

Man kann sich unschwer vorstellen, wie desaströs die Stimmung war, als sich im Januar 1608 die Vertreter der Länder und Städte zum anstehenden Reichstag in Regensburg trafen. Die Reichsacht gegen das protestantische Donauwörth hatte wie ein Schlag gegen alle Protestanten gewirkt, die bei dieser Zusammenkunft mit den Katholiken eigentlich drängende Probleme lösen wollten. Dazu gehörte vor allem die Frage der rechtlichen Regelungen nach der Einziehung von vormals katholischem Kirchenbesitz durch evangelische Landesherren. Auch ein Spruch des Reichskammergerichts hatte hier keine Klärung erbracht. Dies wäre für den Kaiser der günstige Moment gewesen, deeskalierend auf die versammelten Kurfürsten und Fürsten einzuwirken. Doch Rudolf II. war dazu nicht gewillt. Er wünschte sich vom Reichstag lediglich, dass dieser einer neuen Sondersteuer zustimmte, mit der er ein 24 000 Mann starkes Heer gegen die Türken aufstellen konnte, obwohl doch sein Habsburgerreich mit den Osmanen gerade Frieden geschlossen hatte. Für diese Steuer – und für eine Beruhigung der konfessionellen Lage im Reich – wäre ein starker, womöglich werbender oder versöhnlicher Auftritt beim Reichstag in Regensburg unverzichtbar gewesen. Aber Rudolf II., der zuletzt als Kaiser immer wieder zu erschreckender Untätigkeit neigte und aufgrund seiner persönlichen Defizite wenige Jahre später zur Abdankung gezwungen wurde, blieb dem Treffen auch noch demonstrativ fern.

Diesem ohnehin schon schweren politischen Fehler fügte der Kaiser einen weiteren hinzu: An seiner statt schickte er als Kommissar ausgerechnet den Habsburger Erzherzog Ferdinand, einen erklärten Feind der Protestanten und eifrigen Vorkämpfer der Gegenreformation.[99] Und der zeigte gleich zu Beginn der Zusammenkunft, dass er zu einem ausgleichenden Auftreten nicht gewillt war. Er ließ vor den Türen des Regensburger Rathauses demonstrativ das Achtmandat gegen die Stadt Donauwörth aushängen – eine klare Warnung an die protestantischen Fürsten und Städte: Das Reich unter Führung des katholischen Kaisers werde in konfessioneller Hinsicht stets sein Recht durchsetzen. Erzherzog Ferdinand war fraglos ein konfessioneller Brandstifter, der in dieser Situation ausgerechnet als kaiserlicher Feuerwehrmann entsandt worden war.

Das musste schiefgehen. Der Reichstag löste sich Anfang Mai 1608 auf, ohne zu juristischen und steuerlichen Fragen oder gar zum Religionsfrieden im Land Ergebnisse erzielt zu haben; eine von den Habsburgern initiierte Vorlage zum Kirchenbesitz stieß die protestantischen Landesherren wohl bewusst vor den Kopf. So begann das Jahr 1608 mit einem politischen Desaster, und das nächste Drama kündigte sich bereits an: Bestürzt über die kaiserliche Reaktion auf die Konflikte in Donauwörth und das Scheitern des Reichstags, gründeten evangelische Länder noch im Mai 1608 unter Führung von Kurpfalz und Württemberg die protestantische »Union« zum Schutz der Rechte der Protestanten. Weitere Länder und Reichsstädte traten dem Bund bei, der ausdrücklich dem militärischen Schutz seiner Mitglieder verpflichtet war. Die gemeinsame Bundesakte sah die Aufstellung einer Armee von 20000 Mann vor. Die Gegenseite rüstete umgehend nach. Unter Führung Bayerns bildete sich 1609 die katholische »Liga«, die von ihren Mitgliedern ebenfalls Gelder für die Aufstellung eines Heeres eintrieb. Unterstützung erhielt sie dabei nicht nur aus deutschen Landen – so versprachen 1610 der König von Spanien und auch die Kurie in Rom eine finanzielle Beteiligung am Bündnis.[100] Damit waren die militärischen Voraussetzungen für einen Krieg endgültig geschaffen, für eine Gewalteskalation fehlte eigentlich nur noch der Zündfunke.

Krieg war in Sicht. Eigentlich scheuten ihn die meisten Fürsten in diesem Moment wohl nur, weil sie die dafür nötigen Mittel nicht aufbringen konnten oder wollten. Zugleich glaubten sie aber, dass sich die Probleme zwischen den Konfessionen und zwischen der Reichsspitze mit dem katholischen Kaiser und den neugläubigen Landesherren in absehbarer Zeit nicht friedlich lösen lassen würden. Denn die konfessionellen Konflikte vor Ort und in der großen Politik spitzten sich weiter zu. Schon 1609/10 wäre es fast zum Krieg zwischen den beiden konfessionellen Schutzbünden gekommen, als es um die legitime Nachfolge des verstorbenen Herzogs von Jülich-Kleve ging. In diesem Fall wahrte man den Frieden noch einmal, weil das Land schließlich zwischen einem katholischen und einem protestantischen Herrscher aufgeteilt wurde. Aber damit waren die Religionsfragen im Reich nicht geklärt, und die politischen Fronten waren so verhärtet, dass auch der neue Kaiser Matthias keinen Ausgleich mehr schaffen konnte.

Die Situation eskalierte schließlich 1618 in Böhmen. Dort hatte sich in den Jahren zuvor viel Konfliktpotenzial aufgetürmt. Die böhmischen Stände forderten die Habsburger immer wieder heraus, ihre Forderungen waren auch mit konfessionellen Fragen verquickt. So sah sich Wien, das politische Zentrum des katholischen Habsburgerreichs, zunehmend mit entschlossen auftretenden Anführern des böhmischen Protestantismus konfrontiert. Der 1612 zum Kaiser aufgestiegene Matthias und sein Vetter, der 1617 zum König von Böhmen gewählte Ferdinand II., setzten sich an die Spitze der Gegenreformation. Was für ein Glück, dass die Protestanten noch einen sogenannten Majestätsbrief in Händen hielten, den ihnen 1609 der damalige Kaiser Rudolf II. ausgestellt hatte. Darin wähnten sie ihre religiösen Rechte garantiert – allerdings galt das nur bis zu dem Moment, da der neue Kaiser sich daranmachte, gerade diese überlieferten Garantien infrage zu stellen. Er glaubte nämlich entdeckt zu haben, dass das Recht zum Bau protestantischer Kirchen zu großzügig ausgelegt worden sei, woraufhin zwei Gotteshäuser auf seine Anordnung hin geschlossen werden mussten.

Diese Provokation konnten die böhmischen Protestanten nicht unerwidert lassen, doch ihren Protest ignorierte der Kaiser: Als sie sich im März 1618 in Prag versammelten, befahl ihnen Kaiser Matthias kurzerhand, sofort auseinanderzugehen. Das taten die Böhmen, kamen aber bald erneut zusammen, jetzt aber unter dem Einfluss der radikaleren Vertreter der Protestanten. Wollte die Obrigkeit in Wien nicht auf Worte reagieren, dann, so hieß es nun, müsse man eben Taten folgen lassen. Gesagt, getan. Nicht zum ersten Mal in der böhmischen Geschichte, aber in diesem Falle besonders öffentlichkeitswirksam und folgenschwer, griff man zum Mittel des »Fenstersturzes«. In Prag war das seit dem 15. Jahrhundert nichts Ungewöhnliches, zuweilen sprach man von dieser Form der Selbstjustiz schlicht als von der »böhmischen Methode«. An diesem 23. Mai 1618 griffen sich die aufgebrachten Protestanten nun die beiden kaiserlichen (und katholischen) Statthalter des Königs von Böhmen und warfen sie aus den Fenstern ihres Amtshauses. Eines der Opfer erinnerte sich später an das Geschehen – und an den vermeintlichen göttlichen Beistand:

»Indem … Graf Martinez … zu beten anfing: ›Jesu, du Sohn des lebendigen Gottes, erbarme dich meiner, Mutter Gottes, gedenke mein‹, hoben ihn die genannten Personen von der Erde und stürzten ihn samt Rapier und Dolch … mit dem Kopf voraus aus dem Fenster in die Tiefe des Schloßgrabens. Aber er ist, nachdem er im Herabfliegen unaufhörlich den Namen ›Jesus, Maria‹ gerufen, so leise auf die Erde gesunken, als wenn er sich setzen täte, so daß ihm durch die Fürbitte der Jungfrau Maria und den Schutz Gottes der schreckliche Fall an seiner Gesundheit trotz seines schweren Leibes nicht geschadet hat.«[101]

Tatsächlich überstand der beleibte Gesandte ebenso wie das andere Opfer den Sturz vergleichsweise glimpflich. Das dürfte aber weniger mit der Anrufung der heiligen Gottesmutter zu tun gehabt haben als vielmehr mit dem großen Misthaufen, der unter dem Fenster lag und der den Aufprall entscheidend dämpfte. Solch profane Gegebenheiten ließen auf katholischer Seite indes nicht die Gerüchte verstummen, wonach Augenzeugen (»fromme, glaubwürdige Leute«) just im Moment des Fenstersturzes die Jungfrau Maria gesehen hätten, wie sie die armen Gesandten »mit ihrem Mantel in den Lüften erhalten und auf die Erde getragen hat«.[102] So unterschiedlich dieses Ereignis gesehen und interpretiert wurde – der Vorgang war eine gewollte politische Provokation und wurde von den Zeitgenossen auch als solche verstanden. Mit dem »Prager Fenstersturz« begann endgültig der Krieg, der schon so lange in Sicht gewesen war. Und einige Zeitgenossen fürchteten schon von Beginn an, dass er sehr lange dauern könnte, etwa der Kurfürst Ferdinand von Köln:

»Wenn es wahr sein sollte, daß die Böhmen im Begriff ständen, Ferdinand abzusetzen und einen Gegenkönig zu wählen, so möge man sich gleich auf einen 20-, 30- oder 40-jährigen Krieg gefasst machen.«[103]

Tatsächlich geschah genau das: Die Böhmen erklärten ihren aus dem Hause der verhassten Habsburger stammenden König Ferdinand für abgesetzt, der aber – was die Sache noch komplizierter machen sollte – nur eine Woche später zum deutschen König und Kaiser gewählt wurde. Ferdinand II. war von Jesuiten erzogen worden und bislang stets entschieden für die Sache der Gegenreformation eingetreten. Er würde sich nie damit abfinden, dass ihm die Protestanten in Prag so schmählich die böhmische Krone gestohlen hatten. So nahmen die Dinge ihren Lauf: Während sich in Prag der von den Ständen gewählte neue König Friedrich V. von der Pfalz einrichtete, sammelte der Kaiser für die katholische Liga ein schlagkräftiges Heer, was allerdings Zeit in Anspruch nahm, da es an Geld und Waffen für einen Feldzug gegen die Böhmen mangelte. 1620 waren diese dann beschafft und die katholische Allianz geschmiedet, sodass ihr Heer unter Führung des Grafen von Tilly in der Schlacht beim Weißen Berge nahe Prag einen grandiosen Sieg erringen konnte. Die böhmische Armee löste sich auf, und der neue König musste schon nach einem Jahr Prag verlassen, diesmal als Flüchtling vor den katholischen Soldaten. Weil er nur ein gutes Jahr regierte, nur einen Winter lang, gab ihm die Nachwelt den Spottnamen »Winterkönig«.

Dieser Winterkönig brauchte nicht mehr zu erleben, auf welch gewaltsame Weise die Sieger in Böhmen Rache nahmen. Tausende Böhmen mussten das Land verlassen, viele Adlige verloren ihren Besitz, 27 Anführer des Aufstands wurden öffentlich in Prag hingerichtet. Unnötige Grausamkeit wurde dabei keineswegs verhindert, sondern war konstitutiver Bestandteil dieses Rachefeldzugs. Einem der Verurteilten wurde vor der Enthauptung noch die Zunge herausgeschnitten, sie wurde mit den Köpfen weiterer Hingerichteter sowie den Händen eines weiteren Opfers an der Moldaubrücke aufgehängt. Am Tag der Hinrichtungen sollte andauernder Trommelwirbel dafür sorgen, dass die Zuschauer nicht die letzten, womöglich für ihre Feinde unangenehmen Worte der Delinquenten hören konnten. Doch zumindest von einem, der nach dem Köpfen sogar noch gevierteilt werden sollte, sind die letzten Worte überliefert:

> »Mögen sie meinen Kopf und die einzelnen Teile meines Körpers in die fernsten Länder verschicken, mein Erlöser wird sie am Jüngsten Tag schon auffinden.«[104]

Dass es nach der Niederwerfung der Böhmen nicht zum Frieden kam, sondern vielmehr zu einer Ausweitung des Krieges, hatte sowohl innen- als auch außenpolitische Gründe. Innerhalb des Reiches, in dem zu allem Überfluss auch noch einige militärische Akteure des böhmischen Aufstands auf eigene Faust Krieg führten, pochte Bayern auf die Übertragung der Pfälzer Kur, die dem bayerischen Herzog vom Kaiser für die Beteiligung am Feldzug gegen die Böhmen versprochen worden war. Dazu wurde nun die Rheinpfalz von kaiserlichen Soldaten besetzt, wobei diese von spanischen Truppen unterstützt wurden. Auch andere europäische Mächte waren an den Auseinandersetzungen beteiligt: Neben Spanien auch die Niederlande (die sich wiederum selbst gerade im Krieg mit Spanien befanden) und Dänemark, das sich um die Zukunft des norddeutschen Protestantismus sorgte und schon bald Operationen protestantischer Heerführer in Deutschland unterstützte.

Und immer sind es einzelne konkrete Ereignisse, die das Maß der Zerstrittenheit, den Willen zur Demütigung des Gegners oder den Hass auf den Andersgläubigen symbolisch zum Ausdruck bringen. Nach der Besetzung Heidelbergs durch katholische Truppen unter General Tilly wurde beispielsweise in einer Geste des Triumphs die kostbare Heidelberger Bibliothek als offizielles Geschenk der katholischen Liga an den Papst missbraucht und nach Rom verschafft. Dieses Vorgehen hatte System: »Die Schärfe der Vergeltungsmaßnahmen in Böhmen und

Mähren«, so hat es der Historiker Heinrich Lutz einmal beschrieben, »die Unerbittlichkeit der politischen Unterwerfung wie der katholischen Restauration im Sinne einer völligen ›Ausrottung der Ketzerei‹ überstiegen alles, was das leidlich domestizierte Europa seit Jahrhunderten in dieser Art erlebt hatte. Strafjustiz, Güterkonfiskation und Zwangsbekehrung folgten dem Sieg der katholischen Waffen, die unter dem Segen der Gottesmutter gestanden hatten.«[105]

Der Ausbruch der Katastrophe resultierte zwar aus dem Streit um die Deutung und Präzisierung des Augsburger Religionsfriedens und damit um die angemessene Machtbalance zwischen Kaiser und Reichsständen. Doch Länge und Härte dieses Krieges ergaben sich auch aus den unmittelbaren politischen Umständen und den militärischen Interventionen von Schweden und Frankreich.[106] Die folgenden Jahre sahen immer wieder neue Kriege, die vor allem nach dem Eingreifen der konfessionellen Schutzmächte Schweden auf protestantischer und Frankreich auf katholischer Seite geführt wurden. Die einzelnen Kriege verschmolzen zu einem fast immerwährenden Kriegszustand, der zunehmend das ganze Land in Mitleidenschaft zog. Dabei wurde das Grauen dieses Krieges nicht erst durch seine Länge offenbar. Die Zeitgenossen beklagten bereits nach wenigen Jahren das Ausmaß der Verwüstungen und der Gewalt, welche die durchziehenden Söldnerheere verursachten. So schrieb der Barockdichter Martin Opitz über die Schrecken und Grausamkeiten, die im Namen des Glaubens verübt wurden:

»Die Bäume stehn nicht mehr, die Gärten sind verheert,
Die Sichel und der Pflug sind jetzt ein scharffes Schwert.
…
Die Schwester ward entleibt in ihres Bruders Armen,
Herr, Diener, Frau und Magd erwürget ohn Erbarmen.
…

Viel sind, auch Weib und Kind, von Felsen abgestürtzt
Und haben ihnen selbst die schwere Zeit verkürtzt,
dem Feinde zu entgehn. Was darff ich aber sagen,
was die für Hertzenleyd, so nachgelebt, ertragen?
Ihr Heyden reicht nicht zu mit eurer Grausamkeit,
was ihr noch nicht gethan, das thut die Christenheit.«[107]

Die Söldnerheere jener Jahre sollten eigentlich von ihrem Auftraggeber bezahlt werden – vom Kaiser oder der katholischen Liga, von Schweden oder Frankreich. Und typischerweise wurden damals die Heere nach einem Feldzug wieder aufgelöst. Beides wurde im Verlauf des Krieges allerdings zur Ausnahme. Die Söldnerarmeen wurden nun permanent gebraucht, sie blieben oft jahrelang unter Waffen und bildeten damit in militärischer Hinsicht den Übergang zum Prinzip der sogenannten stehenden Heere. Da aber die Bezahlung der Truppen immer häufiger ausblieb, waren diese zunehmend darauf angewiesen, sich selbst zu versorgen. Dies taten sie auf Kosten von Land und Leuten. Steuern für Kriegszwecke und Zwangsabgaben sowie alle nur erdenklichen Lieferungen und Dienstleistungen waren für die Bevölkerung bald an der Tagesordnung.

Damit war die Verheerung ganzer Landstriche vorprogrammiert und ein Teufelskreis in Gang gesetzt, der die Ausplünderung am Laufen hielt: Hatte eine Region erst einmal ihre Ressourcen an Lebensmitteln und Wirtschaftskraft eingebüßt, versiegten auch die Abgaben an die Besatzungstruppen. Die wichen nun mit ihren Forderungen bei erstbester Gelegenheit auf benachbarte Regionen aus, die sie dann für ihre Zwecke ausplünderten.[108] Dagegen half kein Widerspruch, wehrlos musste vor allem die bäuerliche Bevölkerung Diebstahl und Raub hinnehmen. Das führte zu verzweifelten Widerstandsversuchen, spontanen Akten der Gegengewalt. Wenn bäuerliche Gruppen sich einem Trupp Soldaten überlegen fühlten, konnte es zu grausamen Vergeltungsaktionen für die jahrelang erduldeten Ausplünderungen kommen. Doch das provozierte wieder neue Gewalt, denn die Rache der Soldateska folgte meist auf dem Fuße.[109]

Es war ein buntes, aber höchst gefährliches und gewalttätiges Volk, das damals im Reich unterwegs war: Söldner aus aller Herren Länder, schottische und kroatische Regimenter, polnische Reiter, Albaner, Finnen, Livländer … Sie kämpften für den, der sie bezahlte – mal für die katholische Liga, mal für die protestantische Union. Je länger der Krieg andauerte, desto häufiger rekrutierten auch die ausländischen Verbände deutsche Kämpfer. Vor allem die schwedischen und französischen Heere griffen schließlich fast ausschließlich auf Deutsche zurück.[110]

Die Männer, die da über viele Jahre hinweg aufeinander losgehen mussten, waren zudem höchst unterschiedlich ausgerüstet. Die größten Verluste erlitt das einfache Fußvolk. Dieses wurde während des Krieges immer wieder neu zusammengewürfelt, weil die einfachen Soldaten zumeist vor dem Winter entlassen und im Frühjahr wieder angeworben (oder zwangsrekrutiert) wurden. Sie mussten die weiten Strecken zu Fuß gehen und waren nur mit einer langen Lanze, der sogenannten Pike, bewaffnet. Trafen sie auf ihresgleichen, versuchten sie sich mit dieser Pike gegenseitig zu töten – im Nahkampf. Möglichst einen Bogen machte man um die sogenannten Kürassiere, die schwere Reiterei des Dreißigjährigen Krieges. Das waren ausgebildete Kämpfer, die über Jahre hinweg zusammenblieben. Wie ihre Pferde gepanzert und mit weit überlegener Waffentechnologie zogen sie in die Schlachten. Dabei ritten sie zumeist im vollen Galopp auf den Feind zu, feuerten aus unmittelbarer Entfernung mit der einen Pistole, ritten anschließend einen Bogen, um dann von hinten erneut auf den Gegner zuzustürmen und auf ihn mit einer zweiten Pistole zu schießen.

Manche Männer machten in diesen Jahren im Kriegshandwerk regelrecht Karriere. So zum Beispiel Gottfried Heinrich Graf zu Pappenheim, ein Anführer solcher Kürassiere. Zum Katholizismus konvertiert, entschied er sich mit 25 Jahren für eine militärische Karriere aufseiten des Kaisers, begann als kleiner Rittmeister und stieg mit den Jahren schließlich zum kaiserlichen Feldmarschall auf. Seine »Pappenheimer Kürassiere«, denen Friedrich Schiller fast 170 Jahre später in seinem *Wallenstein* eine sprichwörtlich gewordene Treue gegenüber ihrem Feldherrn zuschreiben sollte, bildeten eine gefürchtete Truppe. Ihr Anführer selbst wurde zu Lebzeiten legendär, nicht nur weil er sich mutig und verwegen in den Kampf warf, sondern auch weil er trotz zahlreicher und zum Teil schwerer Verletzungen überlebte. Man nannte ihn bewundernd den »Schrammenheinz«. An ihm zeigt sich übrigens, dass schwere Verletzungen für Soldaten in diesem Krieg nicht nur an der Tagesordnung waren, sondern dass es durchaus auch Chancen gab, sie zu überleben. Wenn nicht eine gefürchtete Entzündung hinzukam, konnten Wundärzte oder Barbiere mit Hilfsmitteln wie der oft angewendeten Kugelzange tatsächlich so manche Verletzung versorgen und eine Genesung ermöglichen.

Anfangs kämpften in einer Armee 10 000 bis 20 000 Soldaten zusammen. Mit den Jahren wuchsen diese Armeen immer weiter an: Wallenstein hatte auf katholischer Seite schon 1627 rund 100 000 Kämpfer unter Waffen, fünf Jahre später waren es dann 120 000. Die spätere Armee des schwedischen Königs Gustav Adolf zählte 1632 fast 150 000 Mann.[III] Mit der Zahl der Soldaten stiegen die Kosten, und damit wiederum nahm das Leiden der noch weiter ausgeplünderten Bevölkerung zu.

Der Krieg geriet – soweit man das nicht eigentlich von jedem Krieg sagen kann – außer Kontrolle. Dies galt nicht nur für die (Selbst-)Versorgung der Söldnerarmeen und die eskalierende Gewalt gegen Soldaten wie Zivilisten, sondern auch für die »Auftraggeber«. Immer häufiger waren es einzelne Akteure, die selbstherrlich und auf eigene Rechnung Truppen auf die Beine stellten und in die Kämpfe schickten. Sie lockte weniger politisches Programm oder konfessionelles Bekenntnis als vielmehr die Aussicht auf große Beute. Und dieses Motiv teilten sie mit ihren Kämpfern, die marodierend durch die Lande zogen. Es entstand ein völlig neuer Typus des Kriegsunternehmers, der auf eigene Kosten und eigenes Risiko für einen Herrscher in den Kampf zog. Albrecht von Wallenstein war wohl der prominenteste Vertreter dieser neuen Gruppe. Der berühmte General hatte mit den Jahren so viel Besitz und Einfluss aufgebaut, dass er schließlich dem Kaiser riesige Summen für den Krieg vorstrecken konnte. Auch war er beispielsweise im Jahr 1625 in der Lage, ein Herr mit über 20000 Mann auf eigene Kosten aufzustellen und damit die katholische Liga entscheidend zu unterstützen.

Was die Zahl der Opfer dieses Krieges und die Verwüstung des Landes angeht, so gingen die Meinungen über das genaue Ausmaß dieser Katastrophe später auseinander. Vermutlich hat es hinsichtlich der Schilderung der Grausamkeiten auch Übertreibungen gegeben, etwa wenn von Kannibalismus die Rede war. Auch waren die Zerstörungen von Dörfern und Städten sowie die Rückschläge für Handel und Landwirtschaft regional unterschiedlich stark ausgeprägt, sodass sich die einzelnen Landstriche auch unterschiedlich rasch oder langsam von den Folgen des Krieges wieder erholten. Bei allen Unterschieden kann man aber davon ausgehen, dass in diesem Krieg drei bis vier Millionen Menschen starben – das entspräche 15 bis 20 Prozent der Gesamtbevölkerung. Die größte Zahl der Toten forderten allerdings nicht die Kämpfe selbst, sondern die durch die vielen Truppenbewegungen begünstigte Ausbreitung von Seuchen, die oft zusammenfassend als »Pest« bezeichnet wurden.[112]

Und was war jetzt mit der konfessionellen Frage inmitten dieser Kämpfe? War der Dreißigjährige Krieg tatsächlich ein Glaubenskrieg? Es ging fraglos auch in hohem Maße um politische Macht und den Einfluss auf die politischen Entscheidungen im Reich – das galt für die deutschen Fürsten ebenso wie für die europäischen Mächte. Aber die Einteilung der Welt in die »einen« und die »anderen« verlief weiterhin entlang der Konfessionsgrenze. Es gab in der Wahrnehmung der Zeitgenossen sehr wohl »die« Katholiken und »die« Protestanten, verhasst waren »die Pfaffenfreunde« und »die Ketzer«. Auch wurden kirchliche Einrichtungen immer wieder bevorzugt Opfer von Gewalt, nicht nur weil sie materiell eine verlockende Beute darstellten, sondern auch weil sich an ihnen die Wut gegen den Feind und seine Symbole entladen konnte.

Von Beginn an war die zitierte »Ausrottung der Ketzerei« ein Ziel des Krieges gewesen. Es ist als ein spezifisches »Motiv der kirchlichen Vergeltung und Rache« beschrieben worden, das wohl im Laufe des Krieges zurücktrat, aber doch über die drei Jahrzehnte hinweg als zusätzliches Movens von Bedeutung blieb, das »Schonung und Humanität außer Acht ließ«.[113] Der Glaubensaspekt sorgte also zuweilen für eine weitere Verschärfung und Enthumanisierung der Kriegführung. Auch deshalb fehlte es nicht an Versuchen, die Soldaten nicht nur mit Hinweisen auf geltendes Strafrecht, sondern auch im Sinne des katholischen oder des evangelischen Glaubens zu zügeln. Es mag im Einzelfall womöglich geholfen haben, aber das System gegenseitiger Übergriffe auf die Andersgläubigen konnte damit nicht durchbrochen werden.[114] Wer den falschen Glauben hatte, mit dem brauchte man jetzt kein Mitleid mehr zu haben. Wer überlebte, wurde ausgeplündert, weil man sich im Recht sah. Als die Stadt Frankfurt an der Oder im Jahr 1631 von schwedischen Truppen erobert wurde, gab König Gustav Adolf die Stadt anschließend zur Plünderung frei. Den Bürgern wurden die Kleider vom Leibe gerissen, und wer nicht umgehend Geld und Wertsachen herausgab, wurde ermordet. Als sich ein Gelehrter der Frankfurt Universität beim lutherischen Schwedenkönig beschwerte, dass man ihm seine Bücher geraubt hatte, erhielt er zur Antwort, dass dies eben die gerechte Strafe sei, weil er die falsche Lehre verbreitet habe. Der Gelehrte war Calvinist.[115]

Es gab ein spezifisch katholisches Ziel in diesem Krieg: die Wiederherstellung der alten Ordnung. Die gesamte deutsche Bevölkerung, so die gleichermaßen diffuse wie völlig unrealistische Vorstellung, sollte zum katholischen Glauben zurückkehren, die Reformation so weit wie möglich ungeschehen gemacht werden. Und was die Protestanten an Besitz ihr Eigen nannten (Kirchen, Ländereien, Bildungsanstalten), sollte sämtlich den Katholiken zurückgegeben werden. Daraus leitete sich die protestantische Gegenposition ab: Es gibt kein Zurück zum Status vor 1517, und der eigene Besitz wird selbstverständlich nicht wieder hergegeben, von der Herrschaft der protestantischen Fürsten einmal ganz zu schweigen.

Eine politische Lösung war aufgrund dieser konträren Forderungen weitgehend ausgeschlossen, wenn sich die Konfessionen nicht miteinander arrangieren konnten. Der christliche Glaube, der ja beide Lager prinzipiell miteinander verband, hatte es zwangsläufig schwer in diesen Zeiten der Verheerung. Und er veränderte sich durch die Bedingungen des Krieges. Einerseits war er längst mit traditionellem und neuem »Aberglauben« verwoben, der Glaube an die Kraft von Geistern war in dieser Ausnahmesituation oft genug Selbstverständlichkeit. Mal sollten die Mädchen in der Christnacht im Namen des Teufels schuss- und hiebfeste Nothemden für die Soldaten nähen, ein andermal raunte man sich zu, dass die Schweden in ihrem Tross Zauberer aus dem fernen Lappland mit sich führten, die allein durch ihre Verwünschungen den Widerstand ihrer katholischen Feinde lähmen könnten.[116]

Und ein weiteres Mal, aber unter den Bedingungen des Krieges schärfer denn je zuvor, führte dieses Gemisch aus Volksaberglauben und christlichen Vorstellungen zur Verfolgung der sogenannten »Hexen«. Ähnliche Ereignisse gab es auch in anderen europäischen Ländern, aber nirgendwo sonst auf dem Kontinent fielen so viele Menschen diesem Wahn zum Opfer wie in Deutschland. Das Reich wurde zum Zentrum der Hexenprozesse, ihren Höhepunkt fanden die Gewaltexzesse zwischen 1626 und 1631. Diese Phase der extremen Hexenverfolgung lässt sich nur bedingt durch die Nöte der Zeit und das enorme soziale und wirtschaftliche Leid der Menschen erklären. Vielmehr scheint das konfessionelle Moment hier eine Rolle zu spielen – ein Zusammenhang zwischen der Zunahme der Hexenprozesse und dem Anwachsen der katholischen Macht im Reich liegt da nahe. Denn es waren vor allem geistliche Territorien, in denen es vermehrt zu entsprechenden Denunziationen und Prozessen kam. Allen voran Kurfürst Ferdinand von Köln tat sich hier unrühmlich hervor und stieg zum Organisator der schärfsten Verfolgungswelle auf. Er nutzte seine gesamte kirchliche Infrastruktur für ein systematisches Ausrottungsprogramm.[117]

Die verbissene Verfolgung von Hexen, von Andersgläubigen, von Abweichlern jedweder Couleur ging in diesen Jahren einher mit einer spezifischen Vorstellung der Notwendigkeit von Buße. Deutschland werde auch deshalb von solchem Unglück getroffen, weil sich seine Menschen versündigt hätten an Gott und seinen Geboten. Auch wenn Katholiken und Protestanten notwendigerweise sehr verschiedene Vorstellungen über die Art dieser Versündigung hatten, so mehrten sich durchaus jenseits allen konfessionellen Streites die Aufrufe zur Buße. Denn ohne sie, so hieß es hier wie in vielen Flugschriften jener Zeit, werde es auch keinen Frieden geben:

»O Teutschland würke Buß im Sack und in der Asche,
Es muß ein Tränenbach Dir Deinen Schlamm abwaschen
Dann trau auf Gottes Güt'…
Soll endlich Friede sein, so müssen wir erkennen,
Wie bößlich wir gelebt…«[118]

Und mitten im grauenvollen Alltag des Krieges wechselten die Menschen in den deutschen Ländern immer wieder ihre Konfession. Notgedrungen, denn nach dem Augsburger Religionsfrieden hatten sie ja dem Bekenntnis ihres Herrschers zu folgen (»cuius regio, eius religio«). Und so mancher Fürst wechselte nun je nach Kriegsglück die religiösen Fronten. Gerade im südlichen Rheinland oder in Hessen, in Baden oder der Pfalz litt die Bevölkerung unter den häufigen Konfessionswechseln – manches Land tut das innerhalb weniger Jahrzehnte mehrfach. Der »Dauerwechsel der Konfessionen« hinterließ zugleich in weiten Teilen des Landes einen bunten Flickenteppich aus katholischen, lutherischen und reformierten Territorien.[119]

Dass eines der beiden großen Bekenntnisse den Sieg davontragen werde, war zunehmend ausgeschlossener. Von einer möglichen Rekatholisierung Deutschlands war man am Ende des Dreißigjährigen Krieges weiter entfernt denn je. Zwar wähnte sich Kaiser Ferdinand II. schließlich um 1630 nach zahlreichen Triumphen schon als Sieger, doch die Landung der Schweden unter ihrem König Gustav Adolf noch im selben Jahr sorgte für die letzte große Ausweitung dieses Krieges, der nun weniger denn je zu kontrollieren war. Die finale Verwüstung des Landes nahm nun ihren Lauf.

Als eines ihrer Schreckensbilder blieben die Eroberung und Plünderung der protestantischen Stadt Magdeburg durch die katholische Soldateska im Jahr 1631 lange in unheilvoller Erinnerung. General Tilly, der an der Spitze des kaiserlichen Heeres die Stadt eroberte, war ohnehin wegen der Plünderungen seiner Soldaten berüchtigt. Und auch Magdeburg sollte ein furchtbares Massaker erleben. Wohl 20000 Menschen starben, als nach dem Sieg der katholischen Truppen die Stadt geplündert und anschließend in Brand gesteckt wurde. Die Söldner in kaiserlichen Diensten hatten zuvor die Stadt in verlustreichen Kämpfen erobern müssen, zudem hatten sie wohl auch lange keinen Sold erhalten – jedenfalls waren sie der Ansicht, dass sie sich jetzt guten Gewissens an den Geschlagenen schadlos halten könnten. Ein Jesuit beschrieb erschrocken, welche

Spuren der Gewalt seine Glaubensgenossen in Magdeburg hinterließen:[120]

> »Vom Markt begab ich mich in die nahe Johanniskirche. Unterwegs mahnte ich die mir begegnenden Soldaten, die Frauenehre zu achten, wie Tilly befohlen, und vom Morden abzusehen. Leider waren aber schon die Straßen mit Leichen getöteter und der Kleider beraubter Menschen wie gepflastert. Keine Rücksicht wurde auf die Frauenehre genommen … Vor der Peterskirche lag ein Haufen geschändeter und getöteter Frauen.«

Die Verwüstung Magdeburgs erregte größtes Aufsehen – »magdeburgisieren« wurde zum Synonym für völlige Zerstörung – und wurde je nach Konfession höchst unterschiedlich bewertet. Die katholische Propaganda feierte die Zerstörung der Stadt und die massenhaften Vergewaltigungen höchst geschmacklos als »Magdeburger Hochzeit«, bei der die im Wappen der Stadt abgebildete Jungfrau nun ihrem rechtmäßigen »Gemahl«, dem katholischen Kaiser, zugeführt worden sei. Der gefürchtete Graf von Pappenheim, der an der Eroberung beteiligt war, schreibt voll katholischer Genugtuung: »Die Hoffart Magdeburg ist, Gott sey ewig gelobt, gedempft und ihre Jungfrawschafft hinwech.« Die protestantische Seite musste sich zwar eingestehen, mit Magdeburg eine »feste Burg« verloren zu haben, interpretierte den Verlust aber als Opfer für die protestantische Sache. Überdies beschimpfte die evangelische Gegenpropaganda den Feldherrn Tilly als »gottlosen Bulenknecht« und »rasend-alten Hund« und prophezeite, dass die Rache an den Kaiserlichen nicht auf sich warten lassen werde.[121]

Tatsächlich folgte zunächst ein regelrechter »Siegeslauf« für die Schweden und ihre Verbündeten: 1631 musste Mainz vor ihnen kapitulieren, 1632 wurde Graf von Tilly bei Rain am Lech geschlagen (wobei der Feldherr getötet wurde) und schließlich

München besetzt. Doch noch im selben Jahr gelang der katholischen Liga der Gegenschlag: Sie konnte bei Nürnberg die Schweden vertreiben, musste indes am 16. November 1632 eine Niederlage bei der Schlacht von Lützen hinnehmen, bei der allerdings der schwedische König Gustav Adolf fiel.[122] Drängender denn je wurde klar, dass der Krieg keine Lösung bringen würde – notgedrungen musste ein Frieden gesucht werden.

Ein erster Versuch dazu scheiterte 1635, weil dieser »Prager Frieden« zwar als Grundlage eines allgemeinen Friedens im gesamten Reich gesehen wurde, aber die Interessen der beteiligten europäischen Mächte – Frankreich und Schweden – außer Acht gelassen hatte. So gingen Krieg und Verwüstungen weiter, bis die Kriegsparteien militärisch und finanziell nahezu vollständig erschöpft waren. Auch Kaiser Ferdinand III. (der 1637 seinem Vater Ferdinand II. auf den Thron gefolgt war) war jetzt bereit, einen Frieden selbst um den Preis von politischen Zugeständnissen zu schließen. 1643 begannen die ersten Vorbereitungen für die Verhandlungen in Osnabrück und Münster.

Das Vorhaben war erwartungsgemäß schwierig, und das begann schon bei der Organisation der Verhandlungen. Man hatte beschlossen, getrennt voneinander zu verhandeln – die 178 Abgesandten der katholischen Mächte versammelten sich im katholischen Münster, während sich die 235 Gesandten der protestantischen Mächte mit ihrem Gefolge in Osnabrück einfanden, wo sowohl Lutheraner als auch Katholiken lebten. Beide Städte waren aufgrund ihrer Größe eigentlich nicht geeignet, einen solchen Kongress zu beherbergen, weshalb schon bald viele Gesandte über karge und ungeeignete Quartiere klagten. Da es keinen offiziellen Vorsitzenden oder Vermittler gab, mussten sich die Vertreter der Parteien oft auf die 60 Kilometer lange Reise in die jeweils andere Stadt begeben – dafür war eigens eine neutrale Zone dazwischen eingerichtet worden. Und während man schon miteinander sprach, gingen die Kämpfe in weiten Teilen Europas weiter.[123]

Sollte der Frieden gelingen, mussten die Ansprüche der ausländischen Mächte angemessen berücksichtigt werden, und so gingen Schweden und Frankreich mit territorialen Zugewinnen aus den Verhandlungen heraus: Schweden etwa erhielt Territorien in Vorpommern sowie an den Mündungen von Weser und Elbe in Norddeutschland, Frankreich unter anderem sämtlichen zuvor habsburgischen Besitz im Elsass. Innenpolitisch konnten die Reichsstände ihren Einfluss gegenüber dem Kaiser stärken. So wurde das Reich nicht zu einer Erbmonarchie, der Kaiser musste immer wieder neu von den Kurfürsten gewählt werden.

Doch das große Thema war ein möglicher Friede zwischen den Religionen. Den Konfessionsstreit benannten die Gesandten selbst als Ursache für die Katastrophe, im Friedensvertrag von 1648 wurde dies dokumentiert: »Da die Beschwerden, die von Kurfürsten, Fürsten und Ständen des Reiches beider Konfessionen erhoben wurden, die eigentliche Ursache gewesen sind und den Anlass zum gegenwärtigen Kriege geliefert haben«, mussten die »konfessionellen Verhältnisse im Reich« dringend geregelt werden.[124] Dabei orientierte man sich am Augsburger Religionsfrieden von 1555, erweiterte und konkretisierte ihn allerdings erheblich. Damit wurden die Forderungen der Protestanten nach Gleichberechtigung im Reich weitgehend erfüllt, sie konnten fortan im Reichstag nicht mehr von den Katholiken überstimmt werden. Außerdem sollten die Reichsbehörden paritätisch besetzt werden und der Kaiser in Religionsfragen keine richterlichen Befugnisse mehr besitzen. Eine wichtige Erweiterung des Augsburger Religionsfriedens war zudem, dass neben den Katholiken und den Lutheranern (die als Augsburger Konfession bezeichnet wurden) die Calvinisten als dritte Religionspartei anerkannt wurden.

Wie bisher sollte das religiöse Bekenntnis der Menschen sich im Prinzip nach dem Bekenntnis der jeweiligen Obrigkeit richten: »cuius regio, eius religio«. Diese Regelung wurde nun allerdings dahingehend modifiziert, dass den religiösen, aber als Religionsparteien anerkannten Minderheiten zumindest die private Religionsausübung gestattet wurde. Was die Konfessionszugehörigkeit der Menschen und vor allem die traditionell strittige Frage nach dem Kirchenbesitz anging, einigte man sich darauf, das Jahr 1624 als sogenanntes »Normaljahr« festzusetzen. War ein Land zu diesem Zeitpunkt protestantisch beziehungsweise katholisch, so sollte es dies jetzt auch wieder sein – notfalls mussten die neuen Herren den seitdem erhaltenen Besitz wieder räumen.

Die Einführung des »Normaljahrs« brachte fraglos eine Entspannung der konfessionellen Lage – weil nun reichsweit Klarheit herrschte. Aber ob es zwischen den Glaubensgruppen auf diesem Weg tatsächlich zum Frieden kam, entschied sich nicht nur in Osnabrück und in Münster, sondern stets auch vor Ort: in den kleinen Fürstentümern, in den Städten und Dörfern. Denn zunächst stellte die Regel des »Normaljahrs« nicht einfach Ruhe her, sondern führte zuweilen zu massenhaftem Konfessionswechsel der Bevölkerung jener Länder, die seit 1624 ein neues Bekenntnis verpasst bekommen hatten. So hatten beispielsweise die protestantischen Bewohner der Pfalz einst ihrem Grafen Wolfgang Wilhelm folgen müssen, als dieser zunächst mit Unterstützung seines katholischen Schwagers Maximilian von Bayern zum Katholizismus konvertierte und bald darauf den neuen Glauben mithilfe der ins Land gerufenen Jesuiten durchsetzte. Zumindest teilweise brachte der Westfälische Friede dem Land jetzt wieder das evangelische Bekenntnis – die Menschen mussten also erneut die kirchlichen Seiten wechseln. Es gab fränkische und schwäbische Territorien, die im Laufe des Krieges fünf- bis sechsmal die Herrschaft und damit zugleich die Konfession gewechselt hatten.[125] Diesem Hin und Her in Glaubensfragen fügte der Westfälische Frieden nun eine letzte Veränderung hinzu – zurück in das Jahr 1624. So glaubten die Delegierten den Schlüssel zum religiösen Frieden gefunden zu haben, der jetzt auch in einem durchaus modern anmutenden Diskriminierungsverbot festgeschrieben wurde:

> »Ob die Untertanen aber katholischen Glaubens oder Augsburgischer Konfession sind, sollen sie doch nirgends wegen ihres Bekenntnisses verachtet und auch nicht aus der Gemeinschaft der Kaufleute, Handwerker und Zünfte, von Erbschaften, Vermächtnissen, Spitälern, Siechenhäusern, Almosen und anderen Rechten oder Geschäften, noch viel weniger von den öffentlichen Kirchhöfen und einem ehrlichen Begräbnis ausgeschlossen … werden.«[126]

Ohne Frage: Man hatte sich Mühe gegeben, um so etwas wie eine »säkular-rechtliche Koexistenz« der Konfessionen im Reich zu schaffen, weil man glaubte, so künftig jede Art religiöser oder religionspolitischer Konflikte vermeiden zu können.[127] Doch die konfessionelle Zerrissenheit des Landes blieb eine Grundtatsache deutschen Lebens. Um dies zu verdeutlichen, ist sie einmal mit der politischen Teilung Deutschlands im 20. Jahrhundert verglichen worden. Die ganze Komplexität der »deutschen Frage«, so hat es der französische Historiker Étienne François einmal erklärt, habe sich damals an der Existenz der Enklave Westberlin inmitten der DDR gezeigt. Und genau solche Inseln existierten im ganzen Land auch nach dem Westfälischen Frieden. Es habe schließlich »Dutzende Städte wie Berlin« gegeben – protestantische Freie Reichsstädte als Einsprengsel im katholischen Süddeutschland oder umgekehrt beispielsweise die katholische Enklave Eichsfeld im Herzen des protestantischen Mitteldeutschland, ganz zu schweigen von den vielen paritätischen oder gemischtkonfessionellen Städten.[128]

Dieses erzwungene Neben- und Miteinander bedeutete zugleich, dass in großen Teilen des Landes der Andersgläubige keineswegs ein unbekannter Fremder war, sondern durchaus auch »Tür an Tür lebender Nachbar«, mit dem man irgendwie auch verkehren musste. Das hieß allerdings keineswegs, dass die Unterschiede sich allmählich verwischten. Vielmehr stabilisierten sich dies- und jenseits der Bekenntnisgrenzen die jeweiligen konfessionellen Identitäten. Die Unterschiede des Glaubens gewannen an Bedeutung. Es wurde nun immer wichtiger, ob man katholisch, lutherisch oder reformiert war. Die Glaubenszugehörigkeit hatte längst eine anthropologische, eine soziale und eine kulturelle Dimension.[129]

Dass dieses Deutschland in konfessioneller Hinsicht mehr als hundert Jahre nach der Reformation kein Land wie viele andere war, zeigte sich zum Beispiel an dem wohl gut gemeinten, aber höchst absonderlichen Kompromiss, den man für den Bischofsstuhl von Osnabrück gefunden hatte. Auf ihm sollten sich zukünftig ein katholischer und ein protestantischer Amtsträger abwechseln. Dieses Wechselspiel wurde tatsächlich bis 1802 fortgesetzt, als das Bistum säkularisiert wurde. So war Osnabrück bis ins beginnende 19. Jahrhundert hinein ein Kuriosum, das die konfessionelle Teilung Deutschlands, seiner Länder und Städte besonders eindrücklich in sich vereinte.

Dass die Menschen damals den Frieden von 1648 bejubelten, ist nur zu verständlich. Die Erleichterung war groß, Glockengeläut und Freudenschüsse begleiteten die Unterzeichnung der Dokumente. Die Zeitgenossen feierten in erster Linie die Erlösung vom Übel des Krieges, so etwa der Dichter und evangelische Theologe Paul Gerhardt in einem Dankeslied:

»Gott Lob! Nun ist erschollen
Das edle Fried- und Freudenwort
Dass nunmehr ruhen sollen
Die Spieß und Schwerter und ihr Mord.
Wohlauf und nimm nun wieder
Dein Saitenspiel hervor,
O Deutschland, und sing Lieder
Im hohen vollen Chor …«[130]

Im Westfälischen Frieden wurden drei grundlegende Entscheidungen für die Zukunft getroffen: Die Katholiken mussten akzeptieren, dass es eine weitere Ausdehnung der Gegenreformation im Land nicht geben wird. Die Protestanten mussten sich zugleich eingestehen, dass die Etablierung einer großen evangelischen Macht in Norddeutschland gescheitert war. Und überdies war jetzt zu den streitenden konfessionellen Lagern eine dritte Partei hinzugekommen: der Calvinismus. Die klare Benennung der Konfessionen hatte aber wohl nicht nur befriedenden Charakter; die historische Forschung sieht längst auch Hinweise dafür, dass gerade die Bestimmungen des Friedensschlusses hinsichtlich der Anerkennung der Reformierten die konfessionelle Stabilität im Reich weiter erschütterten.[131]

Zudem gab es einen erklärten und höchst einflussreichen Gegner des Friedens von 1648: den Papst. Innozenz X. goss just im Moment des Vertragsabschlusses erneut Öl ins Feuer des Konfessionsstreits, indem er gegen das Abkommen protestierte. Er sah durch die religionsrechtlichen Regelungen kanonisches Recht verletzt, weil sie im Einzelfall mit dem Verzicht auf Kirchengüter verbunden waren. Deshalb fühlte er sich als Verteidiger der katholischen Ansprüche dazu berufen, die Bestimmungen von Osnabrück und Münster als »null und nichtig, ungültig, unbillig, ungerecht, verdammenswert, verwerflich, nichtssagend, inhalts- und wirkungslos für alle Zeiten« zu verwerfen. Niemand müsse sich an die Einhaltung der Verträge halten, so der Papst, auch wenn diese durch Eid bekräftigt seien.[132]

Diese Nachricht aus Rom war ein schlechtes Omen. Der lange Krieg war zwar beendet, aber der religiöse Riss durch Deutschland blieb erhalten und wurde durch die Stärkung der Konfessionen letztlich noch tiefer. Aber die Menschen waren immer weniger voneinander zu trennen, denn gerade nach diesem Krieg mit seinen immensen Bevölkerungsverlusten siedelten sich jetzt oft konfessionelle Minderheiten in Regionen an, die vormals ausschließlich von einer anderen Glaubensrichtung bewohnt waren. So entstanden neue konfessionelle Mischgebiete, in denen Menschen unterschiedlichen Glaubens nun versuchen mussten, so etwas wie einen Westfälischen Frieden auch im Alltag zu leben, ohne »wegen ihrer Bekenntnisse verachtet« oder benachteiligt zu werden, wie es im Vertragstext hieß. Konnte es ein friedliches Nebeneinander in den vielen Dörfern und den vergleichsweise wenigen Städten geben? Was würde sich im alltäglichen und politischen Leben in Deutschland zukünftig durchsetzen: die Suche nach Toleranz und Kompromissen oder die Neigung nach Abgrenzung und Abschottung? Beides schien möglich, und von der Beantwortung dieser Frage sollte der innere Frieden der nächsten Jahrzehnte entscheidend abhängen.

2. Gibt es Frieden zwischen den Religionen?

Das 16. Jahrhundert hatte den Menschen die Reformation gebracht, das 17. Jahrhundert nach der Katastrophe des großen Krieges den Westfälischen Frieden – jetzt stellte sich für das 18. Jahrhundert die Frage, ob es in Deutschland tatsächlich einen Frieden zwischen den Religionen geben konnte. Zwar hörten die Konfessionen nach 1648 nicht auf, sich weiter zu streiten. Katholiken und Protestanten überhäuften sich weiterhin bei unterschiedlichsten Gelegenheiten mit Hohn und Spott, und so sollte auch das 18. Jahrhundert keinen Mangel an Religionsgezänk und konfessioneller Intoleranz kennen. Aber war nun nicht doch alles ganz anders, weil den Konfessionen mit dem Westfälischen Frieden sozusagen »die Waffen aus der Hand« genommen worden waren?[1] Weil es jetzt eben keinen »heißen« Krieg mehr gab, sondern nur noch Scharmützel des Alltags, die vielleicht lästig waren, die aber nicht in einen kollektiven Gewaltausbruch mündeten wie noch 1618?

Der Westfälische Friede hatte dokumentiert, wie sehr die Teilung der Gläubigen im Laufe der rund anderthalb Jahrhunderte seit der Reformation zur Grundtatsache deutschen Lebens geworden war. Dieses »Deutschland«, das ja als Reich nur in Umrissen bestand, aber weder religiös noch politisch ein geeintes Land war, stellte nun mehr denn je neue Anforderungen an die Anhänger der Konfessionen und ihre Kirchen. Wenn aus den vielen deutschen Ländern so etwas wie eine Nation werden sollte, eine wie auch immer geartete Einheit mit gemeinsamer staatlicher Ordnung, gemeinsamen Werten und gemeinsamer

Kultur – wie konnte man das ohne einen verbindenden Glauben und eine gemeinsame Kirche bewerkstelligen? Wie sollten aus Katholiken und Protestanten also Deutsche werden?

Es mehrten sich Stimmen, denen zufolge man gerade in diesem zerrissenen Reich die Nation als ein verbindendes Prinzip den Konfessionen zumindest ansatzweise überordnen müsse. Theoretisch gab es für dieses deutsche Problem der Nationwerdung bei konfessioneller Zerrissenheit im Wesentlichen zwei Lösungsmöglichkeiten: Entweder die Konfessionskirchen fänden sich zu einer einheitlichen Kirche zusammen (das musste allerdings utopisch erscheinen), oder sie müssten ihren Mitgliedern einen Weg des Neben- und Miteinanders im Zeichen gegenseitiger Toleranz weisen.

Waren die Kirchen zu einer solchen Entwicklung fähig und willens? Das eigentliche Problem war ja seit der Reformation ungelöst. Alle Kirchen vertraten unterschiedslos die ehrlich auch so empfundene Überzeugung, allein im Besitz der Wahrheit zu sein. Und jede von der eigenen Überzeugung abweichende Glaubensaussage einer anderen Kirche hielt man deshalb für einen gefährlichen Irrtum, der bekämpft werden musste, weil er die vermeintliche, nämlich die eigene Wahrheit gefährdete. Es existierte nur die eine Wahrheit, dazwischen gab es keinen Mittelweg.[2] Das war seit der Reformation so, und mit diesem Absolutheitsanspruch begegneten sich Katholiken, Lutheraner und Reformierte in Deutschland auch zu Beginn des 18. Jahrhunderts.

Übrigens erschwerten ja nicht nur die Kirchen den Weg zu einer wie auch immer gearteten Lösung des konfessionellen Dauerkonflikts, auch die zahlreichen Landesherren des deutschen »Flickenteppichs« waren involviert und agierten in dieser Frage mal mehr, mal weniger friedensstiftend. Wer von ihnen wollte, verstand die Maxime »cuius regio, eius religio« als Chance. Je homogener die eigene Bevölkerung in konfessioneller Hinsicht war, desto seltener kam es mit Andersgläubigen zu Konflikten. Andererseits konnte der Landesherr eine abweichende Entscheidung eines Untertanen auch als Verstoß gegen seine moralische Autorität als Landesvater interpretieren. Warum folgten ihm bestimmte Untertanen bei der Frage des Glaubens gegebenenfalls nicht? Musste er dieses Verhalten nicht als Misstrauensvotum verstehen? Weshalb sollte er sich diesen Abweichlern gegenüber tolerant zeigen und ihnen womöglich die gleichen Rechte zugestehen wie den gehorsamen Anhängern der eigenen Religion?

Noch herrschte ja die Vorstellung, dass Religion(szugehörigkeit) eine wesentliche Grundlage für den inneren Frieden eines Landes darstellte. Der Andersgläubige musste deshalb prinzipiell als potenzieller Friedensstörer erscheinen. »Religiöse Abweichler wurden überall als üble Subjekte empfunden«, kommentierte der französische Historiker René Rémond mit Blick auf den europäischen Kontinent jener Zeit. »Ihr hartnäckiges Verharren im Irrtum bot dem Herrscher Grund zum Kummer und zum Zweifel an ihrer Ergebenheit.« Weil es diesen Abweichlern offensichtlich aufgrund ihrer religiösen Untreue an Treue zu Land und Herrscher mangelte (man könnte auch hinzusetzen: an nationalem Bewusstsein und an Zuverlässigkeit), war es einleuchtend, dass sie nicht die gleichen Rechte genossen wie die anderen.[3]

Zugleich waren es die Landesherren, die sich am leichtesten über die Konfessionsgrenzen hinwegsetzen konnten – nämlich dann, wenn es ihnen für das Wohl des eigenen Staates angemessen erschien. Das wurde dann der Idee von der Reinheit des konfessionellen Gedankens übergeordnet. Daraus resultierte eine in Deutschland wie im übrigen Europa praktizierte Aufnahme von Religionsflüchtlingen, die man aus heutiger Perspektive als intelligente Einwanderungspolitik bezeichnen würde.[4] So hatte beispielsweise Friedrich Wilhelm, der »Große Kurfürst« von Brandenburg (der selbst dem reformierten Glauben anhing, während der Großteil seiner Untertanen lutherisch war), mit dem von ihm erlassenen Edikt von Potsdam 1685 Tausende von Hugenotten in seinem Land aufgenommen. Diese calvinistischen Glaubensbrüder waren vor Verfolgung aus Frankreich geflohen. Im lutherischen Brandenburg gewährte man ihnen Privilegien, damit sie als finanzstarke Neubürger den wirtschaftlichen Wiederaufbau des Landes nach dem Dreißigjährigen Krieg maßgeblich stützten. Das Modell war schließlich so erfolgreich, dass um 1700 jeder vierte Einwohner Berlins ein Hugenotte war. Der Landesherr nahm also gegen die konfessionelle Mehrheit das Anwachsen einer anderen Konfession gern in Kauf, weil ihm die ökonomische Stärkung des Landes wichtiger war als die Vermeidung neuer konfessioneller Konflikte.

Solche Entscheidungen erschienen trotz ihres machtpolitischen Kalküls schon damals als Zeichen der Toleranz – weshalb das genannte Edikt von Potsdam auch schlicht als »Toleranzedikt« bezeichnet wurde. Toleranz wurde nun wichtiger Bestandteil der Aufklärung, und die religiöse Toleranz im Besonderen schien vielen geradezu ein Gebot der Stunde zu sein: Toleranz der Landesherren gegenüber andersgläubigen Untertanen, aber auch gegenseitige Toleranz von Katholiken, Lutheranern und Reformierten, die sich tagtäglich auf deutschen Straßen und Plätzen trafen, die sich Städte, Dörfer und zuweilen sogar Kirchen teilten. Der Andersgläubige war nicht mehr zu vertreiben – sollte da Toleranz ihm gegenüber nicht die Lösung sein?

Eine Frage der Toleranz

In konfessioneller Hinsicht lebte es sich im 18. Jahrhundert in Deutschland vielfach besser als in manch anderem europäischen Land. Die staatliche Verfolgung einer Glaubensgruppe durch den Staat oder ihre Ausweisung waren hierzulande unbekannt, während entsprechende Nachrichten aus den Nachbarländern für Empörung sorgten. Im österreichischen Schlesien sahen sich die Gemeinden schon lange einem wachsenden katholischen Glaubensdruck ausgesetzt, vor allem der Jesuitenorden mit seiner Missionstätigkeit wirkte hier verschärfend auf das Klima zwischen den Glaubensgruppen. Auch aus Frankreich gab es entsprechende Berichte. Die erwähnte Verfolgung der französischen Hugenotten nach der Aufhebung des Edikts von Nantes durch Ludwig XIV. im Jahr 1685 bedeutete, dass bis zu 200 000 Menschen das Land verließen.

Und 1731 sorgte eine spektakuläre Ausweisung von Protestanten für Empörung: Die Salzburger und Berchtesgadener Lutheraner wurden vom dortigen Erzbischof Opfer mit einem sogenannten *Emigrationspatent* verfolgt. Ausgerechnet am 31. Oktober – dem Reformationstag – ließ er verkünden, dass alle Protestanten, die sich nicht wieder zum Katholizismus bekehren lassen wollten, als »Rebellen und Friedensstörer« binnen einer Woche das Land zu verlassen hätten. Damit löste der Erzbischof in Deutschland die bis zum Ersten Weltkrieg größte organisierte Emigrationswelle aus, bei der etwa 20 000 Protestanten in sieben Abteilungen ihre Heimat verließen. Der Hauptteil zog nach Hannoversch Münden und weiter über Thüringen, Brandenburg, West- und Ostpreußen bis nach Litauen, einige wanderten nach Nordamerika aus.[5]

Glaubensflüchtlinge waren in Europa und durch ihre Zuwanderung nach Deutschland also eine geläufige Erscheinung. Und sie veränderten das Leben in einigen deutschen Regionen. Die protestantischen Glaubensflüchtlinge aus den österreichischen Territorien zogen vor allem nach Franken und Schwaben, die protestantischen Böhmen siedelten sich in Sachsen und der Oberlausitz an, im Elsass und in Baden wurden ehemalige Schweizer heimisch. Die Hugenotten aus Frankreich, aber auch aus der Schweiz und den Niederlanden waren dem brandenburgischen Herrscherhaus außerordentlich willkommen, ging ihnen doch der Ruf besonderer wirtschaftlicher und kultureller Leistungsfähigkeit voraus. Tatsächlich war diese preußische Einwanderungspolitik für das Land in wirtschaftlicher Hinsicht bereits mittelfristig erfolgreich, wenngleich die Zuwanderer in der Regel Angehörige der Mittel- und der Unterschicht waren und es bei ihrer Eingliederung im Alltag immer wieder zu Reibereien mit den Einheimischen kam.[6] Und immer wieder gab es spektakuläre Fälle von gewaltsamen Konflikten, die überregional mit Erschütterung und Abscheu wahrgenommen wurden. Dazu zählte besonders der sogenannte »Thorner Blutsonntag«: Dabei kam es 1724 in der Stadt an der Weichsel zu jesuitenfeindlichen Ausschreitungen, bei denen das örtliche Jesuitenkolleg zerstört wurde. Daraufhin wurden der Bürgermeister und neun Bürger hingerichtet. Spektakulär war auch ein Ereignis in Augsburg, wo 1718 bei einem Aufruhr anlässlich einer katholischen Fronleichnamsprozession mehrere Menschen das Leben verloren.[7]

Insgesamt hatte sich in Deutschland die Situation nach dem Westfälischen Frieden dahingehend beruhigt, dass ein fürstlicher Konfessionswechsel nicht mehr automatisch die Konversion aller seiner Untertanen nach sich zog. Übertritte zum Katholizismus wie jene von Kurfürst August dem Starken von Sachsen 1697, Herzog Christian August von Holstein 1705 oder Herzog Karl Alexander von Württemberg 1712 brachten nun keine zwangsläufige Katholisierung der Untertanen mehr mit sich. Die Konfessionen hatten ihre garantierten Rechte, die eben auch die Glaubensflüchtlinge aus anderen europäischen Ländern in Anspruch nehmen konnten und deshalb schätzten.[8] Das heißt jedoch nicht, dass der Glaubenswechsel eines Fürsten nicht für Unruhe und Ablehnung sorgte. Als August der Starke die polnische Krone annahm und dafür zum katholischen Glauben übertreten musste, reagierten viele seiner sächsischen Untertanen auf diese Nachricht entsetzt, einige Beobachter wollten »das Volk auf den Straßen jammern und weinen« gesehen haben, und sogar die eigene Ehefrau verweigerte dem neuen König den Gehorsam: Für sie als fromme Protestantin kam der

Konfessionswechsel von August einem schweren Verrat gleich. Sie ließ sich von ihrem Gemahl weder durch gute Worte noch mit Drohungen dazu bringen, zu ihm an den neuen Hof nach Warschau zu kommen, sodass sich August schließlich von ihr abwandte und sich eine Mätresse aus dem polnischen Hochadel »zulegte«, die nunmehr sogar die repräsentativen Pflichten an seiner Seite erfüllen sollte.[9]

So konnte also ein König seine Probleme lösen. Doch für alle anderen im Lande kam dies nicht infrage: Sie mussten die neuen Gegensätze aushalten, wenn ihr Landesherr die Konfession wechselte. Sachsen jedenfalls musste nun erleben, dass nach mehr als 150 Jahren lutherischer Normalität der überwunden geglaubte konfessionelle Gegner wieder Fuß fasste. Die Residenzstadt Dresden etwa wandelte sich 1697 binnen Kurzem von einer rein lutherischen zu einer bikonfessionellen Stadt. Der Kurfürst bemühte sich zwar, seine Konversion nicht als Auftakt einer Katholisierung seines Landes erscheinen zu lassen. So trug er etwa den nun in Dresden wirkenden katholischen Geistlichen in einer eigens vorgelegten Kirchenordnung ausdrücklich auf, sich jedweder Angriffe gegen die Lutheraner zu enthalten.[10] Doch allein die Tatsache, dass sich August der Starke zu dieser Anweisung veranlasst sah, verdeutlicht die permanente Spannung zwischen den Glaubensparteien in diesen Jahren.

Und tatsächlich sollte sich an Sachsen zeigen, wie sehr zu Beginn des »aufgeklärten« 18. Jahrhunderts das Alltagsleben der Menschen durch interkonfessionelle Spannungen – in diesem Fall durch den Glaubenswechsel ihres Landesherrn – beeinträchtigt werden konnte. Dass nun katholische Laien und Geistliche und sogar Jesuiten ins Land und vor allem in die Residenzstadt Dresden kamen, erregte zunächst Bedenken, dann offene Ablehnung. Einem friedlichen Miteinander stand sicher auch im Wege, dass damals an der Spitze der lutherischen Kirchen als Superintendent ein bereits populärer Verfasser antikatholischer Schriften stand, Valentin Ernst Löscher. Der

Gottesmann war bekannt für sein intolerantes und unduldsames Auftreten gegenüber Katholiken, aber auch gegenüber Reformierten und später auch gegenüber den im lutherischen Lager selbst aufkommenden Pietisten. Die großen Differenzen wurden im Kleinen ausgetragen, bei Taufen und Trauungen, bei kirchlichen Kundgebungen oder Beerdigungen.[11]

Oft genug begann der Ärger schon bei der Geburt eines Menschen, wenn die Taufe anstand. Vermutlich war es ein geschickter Schachzug der Jesuiten, die inzwischen die katholische Seelsorge in Dresden in Händen hatten, dass sie sich bereit erklärt hatten, Kindstaufen gratis in der Hofkirche vorzunehmen. Das war für manche wenig begüterte Eltern durchaus von Bedeutung, weil die lutherischen Pfarrer für ihre Amtshandlungen noch sämtlich die sogenannten Stolgebühren verlangten – bei ihnen kostete die Taufe schlicht Geld. Kein Wunder, dass sich auf protestantischer Seite die Klagen häuften, wonach viele Dresdner Hebammen die Kinder gleich nach der Geburt zu den Jesuiten brächten. Ihre Erklärung, die Eltern seien katholisch oder hätten zumindest vor, bald zum Katholizismus überzutreten, sollte die lutherische Kirchenführung nicht beschwichtigen.[12] Eine nicht abreißende Kette von Streitigkeiten und oft genug lutherische Zwangstaufen von Kindern katholischer Eltern war die Folge. Die lutherische Kirche prangerte konfessionelles Unrecht an und witterte nichts weniger als eine schleichende und gezielte Rekatholisierung von Stadt und Land. Dass die Jesuiten und die Ihren dabei auf die Fürsprache des Landesherrn rechnen durften, schürte auf evangelischer Seite ein Gefühl der Bedrohung, weshalb auch kleinste Konflikte des Alltags mit äußerster Schärfe ausgetragen wurden.[13]

Konfessioneller Ärger drohte in Dresden auch nach dem Ende eines Menschenlebens: beim Begräbnis. Nach zahlreichen Streitereien hatte sich der katholische Hof mit der Stadt und dem lutherischen Superintendenten schließlich 1724 auf die Einrichtung eines katholischen Gottesackers geeinigt, damit tote Katholiken nicht mehr auf dem evangelischen Friedhof beigesetzt werden mussten – was beide Seiten zunehmend als unzumutbar empfanden. Eigentlich erschien es allen Beteiligten als gute Idee, den neuen katholischen Gottesacker vor den Toren der Stadt einzurichten, doch in der Praxis führte genau dies wieder zu neuen Konflikten. Die Verstorbenen mussten so notgedrungen ihren letzten Weg durch die Stadt antreten – noch auf diesem waren sie also zum Ärger der Andersgläubigen im Stadtbild geradezu demonstrativ zu sehen (wenngleich genau genommen nur der Sarg). Neue Regelungen sorgten rasch für Abhilfe. Katholische Leichenzüge durften bald nicht mehr als zwei Wagen umfassen und nicht in Form einer Prozession zum Stadttor gehen. Vor allem musste bei katholischen Beerdigungen das Kreuz auf dem Leichenwagen liegend angebracht werden, während es bei lutherischen Begräbnissen aufrecht befestigt war. Die strikte Einhaltung dieser Regeln zur »symbolischen Herabstufung der katholischen Leichen« wurde von lutherischer Seite selbstverständlich peinlich genau überwacht.[14]

Doch auch mit solchen und anderen Maßnahmen konnten die Lutheraner in Dresden nicht verhindern, dass sich die Katholiken in ihrer Stadt zunehmend etablierten. Der Missmut darüber eskalierte schließlich im Mai 1726 in heftigen antikatholischen Unruhen. Ein evangelischer Geistlicher war ermordet worden, der Täter, ein ehemaliger Katholik, war drei Jahre zuvor zum lutherischen Glauben übergetreten – aber in der konfessionell erregten Stimmung der Stadt wurde rasch kolportiert, der lutherische Gottesmann sei von katholischer Hand gemeuchelt worden. Zwei Tage lang erlebte Dresden gewaltsame Ausschreitungen, die sich gezielt gegen Katholiken richteten und erst durch den massiven Einsatz von Militär beendet werden konnten. Getragen wurden die Übergriffe vor allem von Handwerksgesellen und anderen jungen Männern, denen die Sympathie eines beträchtlichen Teils der lutherischen Einwohnerschaft sicher war. Zum Aufruhr sei es doch nur gekommen, »weil hiesigen Orths die Menge der catolischen so über hand« genommen habe, erklärte beispielsweise die einflussreiche Innung der Gold- und Silberarbeiter gegenüber dem Stadtrat. Auch andere Handwerker suchten die Schuld ausschließlich bei den Andersgläubigen: Durch deren Zuzug seien Mieten und Lebenshaltungskosten in der Stadt gestiegen, außerdem arbeiteten viele Katholiken unerlaubt als Handwerker, wodurch angestammte Betriebe zusätzlich um ihre Einnahmen gebracht würden. Die Katholiken seien also schuld – deshalb solle man ihre Zahl auf ein absolut nötiges Minimum am Hofe begrenzen und den Rest aus Dresden ausweisen.[15]

Das Nebeneinander von Menschen unterschiedlicher Bekenntnisse blieb also eine Herausforderung, nicht nur in Dresden. Und es gab durchaus Anzeichen dafür, dass sich zumindest in der bürgerlichen Gesellschaft neue Vorstellungen durchsetzen könnten. Die Ablehnung von Zwangsbekehrungen spielte dabei eine große Rolle. Die Glaubensbekenntnisse hätten alle ihre Rechte, hieß es immer häufiger, ein Wechsel des Bekenntnisses solle dem freien Willen des Einzelnen vorbehalten sein, nicht der Staatsgewalt. Das »Proselytenmachen«, also die aufdringliche Abwerbung zu einer anderen Konfession, galt in aufgeklärten Kreisen nicht nur in staatspolitischer, sondern auch in moralischer Hinsicht bald als Vergehen gröbster Art.[16]

Die Aufklärung brachte auch neue Einschätzungen hinsichtlich der Koexistenz der Glaubensbekenntnisse. Sie stellte drängender als zuvor die Frage nach der Toleranz. Diese wurde Anfang des 18. Jahrhunderts zumeist als eine »Duldsamkeit in Religionsdingen« verstanden. Dieser Begriff stieg nun zu einer der Leitideen der Aufklärung auf. Und es war vor allem die Erinnerung an die Religionskriege und die verschiedenen Ausbrüche von Gewalt wie bei der Ausweisung von Glaubensflüchtlingen, was ein neues Nachdenken beförderte.[17] Gotthold Ephraim Lessing, der sich wie andere Gedanken über die Toleranz machte, geißelte Intoleranz und Verfolgung im Namen des

Glaubens und nahm dabei aufgrund der jüngsten Erfahrungen vor allem die katholische Kirche in den Blick. Denn religiöse Toleranz, das hatte auch Lessing erkannt, wurde zunächst nur in protestantischen Ländern geübt.[18]

> »Die katholischen Mächte und Geistlichen dulden in ihren Ländern, wo das Papsttum herrscht, ohne Unterschied, keine einzige fremde Religion; ein jeder Einwohner und Bürger soll und muß sich zu dem katholischen Glauben bekennen, oder das Land räumen. Die Protestanten hingegen sind gemeiniglich für die Toleranz, und verstatten sonst allen Sekten in und außer der Christenheit ein freies Bekenntnis und einen öffentlichen Gottesdienst unter sich, ohne davon Unruhen im Staate zu befürchten, oder im geringsten zu erfahren.«[19]

Doch kam man allein mit der Vorstellung von Toleranz bei den traditionellen Konflikten um den »wahren Glauben« tatsächlich weiter? Es gab auch Mahnungen, dass dieser Begriff zugleich die Grenzen eines möglichen Miteinanders markierte. Johann Wolfgang von Goethe meldete Bedenken an:

> »Toleranz sollte eigentlich nur eine vorübergehende Gesinnung sein: sie muß zur Anerkennung führen. Dulden heißt beleidigen.«[20]

Toleranz war eben nicht gleichzusetzen mit Anerkennung (wie es bei Goethe heißt) oder Akzeptanz (wie man es heute nennen würde). Im Alltagsleben der Deutschen war schließlich auch im 18. Jahrhundert die Konfessionalisierung weiterhin fest verwurzelt. Katholische »Papisten« und protestantische »Ketzer« standen sich weiterhin in gegenseitiger Verachtung gegenüber. Wo sie zusammenleben mussten, ergaben sich unendlich viele Möglichkeiten lokaler Zwiste. Dafür musste man immer wieder neue

Lösungen finden, die aus heutiger Sicht zuweilen mehr oder weniger originell wirken. Mal wurde ein zweiter Taufstein oder eine zweite Kanzel in die Dorfkirche eingebaut, mal wurde der katholische Chor (der in der katholischen Liturgie dem Klerus und dem Hochaltar vorbehalten war) durch einen Vorhang vom Kirchenschiff getrennt, damit die Protestanten dieses »Ärgernis« nicht dauernd vor Augen hatten. Auch das Glockenläuten wurde geregelt und so mancher Friedhof fein säuberlich konfessionell geteilt.[21] Denn wer wollte schon als guter Katholik neben einem »Ketzer« zur ewigen Ruhe kommen?

Und so kannte auch das Zeitalter der Aufklärung konfessionelle Konflikte. Vor allem dort, wo die Religionen eng aufeinandersaßen, hielt sich die konfessionelle Kampfstimmung. Etwa in den linksrheinischen Gebieten der Pfalz und Rheinhessens, wo es bis in die Zeit der Französischen Revolution hinein zu Repressalien zwischen den Konfessionen kam. Immer wieder entzogen sich im 18. Jahrhundert protestantische Gruppen von mehreren hundert Pfälzern der religiösen Verfolgung und wanderten etwa nach Schwaben oder in die Oberpfalz aus. In der protestantischen Öffentlichkeit fanden solche Verbannungen von protestantischen Minderheiten großen Widerhall. In Flugblattkampagnen wurde die konfessionelle Vergewaltigung der Glaubensbrüder gegeißelt und den Verfolgten die eigene Solidarität bekundet.[22]

Und doch brachte die Aufklärungszeit in Deutschland ein neues Phänomen hervor, da es zumindest immer wieder Versuche gab, konfessionelle Differenzen zu überwinden und sich – in welcher Form auch immer – zu vereinigen. Diese Unternehmungen waren indes auf die protestantische Glaubensspaltung begrenzt, auf eine mögliche Union zwischen Lutheranern und Reformierten. Schon 1677 kam es in der Pfalz unter dem humanistisch gebildeten Kurfürsten Karl Ludwig zu dem dann doch gescheiterten Versuch einer solchen Vereinigung, erfolglos blieb auch 1703 ein entsprechender Kongress reformierter und lutherischer Theologen in Berlin. Solche Unionsbestrebungen scheiterten regelmäßig. Vor allem dort, wo die Religionsparteien dicht beieinanderlebten, war der Spielraum für Lösungen besonders eng. Etwa in den großen Reichsstädten, wo auch keine staatliche Macht einen möglichen Ausgleich erzwingen konnte. Streitpunkte zwischen den Konfessionen gab es überreichlich. Der konfessionelle Proporz in den Räten musste bedacht sein, kirchliches Eigentum geschützt und die Rechte auf Prozessionen sowie die Einrichtung eigener Schulen mussten garantiert werden. Und auch der Alltag barg viele Probleme, immer wieder etwa bei der religiösen Erziehung von Kindern aus gemischtkonfessionellen Ehen, der Beisetzung glaubensfremder Verstorbener auf den kirchlichen Friedhöfen oder auch nur bei der Einstellung von Dienstboten fremder Konfession. Noch Ende des 18. Jahrhunderts gab es Bälle, auf denen nur Katholiken oder nur Protestanten tanzen durften, und Äcker, die nur an Glaubensgenossen verpachtet wurden.[23]

Katholiken, Lutheraner und Reformierte wollten in dieser Zeit schlicht am Bestehenden festhalten. Sie hatten Angst, auch nur den geringsten Teil ihrer Rechte und ihrer Ansprüche zu verlieren. »Deutschland litt vielerorts an einer Art von konfessionellem Immobilismus«, hat der Historiker Lucian Hölscher dieses krampfhafte Verteidigen des Status quo genannt. Daran mussten auch alle Bestrebungen hin zu einer Union regelmäßig scheitern, und dies nicht nur, weil sich die Geistlichen aller Lager verwehrten. Sie waren in ihrer Mehrzahl fraglos besonders hartnäckige Verweigerer eines neuen Miteinanders, aber auch die einfachen Gläubigen waren dafür nur schwer zu gewinnen. Egal ob höhere oder niederere Schichten, das Bedürfnis nach konfessioneller Ab- und Ausgrenzung wurde auch von den Kirchengemeinden selbst getragen.[24]

War schon die Annäherung zwischen Lutheranern und Reformierten schwer, so erschien ein Ausgleich mit den Katholiken als fast aussichtslos. War eine Wiedervereinigung der Christen denkbar? Auf katholischer Seite waren damit Fantasien von einer umfassenden Gegenreformation verbunden, also die längst unrealistisch gewordene Vorstellung von der Rückkehr zu einer Welt vor 1517. Andererseits weckten genau diese Fantasien auf protestantischer Seite existenzielle Ängste um die Zukunft der eigenen Religion. Wann immer von katholischer Seite Zeichen einer Annäherung ausgesandt wurden, erschienen sie der evangelischen Seite deshalb als im Grunde hinterlistige Versuche, ihre Konfession zu »entern«. Und vermutlich hatten die Protestanten mit dieser Befürchtung zumeist recht.

Solche traditionellen Ängste existierten allerdings zeitgleich mit neuen Hoffnungen, die das Zeitalter der Aufklärung mit sich brachte. Und es waren nicht nur radikale Demokraten, die am Ende des 18. Jahrhunderts optimistisch in die Zukunft blickten, wenn es um das Zusammenleben der Religionen ging. Toleranz schien das Gebot einer guten Zukunft zu sein, etwa für den konservativen Publizisten Gottlob Benedict von Schirach, der 1781 in einem viel gelesenen Magazin bessere Zeiten kommen sah:

> »Noch ist der Religionshaß in Europa nicht ganz ausgerottet: noch ist die Duldung und Liebe der verschiedenen Religionsverwandten nicht so ganz allgemein verbreitet. Aber sie wird kommen, diese helle Epoche des aufgeklärten Menschenverstandes.«[25]

Doch noch prägten die Differenzen das Bild. Das galt besonders für die Städte, wo sich die Frage nach dem rechtlichen Umgang mit den jeweiligen religiösen Minderheiten stellte. Der Westfälische Friede hatte mit dem Rückgriff auf das »Normaljahr« 1624 zwar die Rechte der drei großen Religionsparteien festgeschrieben – aber damit eben nur den vergangenen Status quo gesichert. Wenn Katholiken, Lutheraner oder Reformierte nun dort lebten, wo sie in diesem Jahr noch nicht das Recht der öffentlichen Religionsausübung besaßen, blieben sie eine Minderheit mit beschränkten Rechten. Was ihnen im Zuge der Reformation und im Jahr 1624 nicht zustand, darüber verfügten sie auch im 18. Jahrhundert in der Regel nicht. In den Städten konnten sie nicht das Bürgerrecht erwerben, mit dem sie beispielsweise die Chance zur Mitwirkung im städtischen Rat gehabt hätten, im Alltag konnten sie beim Kauf von Grundstücken benachteiligt und aus den einflussreichen Zünften ausgeschlossen werden. Vielfach wurde den Mitgliedern einer dieser drei anerkannten Minderheitskonfessionen die Abhaltung von Prozessionen und Feiertagen verwehrt. Die Minderheiten waren und blieben in der Regel Fremde: rechtlich massiv benachteiligt, stets von Ausweisung und neuen Abgaben bedroht und von der konfessionellen Mehrheit stets als potenzielle Bedrohung empfunden. Durch das gesamte 18. Jahrhundert kam das kirchliche Leben der religiösen Minderheiten selbst in den tolerantesten deutschen Staaten und Städten kaum über einen Zustand »einer mehr oder weniger feindlichen Duldung vonseiten der herrschenden Konfession« hinaus.[26]

Die Lage der religiösen Minderheiten blieb unkalkulierbar. Große Städte, die auf einen florierenden überregionalen Handel angewiesen waren, zeigten sich zwar immer auch an Zuwanderern mit entsprechenden Kontakten in die »weite Welt« interessiert. Doch das führte keineswegs zwangsläufig dazu, dass sie ihre Minderheiten zunehmend besser behandelten. Im katholischen Köln bekamen das die Protestanten zu spüren. Ihnen war aufgrund des Westfälischen Friedens dort der Zugang zum Bürgerrecht verwehrt, aber immerhin durften sie außerhalb des Zunftwesens Großhandel treiben und den protestantischen Gottesdienst im benachbarten Mülheim besuchen. Doch auch diese eingeschränkten Zugeständnisse wurden ihnen genommen, als 1712/14 der katholische Klerus und die Zünfte der Stadt Gesetze durchsetzten, nach denen Fremdkonfessionellen beispielsweise der Kauf von Grundstücken ebenso verwehrt blieb wie ein Beitritt zu den Zünften. Stattdessen wurden sie mit neuen Abgaben belegt und durften Handel nur noch mit Katholiken treiben (allerdings keinen Lebensmittelhandel). Diese rigorose Maßnahme mochte sich aus Sicht katholischer Eiferer und städtischer Besitzstandswahrer vielleicht kurzfristig auszahlen – doch langfristig büßte Köln dadurch ökonomisches Potenzial ein. Viele Protestanten ließen sich daraufhin außerhalb der Stadt nieder und gaben beispielsweise dem Bergischen Land wichtige Wirtschaftsimpulse für dessen künftige Entwicklung.[27]

An anderen Orten ging es den Katholiken unter einer protestantischen Mehrheit auch nicht besser. In Hamburg, das als große Handelsstadt eigentlich als tolerant galt, lebten zwar schon seit dem 17. Jahrhundert große religiöse Minderheiten: Reformierte, Katholiken und Mennoniten. Doch auch sie durften erst 1785 mit dem Aufbau eigener kirchlicher Gemeinden beginnen und eigene Gottesdienste abhalten. Die volle politische und kirchliche Gleichberechtigung erhielten sie erst 1814 – fast 300 Jahre nach dem Beginn der Reformation.[28] Diese eklatante Ungleichbehandlung städtischer Mitbewohner dürfte übrigens von den Zeitgenossen zuweilen als »Normalität« angesehen worden sein, noch erschien es nicht illegitim, religiöse Minderheiten in ihren Rechten einzuschränken. Ihre Duldung durch Fürsten oder Städte wurde als Privileg und Großzügigkeit verstanden.[29] Das bedeutete aber nicht, dass die immer wieder vor Ort aufflammenden Konflikte nicht auch als solche wahrgenommen worden wären. Sie blieben Teil der deutschen »Normalität«.

Toleranz ist im ausgehenden 18. Jahrhundert alles andere als eine Selbstverständlichkeit. Tatsächlich wird sie nur vom Kern der bildungsbürgerlichen Eliten propagiert.[30] Die Nachwelt neigte später dazu, auch für das damalige Deutschland das Bild einer toleranten Zeitepoche zu suggerieren. Stellvertretend dafür steht die berühmte Äußerung Friedrichs des Großen, der unmittelbar nach seiner Thronbesteigung 1740 für sein preußisches Königsreich notiert hatte:

> »Die Religionen müsen alle Tolleriret werden und Mus der fiscal das auge darauf haben, das Keine der andern abruch tuhe, den hier mus ein jeder nach Seiner Faßon Selich werden.«[31]

Der junge König ging noch einen Schritt weiter und erklärte schließlich die völlige Gleichwertigkeit der Religionen. Es gebe keine, die er oder sein Staat der anderen vorziehen wolle:

> »Alle Religionen Seindt gleich und Guht, wan nuhr die leüte, so sie profesiren Ehrliche Leüte seindt, und wen Türken und Heiden Kähmen und Wollten das Landt Pöpliren, so wollen wier sie Mosqueen und Kirchen bauen.«[32]

Damit agierte Friedrich in der ihm eigenen Art staatspolitisch klug. In seinem Land lebten unterschiedliche Religionen nebeneinander, gerade nach der Annexion der zuvor österreichischen Provinz Schlesien wurden bald auch zahlreiche Katholiken preußische Staatsbürger. Um den innenpolitischen Frieden zu wahren (jedweder religiöser Hass war da kontraproduktiv) und die Wirtschaftskraft potenzieller Steuerzahler zu erhalten, propagierte Friedrich der Große religiöse Toleranz.[33] Seine Toleranz speist sich aus seiner Vorstellung der Staatsräson:

> »Katholiken, Lutheraner, Reformierte, Juden und zahlreiche andere christliche Sekten wohnen in Preußen und leben friedlich beieinander. Wenn der Herrscher aus falschem Eifer auf den Einfall käme, eine dieser Religionen zu bevorzugen, so würden sich sofort Parteien bilden und heftige Dispute ausbrechen. Allmählich würden Verfolgungen beginnen, und schließlich würden die Anhänger der verfolgten Religion ihr Vaterland verlassen, und Tausende von Untertanen würden unsere Nachbarn mit ihrem Gewerbsfleiß bereichern und deren Volkszahl vermehren.«[34]

Konfessionelle Unparteilichkeit aus staatspolitischer Erwägung also: Dem ersten, der einen religiösen Bürgerkrieg entzünden wolle, »schließt man den Mund, und die Lehren der Neuerer werden der verdienten Lächerlichkeit preisgegeben«.[35] Friedrich selbst war zeit seines Lebens kein gläubiger Mensch, er glaubte nicht an die Auferstehung der Toten und das ewige Leben. Dem katholischen Klerus gegenüber blieb er stets skeptisch (diesem dürfe man nicht trauen, »ohne zuverlässige Beweise seiner Treue zu besitzen«), und als aufklärerischer Geist empörte er sich über die vermeintlich abergläubischen Riten der katholischen Kirche – etwa über die Eucharistie. Keine andere Religion, so beschwerte er sich einmal, habe »jemals eine schauderhaftere und aberwitzigere Blasphemie ersonnen … als die, seinen Gott zu essen«. Sein Entsetzen über solche Riten wurde nur noch übertroffen durch seine Hoffnung, dass einst die Aufklärung über alle religiöse Praxis siegen werde. Denn werde erst die Vernunft »sich im hellen Lichte zeigen«, werde niemand mehr Verfolgung und Scheiterhaufen fürchten müssen. Friedrich ging es um beides: die Überwindung jedweder Religion, zumindest aber um eine Toleranz gegenüber den bestehenden. Das galt auch für die Juden, die er als notorisch klammer Herrscher gern für zusätzliche Steuern und Abgaben heranzog, deren Religion er aber in Zeiten aufklärerischen Denkens schlicht für unwürdig hielt.[36]

Dass sich Friedrich der Große wie der eine oder andere Zeitgenosse persönlich nicht viel aus Gott und aus Religion machte, war allerdings keineswegs im Interesse aufgeklärter Theologen. Katholiken wie Protestanten gleichermaßen aus dem Herzen sprach etwa der evangelische Theologe Johann Ludwig Ewald 1798, wenn er das grundsätzliche Verderben eines jeden Menschen thematisierte, der sich von Gott und der Religion abwendet. Besonders gelte dies für Frauen, denen eine spezifische Zuneigung zum Glauben unterstellt wurde: »Alle irreligiösen Weiber hören auf, Weiber zu seyn«, schreibt Ewald. Sie würden zu ihrer eigentlichen Bestimmung – der Pflege des Haushalts, der Sorge um Kinder und Ehemann – unfähig, wenn ihr sittliches Gefühl dergestalt verstümmelt werde.[37]

Wenn man so will, war Friedrich der Große ausgerechnet aus seiner eigenen atheistischen Position heraus generell toleranter als die meisten Zeitgenossen. Für diese war die Konfession noch immer ein soziales Merkmal, das Zugehörigkeit und Ausgrenzung, also auch Verfolgung ermöglichte. Durchaus erschrocken notierte der preußische König (der von sich hier in der dritten Person erzählt) einen Moment des möglichen Gewaltausbruchs in Schlesien:

> »Als der König dort eintraf, umringte ihn eine Schar von zweitausend Bauern und bat ihn um Erlaubnis, alle Katholiken in der Gegend totschlagen zu dürfen. Ihre Erbitterung kam von den harten Verfolgungen, welche die Protestanten zur österreichischen Zeit von der Geistlichkeit erdulden mußten. Man hatte den Lutheranern ihre Kirchen genommen und sie katholischen Priestern gegeben, die im ganzen Dorfe die einzigen ihres Glaubens waren. Der König war weit entfernt, ihnen eine so grausame Erlaubnis zu erteilen.«[38]

Brachte das Licht der Aufklärung also eine neue Zeit für die Christen in Deutschland? Die Propagierung der Toleranz war ein Versuch in diese Richtung, doch vielleicht war es einfach zu viel verlangt von den damaligen Menschen. »Im Grunde war die Menschheit durch die Aufklärungsbewegung überfordert worden«, urteilt der Historiker Ulrich im Hof. »Dieses neuartige, starke Licht blendete allzu sehr, kam oft allzu rasch und unvermittelt in die barocke Dunkelheit hinein.«[39] Und mehr noch: Schien das Projekt der Aufklärung nicht zugleich die Axt an die Wurzeln des christlichen Glaubens selbst zu legen? Die Aufklärer waren und blieben den Strenggläubigen aller Konfessionen als mögliche Atheisten verdächtig. Die von ihnen promovierte Vorstellung von Toleranz in religiösen Fragen war damit aus kirchlicher Perspektive gründlich desavouiert. Katholiken wie Protestanten trugen entscheidend zur Herausbildung einer konservativen Aufklärungskritik bei. Auf katholischer Seite hatte der Mainzer Ex-Jesuit Hermann Goldhagen mit seinem *Religionsjournal* publizistisch den Kampf gegen die Aufklärung begonnen. Auch der Protestantismus meldete seine Kritik an. In Hamburg wetterte Hauptpastor Johann Melchior Goeze mit orthodoxer Strenge von der Kanzel gegen jede moderne religiöse Toleranz, vor allem gegen die Ideen des Aufklärers Lessing. Beide Konfessionen waren nicht nur wichtige Inspiration für konservative Regungen gegen die neuen Ideen, sondern die gesamte konservative Aufklärungskritik war auch theologisch fundiert.[40]

Gleichzeitig führte die Aufklärung in eigentümlicher Weise zu einer erneuten Verschärfung des konfessionellen Gedankens, da gerade aufgeklärte Protestanten nun dazu neigten, ihren eigenen Glauben als Hort der Aufklärung zu betrachten, den Katholizismus hingegen als Negation aufklärerischen Denkens und somit als ihren erklärten Feind.[41] Die Grenze zwischen Katholiken und Protestanten wurde also noch schärfer gezogen, weil es neue Argumente für die Abschottung gab. Der aufgeklärte Protestant fühlte sich tendenziell in der neuen Zeit angekommen, sah aber den Katholiken hinterherhinken. Bei Goethe las sich das so:

> »Je tüchtiger aber wir Protestanten in edler Entwicklung voranschreiten, desto schneller werden die Katholiken folgen. Sobald sie sich von der immer weiter um sich greifenden großen Aufklärung der Zeit ergriffen fühlen, müssen sie nach, sie mögen sich stellen, wie sie wollen, und es wird dahin kommen, dass endlich alles nur eins ist.«[42]

Die Sehnsucht des Dichters nach Überwindung der Konfessionsspaltung war eine durchaus typische Hoffnung vieler Anhänger der Aufklärung, die allerdings mit ihrer Prognose einer Wiedervereinigung der Kirche zu optimistisch waren, weil sie die sozialen und alltäglichen Differenzen katholischer und evangelischer Glaubenspraxis nicht mit in den Blick nahmen. Wie schwer der Schritt zur Überwindung traditioneller Bekenntnisgrenzen allein schon innerhalb des deutschen Protestantismus war, zeigte sich im Jahr 1817, als in Preußen zum 300. Jahrestag der Reformation König Friedrich Wilhelm III. die Union von Lutheranern und Reformierten durchsetzte. Dieses Ansinnen stieß zunächst auf positive Resonanz – auch weil es in einigen Landesteilen durchaus schon entsprechende Initiativen aus den Gemeinden gegeben hatte –, wurde dann aber dadurch verkompliziert, dass der König im gleichen Zug eine ihm genehme Liturgie durchsetzen wollte. Gegen diese Verbrüderung von oben entwickelte sich bald eine wachsende Opposition, woraufhin Friedrich Wilhelm III. auf indirekten Zwang setze. Auf diesem Wege schuf er schließlich die neue protestantische Union in Preußen, musste aber bestehende Widerstände noch lange bekämpfen. Zwischen 1830 und 1834 ging der Staat mit Amtsenthebungen, Haftstrafen und militärischen Kirchenbesetzungen gegen die innerkirchlichen Gegner vor, worunter sich sowohl rheinisch-bergische Calvinisten als auch schlesische orthodoxe und pietistische Lutheraner befanden. Erst 1837, zwanzig Jahre nach der Bildung der Union, wurde oppositionellen Protestanten in Preußen wenigstens die Freiheit zur Auswanderung gewährt. Mehr als 1000 von ihnen fuhren Choräle singend auf Spreekähnen durch Berlin und zogen weiter nach Amerika.[43]

Eine Union von oben hatte es also auch innerhalb des Protestantismus schon schwer genug; an entsprechende erste Schritte für die Überwindung des scharfen Gegensatzes zwischen Katholiken und Protestanten war da gar nicht zu denken. Die Religionsgemeinschaften waren noch nicht reif für eine wie auch immer geartete Union, vielmehr vertieften sich in der Aufklärungszeit die Unterschiede. Das lag auch daran, dass man mit wacher Neugierde den Andersgläubigen im eigenen Land erst einmal entdecken musste. Was wussten Katholiken und Protestanten eigentlich voneinander?

Die Entdeckung des Andersgläubigen

Zur Unterscheidung der deutschen Christen untereinander hat sich der Begriff »Konfession« eingebürgert, der von Beginn an für die Scheidung und Abgrenzung von Andersgläubigen benutzt wurde.[44] Ursprünglich stammt die Bezeichnung aus dem protestantischen Raum und meint die Bewahrung der eigenen Identität gegenüber dem Katholizismus. Somit hat der Begriff von Beginn an eine doppelte Funktion: einerseits die der Abgrenzung gegenüber allen anderen religiösen Bekenntnissen, andererseits die der gesteigerten Hochschätzung der eigenen Konfession. Damit war die zentrale Denkfigur für die kommenden Konflikte geschaffen. Auf protestantischer Seite sind es die Bildungsbürger, die ihre eigene Identität verteidigen und diese schließlich sogar über die Vorstellung einer friedlichen Koexistenz der Konfessionen stellen. Das führt, so hat es ein Historiker einmal treffend formuliert, »zur absichtsvollen Entdeckung des Anderen, Fremden, in diesem Fall: Katholischen im späten 18. Jahrhundert«.[45]

Diese Entdeckung lässt sich besonders anschaulich an dem über 5000-seitigen Reisebericht des Berliner Buchhändlers, Verlegers und Schriftstellers Friedrich Nicolai ablesen, dessen Werk der Forschung heute als publizistischer Auftakt zur modernen Geschichte des deutschen Antikatholizismus gilt. Dieser erklärte Anhänger der Aufklärung machte sich 1781 für sieben Monate auf den Weg, um Deutschland, Österreich und die Schweiz zu bereisen. Eigentlich wollte er damit den Versuch unternehmen, den Deutschen ihr eigenes Vaterland einmal genauer zu beschreiben – durch Betrachtung von Industrie und »Lehrsamkeit«, der »Besonderheiten in Sitte« sowie der »Vorurtheile in Religionsgebräuchen«. Für seinen Reisebericht verarbeitete Nicolai zugleich zahlreiche antikatholische Schriften seiner Zeit, sodass bei ihm die Beobachtung von Selbsterlebtem mit bestehenden Stereotypen bei der religiösen Wahrnehmung des anderen verschmolz.[46] Bei seiner Reise zeigte sich Nicolai vom süddeutschen Katholizismus in höchstem Maße irritiert. Was er dort erlebte, hatte er im heimischen Berlin höchstens vom Hörensagen oder aus der Literatur gekannt. Verwundert beschreibt er etwa die sonderlichsten Formen von Wallfahrten, wie er sie in der Nähe von Passau erlebte:

> »Man siehet sogar nicht selten Wallfahrter, die zufolge eines gethanen Gelübdes (ex voto) den hohen Berg auf den Knieen heraufrutschen. … Wozu soll dieß nützen? Vor wenigen Jahren sahe man auch noch vermummte Büßer, nämlich Leute, welche, um unbekannt zu bleiben, einen Lappen mit Löchern vor den Augen, vors Gesicht hiengen, und um Sünden zu büßen, ein schweres hölzernes Kreuz den Berg hinaufschleppten. Kann man den Aberglauben höher treiben?«[47]

Nicolai wollte diese unglaubliche Welt bewusst als eine fremde und rückständige Welt sehen. Schließlich hatte er sich seit geraumer Zeit als einer der profiliertesten publizistischen Kritiker der katholischen Kirche hervorgetan. Seine populärwissenschaftlichen Darstellungen erreichten ein großes Publikum, die von ihm verlegte *Allgemeine deutsche Bibliothek* brachte es zwischen 1765 und 1792 auf insgesamt 264 Bände, auch die einflussreichste Rezensionszeitschrift der Spätaufklärung erschien in seinem Verlag. Nicolai war also ein Meinungsführer seiner Zeit.[48] Und er wollte seinen Einfluss nutzen, um den aus seiner Sicht offensichtlich verderblichen Einfluss der römischen Kirche auf die Menschen öffentlich zu machen. Auch deshalb hatte er diese Reise angetreten – und deshalb verfasste er diesen Reisebericht. Wie ein Entdecker exotischer Kontinente tastete er sich in diese für ihn so eigentümlich fremde katholische Welt vor, gleichermaßen mit Neugier wie mit Vorurteilen ausgestattet. Auf ihn wirkten Katholiken wie Lebewesen aus einer anderen Welt – etwa Mönche aus Wien:

> »Da giebt es Gesichter, dergleichen man sonst nirgends sieht: perpendikulare Stirnen und spitze Kinne dabey; heraus glotzende Augen und dabey einen beutelförmigen Mund; herabwärts gedruckte und doch aufgeblähte Nasen an einem durch öftere Verzuckungen gespannten Antlitze, und trüber Augen dabey. Ferner eine Menge kugelrunder, von Wohlleben aufgeschwellter Köpfe und Bäuche, die auf watschelnden Beinen einhergehen, welche die unförmliche Last kaum tragen können.«[49]

Die Katholiken sähen nicht nur anders aus, sie seien auch deutlich fauler als die Protestanten: Ihre religiösen Bräuche mit den vielen Feiertagen machten sie träge und führten schließlich zu einer spezifischen Untätigkeit, wodurch Produktivität und Wohlergehen ganzer Landstriche gefährdet würden. Zudem gehe es dort deutlich unmoralischer zu als in evangelischen Regionen, weil die katholische Beicht- und Ablasspraxis die Vergebung der Sünden in einem solchen Ausmaß möglich mache, dass das Begehen derselben nicht mehr als wirkliches Problem gesehen werde. Diese Praxis sei also »eine von den wirksamsten Ursachen der Immoralität, die man in katholischen Landen findet«.[50]

Als Mann und – zivilisierter – Entdecker betrachtete Nicolai auch die – »wilden« – katholischen Frauen. Auf sie richtet er einen geradezu voyeuristischen Blick, etwa als er sich in einer Passauer Kirche einer »Betschwester« nähert. Eigentlich wollte er ihre Physiognomie studieren, doch dann lauschte er heimlich ihrem Gebet und betrachtete möglichst genau ihr Äußeres:

> »Ich sah mit Verwunderung ihren ganzen Körper in einer sonderbaren Art von Bewegung, ihre zarten Füsse, bloß von einem seidenen Strumpfe bekleidet (denn in der Fülle ihrer Andacht hatte sie die Pantoffeln fallen lassen), lagen übereinander, und waren in beständiger konvulsivischer Bewegung. Sollte dieß Koketterie seyn? Oder drang die Andacht in die Spitzen der Zehen? Was erbat sie so brünstig? Die Bekehrung eines Ketzers? Oder die Beständigkeit eines Geliebten? Oder galt es einer armen Seele, die aus dem Fegefeuer ins Paradies zu bringen war?«[51]

Nicolais *Beschreibung einer Reise durch Deutschland und die Schweiz im Jahre 1781* erinnert nicht zufällig an die ethnographischen Studien europäischer Forschungsreisender in fernen und fremden Ländern: Tatsächlich gilt seine Darstellung heute vielen als »innerdeutsche Kolonialfantasie«: Er verstand den katholischen Süden Deutschlands als eine innere Kolonie, die es – wollte die deutsche Nation einmal geeint werden – erst einmal zu zivilisieren galt. »Der norddeutsch-protestantischen Aufklärung«, so kommentierte später ein Historiker diese Haltung, »kam dabei die Aufgabe eines ›Entwicklungshelfers‹ zu.« Denn das war seine gute Nachricht an die deutschen Protestanten und die Freunde der Aufklärung: Zwar verkörpere der Katholizismus ziemlich genau das Gegenteil von dem, was eine »moderne« Gesellschaft ausmachen soll. Er sei vom Wesen her primitiv und wild und deshalb auch unfähig zu einer Weiterentwicklung im Sinne einer besseren Gesellschaftsform, weshalb die Katholiken also am besten ihre konfessionelle Identität aufgeben sollten. Doch brauche man deshalb als Protestant und Aufklärer die Hoffnung nicht fahren lassen – denn grundsätzlich seien die Katholiken zu zivilisieren. Und genau das sei die eigentliche Herausforderung der Zukunft.[52]

Nicolai ist nicht der einzige Forschungsreisende zu den »inneren Kolonien« in Deutschland. Jahrzehnte nach ihm, 1848, bricht der damals 27-jährige Rudolf Virchow von Berlin ins katholische Oberschlesien auf, ursprünglich um Ursachen und Folgen einer verheerenden Typhusepidemie zu begutachten. In seinen Mitteilungen über die Reise findet sich auch seine Wahrnehmung des angeblich verderblichen Einflusses, den Katholizismus und katholische Kirche auf diese preußische Region ausübten: Die Oberschlesier stellten eine »faule, indolente Bevölkerung« dar, ärmliche Gestalten prägten das Bild, die jeder Form von körperlicher oder geistiger Anstrengung vollkommen abgeneigt seien. Virchow verschwammen bei seinen Beurteilungen antipolnische Stereotype mit einem ausgeprägten Antikatholizismus, die Mischung aus polnisch und katholisch ließ bei ihm ein Bild des Grauens entstehen. Diese Menschen machten einen so »widerwärtigen Eindruck auf jeden freien, an Arbeit gewöhnten Menschen«, dass man sich »eher zum Ekel, als zum Mitleid getrieben« fühle.[53]

Virchow beschrieb nach seinem Besuch in Oberschlesien genau das Gegenteil von dem, was er selbst für erstrebenswert erachtete: bürgerliche Werte und nationale Tugenden wie Hygiene, Fleiß und Selbstständigkeit. Und die katholische Kirche habe eine erhebliche Mitschuld daran, dass in Oberschlesien ein ganzes Volk in »Unwissenheit, Aberglaube und Faulheit« versunken sei. Das kann den Protestanten Virchow aber im Grunde nicht überraschen, denn nach seiner Einschätzung sei es im »Interesse der Mutter Kirche, die Völker bigott, dumm und unfrei zu erhalten«.[54]

Die Kluft zwischen den christlichen Bekenntnissen zeigte sich aus evangelischer Sicht auch an dem, was unter der Bezeichnung »Aberglaube« so alles gesammelt wurde. Auch Nicolais Reisebericht kam ohne diesen Begriff nicht aus, wenn er beispielsweise die auf Knien rutschenden Wallfahrer beschrieb. Was im 18. Jahrhundert als Diffamierungsbegriff benutzt wurde, stammte noch aus dem 16. und 17. Jahrhundert und gehörte schon lange zum mentalen Erbe beider Konfessionen. Damals waren diese noch von magischen Vorstellungen beherrscht worden. Einerseits hatten die Protestanten die katholischen Glaubenspraktiken, vor allem die Heiligenverehrung, die zahllosen Segensformeln, Prozessionen, Pilgerfahrten und Reliquien, schlicht als eine Art von Magie bezeichnet. Andererseits waren auch evangelische Gläubige anfällig für Rückfälle in magisches Denken. Lutheraner berichteten gern die Geschichte von dem wunderbaren Lutherbildnis, das einfach nicht brennen wollte, als Luthers Geburtshaus in Flammen aufging. Für sie war das ein Beweis für die Richtigkeit seiner reformatorischen Lehre.[55]

Was Martin Luther anging, so galten er und mit ihm die Reformation den Katholiken lange Zeit ohnehin als ein Werk des Teufels. Das gab die nötige Sicherheit, notfalls eben auch evangelische Pfarrer als angebliche Werkzeuge des Teufels zu »entlarven«. In Augsburg etwa erregte ein Vorfall im Jahr 1696 Aufsehen, als ein protestantischer Gottesmann von der Kanzel herab »gotteslästerlich« gegen die Kutte und die Jungfrau Maria gewettert haben soll. Die Strafe des Herrn folgte auf dem Fuße – wenn man den Augenzeugenberichten der anwesenden Katholiken glauben will: Noch während der Messe wurde der Mann vom Teufel in Gestalt eines Bären geholt.[56]

Solche Berichte machen deutlich, wie sehr in den Jahrzehnten nach der Reformation die Herausbildung von klar unterscheidbaren Bekenntnissen noch im Fluss war. Auch »Glaube« und »Aberglaube« ließen sich lange nicht voneinander abgrenzen. Es gab zwar zunehmend eine offizielle Frömmigkeit, diese konnte aber mit den unterschiedlichsten Formen inoffizieller Frömmigkeit einhergehen. Magisches Denken war den Menschen des 16. und 17. Jahrhundert eine Selbstverständlichkeit, und auch die kirchlichen Rituale waren darin einbezogen. Der priesterlichen Weihe von Wasser, Öl oder Kerzen oder dem

Emporheben von Kelch und Hostie durch den Geistlichen wurde Zauberkraft zugesprochen. Protestantische Kirchgänger hatten deshalb lange die Beibehaltung dieser gewohnten Riten des alten Glaubens gefordert.[57]

Erst im 18. Jahrhundert hatte sich vieles verändert. Die aufgeklärten Zeitgenossen – oder besser: diejenigen, die sich selbst dazu rechneten – nutzten nun gern und ausgiebig den Begriff »Aberglaube«, um die Rückständigkeit der Katholiken zu geißeln. Und zumindest hinsichtlich der Konfessionszuschreibung war das zutreffend: Denn tatsächlich hatte sich der deutsche Aberglaube, betrachtete man ihn einmal vorurteilsfrei als kulturgeschichtliche Quelle, entlang der Konfessionsgrenzen unterschiedlich entwickelt. Volkskundliche Untersuchungen zu Beginn des 20. Jahrhunderts konnten zeigen, dass abergläubische, irrationale und mystische Vorstellungen in katholischen Gebieten deutlich überwogen. In der Welt des Aberglaubens wurde das durchaus als Gewinn betrachtet – viele Katholiken wähnten sich weiterhin in einer »Überlegenheit in der abergläubischen Kunst«, und manche Protestanten fühlten sich schlicht arm an solchem »Abergut«. Es gab Menschen, die offiziell Mitglied einer evangelischen Kirche waren, sich gleichzeitig aber nach dem übersinnlichen Überschuss der katholischen Welt sehnten. Sie wollten auf »Aberglauben« im Notfall eben nicht verzichten.[58]

So gingen Protestanten immer wieder zu katholischen Priestern oder ausgewählten katholischen Gläubigen, suchten katholische Kirchen auf oder nutzten katholische Riten, wenn sie sich in Not wähnten und von der eigenen Kirche keine ausreichende Unterstützung erwarteten. Die Wege dieser konfessionellen Grenzüberschreitung konnten sehr unterschiedlich sein. So glaubten in manchen Landstrichen Protestanten, dass sich die Katholiken besser auf die Schatzgräberei verstünden, weshalb sich Schatzgräber zuweilen auch dann als »Papisten« ausgäben, wenn sie keine seien. Besondere Fähigkeiten wurden zudem dem katholischen Geistlichen unterstellt. Angeblich übe er selbst in protestantischen Gebieten »große Macht über allen bösen Zauber und Spuk, ja, den Teufel selbst« aus. In Ostpreußen wurde beobachtet, dass das evangelische Landvolk katholische Geistliche um Hilfe bei der Aufklärung eines Diebstahls bat, im lutherischen Masuren wandten sich Bauern an »päpstliche« Beschwörer, damit Viehseuchen »weggesegnet« würden, und in Westpreußen glaubte man, ein katholischer Geistlicher habe einmal landplagende Heuschrecken verbannt. Es schien sich der Glaube zu halten, dass mit der Reformation nicht alle Fähigkeiten gleichermaßen auf die protestantischen Pfarrer übergegangen seien – so zogen hessische Protestanten ins benachbarte katholische Eichsfeld, wenn sie einen Teufel bannen oder einen Schatz heben wollten.[59] Nur der katholischen Kirche schien nach der Glaubensspaltung ein wirklich übersinnliches Instrumentarium zur Verfügung zu stehen, wie es in einer volkskundlichen Beurteilung hieß:

> »Der kath. Kult selbst und seine mystischen Symbole strahlen geheimnisvolle Kräfte aus, die auch der abergläubische Prot.[estant] nicht leugnet und gerne selber benutzt, kath. Amulette trägt oder kath. Zauberformeln spricht. Hexengläubige prot. Altwürttemberger oder Oldenburger holen zur Abwehr Weihwasser aus kath. Gegenden und schreiben C. M. B. [Tradition des katholischen Haussegens am Dreikönigstag, die Abkürzung bezeichnet die Namen der heiligen drei Könige – Caspar, Melchior, Balthasar – oder ›Christus Mansionem Benedicat‹ – ›Christus segne dieses Haus‹] an Stall- und Wohnungstür.«[60]

Wer hatte die übersinnlichen Kräfte auf seiner Seite? In der Welt des Aberglaubens entschied sich das an der Frage, welche Konfession es auf die größere Zahl glaubhafter »Wundergeschichten« bringe. Und da schienen die Katholiken zunehmend die Nase vorn zu haben. Denn in den vielen Geschichten und Gerüchten, die durch das Land wanderten, war immer wieder von Gottesurteilen die Rede, mit denen Gott die Freveltaten der Nichtkatholiken sanktioniert habe. In einer dieser Erzählungen stirbt beispielsweise völlig unerwartet ein lutherischer Pfarrer – weil er zuvor ein Heiligenbild verletzt hatte. Dann wird von einem evangelischen Hilfsprediger berichtet, der eine Kirche hat abreißen lassen – auch er stirbt plötzlich, und wegen seiner Verderbtheit könnten nach seiner Beisetzung »Würmer und Schlangen … nicht aus seinem Grab vertrieben werden«. Ein anderer Protestant, so hieß es, soll die Gottesmutter Maria verächtlich eine Wäscherin genannt haben – und wurde prompt vom Blitz erschlagen.[61] Und zwischen den Religionen? Auch da schien Unheil zu drohen. Das beste Mittel für konfessionellen Frieden bot dem Volksaberglauben zufolge einzig der Umstand, dass die Angehörigen unterschiedlicher Bekenntnisse erst gar nicht aufeinandertrafen:

> »In Seckenheim und Ladenburg bei Mannheim glaubt man, wenn Sonntags die Mitglieder der ev. und kath. Gemeinde nach dem Schluß des Hauptgottesdienstes einander begegnen, d.h. wenn beide Gottesdienste gleichzeitig schließen, daß dann in derselben Woche noch eine Person im Ort sterben werde.«[62]

Die Begegnung mit den Andersgläubigen bringe nur Unglück, so die Vorstellung. Aber man konnte doch unmöglich ständig allen Andersgläubigen aus dem Weg gehen! Wusste man denn überhaupt, ob einem auf der Gasse ein Katholik oder ein Lutheraner entgegenkommt? Davon gingen tatsächlich erstaunlich viele Menschen aus. Heute würde wohl niemand mehr glauben, dass man einen Katholiken allein an seinem Äußeren, an seiner Nase oder seiner Stirn erkennen könne. Aber im 18. und 19. Jahrhundert sah man das durchaus anders. Damals war die sogenannte »Physiognomik« populär, derzufolge sich angeblich durch recht einfache Methoden vom Äußeren eines Menschen auf sein Inneres, auf seinen Charakter und seine Seele schließen lasse. Ein Pionier dieser »Lehre« war in den 1770er-Jahren der Zürcher evangelische Theologe Johann Caspar Lavater mit seinen umfangreichen *Physiognomischen Fragmenten zur Beförderung der Menschenkenntnis und Menschenliebe*. Ein eigenes Kapitel widmete er den »religiösen Physiognomien«. Vor allem die Jesuiten schienen es ihm angetan zu haben, nicht umsonst seien seiner Ansicht nach die »Jesuiten-Augen« geradezu sprichwörtlich geworden. Ausgiebig hatte Lavater ein Bildnis des Ordensgründers Ignatius von Loyola betrachtet, aus dem er Frömmelei, Lichtscheu, Unaufrichtigkeit und Verstellung ableiten zu können glaubte – und dann diese Augen, »dieß zusinkende Auge, dieser durchblickende Blick«. Das war fraglos der Blick der Gegenreformation, der einen zurückschrecken ließ. Wie anders fühlte sich Lavater, wenn er ein Bildnis von Martin Luther betrachtete:

> »In Augen und Nase die Seele! Das innige, gefühlte, tiefblickende, nicht sorgsam erlesende im Auge – Festigkeit, That und Kraft in der Nase.«[63]

Lavater konnte mit seinen Urteilen durchaus an bekannte Stereotype, aber auch an literarische Vorbilder anknüpfen. Nicolai hatte ebenfalls entsprechende Beschreibungen vorgelegt, als er etwa auf die angeblich so naheliegende Tatsache verwies, »daß die Kapuziner gemeiniglich die dummsten und gemeinsten Physiognomien haben«.[64] Seine These der »katholischen Religions-Physiognomie« hat nachhaltig zur Verfestigung konfessioneller Vorurteile beigetragen. Bei solcherlei Unterscheidung katholischer und evangelischer Nasen verwundert es nicht, dass so mancher Gottesmann sich in der Lage sah, auch einen gänzlich gottlosen Zeitgenossen am Äußeren zu erkennen. Das gilt etwa für das »irreligiöse Weib«, das sich der evangelische Theologe und Superintendent Johann Ludwig Ewald im Jahr 1798 vornahm. Dem Kenner verrate sich der Mangel des religiösen Gefühls »schon auf dem Gesichte des Weibes«, so Ewald. »Seine Züge sind sinnlicher, härter, geistloser, vielleicht frecher, als es bei bessern Gefühlen war.«[65]

Die »Phrenologen« konnten an diese Vorstellung mühelos anknüpfen. Die gleichermaßen populären wie auch höchst umstrittenen Methoden der Pseudowissenschaft Phrenologie – bei der Hirnareale mit geistigen Eigenschaften beziehungsweise Schädelformen mit Charakter assoziiert wurden – spukten bis ins 20. Jahrhundert hinein in deutschen Köpfen herum.[66] Deutsche Ärzte registrierten wie selbstverständlich Größenunterschiede zwischen protestantischen und katholischen Rekruten. Im Jahr 1896 stellte die *Badische Zeitung* den »katholischen Rundschädeln« die intelligenteren »protestantischen Langschädel« gegenüber. Die Vorstellung von den konfessionellen Kopfformen waren augenscheinlich so verbreitet, dass die *Theologische Quartalsschrift* sich 1903 schließlich gezwungen sah, die konfessionelle »Land- und Rundkopftheorie« aus theologischer Sicht zurückzuweisen.[67] Hier zeigt sich übrigens auch, welch enge Verbindung konfessionelle Vorurteile und rassistische Vorstellungen bereits im 19. Jahrhundert miteinander eingegangen waren: Katholiken, Protestanten und Juden glaubte man an äußeren Merkmalen »erkennen« zu können – ein verhängnisvolles Erbe maßgeblich von Physiognomik und Phrenologie.

In deutschen Dörfern versuchte man im 18. Jahrhundert möglichst wenig mit dem Andersgläubigen zu tun zu haben und nicht aufeinander angewiesen zu sein.[68] Und auch in jenen Städten, die von Menschen beider Bekenntnisse bewohnt wurden, richtete man sich möglichst dies- oder jenseits der Konfessionsgrenzen ein. Ein gut untersuchtes Beispiel dafür ist die Stadt Augsburg, in der zu Mitte des 18. Jahrhunderts etwa 30000 Menschen lebten. Es war die einzige deutsche Großstadt mit einer zahlenmäßig annähernd jeweils gleich starken katholischen und lutherischen Einwohnerschaft. Mit dem Westfälischen Frieden 1648 waren beiden Konfessionen gleiche Rechte und Befugnisse eingeräumt worden.[69] War nun ein friedliches Nebeneinander möglich? Ja und nein, behauptet in diesem Falle der französische Historiker Étienne François, der die Konfessionen in Augsburg zwischen dem Westfälischen Frieden und dem Jahr 1806 im Detail untersucht hat. Die Unterscheidungsmerkmale zwischen Lutheranern und Katholiken wurden durch die Parität in der Stadt nicht nur aufrechterhalten, so sein Schluss, sondern sogar verstärkt, bisweilen überbetont. In dieser eigentümlichen Situation der Gleichberechtigung in einer Stadt wurde die Konfessionsgrenze nämlich zu einer »unsichtbaren Grenze«, die schließlich auch eine soziale, kulturelle und politische Grenze war. Die Glaubensgemeinschaften lebten in »zwei unterschiedlichen Gesellschaften«, die in Fragen von Wirtschaft und Handel durchaus einen gewissen Pragmatismus des gegenseitigen Kontaktes pflegten, in denen es aber über Generationen hinweg, zum Beispiel in ökonomischer Hinsicht, auch konfessionelle Monopole und Gegenmonopole gab – Katholiken und Lutheraner wirtschafteten zuweilen eben jeder für sich.[70]

Der Demonstration der Gruppenzugehörigkeit diente verstärkt auch die Wahl der Vornamen, welche die Augsburger ihren Kindern zu geben pflegten. Die Katholiken gingen vermehrt dazu über, demonstrativ katholische Vornamen zu wählen und dies bei Mehrfachvornamen auch noch zu verstärken. Joseph Anton oder Franz Joseph wurde etwa auf katholischer Seite populär, bei den Lutheranern war es Johann (etwa bei Johann Jakob oder Johann Georg). Was am Vornamen katholisch wirkte, wurde bei den Protestanten verschmäht: Als es auf katholischer Seite zu einer regelrechten »Marienschwärmerei« kam und bald jedes gute katholische Mädchen eine Maria in einem ihrer Vornamen trug, schmolz auf lutherischer Seite die Zuneigung zu diesem Namen. Gute lutherische Mädchen hießen fortan Elisabeth, Johanna oder Dorothea.[71] Es ist naheliegend, dass in dieser Atmosphäre Übertritte von der einen zu der anderen Konfession oder gar Eheschließungen über die Glaubensgrenzen hinweg auf beiden Seiten höchst unerwünschte Ausnahmen bleiben mussten.

Es gab aber auch heftige Auseinandersetzungen in Augsburg. Sucht man nach den Unruhestiftern, so kommt man im Rückblick nicht an den Pfarrern vorbei. Protestantische wie katholische Geistliche fürchteten sich gleichermaßen vor den negativen Folgen dieser Parität. Seit dem Westfälischen Frieden und bis in die Mitte des 18. Jahrhunderts hinein riefen sie ihren Gemeindemitgliedern stets zu, dass die Grenze zwischen den Bekenntnissen, mochte sie im Alltag manchmal unsichtbar erscheinen, tatsächlich und vor Gott unüberwindlich und unverrückbar sei und bleiben werde. Sie waren es, die über die Wahrung der konfessionellen Belange wachten. Wenn sie die Rechte ihrer Kirche verletzt sahen, traten sie auf den Plan und stritten – nicht immer mit Augenmaß – für die Rechte ihrer Kirche (oder was sie dafür hielten). Vermutlich im Einzelfall etwas überzogen, fielen die Urteile von Reisenden nach ihren Besuchen in Augsburg zuweilen erschreckend heftig aus:

> »Der Religionshaß ist in der That sehr sichtbar, was auch immer die Augsburger dagegen sagen und schreiben mögen. Diese Parität ist von ihrem wahren Charakter, dem Duldungsgeiste so entfernt, daß jede der beiden Religionsparteien alle Augenblicke bereit wäre, der anderen den Hals zu brechen, wenn der Magistrat nicht in beständiger Wachsamkeit bliebe.«[72]

Gelegenheit zum heftigen Streit bot sich im 18. Jahrhundert immer dann, wenn katholische und lutherische Brautleute eine Ehe eingegangen waren und schließlich Kinder geboren wurden, um deren Taufe man dann rang. Dies war auch im Januar 1727 in Augsburg der Fall, als die kleine Tochter eines lutherischen Vaters getauft werden sollte. Er hatte seiner Frau (einer Katholikin) bei der Eheschließung zwar versprochen, gemeinsame Kinder katholisch taufen zu lassen, es sich nun allerdings anders überlegt und die Taufe in einer evangelischen Kirche angesetzt. Der katholische Pfarrer war empört, verschaffte sich unter einem Vorwand Zugang zur Mutter und zur neugeborenen Tochter und versuchte das Kind rasch und heimlich zu taufen. Er zückte das Fläschchen mit hineingeschmuggeltem Taufwasser und goss dessen Inhalt dem Kind über die Stirn, während er so schnell wie nur möglich die Taufformel sprach. Das bemerkte allerdings der ebenfalls zu Hause weilende Vater, stieß den Geistlichen rasch vom Kind weg, und eine herbeistürzende (lutherische) Tante wischte dem Säugling in aller Eile und so heftig die Stirn ab, »als wan das Kindt mit lauther güfft wäre begossen worden«. Bald war ein Handgemenge im Gange, alle anwesenden Protestanten stürzten sich auf den katholischen Priester, der allerdings trotz der heftigen Attacken sehr stolz auf sein Vorgehen war und den Lutheranern noch im Zurückweichen hämisch zurief, dass das Kind jetzt katholisch getauft sei und kein evangelischer Pfarrer dieser Welt daran mehr etwas ändern könne.[73]

Diese katholische Zwangstaufe des kleinen Mädchens brachte der Vater übrigens vor den Rat der Stadt. Die Angelegenheit wurde gründlich untersucht, Zeugen wurden befragt, Gutachten eingeholt, und schließlich beschloss man, dass gemischtkonfessionelle Eheleute bei den städtischen Behörden in Zukunft schriftlich hinterlegen sollten, wie sie ihr Kind taufen wollten. Im vorliegenden Fall allerdings gab man dem eiligen katholischen Geistlichen recht. Die katholische Taufe wurde als gültig anerkannt.[74] Wie es fortan um den häuslichen Frieden in der Familie bestellt war, ist indes nicht überliefert.

Auch wenn sich die Differenzen nicht mehr in heftigen konfessionellen Konflikten niederschlugen, so zeigt gerade das Beispiel Augsburgs, dass die unterschiedlichen Identitäten nicht eingeebnet wurden. Die Vorstellung, Deutschland habe sich während der Aufklärungszeit vom konfessionellen Dauerkonflikt erholt, ist nur zu einem gewissen Grad zutreffend. Es gab Zeiten und Orte eines neuen, friedlicheren Nebeneinanders, doch die Gefahr des wieder aufflammenden Streits konnte auch in dieser Epoche letztlich nicht gebannt werden. Zwischen den streitenden Parteien standen übrigens jene Menschen, die je nach Einschätzung entweder als bedauernswerte Opfer des Glaubenskampfes oder als Vorkämpfer der Auseinandersetzung galten: die Konvertiten. In dem Maße, wie sich die Unterschiede zwischen den Glaubensparteien seit der Reformation klarer abzeichneten, stellte sich für die Zeitgenossen die Frage, ob sie in der eigenen Konfession wirklich »zu Hause« seien oder in einer anderen eine bessere religiöse Heimat finden könnten.

Bis in die heutige Zeit sieht sich ein Konvertit (und dies gilt nicht nur für das religiöse Leben) dem Vorwurf ausgesetzt, er sei ein Opportunist, der nur aus politischen und damit aus Karrieregründen den Glauben gewechselt habe. Wer früher die bisherige Konfession aufgab, erschien oft genug als »lauer Christ«, dem weltliche Dinge eben wichtiger waren als der eigene Glaube.[75] Ein prominentes Beispiel dafür war Anfang des 18. Jahrhunderts der erwähnte Fall des sächsischen Kurfürsten August der Starke, bei dem der Übertritt zum Katholizismus im Zusammenhang mit der Übernahme der polnischen Königswürde allen Zeitgenossen einsichtig war. Die sozialen Folgen einer solchen Einstufung als Opportunist waren für einen König vielleicht unerheblich, für gewöhnliche Konvertiten in einer Stadt des 17. oder 18. Jahrhunderts stellte sich das indes anders dar. Es konnte sein, dass der Konvertit auch in seiner neuen religiösen Heimat nie recht ankam, weil ihm stets der stille Vorwurf gemacht wurde, er sei nur ein äußerlich sich so gebender Glaubensbruder. So konnte ein Konvertit im schlechtesten Falle religiös und sozial heimatlos bleiben.

Andererseits ging den Konvertiten in der deutschen Geschichte oft der Ruf voraus, sie seien in ihrem neuen Glauben besonders radikal. Spektakulär waren die Fälle, in denen evangelische Theologen zum Katholizismus übertraten und sich anschließend als Speerspitze der römischen Kirche verstanden. Vor allem in gebildeten Kreisen hatte sich der Konvertit diesen Schritt oft gut überlegt und ihn erst nach ausgiebiger Lektüre einschlägiger Schriften als einzig denkbare Lösung seiner Gewissensnot vollzogen. So trat er zuweilen mit einem großen Wissensüberschuss in die neue Glaubensgemeinschaft ein. Der Konvertit wusste zuweilen einfach besser, was man in dieser neuen Konfession zu tun oder besser zu lassen habe. Bei den Alteingesessenen stieß ein solches Auftreten verständlicherweise nicht nur auf Begeisterung; man blieb skeptisch gegenüber dem Neuankömmling. Und oft genug war diese Wahrnehmung von dem stillen Zweifel an seiner Loyalität durchzogen: Hatte er nicht schon einmal seinen Glauben verraten? Würde er es also nicht umso leichter ein weiteres Mal tun? Konnte man ihm also wirklich trauen?

Übrigens war der Fall des berühmten Konvertiten August der Starke eher eine Ausnahme, was die Richtung des Konfessionswechsels anging. Wenn Protestanten ihre Landeskirchen verließen, traten sie in ihrer großen Mehrheit nicht zum katholischen Glauben über, sondern gingen den etablierten Kirchen insgesamt verloren. Sie schlossen sich freikirchlichen Vereinigungen, Sekten oder pietistischen Gemeinschaften an. Als Mitte des 19. Jahrhunderts die Religionsstatistik auch diese Bewegungen erfassen konnte, zeigte sich, dass im Jahr 1862 im gesamten Deutschen Reich rund 2500 Menschen aus der evangelischen Kirche ausgetreten, dabei aber nur 400 von ihnen katholisch geworden waren. Fast viermal so viele Katholiken traten hingegen in diesem Jahr zum Protestantismus über. Wenn Katholiken ihre Kirche verließen, dann schlossen sie sich zumeist dem Protestantismus an.[76] Diese statistischen Befunde waren selbstverständlich auch den katholischen Kirchenführungen bekannt, die in den evangelischen Landeskirchen somit eine permanente Versuchung für die eigenen Gläubigen sahen. Bei Konfessionswechseln galt: Die Bedrohung des Katholizismus war der Protestantismus, die Bedrohung des Protestantismus war die »Ungläubigkeit«. Beide Gefahren bedeuteten für die Kirchen, dass die Auseinandersetzung mit der anderen Konfession eine zwingende Voraussetzung für die Stabilisierung der eigenen Identität war. Doch zugleich barg genau dieser Konkurrenzkampf immer auch die Gefahr, dass die Menschen sich nicht nur bewusst wurden, dass es unterschiedliche Konfessionen als unterschiedliche Glaubensangebote gab, sondern dass sie sich dann oft auch für ein anderes als das eigene Angebot entschlossen.[77]

»Zwischen« den Konfessionen fanden sich nicht nur die Konvertiten wieder, sondern in ganz praktischer Hinsicht auch all jene Gläubige, die ihr gemeindliches Leben in einem sogenannten Simultaneum führten. Unterschiedliche Konfessionen hatten sich in einem solchen Fall eine Kirche zu teilen, sie mussten also wohl oder übel miteinander auskommen. Eine Vielzahl solcher Begebenheiten gab es vor allem im Südwesten des Landes, sie wurden indes sehr unterschiedlich mit Leben gefüllt und zu großen Teilen zu Beginn des 19. Jahrhunderts wieder aufgegeben. Wie das alltägliche Leben in einem solchen Simultaneum funktionierte und auf welche Schwierigkeiten es stoßen konnte, dafür liefert das kleine Kirchspiel Goldenstedt in der Nähe des norddeutschen Städtchens Vechta ein anschauliches Beispiel. Der Flecken war über Jahrhunderte zwischen dem katholischen Fürstbistum Münster und dem lutherischen Herzogtum Braunschweig-Lüneburg beziehungsweise dem späteren Kurfürstentum Hannover umstritten. Das Ergebnis war zwischen 1650 und 1860 das »simultaneum mixtum«, das sich deutlich von allen anderen in Deutschland praktizierten Modellen unterschied. In Goldenstedt feierten Katholiken und Lutheraner nämlich ihren Gottesdienst in der Kirche nicht nacheinander und streng getrennt nach ihren Riten, sondern gleichzeitig, also gemeinsam. Dabei vermischten sich mit der Zeit auf eigentümliche Weise Bestandteile der katholischen und der lutherischen Liturgie. Für die Goldenstedter wurde also zu einer gewissen Normalität, was strengen Streitern für die reine Lehre die Haare zu Berge stehen ließ. Sie sangen abwechselnd Strophen derselben Lieder, lauschten dem evangelischen wie dem katholischen Geistlichen, beteten zusammen und wohnten gemeinsam dem Abendmahl bei. Selbst für Beerdigungen, die andernorts durchaus Spannungen provozierten, schienen die Goldenstedter eine friedliche Lösung in Form einer eigentümlichen »Mischliturgie« gefunden zu haben, wie ein Bericht aus dem Jahr 1805 zeigt:

> »Alle Todte des Kirchspiels werden auf dem Goldenstedtischen Kirchhofe begraben, und von dem Katholischen Prediger und Lutherischen Küster zu Grabe gebracht. Die Art und Weise ist von Seiten des Küsters bei allen gleich. Er singt nämlich bei den Katholiken wie bei den Lutheranern Lutherische Gesänge. Von Seiten des Predigers ist sie in etwas und zwar dadurch verschieden, daß er über Lutheraner nicht so wie über Katholiken die Messe lieset, sondern nur das Vaterunser und den evangelischen Gruß knieend vor dem Grabe zweimal betet. Es werden gewöhnlich Leichenpredigten gehalten und zwar für die Lutheraner wie für die Katholiken.«[78]

Alle Toten des Kirchspiels wurden also ohne Ansehen ihrer Konfession auf dem Goldenstedter Friedhof beigesetzt, wobei die Gräber lediglich nach Bauernschaften geordnet waren – Lutheraner und Katholiken wurden also nebeneinander beerdigt. Und doch wurde Goldenstedt nicht zu einer friedlichen Insel im Meer der konfessionellen Konflikte. Es war schließlich die Frage des Weihwassers, das die Gemüter nachhaltig erregen sollte. Der katholische Geistliche wollte auch bei den Beerdigungen nicht darauf verzichten, den Leichnam, die Trauergemeinde und das Haus des Toten mit Weihwasser zu besprengen. 1730 wurde er angesichts eines Trauerfalls im Dorf jedoch von der Obrigkeit angewiesen, darauf unbedingt zu verzichten – für den Fall der Zuwiderhandlung wurde ihm sogar mit einer Arreststrafe gedroht. »Die Scheu vor dem Weihwasser«, so hat ein Historiker einmal diesen Streitfall kommentiert, »war bei den Lutheranern deutlich größer als die Hemmschwelle der Katholiken, lutherische Lieder zu hören.«[79]

1850 sollte Goldenstedt eine evangelische Kirche erhalten, die Zeit des höchst ungewöhnlichen Miteinanders war endgültig vorüber. Hier wie an anderen Orten hatten Katholiken, Lutheraner und Reformierte immer wieder versucht, einen Modus vivendi zu finden, ein friedliches Miteinander trotz immer wieder aufflammender Konflikte. Aber letztlich scheiterten diese Versuche. Und dies nicht nur im Alltag solcher Dörfer, sondern auch bei den diesbezüglich wohl ambitioniertesten Anstrengungen im späten 18. Jahrhundert, die als »Reunionsversuche« zwischen Katholiken und Protestanten die Überwindung der Kirchenspaltung zum Ziel hatten. Nicht mehr politische oder kirchliche Herrscher wagten sich jetzt an diese zentrale Frage (wie es noch im 16. und 17. Jahrhundert der Fall gewesen war), sondern einflussreiche und gebildete Privatpersonen. Auf katholischer Seite machten sich im 18. Jahrhundert Anhänger einer »katholischen Aufklärung« daran, innerkirchliche Reformvorhaben mit einer Reunion mit den Protestanten zu verknüpfen. Dahinter stand die Einsicht, dass die Reformation wohl zu Recht Missstände der römischen Kirche aufgegriffen habe. Nur weil man damals diese Kritik nicht akzeptiert habe, sei es schließlich zur Abspaltung der Protestanten gekommen. Würde man diese Reformen nun mit erheblicher Verspätung nachholen, dann wäre doch auch eine Wiedervereinigung mit den Protestanten möglich.[80]

Solche Gedanken trafen allerdings nicht nur innerhalb der katholischen Kirche auf Widerstände – vor allem die Kurie in Rom sah keinerlei Notwendigkeit, sich, in welcher Form auch immer, zu reformieren. Auch auf protestantischer Seite erfuhren solche Gedanken entschiedene Ablehnung. Hier witterte man vor dem Hintergrund der historischen Erfahrungen mit den zahlreichen Versuchen einer Gegenreformation stets einen geheimen Plan, die Protestanten wieder unter den Schirm und das Diktat des Papstes zu locken oder zu zwingen. Geheime jesuitische Machenschaften vermutete etwa Friedrich Nicolai, der alle Vereinigungsbemühungen als »Träumereien« von Protestanten bezeichnete und vor leichtsinnigen Zugeständnissen gegenüber der katholischen Kirche warnte.[81]

Dass sich die Spannungen zwischen den Konfessionen an der Schwelle zum 19. Jahrhundert verschärften und solche Reunionspläne scheiterten, hat auch mit den veränderten Zukunftserwartungen beider Kirchen zu tun. In das neue Jahrhundert gingen beide großen Kirchen mit einer gehörigen Erschütterung, denn diese Zeit begann mit einem »Generalangriff auf die Religion«: Die Französische Revolution war mit solcher Heftigkeit gegen die traditionelle Macht der Kirche vorgegangen, wie man sie in Europa vorher nicht gekannt hatte. Und selbst wenn dieser radikale Angriff auf die organisierte Religion als französische Sonderentwicklung verstanden werden kann, so waren die Auswirkungen des Geschehens keineswegs auf Frankreich begrenzt.[82]

In Deutschland waren katholische und protestantische Geistlichkeit gleichermaßen entsetzt, die durch die Französische Revolution offenkundig gewordene Kirchen- und Religionsfeindschaft schien eine völlig neue Dimension angenommen zu haben. In kirchlichen Kreisen – und zwar über alle Konfessionen hinweg – griff die Angst um sich, dass nun die weitere Existenz der Kirchen überhaupt auf dem Spiel stehe. Auch deshalb wurde an der Schwelle zum 19. Jahrhundert das Verhältnis zwischen katholischer und protestantischer Kirche durch eine neue Qualität bestimmt: Zu der traditionellen konfessionellen Konkurrenz, die weiterhin unverzichtbar für die eigene Identitätsbildung blieb, gesellte sich nun der gemeinsame Kampf gegen die organisierte Irreligiosität, wie man sie in der Französischen Revolution zu erkennen glaubte. Religionskritik hatte es zwar schon vorher gegeben, aber jetzt schien sie möglicherweise zu einem langfristigen Trend zu werden, Irreligiosität wurde als existenzielle Bedrohung der bisher so mächtigen Kirche wahrgenommen. So läutete die Französische Revolution in Deutschland einen kirchen- und religionspolitischen Mentalitätswandel ein, ohne dass sich rein äußerlich eigentlich etwas verändert hätte.[83]

Mit dieser Angst traten die beiden großen Kirchen in das 19. Jahrhundert ein. Sie waren dünnhäutiger, reagierten heftiger gegen alles, was sie als neue Irreligiosität ausmachten. Sämtliche Zeichen irreligiösen Verhaltens wurden bald nicht mehr nur als verächtlicher Fehltritt interpretiert, sondern auch als Vorbote des drohenden Zerfalls des christlichen Glaubens und der Kirchen in ihrer Gesamtheit. Ein protestantischer Priester aus Schleswig-Holstein notierte 1813:

> »In neunzig bis hundert Jahren werden, wenn nichts geschieht, die Kirchen geschlossen sein, das Abendmahl abgeschafft, die verbleibenden Priester in Staatsbeamte verwandelt.«[84]

3. Deutschland im konfessionellen Streit

Gebhardshain ist ein kleines Dorf im Westerwald. Katholiken und Protestanten lebten auch hier notgedrungen enger zusammen als in anderen deutschen Orten. Die einzige Kirche nutzten sie als Simultaneum, allerdings schafften es die Menschen nicht wie etwa im erwähnten Goldenstedt bei Vechta, ein zumindest streckenweise konfliktfreies Leben zu führen. Schon das 18. Jahrhundert war in Gebhardshain voller Streitigkeiten und Widerlichkeiten gewesen, zerschlagene Fensterscheiben in Pfarrhäusern oder die Verunreinigung von Weihwasser mit Kot kamen häufiger vor. Im Jahr 1822 heißt es in einem amtlichen Bericht, dass sich »120–150 Mann Katholiken, zum Theil betrunken und alle mit Knüppeln bewaffnet, auf dem Kirchhof« versammelt hätten, um ihre Rechte an der Kirche gegen angebliche protestantische Gelüste zu wahren und notfalls zu verteidigen. Ein Jahr später kam es in dem zur Pfarrei Gebhardshain gehörenden Fleckchen Kotzenroth zu einem weiteren Zwischenfall, weil sich diesmal die Protestanten beim Zugang zur dortigen Kapelle benachteiligt sahen. Deshalb rückte der zuständige Landrat mit drei Boten, drei Gendarmen und zusätzlich 30 mit Stöcken bewaffneten Evangelischen ein, um von den Katholiken den Schlüssel zum Gebäude zu verlangen. Doch die Katholiken wollten, zumindest nach dem offiziellen Bericht, mit den Besuchern offenkundig nicht diskutieren:

»Mit Sensen, Mistgabeln, Meßsern, Knütteln und Striemen bewaffnet rotteten sich Männer, Weiber und Kinder zusammen und suchten die überraschte Mannschaft zu überfallen. … Sogar ein Bube von 15 Jahren rannte mit einer Mistgabel bewaffnet auf den königlichen Landrat los, allein derselbe gab ihm bei seinem Hervortreten ein paar solch derbe Backenstreiche, dass er betäubt zu Boden stürzte.«[1]

Die Katholiken mussten nach solchen Vorfällen zwar mit Strafen rechnen, ein wirkliches Umdenken blieb jedoch aus. Zwei Jahre nach diesem Vorfall konnten die Protestanten wieder nicht in die Kapelle einziehen, weil der katholische Ortsvorsteher diesmal wenig glaubhaft vorgab, den Schlüssel zum Gebäude nicht mehr zu besitzen, woraufhin die Andersgläubigen tatsächlich unverrichteter Dinge abzogen. Wieder ein Jahr später hatten sie schließlich Glück und feierten ihren Gottesdienst – wohl auch, weil sie bei ihrem Kirchgang vorsorglich von einer Abteilung Gendarmen begleitet wurden.[2] Nun könnte man diese Vorfälle als eine Art Westerwälder Spezialität abtun, als eine womöglich regionale Besonderheit, die kirchlichen Differenzen eher rustikal beizulegen. Doch Gebhardshain ist kein Einzelfall, das 19. Jahrhundert begann mit zahlreichen konfessionellen Konflikten. Die deutsche Gesellschaft zerfiel in vielerlei Teile – und bietet dem Betrachter noch in der Rückschau ein eigentümliches Bild. Der Historiker Thomas Nipperdey hat es einmal treffend beschrieben:

»Jeder, der sich der Zeit und ihrem Stil nähert, stößt auf die ungeheure Schärfe des konfessionellen Antagonismus und seiner Rhetorik. Er bestimmte das Leben und den Stil, vom Schulbesuch übers Heiraten und die Tragödien, wenn eine Liebe an der Konfessionsverschiedenheit auflief, bis zu den geselligen Kreisen. Darum gab es so viele Katholikenfresser und so viele Protestantenfresser. … Weil man protestantisch geboren war, blieb man anti-katholisch, und weil man anti-katholisch war, fühlte man sich ›protestantisch‹.«[3]

Einen Zugang zu dieser eigentümlichen Welt im konfessionellen Streit ermöglicht vor allem die Betrachtung der sogenannten »Mischehen«, ein Begriff, der heute womöglich vor allem wegen seiner rassistischen Bedeutung zur Zeit des Nationalsozialismus bekannt ist. Aber vor 1933 war er in Deutschland ein durchaus geläufiges und bekanntes Wort für ein katholisch-evangelisches Ehepaar, erst später wurde er von den Nazis seines ursprünglichen Bedeutungsrahmens beraubt. Diese »Mischehe« war im 19. Jahrhundert *der* zentrale konfessionelle Konflikt: Wer mit der »falschen« Frau oder dem »falschen« Mann nach Hause kam, konnte schon mit der bloßen Absichtserklärung zu heiraten familiäre Dramen auslösen, in die sich nicht selten die erweiterte Familie (Großeltern, Tanten und Onkel) und dann oft auch noch der örtliche Pfarrer (oder gleich die Geistlichen beider Kirchen) einmischten. Und wer sich trotzdem nicht schrecken ließ und einfach auf sein Herz hörte, auf den warteten zuweilen zahlreiche rechtliche und kirchenrechtliche Probleme, die bei der Eheschließung anfingen und sich dann oft bei der Taufe der Kinder verschärften. Was Eheleuten oder ihren Kindern zu jener Zeit aus Motiven einer vermeintlichen konfessionellen »Reinheit« angetan werden konnte, ist für Heutige kaum mehr nachzuvollziehen.

Die Mischehen und der religiöse Verfolgungswahn

Priester und Bischöfe akzeptierten im 19. Jahrhundert die Eheschließung zwischen Mann und Frau nur dann, wenn aus ihrer Sicht alles wohlgeordnet war und keine kirchenrechtlichen Probleme bestanden. War eines der beiden Brautleute evangelisch, dann war das für die katholische Kirche ein »aufschiebendes Ehehindernis«. Immerhin ließ das eine Lösung zu. Da bei Konfessionsverschiedenheit die Eheschließung von der katholischen Kirche untersagt war, konnte diese im Einzelfall das Verbot aufheben, indem sie einen sogenannten Dispens erteilte. Dafür gab es dann bestimmte Auflagen, die das Ehepaar in spe einhalten musste, vor allem was die Kindererziehung anging. Beide Brautleute (also auch der protestantische Teil) mussten dem katholischen Priester gegenüber das Versprechen ablegen, ihre Kinder später im katholischen Glauben zu erziehen.[4]

Nun könnte man meinen, dass Deutschland damals eben groß und Rom weit weg war, denn tatsächlich gab es in den unterschiedlichen deutschen Ländern und Provinzen keineswegs eine einheitliche katholische Linie. Der grundsätzliche Standpunkt der Amtskirche wurde zwar nie revidiert, aber gerade im 18. Jahrhundert hatte sich mancherorts eine recht milde Mischehenpraxis der katholischen Kirche durchgesetzt. 1777 hatte Papst Pius VI. zunächst für die preußische Provinz Schlesien eine Instruktion herausgegeben, die dem Bischof in dieser Frage fast freie Hand ließ; später bildete sich in den ostpreußischen Provinzen wie Kulm, Ermland oder Posen-Gnesen ein Verfahren heraus, bei dem schließlich sogar das eigentlich zentrale Versprechen einer katholischen Kindererziehung als notwendige Voraussetzung der katholischen Einsegnung der Ehe wegfallen konnte.[5]

Nicht nur die Kirche, auch der Staat musste sich notgedrungen Gedanken über die Regelung solcher Fragen machen. Eine zivile Eheschließung sollte es zwar im Deutschen Reich erst ab 1875 geben, wodurch zahlreiche Streitigkeiten zwischen Brautleuten und Pfarrern entfielen. Aber auch vorher schon wurde der Staat zwangsläufig in diese Konflikte hineingezogen. Dies vor allem bei der Frage, wie bei den immer wieder auftretenden Konflikten die Kindererziehung geregelt werden sollte. Bereits 1794 bestimmte in Preußen das Allgemeine Landrecht, dass die Entscheidung über die konfessionelle Erziehung der Kinder allein von den Eltern getroffen werden sollte. Das klingt nach heutigem Verständnis zunächst einmal ziemlich modern. Doch was sollte geschehen, wenn sich die Eltern nicht einig wurden und es in der Familie zum Streit kam? Auch für diesen Fall legte das Allgemeine Landrecht eine Regelung vor: Demnach seien die Töchter nach der Konfession der Mutter, die Söhne nach der des Vaters zu erziehen. Diese Bestimmung änderte allerdings der preußische König Friedrich Wilhelm III. 1803 dahingehend, dass im Streitfall alle Kinder nach der Konfession des Vaters erzogen werden sollten.

Diese Entscheidung des Preußenkönigs schürte zusätzlich die Spannungen zwischen den Konfessionen, die Katholiken witterten dahinter eine Bevorzugung der Protestanten, besonders weil sich die konfessionelle Landkarte des Königreichs entscheidend verändert hatte. Nach dem Wiener Kongress waren das Rheinland und Westfalen Teile des preußischen Reiches geworden, das (von Schlesien einmal abgesehen) mehrheitlich protestantisch war. In das katholische Rheinland und das zumindest in weiten Teilen katholische Westfalen kamen jetzt zahlreiche – protestantische – Preußen. Konkret hieß dies, dass junge und unverheiratete Beamte und Offiziere in erklecklicher Zahl an den Rhein zogen und dort nicht nur ihrer Arbeit nachgingen, sondern auch oft genug Töchter aus katholischem Hause heirateten. Tatsächlich zählte die Kirchenstatistik im Westen Preußens eine hohe und wachsende Zahl von Mischehen. Die katholische Kirche in Preußen hatte bis zu diesem Zeitpunkt bei der Handhabung der Mischehen eine durchaus nachsichtige und undogmatische Haltung an den Tag gelegt, weil es eben vergleichsweise wenige von diesen Fällen gab. Das wurde jetzt anders. Die Stimmung kippte bei der katholischen Kirche, bei der jungen preußisch-protestantischen Elite und auch beim preußischen Staat. Alle Beteiligten pochten jetzt auf die Durchsetzung ihrer Ansprüche, ein massiver Konflikt schien bevorzustehen.

Es war der neue Erzbischof von Köln, der schließlich die entscheidende Brandfackel zur Entfachung des Konflikts warf. Clemens August Droste zu Vischering, der 1835 sein Amt antrat, kündigte jenes »Agreement« auf, das in den Jahren zuvor mit viel Mühe zwischen den Bischöfen und dem preußischen Staat geschaffen worden war. Das tat der neue Bischof laut und kompromisslos, die Öffentlichkeit griff den Konflikt auf, und alle Seiten bemühten sich nach Kräften, dem anderen die Schuld an der Eskalation zu geben. Im November 1837 verfügte die preußische Regierung die Amtsenthebung Droste zu Vischerings. Unter Androhung von Gewalt wurde er gezwungen, sein Kölner Gebiet zu verlassen. Die nächsten zwei Jahre musste er auf der Festung Minden verbringen. Diese »Verhaftung« sollte als »Kölner Ereignis« in die deutsche Geschichte eingehen.[6]

Das massive Einschreiten der preußischen Regierung, das ohne jedes Gerichtsurteil erkennbar politisch motiviert war, provozierte die energische Gegenwehr des Papstes. Die Bischöfe bezogen in schärfsten Tönen Partei gegen den Staat, bald griff der Konflikt auch auf den Osten des Landes über, wo der Erzbischof von Posen 1839 verhaftet wurde. Die politische Öffentlichkeit nahm an dem Streit großen Anteil und heizte ihn weiter an; in zahlreichen Flugschriften wurden die Ereignisse zur Grundsatzfrage des Verhältnisses zwischen Kirche und Staat erhoben. Der Ton war rau und unversöhnlich.[7] Der Staat fühlte sich aufs Äußerste herausgefordert und sah sich als ruhiger Sachwalter des Rechts und der staatlichen Ordnung, die gegen die katholischen Eiferer unbedingt verteidigt werden müsse:

> »Nachdem alle Versuche der Milde und Langmuth erschöpft waren, wurde ein ernster Entschluß unvermeidlich. Noch ehe die Art seiner Ausführung entschieden war, machte der Erzbischof selbst den Bruch unwiderruflich, indem er … die Gemüther durch vorgreifende Oeffentlichkeit aufregte, und seine Anhänger … einen Religionshaß

> gegen die Regierung zu erwecken suchten. … Die Hoffnungen Uebelgesinnter und die Pläne fanatischer Eiferer werden vereitelt werden.«[8]

Die Atmosphäre war seit der Eskalation um den Kölner Bischof Droste zu Vischering vergiftet – und sie blieb es. Zwar wurde der Konflikt unter dem neuen preußischen König Friedrich Wilhelm IV. nach 1840 beigelegt, doch der konfessionelle Streit ließ sich damit nicht mehr eindämmen. Auch die Protestanten erlebten eine vergleichbar drastische Konfrontation mit dem Staat, mit dem katholischen König von Bayern. Dieser war ohnehin dafür bekannt, dass er den Katholizismus nach Kräften förderte, die Protestanten hingegen gezielt benachteiligte. König Ludwig I. verfügte 1839, dass seine Soldaten – und zwar gleichermaßen die katholischen wie die evangelischen – ab sofort zu Gottesdiensten befohlen werden konnten und dass sie dabei ebenso wie bei Prozessionen vor dem Allerheiligsten auf die Knie zu fallen hätten. Der »Kniebeugungserlass« war für evangelische Christen eine Zumutung, und die Empörung über diesen religiösen Zwang wuchs weit über Bayern hinaus. Nicht zuletzt aufgrund der enormen publizistischen Beachtung des Erlasses musste der König diesen schließlich widerwillig zurücknehmen. Dennoch zeigt das Geschehen in Bayern ebenso wie das Kölner Ereignis in Preußen, dass sich in Deutschland damals ein neues Klima verschärfter konfessioneller Spannungen aufgebaut hatte.[9]

Das galt in besonderem Maße für die wieder entfachte Frage der Mischehen: Die Kirchen, von den Bischöfen bis hin zu den einfachen Pfarrern, schienen nun nicht mehr bereit, in Einzelfällen einem Kompromiss oder einer stillen Lösung zuzustimmen. Zuerst die Katholiken, dann die Protestanten entdeckten dieses Feld als eine Art »Hauptkampfplatz« des konfessionellen Konflikts und suggerierten den Gläubigen, dass sich auf diesem nichts weniger als die Zukunft der eigenen Kirche entscheiden werde. Denn es ging um die Kinder: Würden die Zahlen der Mischehen steigen und würden sich die Andersgläubigen bei der religiösen Kindererziehung immer stärker durchsetzen, so führe das schon nach wenigen Jahren und Jahrzehnten zu einer nachhaltigen, womöglich existenzgefährdenden Schrumpfung der eigenen Kirche. »Unsere Kirche ist in Gefahr!«, schallte es bald aus beiden konfessionellen Lagern, »sie ist gefährdet durch die Mischehen.«

Die Wortführer der großen Konfessionen verloren bei diesem Thema zuweilen jedes Maß an rhetorischer Zurückhaltung. Sie verdammten die Einzelnen, die eine solche Ehe eingingen, sie übten Druck auf die Kinder und die Angehörigen aus. Außerdem zogen sie den Staat und seine Organe, die Gerichte und den Schutzmann, mit in den Streit hinein. Sie schürten Ängste vor einer »Bedrohung«. Es drohe eine »Unterwanderung« des eigenen konfessionellen Lagers, womöglich sogar ein regelrechter Krieg gegen die eigene Religion. In einer Zeitschrift der Jesuiten aus dem Jahr 1885 findet sich eine solche wortgewaltige Warnung. Mit Blick auf die protestantischen Beamten und Soldaten, die in katholische Gebiete zogen, warnte man vor jedem »Arm-in-Arm-Gehen mit Andersgläubigen und Anhängern kirchenfeindlicher Secten«. Und die Mischehen seien die Wurzel allen Übels:

> »Sie sind die friedliche, stille Invasion gegen katholisches Land und Gewissen. Der Irrglaube hat seine Kriegstaktik geändert. … Ehemals schickte er uns Katholiken die Schweden und Dänen in's Land, jetzt eine Unzahl heiraths-lustiger Beamten und Söhne des Krieges.«[10]

Indem der jesuitische Autor sich auf die Zeit des Dreißigjährigen Krieges bezieht, greift er zur denkbar größten Dramatisierung des konfessionellen Problems »Mischehe«. Die Mischehen bringen Unfrieden, das sah auch der organisierte Protestantismus so. »Tausendfach lehrt die Erfahrung«, so schilderte es ein evangelischer Autor ebenfalls 1885, »daß die Mischehen nicht zum Frieden führen, sondern eine Quelle unaufhörlichen Haders sind.« Häufig genug beginne mit ihnen erst der Streit, in zuvor friedliche Familien werde mit ihnen »die Fackel der Zwietracht geworfen«. Deshalb müsse jedem jungen Protestanten frühzeitig deutlich gemacht werden, dass er sich im Fall einer Mischehe auf »ein Leben voll Kampf und Streit« gefasst machen müsse.[11]

Dabei waren es die Kirchen selbst, ihre Pfarrer und ihre Vereine, die Stimmung gegen die Mischehe im Allgemeinen und gegen einzelne Betroffene im Besonderen schürten. Allen voran die Pfarrer verfügten über zahlreiche Möglichkeiten, ihren einer Mischehe entgegensehenden oder schon betroffenen »Schäfchen« das Leben schwer zu machen. Auf katholischer Seite bot vor allem die Beichte die Chance, massiv einzuwirken – vom mahnenden Wort bis zur Drohung mit kirchenrechtlichen Konsequenzen. Noch 1909 erinnerte ein Bischof daran, dass einem katholischen Elternteil, das seine Kinder in einer Mischehe protestantisch erziehen lasse, die Absolution zu verweigern sei.[12] Die evangelische Seite prangerte stets diese vermeintliche »Macht des Beichtstuhls« an. Sie hatte allerdings ihrerseits ebenfalls zahlreiche Strafmechanismen entwickelt, um bei unerwünschter religiöser Kindererziehung streng mit den eigenen Gläubigen ins Gericht zu gehen. In den 1880er-Jahren kursierten im Ruhrgebiet Vordrucke, mit denen evangelische Pfarrer Druck auf Betroffene machten:

> »Sollten Sie wider unser Erwarten und zum Aergerniß der evangelischen Gemeinde dennoch das erwähnte Versprechen in betreff der Kindererziehung geben, so sind wir auf Grund vorstehender Bestimmungen des Kirchengesetzes verpflichtet, Ihnen die Ehrenrechte in der evang. Kirche abzuerkennen event. Sie vom heiligen Abendmahl auszuschließen.«[13]

Auch die kirchlichen Vereine, die im Laufe des 19. Jahrhundert entstanden und rasch enormen Zulauf erhielten, engagierten sich gegen die Mischehen.[14] Auf katholischer Seite war dies etwa der »Volksverein für das katholische Deutschland«, der *Flugschriften zur Wehr und Lehr* gegen die Mischehen herausgab, auf protestantischer Seite neben anderen der mächtige »Evangelische Bund«, der sogenannte *Mischehenflugblätter* drucken ließ. Diese wandten sich an ein jüngeres, weil heiratsfähiges Publikum, warnten vor solchen Ehen und wiesen auf die Gefahren der katholischen Mischehenpraxis hin.[15] Selbst die Evangelischen Arbeitervereine, die gerade im industriell geprägten Ruhrgebiet die eigentlichen Träger des sozialen Protestantismus waren, gaben sich kämpferisch. Der 1892 gegründete Gelsenkirchener Evangelische Arbeiterverein hatte eine Vereinsklausel, wonach Mitglieder, die eine Mischehe eingingen und das Versprechen katholischer Kindererziehung ablegten, aus dem Verein ausgeschlossen werden konnten. Man glaubte so drastisch sein zu müssen, weil es in solchen Fällen angeblich um den Verrat am eigenen Glauben und der eigenen Kirche ging. In einem protestantischen Kirchenblatt hieß es dementsprechend 1885:

> »Wer seine Kinder aus Gleichgültigkeit oder zur Gewinnung irgend eines irdischen Gutes der katholischen Kirche überläßt, der versündigt sich nicht nur aufs schwerste an ihrer Seele, sondern er hört auch selbst auf, ein evangelischer Christ zu sein, er kann in seinem Hause nicht mehr Gottes Wort wohnen lassen, kann nicht mehr mit den Seinigen seinen Gott und Heiland anbeten im Geist und in der Wahrheit.«[16]

Hatten solche Mahnungen aber tatsächlich Einfluss auf die Menschen in Deutschland? Es ist letztlich nie ermittelt worden, inwieweit die katholische und die protestantische Kirche durch ihre Agitation gemischtkonfessionelle Verbindungen tatsächlich verhinderten. Zumindest hinsichtlich der Kindererziehung lässt sich sagen, dass sich die katholische Seite mit ihren Forderungen trotz enormen Engagements nicht durchsetzen konnte. Oft war es wohl die konfessionelle Bevölkerungsstruktur vor Ort, die dafür ausschlaggebend war, in welcher Religion die Kinder aus Mischehen erzogen wurde.[17]

Gleichwohl gelang es den Pfarrern und kirchlichen Vereinen, mit ihrer Agitation permanent Unfrieden im Land zu säen. Sie waren in erheblichem Maße dafür verantwortlich, wenn sich in den beteiligten Familien die Fronten verhärteten und Konflikte eskalierten. Zuweilen stritten sich evangelische und katholische Pfarrer schier endlos um ein einzelnes Kind: Sie brachten es mit oder ohne Einverständnis der Eltern in die angeblich »richtige« Schule oder überraschten es auch schon einmal mit einer heimlichen Taufe – alles nur, so erklärte ein katholischer Geistlicher einmal guten Gewissens vor einem Gericht, weil er eine in seinen Augen katholische Seele »gegen konfessionelle Vergewaltigung« schützen wollte.[18]

So füllten sich schließlich auch die Gerichtsakten mit immer mehr Verfahren, in denen sich die streitenden Parteien jeweils Gesetzesverstöße bei der religiösen Erziehung der Kinder vorwarfen; es stritten sich Väter und Mütter, Eltern und Geistliche, der zuständige Amtmann oder Polizist, und immer wieder mussten Richter darüber urteilen, welcher Glaube für ein Kind der richtige sei. So auch im Falle eines preußischen Offiziers, der im Jahr 1903 verhandelt werden musste. William Ziermann zählte zu jenen Militärs, die die preußischen Behörden in das katholische Rheinland versetzt hatten; er entsprach also genau der katholischen Propaganda über den vermeintlichen Versuch, mit dieser Personalstrategie eine schleichende Protestantisierung dieser katholischen Region in Gang zu setzen. Tatsächlich hatte auch der evangelische William Ziermann bald eine katholische Frau aus dem Rheinland geheiratet, die, zumindest nach seinen Angaben, das Versprechen abgab, alle zu erwartenden Kinder in der Religion des Vaters zu erziehen, also evangelisch. Doch auch Absprachen zwischen Eheleuten sind bekanntlich nicht für die Ewigkeit, und so entbrannte beim Ehepaar Ziermann schließlich ein so heftiger Streit um die Erziehung der gemeinsamen Tochter, dass der Major daheim zur Reitpeitsche griff, um die seiner Meinung nach richtige religiöse Ordnung wiederherzustellen. Was war geschehen?

Soweit das schließlich mit diesem Fall befasste königliche Amtsgericht in Aachen den Hergang später rekonstruieren konnte, erzog die katholische Mutter wohl heimlich die Tochter in ihrem katholischen Glauben, obwohl dies doch angeblich anders vereinbart worden war. Der Ehemann war offensichtlich schon seit Längerem misstrauisch geworden. Schließlich sollte sich sein böser Verdacht bestätigen. Seine Tochter Irmgard eröffnete ihm eines Tages überraschend, dass »sie katholisch sei und auch katholisch bleiben werde«. Sie habe bereits mehrfach nach katholischer Lehre gebeichtet und auch das Abendmahlsakrament empfangen. Als der Vater die 14-Jährige dann auch noch »in flagranti« ertappte, wie sie nach der Teilnahme am katholischen Religionsunterricht das örtliche »Kloster zum armen Kinde Jesu« verließ, wurde der erboste Major handgreiflich. Zu Hause schlug er seine Tochter – ausgerechnet mit einem katholischen Lehrbuch, beschuldigte sie ihn dann vor Gericht, nur mit der Hand, verteidigte sich der Vater – und eröffnete ihr dann, dass er sie umgehend in die Obhut eines evangelischen Pfarrers nach Düren bringe werde, der für die rechte protestantische Erziehung sorgen werde.[19] Schon am nächsten Morgen sollte es losgehen. Eigentlich:

> »Als die Tochter dieser Aufforderung nicht folgte und äusserte, sie wolle nicht nach Düren reisen, hat der Vater gedroht, sie durch den Schutzmann wegführen zu lassen, auch hat er sie durch mehrere Zimmer mit einer Reit-

peitsche verfolgt, allerdings ohne sie zu erreichen, bis sie dann auf Geheiss der Mutter zur Haustüre hinausging.«[20]

Tatsächlich verhalf die Mutter der Tochter Irmgard zur Flucht aus dem elterlichen Haus, und diese fand Schutz ausgerechnet in dem erwähnten Kloster. Sie war damit dem Zugriff des zornigen Vaters entzogen, dem nur der Weg zum Amtsgericht in Aachen blieb. Doch das entschied schließlich gegen ihn: Das Kind könne zunächst im Kloster in katholischer Obhut bleiben. Später setzte das Gericht einen »bestellten Erziehungspfleger« ein, um die Tochter vor weiterem »religiösem Druck« durch den Vater zu schützen. Irmgard war immerhin von der Mutter – wenngleich heimlich – katholisch erzogen worden und sollte nun auch katholisch bleiben. Die väterliche Reitpeitsche war also nicht nur pädagogisch abwegig, sondern erwies sich überdies auch im Hinblick auf die konfessionelle Erziehung letztlich als kontraproduktiv.

Die Mischehen waren und blieben im 19. Jahrhundert schließlich *der* zentrale Zankapfel im religiös tief gespaltenen Deutschland.[21] Und der Ärger der Kirchen und ihrer konfessionellen Streiter wuchs in dem Maße noch an, wie sich die Menschen in Deutschland immer seltener abschrecken ließen, doch Andersgläubige zu heiraten. Das lag vor allem an der Binnenwanderung, die das Land zunehmend veränderte. Gerade die neuen Industrieregionen erlebten einen rasanten Wandel. Hier stieg nicht nur die Bevölkerungszahl rasch an, zugleich vermischten sich die dort zusammenlebenden Konfessionen auch schneller als in anderen Gebieten. In Preußen waren schließlich im Jahr 1900 schon über acht Prozent aller Eheschließungen gemischtkonfessionell, in den großen Städten lagen die Werte deutlich darüber.

War das strenge Auftreten der Kirchen also erfolglos? Ließen sich die Menschen abschrecken? Die Kirchen hätten letztere Frage bejaht: Fraglos wurde es immer schwieriger, die Menschen in ihrem Heiratsverhalten im kirchlichen Sinn »auf Kurs zu halten«. Aber ohne die massive Agitation der Amtskirche und ihrer Vereine wäre die Lage in deren Augen noch wesentlich schlimmer geworden. Sie glaubten etwas erreicht zu haben – die Verlangsamung der Entwicklung. Die Richtung schien zu stimmen, also erhöhten die Kirchen weiter den Druck.

Die Atmosphäre blieb in Deutschland konfessionell vergiftet, die Streitigkeiten erfassten alle Lebensbereiche und nahmen alle nur erdenklichen Formen an. Der Riss durch die Gesellschaft prägte das Leben noch über den Tod hinaus, zumindest für die Hinterbliebenen. Ja, zuweilen nahm der Streit dann erst so recht an Fahrt auf wie beispielsweise im Jahr 1844 in der Stadt Witten, die zu diesem Zeitpunkt noch weitgehend protestantisch geprägt war. Als dort das Kind eines Katholiken gestorben war, verweigerte der evangelische Pfarrer die Beisetzung auf dem evangelischen Friedhof, dem einzig vorhandenen in der Stadt. Die Katholiken wollten das nicht hinnehmen, und so erschien trotz dieser Verweigerung am Tag der geplanten Beerdigung der Trauerzug samt Kinderleichnam, Trauergemeinde und katholischem Kaplan vor dem Friedhofstor und begehrte Einlass. Das war zwar erwartungsgemäß verschlossen, doch die Demonstration »katholischen Behauptungswillens« hatte zahlreiche Schaulustige zum Ort des Geschehens gelockt, darunter auch viele Protestanten. Die Spannungen nahmen zu, ein Wort gab das andere, und schließlich konnte der ebenfalls noch hinzugeeilte Bürgermeister eine handfeste Auseinandersetzung am Friedhofstor nur mit Mühe verhindern. Die Katholiken verloren übrigens diesen lokalen Machtkampf um das tote Kind, das schließlich auf einem katholischen Friedhof in der benachbarten Gemeinde Lütgendortmund beerdigt wurde.[22]

Da die Erwachsenen in diesem wie in vielen anderen Fällen in ihrer konfessionellen Starrköpfigkeit den Kindern in den Dörfern und Städten mit schlechtem Vorbild vorangingen, verwundert es nicht, dass die Jugendlichen dann ihre eigenen Spottverse und Beleidigungen entwickelten, mit denen sie andere Schüler am Schultor oder auf den Straßen ihres Viertels bedachten. Aber auch andere Orte waren vor Schmähungen nicht sicher. So klagte im Jahr 1833 ein katholischer Pfarrer aus einer Gemeinde im Hunsrück, dass sich vier reformierte Mädchen in seiner Kirche gegenüber dem katholischen Altar »auf sehr unanständige Art benommen« hätten: »Sie seien auf denselben gestiegen und hätten sich gottweise gegen denselben mit dem Hintern verneigt.«[23]

So verschieden Katholiken und Protestanten in der Gegenwart waren, so unterschiedlich waren auch ihre Geschichtsbilder. Sie dachten historisch, indem sie die fast 400 Jahre zurückliegende Reformation als den Beginn einer Erfolgs- oder einer Verlustgeschichte interpretierten und sie für allgegenwärtig hielten. Für die Katholiken blieb Luthers Auftreten der Beginn der Erosion der eigenen Weltmacht. Unaufhörlich (so die katholische Vorstellung) betreibe der deutsche Protestantismus die Agitation gegen die Kirche, seit 1517 habe sich daran nicht viel verändert. Die Erben Martin Luthers erschienen weiterhin als explizite Feinde der katholischen Kirche. Umgekehrt war sich der Protestantismus dessen bewusst, dass er so gesehen wurde – und fürchtete seinerseits permanent gegenreformatorische Vorstöße der katholischen Kirche. Reformation und Gegenreformation waren keine bloßen historischen Phänomene, sie waren als Bedrohungsszenarien eigenartig präsent. Auch deshalb griff in allen Lagern eine Angst vor unkontrollierbaren konfessionellen »Verlusten« um sich. Und das weltliche Evangelium dieser Angst war die Konfessionsstatistik. Sie entstand mit dem 19. Jahrhundert und bot den Ängsten aller Beteiligten reichlich Nahrung. Immer öfter zählten die Kirchen die Häupter ihrer Schäfchen, und immer detaillierter wurden die Statistiken, die sie vorlegten. Penibel wurde registriert, wer von welchen Bevölkerungswanderungen »profitierte« oder wer bei den

Mischehen »verlor«. Da hieß es genau hinzuschauen, wie ein Jesuit im Jahr 1904 erklärte:

> »Wohl in keinem Lande der Welt stehen konfessionelle Fragen augenblicklich so sehr im Vordergrunde des Interesses wie in unserem Vaterlande. Es hat das die bedauerliche Folge, daß es oft zu Streitigkeiten zwischen den beiden großen Konfessionen kommt, in welche die deutsche Nation gespalten ist. … Was ist da natürlicher als das Verlangen, genau unterrichtet zu sein über den gegenwärtigen Stand der Konfessionen nicht nur in bezug auf das Reich im ganzen, sondern auch in bezug auf die einzelnen Bundesstaaten, deren Provinzen, Regierungsbezirke, bis hinab zu den kleineren Verwaltungseinheiten, den Kreisen, Bezirksämtern, Amtshauptmannschaften oder wie man sie sonst nennt.«[24]

Die möglichst kleinteilige Vermessung der konfessionellen Welt nahm jetzt nicht nur die amtliche Reichsstatistik vor, die die Zahlen der Volkszählungen aufbereitete, auch die Kirchen sammelten eigene Zahlen. Die evangelischen Landeskirchen notierten die Teilnahme am Abendmahl, die Zahl der Taufen, der Trauungen und der kirchlichen Beerdigungen für jeden einzelnen Kirchenkreis, beginnend 1818 in der bayerischen Pfalz, dann 1827 im übrigen Bayern[25] und schließlich in allen deutschen Landeskirchen. Die Daten wurden bei einer statistischen Kommission der Deutschen Evangelischen Kirchenkonferenz gesammelt. Die Katholiken ihrerseits beschlossen auf dem Katholikentag 1901 in Osnabrück, eine vergleichbare Organisation für Statistik zu schaffen. Beide Kirchen wollten genaues faktisches Wissen – und glaubten selbstverständlich nur der Statistik, die sie selbst erstellt hatten. Jede Zahl war wichtig, jede Zahl konnte ein erstes Indiz für eine neue, womöglich bedrohliche Entwicklung sein. Die Kirchen trieb in dieser Zeit eine nicht schwinden wollende Angst vor »konfessioneller Überfremdung« um.[26] »Zahlen sind tot«, hieß es 1893 in einem Kirchenkreis aus der Landeskirche Hannover, »aber die toten Zahlen schreien zu dem lebendigen Gott.«[27] Zunächst einmal schrien die Zahlen angesichts einer dramatischen Entwicklung zwischen den Konfessionen. Die Angst vor der feindlichen »Flutwelle« hielt die Kirchen in Atem. Und immer wieder waren es die Mischehen, die dafür Anlass boten. Noch 1918 blickte Otto Everling, Vorsitzender des Evangelischen Bundes, mit größter Sorge auf die Zahlen der Konfessionsstatistik:

> »Auf dem Gebiet der Mischehen predigen sie eindringlich von der immer höher steigenden Flutwelle der Mischehen, die in den hundertjährigen Bestand der trennenden Kirchendämme empfindliche Lücken reißen kann, sie öffnen uns das Auge für die Tragweite einer konfessionellen Bewegung, die vielleicht mehr als alle anderen Auseinandersetzungen das zukünftige Stärkeverhältnis der beiden Konfessionen unseres Vaterlandes beeinflussen wird.«[28]

Der religiöse Verfolgungswahn war indes nicht nur eine Reaktion auf konfessionelle Polemiken und die akribische Berechnung der Religionsstatistik. Immer wieder kam es im Deutschen Reich auch zu gewaltsamen Auseinandersetzungen zwischen den Religionsgemeinschaften. Sie markierten und stabilisierten ein Klima, in dem sich protestantische und katholische Deutsche als Feinde gegenüberstanden. Zu den dramatischen Ereignissen gehören in dieser Hinsicht die Vorkommnisse, die sich im August 1869 in Berlin ereigneten und schon bald darauf im ganzen Deutschen Reich Beachtung fanden. In einem Zeitungsbericht hieß es:

> »Am Montag fand in Moabit wiederum ein sehr ernster Tumult statt. Ein Volkshaufen drang nach Zerschlagung der Thüren in das Kloster ein und begann dasselbe durch Ein-

schlagen der Fenster u.s.w. zu demolieren. Mehrere Schutzleute, welche den Erregten Einhalt zu thun versuchten, erhielten nicht unerhebliche Verletzungen; zwei, heißt es, wurden schwer verwundet.« [29]

Was war geschehen? Im Berliner Arbeiterviertel Moabit wurden eine Dominikanerkapelle und ein von Franziskanern geführtes Waisenhaus von aufgebrachten Protestanten angegriffen, wobei auch die zu Hilfe gerufene Polizei weitere Angriffe nicht abwehren konnte und sogar Schutzmänner verletzt wurden. Im Sommer 1869 hatten fünf Mönche die von einem katholischen Frauenverein angebotene Leitung eines Waisenhauses übernommen. Die gleichzeitig aufgenommene Seelsorge in dem Arbeiterstadtteil Moabit hatte sich allerdings als ernüchternd erwiesen, denn Gottesdienste und Beichten blieben nur schwach besucht. Also bauten die Dominikaner zur Hebung der kirchlichen Moral eine große Kapelle, die mit einem großen Fest und unter breiter öffentlicher Anteilnahme geweiht wurde. Um die dabei gehaltenen Reden und angeblich antiprotestantischen Polemiken entspann sich in der konfessionell aufgeladenen Atmosphäre rasch eine heftige Debatte. Der nicht verheimlichte Impuls, inmitten einer »ungläubigen« Umgebung einen Ort der katholischen Mission zu errichten, sorgte für scharfe Reaktionen. Eine Berliner Zeitung dämonisierte die Niederlassung sogar als Auftakt einer zweiten Gegenreformation und pries aus gegebenem Anlass die historische Auflehnung gegen den Ablassprediger Johannes Tetzel im 16. Jahrhundert – der ja ebenso wie die Moabiter Mönche ein Dominikaner war – als die »sittlichste That des deutschen Volkes«.[30]

Der katholische Stützpunkt in Berlin-Moabit stand nun im Fokus einer erregten Debatte. Die liberale und sozialdemokratische Presse erinnerte erneut an tatsächliche oder angebliche Skandale und Verbrechen rund um katholische Klöster. Erst wenige Tage zuvor war aus Krakau die Meldung eingetroffen, eine

Nonne sei über 20 Jahre gegen ihren Willen in einem Kloster eingemauert gewesen. Bald machten weitere grausige Klostergeschichten die Runde, Schreckensmeldungen kamen aus ganz Europa: über Selbstmorde schwangerer Nonnen, unterirdische Gänge zwischen Frauen- und Männerklöstern und Skelette lebendig begrabener Nonnen in Prag, Lemberg, Posen, Westpreußen oder der Oberlausitz. So entstand das Bild vom Kloster als einem vormodernen Ort des Schreckens. Dort herrschten Perversion und Wahnsinn, die Freiheit werde unterdrückt und die menschliche Natur vergewaltigt.[31]

Vieles mag bei diesen Geschichten hinzugedichtet, manches erlogen gewesen sein. Nicht erfunden war indes der Skandal, der sich gleichzeitig in Düsseldorf abspielte: Die Polizei umstellte dort den Dominikanerkonvent, weil einer der Mönche wegen Unzucht mit minderjährigen Mädchen angezeigt worden war. Der Pater konnte indes nach England fliehen und musste sich lediglich vor einem Ordensgericht verantworten, das die Straftaten bestätigte. Kein Wunder, dass Klöster nun in der erregten Öffentlichkeit zu Projektionsflächen von Gewalt- und Sexualfantasien wurden. Die liberale Presse stellte die Häuser als potenzielle Keimzellen des Verbrechens dar, die es im Sinne des Fortbestands der Nation zu beseitigen gelte. Die Forderung nach einem Klosterverbot lag in der Luft, die Stimmung gegen katholische Einrichtungen in Städten wie Berlin wurde immer aggressiver.[32]

In Moabit zeigte sich das nichtkatholische Umfeld angesichts solcher Meldungen neugierig darauf, was die Dominikaner dort tatsächlich taten. Gab es unterirdische Gänge? Gab es gar Verbrechen? Waren die Kinder des Waisenhauses tatsächlich in guten Händen? In Moabit strebten immer mehr Protestanten zum Ort des Geschehens. Zunächst kam es nach einem Gottesdienst zu ersten Tumulten, dann versammelten sich Tage später Tausende vor dem Kloster, schimpften auf die Mönche und warfen mit Steinen. In der Dämmerung schließlich stürmten sie, vorbei an den hilflosen Schutzmännern, das Gebäude und demolierten die Inneneinrichtung. Die Mönche und die Waisenkinder waren da bereits durch den Klostergarten geflohen, doch auch in ihrer sicherheitshalber angelegten weltlichen Kleidung fühlten sich die Gottesmänner nicht sicher.[33] Einer von ihnen erinnerte sich später:

> »Trotzdem erkannten uns die Leute als Moabiter Mönche und drohten uns häufig in der verschiedensten Weise. Zuweilen hörte man: Du wirst auch bald an der Laterne baumeln; zuweilen wurden uns Steine nachgeworfen. Protestantische Mädchen, die aus der Schule kamen, blieben vor uns stehen und spuckten vor uns aus.«[34]

Die Auseinandersetzungen in Moabit und später allgemein um die Klöster in Deutschland wurden fester Bestandteil des sogenannten Kulturkampfs, in dem sich ab den 1870er-Jahren die katholische Kirche und der Staat in einen grundsätzlichen Gegensatz hineinmanövrierten, vor allem in Preußen, aber auch in Bundesstaaten wie Bayern, Baden oder Hessen. Es ging um das Verhältnis von Kirche und Staat, gerade weil die römische Kirche gezielt die päpstliche Autorität in Glaubensfragen gestärkt hatte. Der Historiker Hans-Ulrich Wehler machte Pius IX. für eine regelrechte »Papstdiktatur« verantwortlich.[35] Dass die nationalen Kirchen damit zugleich enger an Rom gebunden wurden, verstand man in Deutschland als Kampfansage nicht nur an den Protestantismus, sondern vor allem an den staatlichen Einigungsprozess. Der Papst erwartete Gefolgschaft, und der Staat wurde damit gezielt herausgefordert.

Der Papst nahm für sich nicht nur in Anspruch, unfehlbar in Glaubensfragen zu sein (so das 1870 verkündete Dogma »Syllabus errorum«), sondern verwarf damit zugleich auch nahezu alle Errungenschaften der modernen Welt: Achtzig »Zeitirrtümer« wurden aufgelistet, darunter der Liberalismus, selbstverständlich Kommunismus und Sozialismus, jede Form von Rationalismus und Naturalismus, ebenso Kultus- und Meinungsfreiheit. Die päpstliche Liste wurde auch deshalb zu einer Kampfansage an den modernen Staat, weil diesem jegliche Befugnis abgesprochen wurde, kirchliche Rechte zu sanktionieren. Die katholische Kirche hingegen sei im Besitz der Wahrheit, Papst und Kirche hätten nie geirrt und deshalb auch ein tradiertes Recht in weltlichen Dingen, etwa wenn es um die weltlichen Güter und Einrichtungen der Kirche ging, um Klöster, Hospitäler und Schulen, die grundsätzlich unantastbar seien. Die Gläubigen wurden mit diesem Schritt des Papstes zur »offenen Intoleranz gegenüber allen anderen religiösen und weltanschaulichen Positionen« angehalten, zur Ablehnung der Mischehen ebenso wie der weltlichen Schule, der liberalen Freiheitsrechte wie jeglicher Form einer fortschrittsgläubigen Zivilisation. Deshalb, so Wehler zusammenfassend, wirkt der »Syllabus errorum« bis heute »als blindwütiger Angriff auf die eigentlich tragenden Fundamente der modernen Welt«.[36]

Die katholische Kirche wurde antimodern und »ultramontan«, also nach Rom hin ausgerichtet. Der Papst sollte entscheiden, was richtig und was falsch sei, in religiösen wie weltlichen Dingen, was eine Provokation gegenüber dem säkularen Staat war. Das galt für alle Nationen in Europa, aber nur im 1871 gegründeten Deutschen Reich gab es (von der kleineren Schweiz und den Niederlanden einmal abgesehen) diese spezifische Situation der Konfessionen: Rund ein Drittel der Menschen waren katholisch, zwei Drittel hingegen evangelisch. Und im traditionell spannungsreichen Verhältnis der Religionslager zueinander wirkte der päpstliche Machtanspruch zusätzlich konfliktverschärfend. Mit den Katholiken stritten sich nun nicht nur die Protestanten, sondern mit Macht nun auch der Staat. Allen voran Reichkanzler Otto von Bismarck, der mit großer Inbrunst und wachsendem Eifer die katholische Kirche – und hierbei vor allem den politischen Katholizismus – bekämpfte.

Das erste Reichsgesetz des Kulturkampfs bildete 1871 der sogenannte »Kanzelparagraph«, der Geistlichen in Ausübung ihres Amtes die Behandlung öffentlicher Angelegenheiten »in einer den öffentlichen Frieden gefährdenden Weise« unter Strafe verbot. 1872 folgte das »Jesuitengesetz«, mit dem man die bestehenden Niederlassungen der Jesuiten auflösen konnte und neue verbot. Damit sollte die Speerspitze des ultramontanen Katholizismus getroffen werden, zugleich entsprach ein solches Vorgehen der alten und durchaus mächtigen Jesuitenfeindschaft in Deutschland.[37] Protestantische Ängste vor gegenreformatorischen Attacken knüpften auch im 19. Jahrhundert weiterhin an die traditionellen Bedrohungsszenarien an, die sich mit der Vorstellung vom Wirken der Jesuiten verbanden. Diese Ängste hatten ihre Geschichte. Ende des 18. Jahrhunderts hatten die Aufklärer die antijesuitische Kritik noch verschärft, wie der bereits erwähnte Friedrich Nicolai. Zwar war die *Societas Jesu* nach Verboten beispielsweise in Spanien und Frankreich im Jahr 1773 durch den Papst formell aufgelöst worden, doch zumindest in Preußen war für den deutschsprachigen Raum diese Aufhebung unbeachtet geblieben. Bei den Verboten spielten immer wieder Verschwörungstheorien eine erhebliche Rolle. So wurde den Jesuiten beispielsweise vorgeworfen, in Mordkomplotte gegen Könige verwickelt gewesen zu sein.

Für Nicolai und mit ihm für ein großes protestantisches Publikum waren und blieben die Jesuiten auch nach der Aufhebung ihres Ordens eine permanente Gefahr. Diese Feinde der Aufklärung würden sich nicht um das Verbot scheren, im Geheimen fortwirken und mit ihren zahlreichen geheimen Verbindungen weiterhin weltweiten Einfluss auf Kirche und Staaten ausüben. Ihr verderbliches Wirken könne nicht übersehen werden. Seit seiner Entstehung weite der Orden seinen Einfluss auf die Erziehung der Jugend aus. Durch die geistliche Manipulierung der Machthaber hätten sich die Jesuiten schließlich über einen Zeitraum von zwei Jahrhunderten hinweg ihre Bildungshoheit an katholischen Schulen und Universitäten erschlichen.

Dabei gehe es ihnen gar nicht um die schulische Ausbildung des Nachwuchses, sondern letztlich um die Ausübung jesuitischer Macht über Kirche und Staat. Der Jesuitenorden wolle – so Nicolai und mit ihm eine übergroße Mehrheit der deutschen Protestanten – die »ganze Welt« regieren.[38] Und in Teilen sei diese Herrschaft schon in Augenschein zu nehmen. In seiner Darstellung *Unter Bayern und Schwaben* schreibt Nicolai über die Machtverhältnisse in dem Königreich:

> »Die Jesuiten, ob sie gleich dem Anscheine nach aufgehoben sind, haben doch in allen katholischen Ländern wenig oder nichts verlohren, und am allerwenigsten in Baiern. Sie haben daselbst bey Hofe und im Lande den größten Einfluß; und im Grunde geschiehet nichts, was sie nicht wollen.«[39]

1814 wurde der Orden vom Papst wieder zugelassen, und gegen diese Wiederherstellung regte sich umgehend konfessioneller Protest: Die Grundsätze der *Societas Jesu* würden das Verhältnis von Staat und Kirche verderben, weil die Jesuiten von jeher einen möglichen Frieden zwischen den Konfessionen unmöglich machten. Nicht nur in Deutschland wurden Schriften gegen die Jesuiten aufgelegt, Skandalgeschichten über die angeblichen geheimen Pläne der Mönche und Warnungen vor ihren umstürzlerischen Absichten. Man wisse doch aus der Zeit der Gegenreformation, dass der Orden die Entthronung der protestantischen und dann auch der katholischen Fürsten beabsichtige, um die »Weltherrschaft« zu erringen.[40]

Wenn es nun im Vorfeld und dann während des Kulturkampfs der 1870er- und 1880er-Jahre zur Kritik an den Orden kam, ging es wieder und zuallererst um die Jesuiten. Wollten an irgendeinem Ort beispielsweise »Barmherzige Schwestern« ein Haus eröffnen, so witterte man auf protestantischer Seite sofort, dass dort letztlich die Jesuiten ihr Unwesen treiben würden. Diese wurden den Verdacht nicht los, dass sie hinter allen katholischen Bemühungen stecken würden und die wahren Strippenzieher eines aggressiven Antiprotestantismus seien. Alle Verschwörungstheorien und konfessionellen Verfolgungsängste zielten letztlich auf diesen Orden. »Alle Feinde der römischen Kirche«, so hat es der (katholische) Historiker Franz Schnabel einst beschrieben, »hatten in der Tat eine gemeinsame Leidenschaft – den Haß auf die Jesuiten.«[41] Die *Societas Jesu* und ihr verheerender Einfluss auf die römische Kirche müssten in einem schweren Kampf niedergerungen werden, hieß es ganz in diesem Sinne in der Debatte um das Jesuitengesetz von 1872, mit dem alle Niederlassungen dieses Ordens in Deutschland verboten wurden. Dieser Kampf sei ein Überlebenskampf der deutschen Nation, mahnte der nationalliberale Reichstagsabgeordnete Richard Wilhelm Dove. Er unterstellte den Jesuiten, dass sie sich als Untertanen einer fremden Macht fühlen würden, nämlich des Vatikans, der »sich heute mit dem Deutschen Reich im Kriege befindet«. Der Kampf gegen die Jesuiten werde vielleicht noch schwerer als der Kampf gegen Frankreich 1870/71, aber er sei zweifellos zu gewinnen:

> »Dieses deutsche Volk, soweit es berührt ist von den Einflüssen der Reformation – und das gilt nicht blos von uns Protestanten – dieses Volk hat auch noch ein Bewußtsein von der Hoheit und Majestät der Staatsgewalt, es ist berührt von dem Princip der Reformation, daß auch der Staat, daß auch die Obrigkeit, daß das Gesetz: Gottes Ordnung ist. Meine Herren, dies deutsche Volk, dies Volk voll Glauben, voll Treue, voll Zucht und Sittlichkeit, das heute in den Kampf zieht gegen die Jesuiten, dies Volk, wie es Paris bezwungen hat, wird auch die Jesuiten und den Vatikan überwinden!«[42]

Vor allem in Preußen wurde nun der Kulturkampf ausgetragen. Dort radikalisierte er sich unter Otto von Bismarck, auch weil der Staat nun dazu überging, in die inneren Angelegenheiten der Kirchen einzugreifen, etwa durch die Staatsaufsicht über die Priesterausbildung. 1875 wurden in einer zweiten Welle preußischer Kampfgesetze fast alle Orden verboten und die Finanzleistungen für widerspenstige Diözesen und Kleriker gesperrt; fortan sollten sogar die Pfarrer von den Gemeinden gewählt werden. Der Papst erklärte umgehend diese Gesetze für ungültig und bedrohte alle mit Exkommunikation, die sie vollzogen. Der Staat blieb unerbittlich und griff weiterhin durch: Allein in den ersten vier Monaten des Jahres 1875 wurden 241 Kleriker, 136 Redakteure und 210 andere Katholiken zu Geld- oder Haftstrafen verurteilt, 1877 waren schließlich acht von zwölf Diözesen vakant, eintausend Pfarreien (das war etwa ein Viertel aller katholischen Gemeinden) waren 1880 ohne Pfarrer.[43]

Der Stachel im Fleisch der Kulturkämpfer war das katholische Zentrum. Bismarck gelang es sogar, die mächtigen Nationalliberalen zu gewinnen und dazu zu bringen, gegen ihre ureigensten liberalen Grundsätze zu verstoßen, indem sie den Kulturkampfgesetzen zustimmten. Viele Katholiken verstanden die im Dezember 1870 gegründete Zentrumspartei als politisches Standbein in der als feindlich empfundenen Welt des neuen Deutschen Reiches. Das hatte zur Folge, dass die schon bislang in vielerlei Hinsicht konfessionell getrennten Deutschen nun auch in großer Zahl bei den Wahlen getrennte Wege gingen – eben entlang der Religionsgrenze. Zugleich verlieh die Mobilisierung der katholischen Wähler dem Zentrum rasch starke parlamentarische Präsenz, was später auch mit zur Rücknahme der scharfen Kulturkampfgesetze beitragen sollte.

Es wird zuweilen vergessen, dass dieser Kulturkampf keineswegs eine Sache einige Spitzenpolitiker, Diplomaten und Bischöfe war. »Er war ein Kampf auch vor Ort«, so konstatierte Thomas Nipperdey, er war »eine Volks-Sache.« Die Folgen der Auseinandersetzungen (etwa aufgrund der vielen vakanten Pfarrstellen) betrafen die lokalen Gemeinden und die Menschen unmittelbar und hautnah. Es gab lokale Kulturkämpfer, die das gesellschaftliche Leben »entklerikalisieren« wollten und sich durch den Kurs der großen Politik ermutigt sahen, endlich ein »modernes Leben« in ihrem Lebensumfeld gegen kirchliche Bevormundung durchzusetzen. Dabei trafen sie auf ebenfalls entschieden auftretende Gegner, vor allem auf die katholischen Priester, die sich als Verteidiger des Glaubens und der Kirche verstanden, aber auch zunehmend auf die Mitglieder des katholischen Vereinswesens, die sorgsam, manchmal fast hysterisch über die Wahrung der katholischen Belange wachten.[44]

Wie angespannt die konfessionelle Lage war, zeigte sich beim Auftreten der Altkatholiken in den 1870er-Jahren. Zu ihnen zählten jene Katholiken, die sich dem neuen Dogma der päpstlichen Unfehlbarkeit widersetzt hatten und deshalb von der katholischen Kirche exkommuniziert worden waren. Da einige von ihnen als Lehrer oder Professoren auch Staatsbeamte waren, wurde erneut der Staat in den Konflikt hineingezogen. Er musste sich schützend vor seine Beamten stellen und sie gegen amtskirchlichen Druck in Schutz nehmen, was von römisch-katholischer Seite wiederum als staatlich-evangelische Parteinahme denunziert wurde. Wenngleich die Altkatholiken im Deutschen Reich eine kleine Minderheit blieben, so etablierten sie sich doch als eigene Kirche, der ab 1873 ein eigener Bischof vorstand. Für die katholische Kirche war und blieb diese Abspaltung ein fortwährendes Ärgernis.

Zugleich wurde die Entstehungsgeschichte der altkatholischen Gemeinden in der konfessionell vergifteten Atmosphäre der Kulturkampfzeit von zahlreichen Konflikten begleitet, die erneut zeigten, wie sehr dieser Kulturkampf eine »Volks-Sache« war. Immer wiederkehrender konkreter Anlass für Streitigkeiten war der Umstand, dass die Mitglieder der neuen Glaubensgemeinschaft ihre Gottesdienste auch in den bereits bestehenden katholischen Kirchen abhalten wollten. Und wie andernorts gestatteten die staatlichen Behörden beispielsweise auch in der bereits erwähnten preußischen Stadt Witten 1876/77 den Altkatholiken diese Mitbenutzung. Doch ein solches gegen den Willen der römisch-katholischen Gemeinde angeordnetes Simultaneum musste vor Ort Widerspruch provozieren. Und so machte sich auch der Bürgermeister von Witten schon vor dem ersten Gottesdienst in der örtlichen katholischen Marienkirche Sorgen um die öffentliche Ordnung. Sicherheitshalber mobilisierte er zahlreiche Ordnungskräfte, um einen geregelten Kirchgang zu gewährleisten. Das gelang aber nicht. Vor der Marienkirche warteten schon die römisch-katholischen Gläubigen, und bald ging ein Steinhagel auf die herannahenden Altkatholiken nieder. Als sich beide Gruppen schließlich trafen, kam es zu einer gesamtkatholischen Massenschlägerei. Der Polizei gelang es trotz gezogener Waffen nicht, Kirchplatz und umliegende Straßen zu kontrollieren. Nach diesem Vorfall wurde die Wittener Polizeiordnung verschärft, die Polizei verstärkt, und zwischenzeitlich erwog der Bürgermeister sogar eine Unterstützung seiner Ordnungskräfte durch Soldaten.[45]

Die ungeheure religiöse Gereiztheit in Deutschland war – selbst in diesen spektakulären Fällen – immer auch gespeist aus einer spezifisch konfessionellen Zukunftsangst, nämlich dass man bei einer Veränderung der religiösen Struktur des Landes zum Verlierer werden könnte. In dieser Stimmung des religiösen »Verfolgungswahns« schwang der deutsche Katholizismus ein besonderes propagandistisches Schwert in Form der Botschaft von der erwarteten Rückkehr des deutschen Protestantismus in den Schoß der heiligen römischen Kirche. Es gab zwar in all den Jahrzehnten keinen einzigen ernst zu nehmenden Hinweis darauf, dass sich evangelische Christen in eine wie auch immer geartete vorreformatorische Geborgenheit einer neuen »Papstdiktatur« zurücksehnten, aber das Räsonieren darüber war eine katholische Übung, die ihr Ziel eigentlich nie verfehlte: die protestantische Empörung. Gerade deshalb war dieses Mittel bei Katholiken so beliebt. So räsonierte etwa Ludwig Windthorst auf dem Katholikentag 1883:

> »Deutschland ist, wie die Geschichte beweist, durch die Glaubensspaltung in vielfacher Hinsicht geschädigt, und wenn wir dahin kommen könnten, daß der Glaubensspalt geschlossen würde, so würde Deutschland doppelte Kraft haben.«[46]

Wie sollte man diesen »Glaubensspalt«, den der Führer der katholischen Zentrumspartei hier beklagt, denn praktisch »schließen«? Durch weitgehende Kompromisse Roms gegenüber den Protestanten? Die Abschaffung des Zölibats und die Auflösung der Klöster? Eine Rücknahme des Unfehlbarkeitsdogmas? Nein, solche Äußerungen zielten, auch wenn sie sich vordergründig an Deutschlands Schicksal interessiert zeigten, auf eine Aufgabe evangelischer Positionen und eine erfolgreiche Gegenreformation. Windthorst musste sich sicher nicht verstellen, wenn er sich entschlossen zeigte, »die Andersdenkenden wie unsere Brüder zu achten und zu lieben« (was während seiner Rede auf dem Katholikentag mit Bravo-Rufen quittiert wurde). Zugleich mahnte er einen Weg der »Belehrung« und des »Ausgleichs« an, der schließlich zu einer »Einigung unter den Konfessionen« führen werde. Die größte Chance sah er im Gebet – im organisierten Gebet für die Wiedererlangung der Einheit. Die deutschen Katholiken sollten einen Gebetsverein errichten, um »Gott im Himmel anzuflehen, daß er die Tage der Prüfung abkürze und der Glaubensspaltung in Deutschland ein Ende mache«.[47]

Andere katholische Vertreter traten da weniger feinsinnig auf. Etwa ein Mitstreiter des Bonifatius-Vereins, der sich um die katholische Diaspora kümmern sollte und sich in dieser Arbeit konkret im Wettstreit mit dem Protestantismus befand. Kurz und bündig schreibt das vereinseigene *Bonifatius-Blatt* im Jahr 1893: »es ist Zeit, wieder katholisch zu werden.«[48] Das lasen die Katholiken sicherlich gern, und der Präsident des Vereins, der Paderborner Bischof Konrad Martin, pflegte ohnehin eine selbstbewusste gegenreformatorische Agitation. Die Protestanten in Deutschland seien zwar bedauerlicherweise von dieser Einsicht noch erkennbar entfernt, räumte er ein, aber letztlich bleibe ihnen doch nichts anderes übrig als die Rückkehr nach Rom:

> »Sie werden über kurz oder lang doch bei uns ankommen, und hoffentlich dann in größeren Massen, so sehr sie sich auch jetzt vor diesem Gedanken entsetzen und sich dagegen noch sträuben mögen.«[49]

Die Realisierung dieser gegenreformatorischen Hoffnungen musste indes auf unbestimmte Zeit vertagt werden, denn die Realität zeigte, dass eine verstärkte, womöglich massenhafte Konversion von Protestanten zur katholischen Kirche ausblieb. Vielmehr war sogar das Gegenteil der Fall. In den letzten zehn Jahren des 19. Jahrhunderts traten nach evangelischer Berechnung über 40000 Menschen von der katholischen zur evangelischen Kirche über, den umgekehrten Weg gingen indes nur etwas mehr als 6000.[50] Nur wer im großen historischen Maßstab dachte, konnte sich angesichts dieser Zahlen eines kommenden gegenreformatorischen Erfolges sicher sein. Und so gab es selbst in den Reihen des erwähnten Bonifatius-Vereins zuweilen zurückhaltende Stimmen, wenn die konkrete Diasporaarbeit wieder einmal einen Rückschlag zu verzeichnen hatte. Man müsse sich leider zuweilen doch eingestehen, dass die »katholische Wahrheit« auf den gemeinen Protestanten wohl doch nicht die Anziehungskraft ausübe, wie das eigentlich zu erwarten sei. Vielmehr sei sogar anhaltender Widerwille gegen das katholische Wesen erkennbar, der »sich oft bis zu einer unglaublichen Verbissenheit steigert«. Deshalb, so mahnt das Vereinsblatt im Jahr 1874 weiter, dürfe man die Hoffnungen bezüglich einer raschen und umfassenden Bekehrung der Protestanten zumindest in der praktischen Diasporaarbeit nicht übertreiben:

»Wer die Erwartung hegen würde, daß durch die Gründung von einigen Missionen die Wiedergewinnung ganzer Gegenden bewirkt werde, täuscht sich außerordentlich. Die Reformation ist eine große That oder besser Unthat mit ungeheuren Folgen. Sie kann darum auch nur durch eine ebenso große That paralysiert werden. Vielleicht ist diese That das Vaticanische Concil. Es gibt wenigstens mannigfache Anzeichen, die sich nach dieser Richtung deuten lassen.«[51]

Von »Wiedergewinnung« ist die Rede, von der Reformation als »Unthat«. Solche Äußerungen waren gezielte Provokationen gegen das evangelische Deutschland; sie sprachen dem Protestantismus die Existenzberechtigung ab, auch weil sie ihm die Zukunft nahmen. Es wurde fast zu einem eingeübten Ritual: Je empörter die protestantische Seite auf solche Äußerungen reagierte, desto lustvoller wiederholte die katholische Seite ihre Prophezeiungen. Immer wieder fand sich in der kirchlichen Publizistik der Hinweis, die Abfallbewegung aus reformatorischer Zeit sei nun an ihrem Ende angekommen, und die römische Weltkirche werde selbstverständlich als Siegerin aus dem jahrhundertelangen Streit hervorgehen. »Die lutherische Kirche sei in Deutschland eigentlich im Absterben begriffen«, zitierte eine katholische Schrift 1895 eine angebliche Äußerung eines Lutheraners, »in manchen Ländern sei sie bereits zur Ruine geworden.« Der für seine antiprotestantischen Ausfälle berüchtigte Autor bescheinigte den Protestanten, dass sie nun nach gut vier Jahrhunderten schlicht das Opfer ihrer eigenen Freveltat, nämlich der Auflehnung gegen die Papstkirche, geworden seien:

»Die Schleusen der Irrlehre und des Unglaubens, die Luther gegen die Kirche geöffnet, haben sich zu allererst auf sein eigenes Werk gestürzt, und auf den Wogen des protestantischen Unglaubens schwimmen heute nur noch einzelne Wracks des alten Luthertums hin und her.«[52]

Die Polemik kannte zuweilen kaum Grenzen. Man müsse sich doch angesichts abnehmender Kirchlichkeit die Frage stellen, so spottete der katholische Bonifatius-Verein 1913, »wozu denn eigentlich die Protestanten noch neue Kirchen brauchen, da bereits von den alten viele einsam und fast völlig verlassen dastehen«.[53] Die katholische Kirche wurde als überlegene historische Macht dargestellt, nicht als ein Auslaufmodell, das von der Moderne überrollt wird – so also, wie es die Protestanten gern sahen. Nein, innerhalb des Katholizismus schien die römisch-katholische Kirche die einzige verbleibende moralische Instanz für die Sicherung der Zivilisation zu sein. In diesem Sinn kommentierte das *Bonifatius-Blatt* 1877:

> »Der Kampf zwischen dem eindringenden Heidenthum und dem noch vorhandenen Christenthum muß notwendig zu einer großen Katastrophe führen. Vielleicht sind die Anhänger der Socialdemokratie oder des Communismus dazu bestimmt, Deutschland zu zeigen, wohin es der Abfall von den Lehren und Grundsätzen des Christentums führt, vielleicht wird die Katastrophe auch auf andere Weise herbeigeführt. Wer wird aber auf den Trümmern der moralischen und socialen Ordnung eine neue Ordnung der Dinge wieder herzustellen im Stande sein? Nur allein die katholische Kirche.«[54]

Die Frage, ob die deutschen Katholiken eigentlich selbst glaubten, dass der Protestantismus schließlich sein Ende finden würde und seine Anhänger reumütig in den Schoß Roms zurückkehrten, ist im Grunde nicht entscheidend. Wichtig für das vergiftete konfessionelle Klima war auch nicht, ob sich der durchschnittliche Katholik tatsächlich in dem Glauben wähnte, der einzig »wahren« Kirche anzugehören. Entscheidend war, dass diese Idee als permanente Bedrohung des deutschen Protestantismus fortleben konnte, wonach dieser zwar ein lästiges, aber eben zeitlich doch begrenztes Phänomen darstelle. Gerade der permanente Rückbezug auf die Geschichte der Reformation als ein abschreckendes Beispiel für den Abfall vom »wahren Glauben« stabilisierte die Vorstellung, dass die Protestanten die Nachkommen von Ketzern und damit letztlich Christen zweiter Klasse seien.

Die überwiegende Mehrzahl der deutschen Protestanten hätte während des Kaiserreichs eigentlich entspannt auf solche Polemiken reagieren können. Nicht zuletzt deshalb, weil sie sich auch in nationaler Hinsicht als Sieger der Geschichte fühlten. Die Reichsgründung von 1871 mochte für die Katholiken eine politische und konfessionelle Niederlage gewesen sein, die Protestanten verstanden sie als grandiosen Sieg. Die kleindeutsche Reichsgründung unter Ausschluss des katholischen Österreichs schuf ein überwiegend protestantisches Staatsgebilde. Der neue Kaiser wurde zuweilen als »Anfänger einer neuen Geschichte«, als »Gründer des evangelischen Kaisertums deutscher Nation« verstanden. Der Berliner Hofprediger Adolf Stoecker bejubelte das »heilige evangelische Reich deutscher Nation« und bediente sich dabei nicht nur der Begrifflichkeit des untergegangenen Heiligen Römischen Reiches Deutscher Nation, in dem der Papst neben dem Kaiser eine entscheidende Rolle gespielt hatte. Er verstand die Reichsgründung auch als Vollendung der historischen evangelischen Sache, denn nun sei die »Spur Gottes« seit der Reformation deutlich zu erkennen. So gesehen hatten die Protestanten in Deutschland nach über dreieinhalb Jahrhunderten endlich gewonnen. Sie stellten die konfessionelle Mehrheit, kein Papst regierte in ihr neues Reich hinein, das unter der Führung eines evangelischen Kaisers stand. Luther und Gott schienen gesiegt zu haben. Die *Neue Evangelische Kirchenzeitung* schrieb im Januar 1871:

> »Die Epoche der deutschen Geschichte, welche mit dem Jahre 1517 begann, kommt unter Krieg und Kriegsgeschrei zu einem gottgeordneten Abschluß.«[55]

Der katholischen Polemik einer sozusagen geschichtsnotwendigen Gegenreformation und damit einer Überwindung des Protestantismus konnte die konfessionelle Gegenseite nun den Sieg des evangelischen Reiches entgegenhalten. Wer hatte also gewonnen – die Reformation oder die Gegenreformation? Beide Seiten glaubten die Antwort zu kennen. Der deutsche Protestantismus reagierte fraglos höchst sensibel auf die katholische Polemik, aber er hatte doch gute Gründe, optimistisch in die Zukunft zu schauen. Er wähnte sich gerade nach der Reichsgründung von 1871 als Sieger der Geschichte. Dazu passte, dass die Protestanten eine ganz eigene Haltung gegenüber den Katholiken entwickelten, und zwar eine Haltung der konfessionellen Herablassung, gespeist aus einem Überlegenheitsgefühl.

Von Herrenmenschen und Dummköpfen

Die deutschen Protestanten waren etwas Besonderes – jedenfalls hielten sie sich im Jahr 1817 fraglos dafür. Landauf, landab feierten sie den 300. Jahrestag der Reformation und zeichneten dabei ein spezifisches Bild von sich selbst und ihrer vermeintlichen religiösen und kulturellen Überlegenheit gegenüber den Katholiken. Aufschlussreich ist, dass auch bei diesem Reformationsjubiläum das Licht zum zentralen Symbol wurde. Martin Luther und die Reformation hätten »Hellleuchtendes Evangelisches Liecht« in der Finsternis des Papsttums angezündet, so die gängige Vorstellung. Dieses neue Licht erhelle »die finstre Nacht des Aberglaubens und die Macht der Vorurteile«. In einem der eigens für das Jubiläum gedichteten Lieder besangen Protestanten 1817 Martin Luther und seine Reformation in diesem Sinne als Retter: »Dein Licht gieng auf, und aus dem Staube / hub die zertret'ne Menschheit sich.« Das »Siegesfest des Lichts über die Finsterniß« war zugleich der Sieg der »Vernunft über die Unvernunft«.[56] Auch hier kam wieder

der Vorwurf der spezifischen katholischen Anfälligkeit für den Aberglauben zum Vorschein. Seit dem Reformationsjubiläum erschienen die Anhänger der römischen Kirche als prädestiniert für alle möglichen Formen des Irr- und Wunderglaubens, für die protestantische Seite ein Zeichen der Rückständigkeit der Katholiken.

Zugleich zeigte sich anlässlich dieses Jubiläums 1817 erneut, dass in Deutschland geradezu zwangsläufig über die andere Konfession gesprochen wurde, wenn man eigentlich über sich selbst redete. Die Andersgläubigen waren und blieben auch in dieser Zeit das Gegenteil von dem, was man selbst verkörperte oder verkörpern wollte. Der deutsche Protestantismus des 19. Jahrhunderts verstand sich als Erbe des reformatorischen Lichts und – wie es der Historiker Heinrich von Treitschke seinen Glaubensbrüdern attestierte – der »protestantisch-deutschen Bildung«, die den Siegeszug Preußens möglich gemacht habe.[57] Die preußische Geschichtsschreibung beschrieb den deutschen Protestantismus als überlegene Religion, gerade in der Konkurrenz zwischen dem protestantischen Preußen und dem katholischen Österreich hätten sich die Überlegenheit und die Zukunftsfähigkeit der »protestantisch-deutschen Bildung« erwiesen. Ganz in diesem Sinne ließen sich die deutschen Protestanten als Sieger der Geschichte feiern: Licht, Freiheit, Bildung – all das schrieben sie sich als ihr Verdienst auf die Fahnen. Und die Katholiken? Sie verkörperten zwangsläufig das Gegenteil all dieser Tugenden: Sie lebten theologisch weiterhin im Dunkeln, ihre Papstkirche hielt sie noch immer in Unfreiheit, und der Weg zur individuellen wie kollektiven Bildung schien ihnen wie zu allen Zeiten ebenfalls versperrt – sie würden deshalb in ihrer überwiegenden Mehrheit schlicht ungebildet und dumm bleiben.

Der deutsche Protestantismus hingegen war auf seine Bildung stolz. Er wurde nicht nur von protestantischen Zeitgenossen als Hort des Wissens wahrgenommen, seine Bedeutung für die Gesellschaft, die Politik und vor allem die Kultur des Landes schien auch immer größer geworden zu sein. Und das evangelische Pfarrhaus galt weithin als Ergebnis und Ort dieser Bildung. Vor allem das Pfarrhaus auf dem Land (und gerade dort gab es ja die meisten Geistlichen) wurde zu einer wichtigen sozialen und kulturellen Institution. Das hatte einen historischen Grund: Im 16. Jahrhundert hatte sich bereits durchgesetzt, dass evangelische Pfarrer eine mehrsemestrige Universitätsausbildung genießen mussten, ehe ihnen die Aufgaben einer Gemeinde übertragen werden konnten. Wenn ein Absolvent dann seine Stelle antrat, war er in der Regel der einzige Universitätsabsolvent im Ort, der nicht nur als Gelehrter in Sachen des rechten Glaubens, sondern etwa auch als Kenner der alten Sprachen glänzen konnte. Seine akademische Ausbildung hob zudem sein Standesbewusstsein. Gemeinsam mit der Pfarrersfrau und den Kindern bildeten die Geistlichen oft das kulturelle Zentrum eines Dorfes, mit dem die Bevölkerung tagtäglich in engster Berührung stand. Im Pfarrhaus war ja nicht nur der liebe Gott zu Hause, sondern auch jede Form von geistigen Ansprüchen, die Musik, die Literatur und die modernen Wissenschaften.[58]

Manche evangelische Pfarrer wurden auch abseits der Theologie zu wahren Gelehrten, ihre Bibliotheken waren oft legendär. Zuweilen konnten Gemeindemitglieder hier ansonsten schwer zugängliche Werke ausleihen, vor allem aber profitierten die Pfarrerskinder (wenngleich anfangs vor allem die Söhne) von dem dort gesammelten Bildungsschatz. Der Vater war zugleich ihr erster Lehrer, und mancher Pfarrer konnte schließlich stolz sein auf seine Zöglinge, die diesen Bildungsvorsprung nutzten und Karriere machten. Da brach eine regelrechte Bildungselite auf, die selbst nachgeborene Historiker noch begeistern konnte. Hans-Ulrich Wehler schwärmte von dem überdurchschnittlich hohen Anteil, den Pfarrerssöhne unter den deutschen Gelehrten und Schriftstellern seit dem 17. Jahrhundert gestellt haben:

»Gryphius, Lessing, Gellert, Gottsched, Wieland, Lenz, Schubart, Claudius, Bürger, Paul, Boie, Schelling, Schleiermacher, die Schlegels besaßen diese Herkunft wie auch Pufendorf, Conring, Pütter, Schlözer, Spittler, Heeren, v. Müller, Droysen, Mommsen, Euler, W. Weber, Schinkel und Aberhunderte mehr.«[59]

Das gelehrte evangelische Pfarrhaus ging als »mythenumwobener Bildungsort in das kollektive Gedächtnis« der Deutschen ein.[60] Als »seelisch-geistiger Mittelpunkt der deutschen Kulturgeschichte« ist es seit dem 19. Jahrhundert zu einem zentralen Bestandteil des Geschichtsbilds der deutschen Nation geworden.[61] Einige Betrachter gehen noch einen Schritt weiter und sind der Ansicht, dass das deutsche evangelische Pfarrhaus »singulär in der europäischen Kulturgeschichte« ist.[62] Was so ein elterliches Pfarrhaus in der Praxis bedeutete, erfuhr beispielsweise der in der Aufzählung bereits zitierte Historiker und Literaturnobelpreisträger Theodor Mommsen, der als Sohn eines Pfarrers in der schleswig-holsteinischen Provinz aufwuchs. Die Erziehung der Kinder, so urteilte Mommsen Biograf Stefan Rebenich, war eine der wichtigsten Aufgaben des Predigers. In der Familie, »die zwar wenig Geld, dafür aber viel ›Geist‹ besaß, wurde ein Tugendkanon vorgelebt und vermittelt, in dessen Zentrum Pflichtethos, Perfektionsstreben, Bildungswesen und Selbständigkeit standen«.[63] Das war das gern zitierte protestantische Leistungsethos, das vielleicht nicht von allen Kindern aus evangelischen Pfarrhäusern eingelöst werden konnte, das aber zu einem protestantischen und über die Theologenfamilien hinaus zu einem protestantisch-deutschen Ideal stilisiert wurde.

Das evangelische Pfarrhaus hatte im kollektiven Gedächtnis der Deutschen schließlich eine Monopolstellung erobert. Seine kulturelle Strahlkraft ließ dabei fast vergessen, dass es selbstverständlich auch katholische Pfarrhäuser in Deutschland gab. Sie wiesen durchaus Gemeinsamkeiten zu ihren evangelischen

Pendants auf, aber eben auch erkennbare Unterschiede. Fraglos sollten auch die katholischen Geistlichen durch einen untadeligen Lebenswandel Vorbild sein, sich nicht in Kneipen herumtreiben und nicht an Bällen sowie Glücks- oder Kartenspiel teilnehmen. Auch sie verstanden sich als Lehrer und Förderer vor allem der Kinder, ihr Pfarrhaus verfügte über Bücher (sogar über Bibliotheken), sie nahmen sich begabter und armer Kinder an, brachten ihnen erste Lateinkenntnisse bei oder sorgten dafür, dass sie eine höhere Schule besuchen konnten. Katholische Pfarrer konnten ebenso Berater in familiären Dingen sein oder sogar bei der landwirtschaftlichen Modernisierung helfen. Auf dem Lande, wo die meisten Pfarrer wirkten – dies galt für den Katholizismus ebenso wie für den Protestantismus –, nahmen sie also auch eine Ausnahmestellung in der Gemeinde ein.[64]

Doch was hinter den Türen des evangelischen Pfarrhauses geschah, das glaubten das Dorf und die Gemeinde zumindest zu wissen, auch weil die gesamte Familie bis zu einem gewissen Grad Gegenstand öffentlichen Interesses war. Aber was tat sich beim katholischen Geistlichen? Sein Pfarrhaus verfügte zwar in der Regel über einen Garten (wo der Gottesmann sein Brevier lesen oder sich schlicht erholen konnte), der aber zumeist von einer Mauer umgeben wurde. So sollten die Intimität und Abgeschiedenheit des Pfarrers bewahrt werden. Zuweilen erschien dieser Schutz allerdings all jenen verdächtig, die dunkle Machenschaften hinter den Mauern eines katholischen Pfarrhauses vermuteten. Immer wieder ging es um heimliche Liebschaften des Pfarrers. Wenn dieser keine Verwandte hatte, die ihm den Haushalt führte, übernahm dies eine Dienstmagd, die ebenfalls im Pfarrhaus wohnte. Auch deshalb wurde gern hinter vorgehaltener Hand über sexuelle Perversionen gemunkelt. Solche Vorurteile befeuerten die Mutmaßungen über das katholische Pfarrhaus als Hort dunkler Mächte und obskurer Intrigen.[65] In vielerlei Hinsicht war das katholische Pfarrhaus also das Gegenteil des evangelischen Pendants – jedenfalls aus evangelischer Sicht.

Die Vorstellung vom protestantischen Pfarrhaus als nationalem Kulturträger war keineswegs eine protestantische Selbstwahrnehmung, sie war vor allem im Kaiserreich längst nicht mehr nur auf evangelische Kreise beschränkt. Dabei ist es naheliegend, dass bei so massiver Idealisierung auch einige Klischees das Bild prägten. Das Pfarrhaus war keine heile Welt. Lange herrschte dort auch bittere Not. In der frühen Neuzeit wog die prekäre wirtschaftliche Lage schwer; die Pfarrer waren anfangs von ihrem jeweiligen Landesherrn abhängig, der nicht immer eine ausreichende Besoldung garantierte. So schlüpften einige von ihnen wohl oder übel in die Rolle von Nebenerwerbsbauern. Damit wuchs auf dem Land bald ein regelrechtes theologisches Proletariat heran, während in den Städten hochbezahlte und gebildete Pastoren für die Gemeinden eine Art Aushängeschild werden konnten.[66]

Auch in persönlicher Hinsicht war das Leben in einem Pfarrhaus zuweilen eine Zumutung. Der Pfarrer, seine Frau und auch die Kinder befanden sich in einem permanenten Praxistest. Sie mussten schließlich mit ihrem Tun auf Erden der lebendige Beweis tätiger Nächstenliebe sein. Und ihr Haus sollte außerdem ein steter Zufluchtsort für alle Mühseligen und Beladenen sein. Wenn die Pfarrer, fest eingebunden in das soziale Netzwerk vor Ort, kapitulierten oder sich den Anforderungen der Gemeinde verweigerten, dokumentierten sie zumindest von außen betrachtet immer auch das Scheitern ihres Glaubens. Auch die Kinder des Pfarrhauses waren dazu angehalten, ständig als Vorbild zu dienen, weil sie in der Regel ganz selbstverständlich in viele Aufgaben einbezogen wurden.[67] So genossen sie also durch ihr Elternhaus oft einen privilegierten Zugang zur Bildung, waren aber der öffentlichen Beobachtung und permanenten sozialen Kontrolle ausgesetzt. Für manche war das vielleicht zu viel, wie ein bekanntes Sprichwort spottete:

»Pfarrers Kinder, Müllers Vieh,
gedeihen selten oder nie.«

Auf protestantischer Seite gingen mit den Vorstellungen vom Pfarrhaus auch die von der Nation einher. Als zentrale historische Voraussetzung für die Entstehung der deutschen Nation erschien vielen Betrachtern nämlich die Überwindung des Zölibats durch die Reformation. So meinte etwa der Historiker Leopold von Ranke, dass die von katholischer Seite vorgegebene Ehelosigkeit von Priestern der »natürlichen Neigung der Deutschen zu einem traulichen Familienleben« widerspreche und damit dem deutschen Wesen fremd sei. Die Abschaffung des Zölibats war für ihn deshalb nichts weniger als die Geburtsstunde des gebildeten Bürgertums und des Beamtenstandes in Deutschland, ein ganz neuer Einfluss »auf die Fortbildung der Nation« sei damit entstanden.[68]

Die deutsche Nation hatte in dieser Vorstellung also einen festen Platz im bildungsbürgerlich geprägten evangelischen Pfarrhaus, hier residierte vermeintlich das neue Nationalbewusstsein, vor allem nach der Reichsgründung von 1871. Beim evangelischen Pfarrer, so die Vorstellung, werde nämlich die Treue zum Bekenntnis ebenso verlangt wie die Treue zur Nation. Der christliche Gott, der evangelische Kaiser und das deutsche Vaterland waren in dieser Vorstellung nicht voneinander zu trennen. Anfangs dominierten noch liberale Töne, doch im Kaiserreich wurde der Tonfall auch in der sogenannten Pfarrhausliteratur immer nationalistischer, zuweilen bereits völkisch. Manchem Geistlichen erschien das Pfarrhaus als reinste Inkarnation des Deutschtums, als »deutsches Haus« schlechthin, in dem protestantisch-deutsche Werte gepflegt und erhalten wurden: die Arbeit ebenso wie Fleiß und Sparsamkeit, aber auch die sprichwörtliche Gemütlichkeit und eine »Geselligkeit in edelster Form«.[69]

Und die anderen? Die Katholiken? Sie konnten dem evangelischen Pfarrhaus nichts Adäquates gegenüberstellen. In dem Maße, wie Bildung und Fortschritt als eine von Protestanten getragene, auf die Zukunft gerichtete Entwicklung der deutschen Gesellschaft erschienen, galten sie als Bremser, als Ewiggestrige, zuweilen als Sendboten einer mittelalterlich anmutenden Welt. So speiste sich der Antikatholizismus der Liberalen im Kaiserreich auch aus einer ihnen eigenen Abwehrhaltung gegen die Massen, gegen die Ungebildeten und gegen die Priester als deren »ungebildete«, nämlich nicht-bildungsbürgerliche Anführer.[70] Gerade im Kulturkampf kam deutlicher denn je zur Sprache, welches Ausmaß an Verachtung die protestantische Welt ihnen gegenüber aufbringen konnte. In einer publikumsträchtigen Polemik hieß es 1874 zusammenfassend:

> »In dem neuentbrannten Kampfe zwischen Staat und Kirche, zwischen Aufklärung und Verdummung – für Europa hoffentlich ein letzter Versuch! – greift der abgewirthschaftete Clerus in glücklichster Verblendung zu den Waffen des Mittelalters zurück. Unsinnige Dogmen, die man vor Jahrhunderten bereits zurückgewiesen hat, werden halb mit List, halb mit Gewalt der Christenheit aufgedrungen, an allen Ecken und Enden Wunder gethan, Wallfahrten und Reliquien-Ausstellungen mit möglichstem Pompe in Scene gesetzt.«[71]

Unternahmen protestantische Autoren jetzt Reisen in katholische Gebiete, so erinnerten ihre Darstellungen wieder an Nicolais Beschreibung aus dem 18. Jahrhundert. In der weit verbreiteten Zeitschrift *Gartenlaube*, die zu einem prominenten Ort des antikatholischen Spotts wurde, fand sich eine Darstellung der bayerischen Provinz. Wie hatten es die Menschen dort doch früher gut, ehe die Gegenreformation und vor allem die Jesuiten das Land in Besitz nahmen; heute sei die Region »in allen Fächern zurückgeblieben«. Wer hier etwas bewegt, wer wirtschaftlichen Aufschwung und Modernisierung bringt, der müsse ein Protestant sein, die Katholiken selber schafften es halt nicht:

> »Wo immer eine Fabrik, ein Hüttenwerk, eine größere oder kleinere Unternehmung ersteht, sind die Vorstände, die Verwalter, die Leiter, alle die, die gute einträgliche Stellen einnehmen, entweder aus dem protestantischen Franken, aus Württemberg oder aus Norddeutschland. Die katholische Erziehung in Altbaiern liefert diese Gattung nicht. In der dreihundertjährigen geistigen Erstarrung, welche die Jesuiten über das Land verbreitet, ist das Nationalgenie in der That etwas eingeschlummert.«[72]

Das war keineswegs nur Polemik, solche Beobachtungen hatten einen wahren Kern. Eine starke, marktorientierte katholische Unternehmerschaft gab es selbst in den wichtigen Industrieregionen nicht, allenfalls als kleine Minderheit, und dies selbst in Gebieten mit überwiegend katholischer Bevölkerung.[73] Die wirtschaftlichen, kulturellen und wissenschaftlichen Leistungen der Katholiken mussten defizitär erscheinen, die Geschichtswissenschaft spricht vornehm vom »katholischen Bildungsdefizit«. Um es drastischer auszudrücken: Der Katholik galt im 19. Jahrhundert tendenziell als eher dumm, vielleicht noch als abergläubisch, was allerdings auf das gleiche Ergebnis hinauslief. Dieser Verdacht nährte sich auch aus dem Umstand, dass das katholische Pfarrhaus eben nicht eine solche kulturelle Traditionslinie begründen konnte wie das evangelische; der Zölibat wirkte hier in der Tat verheerend. Zwar bot die Ausbildung im bischöflichen Priesterseminar zahlreichen begabten armen Jungen vom Lande die Chance zum sozialen Aufstieg – sie konnten das später allerdings nicht innerhalb einer eigenen Familie reproduzieren.[74] Einmal erworbene katholische Klugheit, so die Vorstellung, konnte eben nicht tradiert werden.

Tatsächlich blieben die deutschen Katholiken der Kultur,

der Bildung und den modernen Wissenschaften gegenüber auf Distanz. Das äußerte sich auch in Zahlen: In Preußen waren 1886/87 nur rund 18 Prozent der Studenten katholisch, obwohl der Anteil der Katholiken an der Gesamtbevölkerung fast doppelt so hoch war. Zwar stieg in den folgenden Jahren und Jahrzehnten die Zahl der Katholiken an den Universitäten, doch der Unterschied zwischen katholischem und evangelischem Anteil an der Studentenschaft blieb bestehen.[75] Im Deutschen Reich waren bis 1897 nur 13 Prozent aller Professoren katholisch, an höheren Schulen gab es lediglich 19 Prozent Katholiken, wenngleich auch dieser Anteil noch steigen sollte.[76]

Die Wissenschaft wurde so zeitweise zu einer Domäne protestantischer Gelehrter, das evangelische Bildungsbürgertum nahm den Raum ein, den katholische Intellektuelle durchaus freiwillig preisgaben. Letztere zogen sich in akademischer Hinsicht auf die Theologie, auf bestimmte Zweige der Philosophie und auf die Kirchengeschichte zurück. Besonders in der modernen Naturwissenschaft und Technik, aber auch in der Geschichtswissenschaft wuchs so die Kluft zwischen den Konfessionen in eklatanter Weise.[77] Vielen Katholiken und ihren Kirchenvertretern erschien deshalb die deutsche Universität als eine »geistige Diaspora«. Das katholische Vereinswesen versuchte hier deshalb später besondere Unterstützungsstrukturen zu entwickeln. Erwähnt seien hier die Bemühungen der von Studenten und Akademikern getragenen akademischen Bonifatius-Vereine, die sich die gezielte Förderung der Katholiken an den Universitäten zur Aufgabe machten.[78]

Es ist übrigens damals von nicht-katholischer Seite gemutmaßt worden, dass gerade die konservativen, die ultramontanen Kräfte innerhalb des Katholizismus diesem Bildungsdefizit ihrer Gläubigen durchaus etwas Gutes abgewinnen konnten. Diese Rückständigkeit habe es ihren Repräsentanten nämlich leichter gemacht, vor allem in den ländlichen und kleinstädtischen Milieus Meinungsmacher und Anführer der Gemeinden und Vereine zu bleiben. Interne Kritiker, die eine Modernisierung der Kirche anstrebten, litten hingegen daran, dass das Bildungsgefälle zum Protestantismus eine Erneuerung sichtlich erschwerte.[79]

Die Katholiken wirkten auf viele Protestanten wie die Verlierer der neuen Zeit, und je »moderner« sich diese Zeit empfand, desto fremder wurden vielen die deutschen Katholiken. Denn diese wurden ab Mitte des 19. Jahrhunderts von einer neuen Volksfrömmigkeit erfasst, die den Graben zu den Andersgläubigen noch vertiefte und das Vorurteil über die zurückgebliebenen Katholiken noch weiter verstärkte. Sie fand ihren sichtbaren Ausdruck in den langen Pilgerzügen etwa zum sogenannten »Heiligen Rock«, einer angeblich von Jesus Christus stammenden textilen Reliquie im Trierer Dom. Über eine Million Wallfahrer strömten dort 1844 zusammen (und das in einem Land mit noch wenigen Eisenbahnverbindungen), zwei Monate lang gab es riesige Umzüge mit Fahnen und Kreuzen, Kranke sollen geheilt worden sein. Eine Wallfahrt war nicht nur ein religiöses Spektakel katholischer Frömmigkeit, sondern zugleich auch eine machtvolle Demonstration gegen den angeblich verdorbenen »wissenschaftlichen« Zeitgeist.[80] Ganz im Sinne einer solchen alten Frömmigkeit machten immer mehr Katholiken nicht nur bei solchen Prozessionen und Wallfahrten mit, sondern zogen auch bei kirchlichen Dorfumzügen und Heiligenfesten durch die Straßen. Neue Organisationen wie die Pius-, Bonifatius- oder Kolpingvereine sammelten Abertausende von Mitgliedern (und vor allem in erheblichem Maße Spendengelder!), die Orden und Kongregationen erhielten neuen Zulauf, die Volksmission der Jesuiten erlebte ungeahnte Resonanz.[81]

Nichtkatholiken reagierten auf solche Demonstrationen mit einer Mischung aus Verwunderung, Ungläubigkeit und Spott. Und sie glaubten in dieser für sie mittelalterlich anmutenden Welt mit zurückgebliebenen Menschen oft eine spezifisch katholische Dummheit zu erkennen. Gerade die Wallfahrten wirkten auf Nichtkatholiken besonders befremdlich, sie waren ohnehin ein traditionelles Ziel des konfessionellen Spotts. So hatte sie bereits der Aufklärer Friedrich Nicolai als »schändliche Ausbrüche des Aberglaubens, der Dummheit und der Zügellosigkeit« bezeichnet.[82]

Diese neue Volksfrömmigkeit hat Hans-Ulrich Wehler als Einbruch eines exotischen Kults in eine sich modernisierende Welt beschrieben. Dabei sei die christliche Lehre »eine wunderliche Verbindung mit heidnischem Aberglauben und verzückter Heiligenverehrung, mit archaischen Riten und inbrünstiger Wunderhoffnung« eingegangen. Das mochte einem Außenstehenden fremd sein, aber für die allermeisten Katholiken im Lande vermittelte das eine »belastbare Glaubensfestigkeit«, spendete Trost und gewährte Daseinshilfe.[83] Protestantische Bürger rümpften die Nase über »solch schmählichsten Aberglauben« des katholischen Volkes. Man empörte sich zuweilen über diese Form der Frömmigkeit, brandmarkte sie als »Volksverdummung« oder als »Hemmschuh der Zivilisation« und beklagte einen regelrechten »Mangel an gesundem Urtheil und Selbsterkenntniß in den Köpfen« der Katholiken.[84]

Zum großen Skandalon dieser Jahrzehnte wurden schließlich die Marienerscheinungen von Marpingen. Was war geschehen? Die tiefkatholische 1600-Seelen-Gemeinde Marpingen im nördlichen Saarland kannte außerhalb der Region in Deutschland kaum jemand, bis an einem heißen Sommertag, dem 3. Juli 1876, drei kleine Mädchen vom Beerenpflücken aufgeregt nach Hause kamen und ihren Eltern berichteten, ihnen sei im Wald die heilige Jungfrau erschienen. Es blieb jedoch nicht bei einem einmaligen Ereignis: Vielmehr hielten diese Erscheinungen angeblich an, und die Gottesmutter soll sich nun gleichermaßen Kindern wie Erwachsenen gezeigt, die Errichtung einer Kapelle veranlasst, Kranke zu sich bringen lassen und sogar einer örtlichen Quelle Heilwasser entspringen lassen haben. Es dauerte nur eine Woche, und schon strömten vermutlich bis zu 20000 Menschen in das Dörfchen Marpingen. Sie besuchten auch den Erscheinungsort, wo sie sangen, beteten, Zweige oder Erde mitnahmen. Schon bald machten Berichte von wundersamen Heilungen die Runde, und als die Behörden angesichts des Auflaufs das Gelände absperrten, wollten die drei kleinen Mädchen die Jungfrau Maria nun auch an anderen Stellen des Dorfes gesehen haben: zu Hause, in Scheunen und Ställen, in der Schule, auf dem Friedhof und in der Kirche. Marpingen war endgültig zu einem deutschen Wunderort geworden, das Echo war riesig.[85]

Jetzt fielen Journalisten, Priester und auch Devotionalienhändler in das Dörfchen ein – und selbstverständlich massenhaft Pilger aus dem In- und Ausland. Marpingen erschien ihnen als »das deutsche Lourdes« oder als »das Bethlehem Deutschlands«. Zuweilen kamen Tausende an einem einzigen Tag, erst einige Wochen nach den angeblichen Erscheinungen ging die Zahl merklich zurück, wohl nur noch eine Handvoll war es schließlich im Dezember des Jahres. Die verärgerten preußischen Behörden (die »Erscheinungen« und die katholische Massenmobilisierung fielen ausgerechnet mitten in die Kulturkampfzeit) schickten ihrerseits Beamte, Untersuchungsrichter, Gendarmen und Soldaten nach Marpingen. Letztere sollten schließlich mit militärischen Mitteln für ein Ende des katholischen Treibens sorgen, was dazu führte, dass bei der Räumung des entsprechenden Wäldchens wohl sechzig Zivilisten durch Schläge mit dem Gewehrkolben oder in wenigen Fällen sogar durch Bajonettstöße in Mitleidenschaft gezogen wurden. Die preußischen Truppen sollen sich auch bei der anschließenden Verpflegung aufgeführt haben »wie im Feindesland«. Später wurden zahlreiche Einwohner verhaftet und Bauern, die trotz Verbots ihren Weg durch das nun abgesperrte Waldgebiet nahmen, zu Geldstrafen verurteilt. Einige katholische Priester mussten sich wegen Betrugs oder Beihilfe dazu vor Gericht verantworten; insgesamt wurden 194 Pfarrer der betroffenen Diözese Trier wegen »illegaler klerikaler Betätigung« verurteilt.[86] Geistliche,

Pilger und Einwohner wurden von der preußischen Obrigkeit gezielt und massiv unterdrückt, was wiederum den katholischen Widerstand gegen dieses Vorgehen provozierte.

Die Öffentlichkeit nahm an den Auseinandersetzungen um Marpingen regen Anteil. Und vor allem die Liberalen, die den Kulturkampf Bismarcks politisch mittrugen, sahen sich dadurch in ihrem ursprünglichen Ziel der Auseinandersetzung mit der katholischen Kirche bestätigt: nämlich im notwendigen Kampf des Fortschritts gegen die Rückständigkeit.[87] Das Vokabular hatte schon nach der Trierer Wallfahrt von 1844 Verwendung gefunden, jetzt wurden die Katholiken erneut als »abergläubische Menge« bezeichnet, in der »die krasseste Dummheit wieder üppige Blüthen treibt«. Während die einfachen Gläubigen als »dumm« klassifiziert wurden, verdächtigte man die Geistlichen, diese »eingerissene Dummheit« gezielt auszunutzen – sie wurden als bewusste »Volksverdummer« dargestellt.[88] Das erschien als politisch gefährlich, weil ultramontane und staatsfeindliche katholische Kreise diese Einfalt angeblich gezielt ausnutzten.

Dieser Dummheit könne man wohl nur mit Bildung begegnen, so jedenfalls soll sich Reichskanzler Bismarck im Sommer 1877 gegenüber protestantischen Geistlichen geäußert haben. In zahlreichen konfessionellen Blättern wurde dieser Ausspruch direkt oder indirekt thematisiert. Etwa in der erwähnten protestantischen *Gartenlaube*, die umfangreich und kritisch auf Marpingen eingegangen war und die massenhafte Wundergläubigkeit als schmerzhafte Erfahrung und unangemessen für die modernen Zeiten bezeichnete:

> »Die Schule aller Stufen hat hier unbedingt eine große Rettungsaufgabe, und es darf mit der Vollführung derselben wahrlich nicht gesäumt werden, wenn man den verdammungswürdig frevelhaften und schamlosen Eifer sieht, welcher von der clerikalen Presse jetzt so beharrlich auf die

Pflege und Förderung des haarsträubendsten Gespensterglaubens, des tollsten und rohesten Wunder- und Teufelsspuks verwendet wird.«[89]

Aber wollten die deutschen Katholiken von der preußischen Bildungswelt »gerettet« werden? Nahmen sie den protestantischen Vorwurf der Dummheit an? Empfanden sie die Bildungsferne als einen Makel? Offiziell hatte die Kirche die Moderne verworfen, die Gegnerschaft dazu war zum Kriterium der Rechtgläubigkeit geworden.[90] Aber letztlich schmerzte der Vorwurf doch, und er blieb nicht unbeantwortet. Ein Redner auf dem Katholikentag von 1901 reagierte durchaus typisch, indem er eine naturgegebene »Minderbefähigung« der Katholiken nicht gelten lassen wollte:

»Ja, wir gestehen es, wir sind auf wissenschaftlichem Gebiete in das Hintertreffen gerathen. Allerdings nicht in dem Sinne, als ob wir Katholiken minderbefähigt wären. Schon Windthorst hat im Reichstage einmal gesagt: Schauen Sie uns nur an, sind wir wirklich lauter so dumme Kerle?«[91]

Zumindest im deutschen Alltag bot das Bildungsdefizit zahlreiche Anlässe für wohlfeilen Spott, so beispielsweise in der Schule. Der Theologe, Schriftsteller und Publizist Karl Jentsch (1833–1917), der als Kind eines gemischtkonfessionellen Elternhauses zwar selbst evangelisch war, aber auch den Glauben seiner katholischen Mutter respektierte, berichtete in seiner Autobiographie von einer alltäglichen Spielart dieser Unterstellung von Dummheit. Demnach habe der protestantische Diakon im Religionsunterricht stets »viel Polemik« gegen die Katholiken geäußert:

»Drei seiner Äußerungen sind mir im Gedächtnis geblieben. ›Die Katholiken sind Esel, bleiben Esel und müssen als Esel

> behandelt werden.‹ Das empfand ich als persönliche Beleidigung. Ich war so gut wie Katholik, und da ich in jeder Klasse der beste Schüler gewesen war, konnte ich mich nicht für dumm halten; auch meine Mutter, meine Tanten, die katholischen Geistlichen, die ich kannte, die katholischen Bücher machten nicht den Eindruck der Dummheit auf mich.«[92]

Eng mit dem Vorwurf der Dummheit verbunden war die Vorstellung von einer spezifisch katholischen »Zügellosigkeit«, eines amoralischen Lebenswandels. Primitivität und Zügellosigkeit wurden oft zusammengedacht, vor allem wenn es um das Klosterleben und seine angeblichen Auswüchse ging. Den Geistlichen unterstellte man ohnehin, dass sie die Einfältigkeit der Gläubigen besonders schätzten. Hatten sie denn nicht auch erleben müssen oder zumindest von anderen Geistlichen gehört, dass katholische Männer und Frauen oft genug dem Glauben dann untreu geworden sind, wenn sie erst einmal zu höherer Bildung gekommen waren?[93] Zu viel Bildung schien den katholischen Glauben zu gefährden, meinten auch viele katholische Priester. Ein Münchener Nervenarzt kam noch zu Beginn des 20. Jahrhunderts bei seiner Betrachtung der »menschlichen Unzulänglichkeit« zu folgender Überlegung:

> »Manche sind der Meinung, daß die absichtliche Verdummung des Volkes … lediglich eine Gepflogenheit des um seine Herrschaft über die Geister besorgten ultramontanen Klerus sei, und es ist auch nicht zu leugnen, daß dieser in den Ländern und an den Orten, in welchen er bisher die Macht besaß, sich redlich bemühte, die Hebung des intellektuellen Niveaus der Bevölkerung zu verhindern.«[94]

Als der Kulturkampf in Deutschland tobte und über das Ordensverbot diskutiert wurde, bezeichnete stellvertretend für viele Liberale Gregor Jung, Mitglied des preußischen Abgeordnetenhauses, die Klöster als kulturfeindliche Einrichtungen. Die Rückständigkeit solcher Häuser sei mit Händen zu greifen, geradezu mittelalterliche Zustände seien dort zu beobachten, etwa in einem Franziskanerkloster in Westpreußen, wo zu einer Ablassfeier Pilger aus Polen und Russland sowie neben Bauern auch viele Bettler zusammengekommen seien: »Lange struppige Haare, lange Bärte, lange Röcke mit tausend Lappen. Der reine Urwaldtypus.« Das Protokoll des Abgeordnetenhauses verzeichnete – erwartungsgemäß – große Heiterkeit.[95]

Diese und andere Schilderungen aus dem Kontext der Debatte um die Klöster zielten zugleich auf eine generelle Verunglimpfung der Pflege katholischer Riten. Sie erschienen als exotische, anachronistische Verirrungen eines primitiven Pöbels mit undeutscher Gesinnung.[96] Und tatsächlich erinnerte etwa die Äußerung des Landtagsabgeordneten Jung vom »reinen Urwaldtyp« frappierend an die Reiseschilderungen des Protestanten Friedrich Nicolai aus dem katholischen Süddeutschland, in denen er seine persönliche »Entdeckung des Anderen« wie eine Expedition in fremde Welten beschreibt. Auch die Protestanten in der Kulturkampfzeit schüttelten sich ein gutes Jahrhundert später voller Abscheu ob der »wilden«, »mittelalterlichen« oder »zivilisationsfremden« Katholiken. Das 18. Jahrhundert hatte zumindest noch gezeigt, dass die Katholiken zu »zivilisieren« seien – wenn sie denn nur ihre konfessionelle Identität aufgäben. Im späteren 19. Jahrhundert hatte man diese Hoffnung indes in viel größerem Maße aufgegeben – aber man führte den Kampf gegen den »wilden« Katholizismus deshalb umso verbissener und aggressiver.

Die deutschen Katholiken erschienen nicht nur als ungebildet, stellten weniger Studenten als die evangelische Seite, hatten in Sachen Bildung und Wissenschaft nichts Adäquates zu bieten – sie zogen sich auch selbst in ihre oft so bezeichnete »Ghetto«-Kirche zurück und wurden keineswegs von anderen hineingedrängt. Die Katholiken im Kaiserreich lebten in ihrer eigenen Subkultur. Katholische Milieus in Deutschland waren oft streng geschieden von anderen soziokulturellen Milieus, mit vormodernen Gesellschaftsgruppen und Mentalitäten verbunden, galten als »hinterwäldlerisch«.[97] Die Katholiken rückten näher zusammen – und sie kapselten sich zugleich von ihrer Umwelt ab. Sie wurden zunehmend isoliert, denn sie hatten sich nicht nur des Protestantismus zu erwehren, sondern sich auch an zwei weiteren Fronten zu behaupten: Einerseits kämpften sie gegen den modernen Staat, der auf die Kontrolle über die Kirche nicht mehr verzichten wollte, andererseits hatten sie sich durch ihre ausdrückliche Bindung an den Papst im fernen Rom deutlich von der nationalen Bewegung in Deutschland abgesetzt – sie gehörten also durchaus selbstverschuldet zur sich herausbildenden Nation nicht so recht dazu.[98] Die ultramontane Umformung der katholischen Kirche implizierte die bewusste Entscheidung hin zu einer antimodernen Kirche. Das Ergebnis war dann eben auch die gezielte Abschottung gegenüber den säkularen, nichtkatholischen Bewegungen der Kultur, der Gesellschaft und der Politik.

Typisch für diese Zeit wurde das katholische Vereinswesen. Es war das Ergebnis einer Situation, in der sich anders als etwa in Frankreich oder Italien der Katholizismus als Minderheit einer mehrheitlich protestantischen Nation gegenübersah. Mit der Gründung und Ausdifferenzierung der Verbände schuf man sich eine eigene Subkultur. Heute würde man vermutlich von einer Parallelgesellschaft sprechen, eine Bezeichnung, die das oft genug sprach- und verständnislose Nebeneinander verschiedener Lebenswelten und -wirklichkeiten impliziert. Die katholischen Vereine im Kaiserreich dienten vor allem der Selbstbehauptung. Dorthin zogen sich die unerwünschten und aus der nationalen Gemeinschaft zurückgewiesenen Katholiken zurück und schöpften aus dem Miteinander neue Identität und Selbstbewusstsein.[99]

Die Katholiken versuchten unter sich zu leben, sie hatten schließlich Vereine für alle Lebenslagen und -fragen. Neben den

Organisationen für rein pastorale, religiös-kultische sowie karitative Zwecke gab es etwa den Borromäus-Verein für katholische Volksbüchereien oder die zahllosen Berufs- und Standesvereine für Gesellen und Bauern, für Kaufleute und Handwerker, für Lehrer und Arbeiter.[100] Die unerhörte Dichte und Intensität dieses Vereinswesens zeigte sich ab 1848 bei den jährlich stattfindenden Katholikentagen. Sie waren Ausdruck des wachsenden katholischen Selbstbewusstseins, regelrechte Leistungsschauen einer Konfession, die sich von der Mehrheit ausgegrenzt fühlte und sich einer keineswegs wohlwollenden Politik trotzig entgegenstellte. Tausende strömten bei diesen Treffen zusammen, von Katholiken im ganzen Reich bestaunt und angespornt, von den Protestanten zumindest argwöhnisch beäugt, oft genug spöttisch, aber zuweilen aufgrund der darin zum Ausdruck kommenden katholischen Organisationsfähigkeit wohl auch neidisch begleitet. Der Vereinskatholizismus zeigte, dass er mobilmachen konnte – für den Fall der Fälle, wie es ein Redner auf dem Bonner Katholikentag im Jahr 1900 formulierte:

> »Das Centrum in den Parlamenten ist gewissermaßen unser stehendes Heer; das katholische Volk aber und alle kirchlichen und politischen Gesinnungsgenossen bilden die Reserve, über die wir auf den General-Versammlungen Heerschau halten und dabei alljährlich unser Verhalten für die Friedenszeit und eine etwa nothwendige Mobilmachung berathen.«[101]

Dieses »stehende Heer« stieß außerhalb des Katholizismus selbstverständlich auf Misstrauen. Die Katholiken und vor allem das Zentrum galten dem protestantisch-preußischen Establishment als ernste Gefahr. Die Katholiken waren und blieben Reichsfeinde. Otto von Bismarck glaubte an die Existenz einer weitreichenden katholischen Verschwörung, die seine Politik und damit das Schicksal der Deutschen bedrohe. Die Partei

1 Urheber der Reformation und Begründer einer neuen Konfession: Martin Luther, 1526 porträtiert von dem mit ihm befreundeten Maler Lucas Cranach d. Ä. (Stockholm, Nationalmuseum).

2 »Ablasskrämer« Johannes Tetzel bei der Arbeit (Lithographie von R. Weibezahl, 1832).

3 Luthers Gegenspieler, Papst Leo X. Teilkopie von Bronzino nach Raffael.

4 Reformatorengruppe um Luther: Johannes Forster, Georg Spalatin, Luther, Johannes Bugenhagen, Erasmus von Rotterdam, Justus Jonas, Caspar Cruciger, Philipp Melanchthon (v. li.). St.-Blasii-Kirche Nordhausen, nach dem Meienburg-Epitaph von Lucas Cranach d. J.

5 Mit seiner Bibelübersetzung wurde Luther Wegbereiter der neuhochdeutschen Sprache.

6 Titelholzschnitt der Streitschrift, in der Luther gegen den Aufstand der Bauern Stellung bezog.

7 Als »Sackpfeifer des Teufels« wird der vielfach angefeindete Luther in dieser zeitgenössischen Karikatur verunglimpft.

8 Augsburger Reichstag 1530: Kaiser Karl V. wird die Augsburger Konfession, das Bekenntnis der lutherischen Reichsstände zu ihrem Glauben, überreicht. Kupferstich von Georg Coler, 1530.

9 Konzil von Trient (1545–1563): Dort beschloss die katholische Kirche grundlegende Reformen, um den aufkommenden Protestantismus zurückzudrängen. Kupferstich von Claudy, 1565.

10 »Luther's Gespräch mit Zwingli über die Sacramentsfrage« 1529 in Marburg illustriert diese Radierung von Gustav König (1847). Die beiden Reformatoren vertraten unterschiedliche Auffassungen hinsichtlich des Abendmahls.

11 Johannes Calvin war neben Zwingli der andere wichtige Wegbereiter der reformierten Kirchen. Auch er befand sich im »geistlichen Rauffhandel« mit Luther. Kupferstich von 1598.

12 Himmlischer Beistand beim Prager Fenstersturz 1618: Das Votivbild zeigt, wie die königlichen Statthalter angeblich durch das Wirken der Muttergottes gerettet wurden.

13 »Das kaiserliche Heer unter Graf von Tilly erstürmt und brandschatzt Magdeburg« (1631). Radierung von Jan und Caspar Luyken. »Magdeburgisieren« wurde damals zum Synonym dafür, eine Stadt in Schutt und Asche zu legen.

14 »Die durch Gottes Gnad erledigte Stadt Augspurg«. Protestantisches Flugblatt zur Einnahme von Augsburg durch den schwedischen König Gustav Adolf 1632, der als Sieger gegen Drachen und Widder, die Schreckensallegorien des Katholizismus, gezeigt wird.

15 Mit dem Westfälischen Frieden 1648 in Münster wurde der Dreißigjährige Krieg beendet. Auf dem Gemälde von Gerard ter Borch erkennt der spanische Gesandte durch seinen Schwur auf Bibel und Kreuz die Souveränität der Niederlande an.

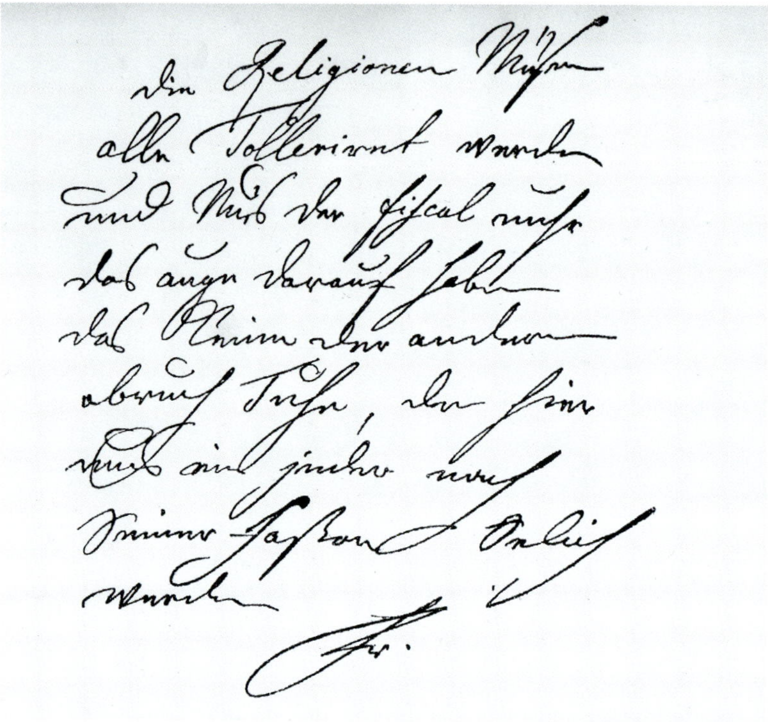

die Religionen Müsen
alle Tolleriret werden
und Mus der fiscal nuhr
das auge darauf haben
das keine der andern
abruch Tuhe, den hier
mus ein jeder nach
Seiner Faßon Selich
werden
Fr.

16 Handschriftlicher Vermerk Friedrichs des Großen unmittelbar nach seiner Thronbesteigung 1740: »Die Religionen Müsen alle Tolleriret werden … den hier mus ein jeder nach Seiner Faßon Selich werden.«

17 Friedrich Nicolai, Berliner Aufklärer und Schriftsteller, war einer der herausragenden Vertreter des Antikatholizismus. In seinen Reiseberichten zeigte er sich höchst irritiert vom süddeutschen Katholizismus. Gemälde von Anton Graff, 1795.

18 »Das Kölner Ereignis«: Nach einem Konflikt mit den preußischen Behörden zum Thema Mischehen wurde der Kölner Erzbischof Clemens August Droste zu Vischering 1837 verhaftet. Papst Gregor XVI. protestierte heftig. Farblithographie von A. Brügelmann, 1847.

19 »Das Tischtuch wird zerschnitten«: Karikatur aus der Satirezeitschrift »Berliner Wespen« (1879) auf die Protagonisten des Kulturkampfs, Papst Leo XIII. und Reichskanzler Otto von Bismarck.

20 Die Jesuiten als intellektuelle Speerspitze der Katholiken waren oft Feindbild im Dauerstreit der Konfessionen. Auf dieser Lithographie von R. Sabatky (1842) überreicht ein Jesuit Metternich ein zensiertes Exemplar der Schriften Luthers. Der deutsche Michel mit Maulschloss, der preußische König und Ernst August von Hannover sind Zeugen der Szenerie.

21 Der Reliquienkult der Katholiken – im Bild die Enthüllung des »Heiligen Rockes« im Dom von Trier 1891 – galt den Protestanten als Ausweis einer besonderen »katholischen Dummheit«. Holzstich nach Zeichnung von R. Griess.

22 Eine der seltenen Abspaltungen von der katholischen Kirche waren die sogenannten Altkatholiken. Im Bild ein Kongress im Glaspalast von München (1871).

23 Die Zentrumspartei war über Jahrzehnte hinweg die politische Repräsentanz des Katholizismus in Deutschland. Mit diesem Plakat feierte sie 1920 ihr 50-jähriges Bestehen.

24 Schon im äußeren Habitus setzte sich der Maler und Lebensreformer Karl Wilhelm Diefenbach – im Bild mit seinen drei Kindern Helios, Stella und Lucidus – von seiner bürgerlichen Umgebung ab (um 1890).

25 Wie in einem religiösen Ritual wurde in manchen Strömungen der Lebensreformbewegung zu Anfang des 20. Jahrhunderts der Lichtkult zelebriert: »Lichtgebet« (1922) von »Fidus« (Hugo Höppener).

26 Ab 1900 Zufluchtsort für Anarchisten, Vegetarier, Nudisten, Literaten, Maler, Tänzer und andere Aussteiger: die Künstlerkolonie Monte Verità bei Ascona. Historische Aufnahme des Hauptgebäudes.

27 Nach dem Zusammenbruch des deutschen Kaiserreichs entstanden viele weltanschauliche und religiöse Gruppierungen. Im Bild ein Ritual der 1926 von Joseph Weißenberg (rechts) gegründeten »Evangelisch-Johannischen Kirche nach der Offenbarung St. Johannes«.

28 »Germanenzug«: Der politische Glaube an ein historisches Germanentum sollte im Kaiserreich die angeblich homogene Abstammungsgemeinschaft der Deutschen legitimieren. Holzstich von 1890 (nach Zeichnung von Johannes Gehrts).

29 Drei Monate nach der Zustimmung der Zentrumsfraktion zum »Ermächtigungsgesetz« wurde am 20. Juli 1933 das Konkordat zwischen Nazi-Deutschland und dem Vatikan unterzeichnet. Im Bild Hitlers Vizekanzler Papen und Kardinalstaatssekretär Pacelli (2. und 4. v. li.).

30 Mit Standartenweihen, feierlichen Gelöbnissen und den von Albert Speer inszenierten Lichtdomen – wie hier 1937 – wurden die NSDAP-Parteitage in Nürnberg fast wie Messen zelebriert.

31 Auch Protestanten kollaborierten mit den Nationalsozialisten: Massentrauung von Angehörigen der antisemitischen »Deutschen Christen«, die seit 1933 die Landeskirchen dominierten. SA-Einheiten entbieten vor der Berliner Lazaruskirche den Hitlergruß.

32 Die atheistische DDR auf den Spuren des Christentums: Propagierung der »10 Gebote für den neuen sozialistischen Menschen« beim 5. Parteitag der SED 1958.

gebe sich den Anschein, die Interessen von Kirche und Papst zu vertreten, doch tatsächlich agiere sie staatsgefährdend, weil sie sich mit allen »Elementen« verbinde, die der staatlichen Ordnung in Deutschland feindlich gegenüberstehen.[102]

Die Gefährlichkeit der Katholiken für die Errungenschaften der Moderne, für ein friedliches Miteinander der Menschen und für die politische Stabilität des Deutschen Reiches schien für viele Protestanten außer Frage zu stehen. Das zeigte auch die breite öffentliche Empörung, die nach einem Attentat auf Otto von Bismarck laut wurde. Am 13. Juli 1874 hatte Eduard Kullmann, ein katholischer Böttchergeselle aus Magdeburg, auf offener Straße in Bad Kissingen auf den Reichskanzler geschossen. Wohl auch weil sich Bismarck just in diesem Moment einigen Bürgern zuwandte, die ihn jubelnd begrüßten, traf die Kugel nur seine rechte Hand. Der umgehend verhaftete Kullmann gestand die Untat und rechtfertigte sie auch mit den Kulturkampfgesetzen des Staates und der Behandlung der Zentrumspartei durch den Reichskanzler und dessen Regierung. Der Attentäter war zwar Mitglied eines katholischen Gesellenvereins, hatte aber allein gehandelt; für eine katholische Verschwörung gegen den Reichskanzler fanden sich keine Beweise. Gleichwohl wurde er in der Presse zuweilen als Werkzeug eines priesterlichen Fanatismus dargestellt, und Bismarck nutzte die Erregung, um auf schärfere Maßnahmen gegen den politischen Katholizismus zu drängen.[103] Im Deutschen Reichstag kam es Ende des Jahres zu Tumulten, nachdem Bismarck der Zentrumsfraktion indirekt eine Mitschuld an dem Mordanschlag vorgeworfen hatte, weil der Attentäter nach der Tat angeblich auch erklärt habe, der Reichskanzler habe »seine Fraktion« beleidigt:

> »Mögen Sie sich lossagen von diesem Mörder, wie Sie wollen, er hängt sich an Ihre Rockschöße fest, er nennt Sie seine Fraktion.«[104]

Der Zentrumsführer Ludwig Windthorst reagierte auf die Vorwürfe Bismarcks, indem er zunächst darauf verwies, dass er selbst schon wie auch ein anderer führender Zentrumspolitiker Morddrohungen erhalten habe. Aber im Gegensatz zum Reichskanzler hätten sie diese Vorfälle nie genutzt, um in der politischen Auseinandersetzung die gegnerische Partei zu denunzieren. Und überhaupt stelle sich nach dem Attentat von Bad Kissingen doch die Frage, ob es nicht das vergiftete Klima des Kulturkampfes war, das einen solchen Anschlag erst ermöglicht habe. Windthorst unterstellte damit der preußischen Staatsführung bewusst eine Mitverantwortung an dem Mordanschlag:

> »Meine Herren, wenn die politischen und kirchlichen Streitigkeiten zu einem Siedepunkt gelangen, dann muß man sich nicht wundern, wenn hier und da unglückliche Menschen zu einem wahnsinnigen Unternehmen hingerissen werden. Das liegt eben an der unglücklichen Konstellation, und diejenigen mögen es sich zuschreiben, welche diese Konstellation herbeiführen.«[105]

Dass gewisse Kreise des deutschen Katholizismus selbst vor einem Attentat nicht zurückschrecken würden, entsprach durchaus den antikatholischen Vorurteilen innerhalb des deutschen Protestantismus. Die Vorstellung von einer zurückgebliebenen, provinziellen Glaubenswelt, die von traditionellen »dunklen Machenschaften« der römischen Kirche und ihrer Agenten geprägt werde, war mit einem spezifischen Bedrohungsszenario durchaus vereinbar. Die Katholiken hatten das Deutsche Reich von 1871 nie gewollt, ihre Partei nahm von Beginn an die Rolle einer entschiedenen Opposition ein – diese Religion und ihre politischen Anführer wurden deshalb als Gefahr in jeder Hinsicht wahrgenommen.

Die Katholiken erschienen nicht als richtige Deutsche. Das

machte sie betroffen und zugleich aggressiv. Thomas Nipperdey hat bei den deutschen Katholiken »eine nervöse Aggressivität gegen alles Nichtkatholische« diagnostiziert.[106] Doch eine solche Aggressivität gab es auch auf protestantischer Seite. Dort verlieh das Gefühl der kulturellen Überlegenheit keine endgültige Sicherheit, was sich auch an den empfindlichen Reaktionen auf die katholische Polemik von einem kommenden endgültigen Sieg der Gegenreformation zeigte. Auf katholischer Seite schlug der Vorwurf der kulturellen Unterlegenheit tiefe Wunden. Zeigte man sich nach außen demonstrativ gelassen gegenüber dem Vorwurf der Dummheit, so verstärkte man durch das katholische Vereinswesen und die kirchlichen Bildungsinstitutionen doch erheblich die Anstrengungen, diesbezüglich die Kluft zwischen den Konfessionen zu verringern. Man wollte nicht sein wie die Protestanten, aber man wollte auch nicht länger deklassiert werden. Und zumindest in einem Punkt war man dem anderen Lager ja gleichgestellt: nämlich wenn es um gemeinsame Ängste und gemeinsame Feinde ging. Dann nämlich konnten sich Katholiken und Protestanten in Deutschland überraschend einig sein …

Gemeinsame Ängste, gemeinsame Feinde

Im 19. Jahrhundert war die Angst geradezu mit Händen zu greifen. Jedenfalls für die christlichen Kirchen. Sie hatten Angst um die Zukunft des christlichen Glaubens und um ihre eigene Existenz. Die Bedrohung erschien ihnen diesmal ganz anders als in der Vergangenheit, als es immer mal wieder vereinzelte Gruppen von Menschen gab, die der Kirche den Rücken zugewandt hatten. War jetzt nicht alles viel schlimmer, weil es nicht mehr nur um das Seelenheil einiger verlorener Seelen ging, sondern um die ganze Welt des Glaubens? Stand jetzt nicht alles auf dem Spiel?

»Wir können nicht leugnen, daß wir in einer schlimmen und betrübten Zeit leben. Es gibt Tausende und Abertausende, die an keinen Gott mehr glauben. Es gibt Tausende und Abertausende, die das Christentum von ganzem Herzen hassen und das Evangelium des Herrn Jesu mit Stumpf und Stiel ausrotten möchten.«[107]

Mit dieser Diagnose stand der Berliner Geistliche Wilhelm Ziethe um das Jahr 1860 keineswegs allein da. Schon Mitte des Jahrhunderts hatte sich eine Entwicklung angekündigt, die dann an der Schwelle des 20. Jahrhunderts einen ungeahnten Höhepunkt erreichte. Jetzt schien nichts weniger als die Entkirchlichung oder auch Entchristianisierung Deutschlands zu drohen. Erst leise und in kleinem Rahmen, dann immer geräuschvoller und umfangreicher hatte die Auswanderung aus den Kirchen an Geschwindigkeit zugenommen. Immer weniger Menschen besuchten einen Gottesdienst oder nahmen am Abendmahl teil, immer weniger Kinder wurden christlich getauft; die Zahl der kirchlichen Eheschließungen ging zurück, nachdem der Staat die Zivilehe, die Trauung vor einem Standesbeamten, eingeführt hatte. Sogar auf die seelsorgliche Begleitung nach dem Tod und eine traditionelle kirchliche Beerdigung verzichteten immer mehr Menschen.

Diese Krise der kirchlichen Praxis betraf beide konfessionellen Lager, wenngleich zunächst und in größerem Maße den Protestantismus, dann aber auch den Katholizismus. Und ihre Ängste waren identisch, denn zuweilen wurde diese Krise auch als Zeichen des nahen Weltendes interpretiert. Hatte der Apostel Paulus nicht prophezeit, dass dem Weltende und also der Wiederkehr Christi der Abfall der Menschen vom Glauben vorausgehen werde? Musste die augenscheinliche Auflösung der traditionellen Glaubenswelt nicht genau dafür ein Indiz sein? Der zitierte Berliner Geistliche Ziethe sah dies genauso:

»Das sind Zeichen der Zeit, die uns warnen sollen. Wir wissen freilich nicht, ob die Zukunft des Herrn heute oder morgen oder bald geschehen wird. Aber das wissen wir, sie kann kommen, da ihre Vorboten und Vorzeichen eingetreten sind.«[108]

Die Auswanderung aus den Kirchen, die diesen und so viele andere Gottesmänner mit Furcht erfüllte, war längst auch mit den Mitteln der Kirchenstatistik zu greifen. Für die Protestanten wurde bei nahezu allen statistischen Indikatoren ein deutlicher Niedergang des kirchlichen Lebens deutlich, nur die Angst vor einer Zukunft der leeren Kirchen blieb stabil. Es war schließlich keine klar eingrenzbare Gruppe von Menschen, die da ging. Sicherlich verloren die Kirchen eher die Männer. In den Städten ging die Entfremdung von der Kirche rascher vonstatten als auf dem Land, doch auch dort änderten sich die Verhältnisse. Der Pfarrer hörte auf, das Maß aller Dinge zu sein, er wurde zuweilen zu einem Verteidiger einer älteren moralischen Ordnung, von der sich die Menschen schlicht abwandten. Und sogar in den gebildeten Schichten machte sich Gleichgültigkeit breit, keineswegs immer eine lautstarke Aggression gegen das Christentum, wohl aber ein bewusstes Sich-Abwenden. Und das hatte wiederum Vorbildcharakter. Die Distanz der Bürger zur Kirche hat zur Abwanderung der Arbeiter aus den Kirchen wesentlich beigetragen.[109]

In der kirchlichen Wahrnehmung der Zeit ging das Übel der zunehmenden Unkirchlichkeit vor allem von den Städten aus. Fast wirkte es so, als konzentrierten sich dort alle Bedrohungen der modernen Zeit. Etwa für den Katholizismus. Zu seinen Feinden gehörte neben dem Protestantismus all das, war er für die »modernen Verdammnisse« hielt. Dazu zählte der Katholizismus den Altkatholizismus als jüngste Abspaltung, das Judentum als selbst erwählten traditionellen Gegner, das Freimaurertum und den Liberalismus, den offenen Atheismus, aber auch den Materialismus und schließlich den Sozialismus als größte politische Bedrohung. Sie alle bildeten in den Augen der Kirche ein großes feindliches Lager,[110] das seinen Ort vor allem in den Städten des Landes zu haben schien. In dieser Beurteilung waren sich beide Konfessionen weitgehend einig. Und so war der katholischen wie der protestantischen Kirche das Leiden am städtischen, vor allem am großstädtischen Leben gemeinsam. In einem solchen »Moloch«, so die Befürchtung, ersticke nicht nur jedes »natürliche« Leben der Menschen, dort fänden auch Kirchenkritik, Gottlosigkeit und alle politischen und sozialen Entgleisungen der Zeit einen idealen Nährboden. Ob Demokratie, Sozialismus oder Kommunismus, ob Trunk- oder Spielsucht, wilde Ehen oder Kriminalität – die Städte galten weithin als Brutstätten des Unheils. So beklagte etwa Johann Hinrich Wichern, der Mitte des 19. Jahrhunderts maßgeblich den deutschen Protestantismus mitprägte:

> »Die großen Städte sind … die Hauptschulen aller Laster und Sünden des Volkes geworden. Alle Verhältnisse, unter denen sie zu ihrer Größe, ihrem Glanze und ihrer Bedeutung geführt sind, sind als ebenso viele Triebkräfte zum Wachstum des nun in ihnen grassierenden Verderbens in den oberen und unteren Ständen zu achten.«[111]

Die Großstadt, so die kirchliche Vorstellung, produziere eine unkirchliche und damit »ungesunde« Gesellschaft. Da seien »Verstädterung mit all ihren sozialen, oder, besser gesagt: asozialen Erscheinungen, das Wanken des Gemeinschaftssinns, die Zerbröckelung der Familie, die sinkende Geburtenziffer, der schwächliche Nachwuchs«.[112] 1851 sprach ein Stuttgarter Prälat auf dem sechsten Deutschen Evangelischen Kirchentag über das »Tier der Gottlosigkeit«, das längst in den Häuserschluchten der Städte umherstreife und auf Beute lauere:

> »Dieses Tier der Gottlosigkeit und des Lasters hat in unseren großen Städten furchtbar gewütet, und dieses Tier ist bei der Masse der Proletarier angekommen. … Und dies Tier brüllt in den Schänken, es brüllt in dem wilden Lustgeschrei der Sklaven des Bacchus, es brüllt aus den Höhlen der Säufer und Spieler, der Hurer und Ehebrecher, der Flucher und Gotteslästerer, der Diebe und Betrüger, der Meineidigen und Sabbatschänder.«[113]

Beide Kirchen versuchten zwar mit eigenen und zum Teil neuen seelsorglichen Instrumenten, dieser spezifisch städtischen Gottlosigkeit zu begegnen, doch vielen kirchlichen Streitern fehlte bald die Hoffnung: »Durch dies Menschengewühl dringt keine Stimme der Kirche mehr hindurch«, hieß es.[114] Tatsächlich waren die Menschen in den deutschen Städten eher unkirchlicher als auf dem Lande, wenngleich es immer wieder Ausnahmen gab. So existierten stark kirchlich geprägte Städte ebenso wie traditionell unkirchliche ländliche Regionen. Aber generell war die kirchliche Einschätzung zutreffend. So setzte im deutschen Protestantismus der rapide Verfall des kirchlichen Lebens in den Städten bereits nach der Mitte des 18. Jahrhunderts ein, während er auf dem Lande erst mit einer Verspätung von bis zu einem Jahrhundert erfolgte.[115]

Kirchliche Kreise paarten Stadtkritik und Stadtfeindschaft gern mit einer ausgeprägten Agrarromantik, die das ländliche Leben als ursprünglich, natürlich und gesund darstellte, womit man auf eine breit verwurzelte Denkhaltung in der deutschen Bevölkerung traf. Regelrechte Reagrarisierungsfantasien griffen um sich. Sie existierten schon im Kaiserreich und erlebten dann am Ende der Weimarer Republik eine neue Konjunktur, als die Weltwirtschaftskrise auf Deutschland übergriff.[116] Das Landleben war ein mentaler Fluchtpunkt, ein imaginärer Trost für die an der Großstadt leidenden kirchlichen Seelen. Die Kirchen warben deshalb für eine rückwärtsgewandte Bauerntumsideologie, in der eine agrarisch geprägte Vergangenheit als idealer Ort von Stabilität, Sicherheit, Ordnung – und eben selbstverständlicher religiöser Bindung – erschien.[117]

Diese antiurbanistische und agrarromantische Position lag für die Kirchen umso näher, als sie damit zugleich die politischen Strömungen benennen konnten, die sie als Gefährdung für Sitte und Moral (und für sich selbst) ausgemacht hatten: allen voran den Sozialismus, aber auch den Liberalismus. Der politische Radikalismus der Proletarier und der bürgerliche Atheismus galten den Kirchen als Hauptfeinde, sie bedrohten aus ihrer Sicht ernsthaft ihre Existenz.[118] Wie dramatisch man die Lage einschätzte, zeigt die Wortwahl: Vom Wirken des »Teufels« und des »Antichristen« war zuweilen die Rede, und diese Begriffe markierten eine als radikal verstandene Entscheidungssituation: »Die Mächte des Untermenschlichen und der Unterwelt mobilisieren unter den Bedingungen von Großstädten zum letzten Kampf gegen christlichen Glauben und christliches Ethos.«[119]

Untrennbar verknüpft mit dieser Stadtfeindschaft war die kirchliche Vorstellung, dass das Christentum vor allem durch die Sozialdemokratie bedroht werde. Diese war vor allem in den Städten und den großen neuen Industrieregionen stark verankert. Beide Kirchen schrieben sich den Kampf gegen die Sozialdemokratie auf ihre Fahnen und stellten sich damit in den Dienst des konservativen Staatsapparats.[120] Das galt auch für die Zeit nach dem Sozialistengesetz von 1878, als die sozialdemokratischen Organisationen verboten und ihre Anführer verfolgt, verhaftet oder ausgewiesen wurden. Innerhalb der deutschen Sozialdemokratie gab es indes keine einheitliche Haltung zu den Kirchen. Die Mehrheit der sozialdemokratischen Führer vermied es, die Religionsfrage aggressiv aufzunehmen, weil die Religion, so ihr fester Glaube, von allein absterben werde. Diese Haltung war für die Kirchen selbstverständlich ebenso eine Zumutung wie die lautstarke antikirchliche Propaganda. Religion sei »Privatsache«, so hatte es im Gründungsprogramm der Sozialistischen Arbeiterpartei (wie sich die spätere SPD damals nannte) geheißen. Aber eigentlich konnte ein guter Sozialdemokrat nicht gleichzeitig ein guter Kirchgänger sein. Weil die Parteimitglieder »durch Anerkennung des Parteiprogramms faktisch mit jedem kirchlichen Bekenntnis gebrochen« hätten, empfahl der Parteikongress des Jahres 1872 den Genossen, »auch formell ihre Ausscheidung aus allen kirchlichen Gemeinschaften zu vollziehen«.[121]

Doch die SPD entwickelte sich nicht zu einer eindeutig atheistischen und antikirchlichen Partei. Zur Jahrhundertwende distanzierte sie sich aus taktischen Erwägungen von zu radikalen Forderungen freireligiöser und freidenkerischer Gruppen; letztlich ermöglichte dieser Weg aber eine Verbreiterung der sozialen Basis der neuen Bewegung. Auch katholische Arbeiter konnten besser für die Sozialdemokratie gewonnen werden, wenn diese in ihrer Kirchenkritik gemäßigter auftrat. Das war umso wichtiger, als die Katholiken im Kaiserreich tendenziell zurückhaltender auf die Ideen der Sozialdemokratie reagierten.[122]

Nahezu alle Verfallssymptome der Kirchlichkeit wurden auf das städtische, ungläubige und zugleich sozialdemokratische Milieu zurückgeführt. Dies galt auch für den konfessionellen Zankapfel Mischehe. Dass es sie überhaupt gab, dass ihre Zahl zunahm, sei eben auch dem Verfall moralisch-kirchlichen Verhaltens insgesamt anzulasten. Solche Ehen entstünden nur »auf dem Boden der religiösen Gleichgültigkeit«, schrieb ein evangelischer Autor,[123] und ein katholischer Beobachter kam sogar zu dem Schluss, dass sie »eine Hauptquelle für eine sozialistisch ungläubige Zukunft« darstellten.[124] Und weil sich Katholizismus und Protestantismus in diesem Punkt der Ursachenzuschreibung weitgehend einig waren, konnten sie dazu auch eine gemeinsame Position einnehmen. In »der Verwerfung und Bekämpfung« der Mischehen, so hieß es 1899 in einer protestantischen Schrift, »sind wir uns einig«.[125]

Auch hinsichtlich der Feindschaft zu den Juden waren sich

die kirchlichen Kreise konfessionsübergreifend weitgehend einig. Die Juden wurden gerade in Zeiten zunehmender katholisch-protestantischer Spannungen massiver denn je als traditionelle »Feinde Christi« angeklagt, die angeblich einen offenen oder (was viel verschwörerischer und für viele noch attraktiver klang) geheimen Kampf gegen die Kirche führten. Es gab einen traditionellen Antijudaismus, der sich in der christlichen Welt seit anderthalb Jahrtausenden gegen das angebliche »Volk der Gottesmörder« etabliert hatte, und auch die Amtskirchen wollten diesen »ewigen Stachel« nie entfernen.[126] Auf diesem traditionellen Antijudaismus baute in den letzten Jahrzehnten des 19. Jahrhunderts ein neuer politischer und rassistisch ausgerichteter Antisemitismus auf, der den bereits vorhandenen Judenhass weiter steigerte und den Massenmord an den europäischen Juden im 20. Jahrhundert geistig und strukturell vorzubereiten half.

Auf protestantischer Seite wurde der Geistliche und zwischen 1874 und 1889 in Berlin als Hof- und Domprediger tätige Adolf Stoecker zu einer zentralen Figur des protestantisch-kirchlichen Antisemitismus im wilhelminischen Deutschland. Er agierte einerseits durchaus traditionell antijudaistisch, indem er die Juden beschuldigte, sie hätten Christus gekreuzigt. Wegen ihres fehlenden Glaubens seien sie von Gott bestraft worden und müssten deshalb bis in die Gegenwart als »ein Volk des Mammons« über alle Welt verstreut leben. Zu dieser Strafe gehöre auch, dass sie eine geringere Sittlichkeit und wie die »Heiden« eine wenig moralische Einstellung zur Ehe hätten sowie zur Nächstenliebe unfähig seien. Die Juden und ihre Geschichte seien als Warnung zu verstehen: Gott strafe diejenigen, die ihm nicht gehorchten, und am Schicksal der Juden könne man sehen, welch verheerende Folgen der Unglaube habe.[127]

In seiner propagandistischen und politischen Arbeit hingegen agitierte Stoecker offen judenfeindlich im Sinne des neuen Antisemitismus. Bald war bei ihm vom deutschen Wesen die

Rede, das vom Judentum bedroht werde, und rassistische Überlegungen wurden Teil der Demagogie. So schwadronierte er beispielsweise vom »giftigen Tropfen der Juden« im deutschen Blut.[128] Am Ende wurden in dieser Vorstellungswelt die Juden für so ziemlich alle Verwerfungen der Moderne verantwortlich gemacht, was ein protestantischer Kirchenmann in dieser Zeit folgendermaßen sah:

> »Das aber glaube ich, daß die Existenz von einer halben Million Juden, welche den Kapitalismus in seiner schneidendsten Gestalt auf die Spitze treiben, der ständig kreißende Mutterschoß ist für die Unzufriedenheit, für die gärenden Mächte, welche aus den untersten Volksklassen, aus den bedrängten Arbeiterkreisen, aus dem um sein Dasein kämpfenden Handwerkerstande zum Licht empordrängen.«[129]

Stoecker versuchte zugleich als erster Politiker des Kaiserreichs, den neuen Antisemitismus bewusst als Instrument zur politischen Mobilisierung der Massen zu nutzen. Er steht mit der Gründung seiner Christlich-Sozialen Arbeiterpartei am Anfang zahlreicher neuer, ausdrücklich und zuvorderst judenfeindlicher Organisationen. Wenngleich der evangelische Pfarrer mit seiner Gruppierung langfristig keinen Erfolg hatte, so war er doch für die weitere Entwicklung des Antisemitismus in Deutschland ein maßgeblicher Vertreter einer neuen Radikalität, hinsichtlich derer ihn bald andere Judenhasser deutlich »überholen« sollten.[130] Wie stark die protestantischen Kreise in Deutschland antisemitisch geprägt waren, ist nicht einfach zu beantworten – dazu war der Protestantismus mit seinen vielen Landeskirchen, städtischen und ländlichen Milieus und ohne eine wirkliche zentrale theologische und politische Führung zu heterogen. Aber Tendenzen sind sichtbar. Der konservative Kirchenprotestantismus war stark eingefärbt vom Antisemitismus eines Adolf Stoecker oder auch vom spezifisch studentischen Antisemitismus. Es gab starke antijüdische Distanzgefühle und Vorurteile, wenngleich auch Grenzen zum neuen, rassistisch geprägten Judenhass gezogen wurden.[131]

Vergleichbar war die Lage im katholischen Deutschland. Denn hinsichtlich des Antisemitismus unterschieden sich Protestanten und Katholiken allenfalls im Detail, es bestand eine große Gemeinsamkeit hinsichtlich der Ablehnung des Judentums, oft genug der expliziten Feindschaft dazu. Das Spektrum des katholischen Antisemitismus reichte vom populären ländlich-bäuerlichen Vorurteil bis zur traditionellen kirchlichen Judenfeindschaft. In Zeiten des Kulturkampfs verstärkte sich das Feindbild noch, weil die Juden angeblich mit den »katholikenhassenden« Liberalen den Kampf gegen die Kirche führten. Doch das Zentrum kanalisierte zumindest in politischer Hinsicht diese Strömungen, indem sie sich als Verfechterin der Rechte aller Minderheiten gerierte, also auch derjenigen der Juden. Das Zentrum versuchte antisemitische Auswüchse einzudämmen, womit es bei der parlamentarischen Arbeit durchaus Erfolg hatte. So galten den Antisemiten neben den Sozialdemokraten und der SPD auch die Katholiken und das Zentrum als Gegner.[132]

Aber das war nur der äußere, der politische Firnis des katholischen Lebens im kaiserlichen Deutschland. Darunter verbarg sich ein maßgeblich vom mittleren und niedrigeren Klerus, von Gemeindepfarrern, Vikaren und Predigern getragener katholischer Antisemitismus. Sie agitierten vor Ort gegen Juden oder verfassten antisemitische Schriften.[133] Es gab katholische Bischöfe, die solche Strömungen unterstützten, andere verhielten sich zurückhaltender; zu einer Verurteilung des Judenhasses konnten sie sich allerdings nicht durchringen. Es trifft also nicht zu, dass der deutsche Katholizismus der antisemitischen Verführung widerstanden habe, das Gegenteil ist der Fall. Viele Katholiken sahen den behaupteten Reichtum der Juden und ihren angeblichen Machtanspruch über die gesamte Welt als besondere Bedrohung der katholischen Kirche und ihres eigenen weltweiten Geltungsanspruchs. »Verjudung« stand in dieser Wahrnehmung als Chiffre für einen Prozess der Dekatholisierung.[134] Antisemitisch zu sein war in der damaligen Zeit also kein Widerspruch zu einem katholischen Leben. Vielmehr waren Katholiken auch antisemitisch, wie es der Historiker Olaf Blaschke auf den Punkt gebracht hat, »gerade weil sie gute Katholiken sein wollten«.[135] Sie glaubten eine Welt zu verteidigen, vielleicht sogar zu retten, die sie von den Juden bedroht sahen. Dementsprechend hieß es 1898 in einem katholischen Blatt:

> »Im Kriege wider … alles Christliche und Katholische, wider den Bestand der Gesellschaft überhaupt … spielen keineswegs die Freimaurer die erste Rolle, wohl aber die Juden.«[136]

Das Zitat zeigt, wie sehr der Antisemitismus in kirchlichen Kreisen mit dem Bild von einem weiteren, ebenfalls gemeinsamen Feind verbunden war: den Freimaurern. Diese waren nicht nur aufgrund ihrer Entstehungsgeschichte während der Aufklärungszeit verdächtig, sondern auch weil man ihnen ebenso wie den Juden eine Weltverschwörung unterstellte. So erschienen sie den Kirchen als Bedrohung für deren eigene Existenz. Im Jahr 1737 hatte sich in Deutschland die erste Freimaurerloge gebildet. Schon ein Jahr später trat ihr der preußische Kronprinz und spätere König Friedrich der Große bei, der dann als sogenannter Großmeister einer Berliner Loge fungierte, wenngleich er nie ein wirklich engagierter Freimauerer sein sollte. Bis Ende des 18. Jahrhunderts entstand schließlich ein dichtes Netz von Logen in Deutschland; zahlreiche führende Vertreter aus Kultur und Politik fühlten sich zu ihnen hingezogen.

Dass der erklärte Atheist Friedrich der Große den Weg zu den Freimaurern fand, zeigt zugleich, wie unwesentlich konfessionelle Fragen für die Logen waren. Abgesehen von der Suche nach einer auf Toleranz und Achtung der Menschenwürde beruhenden Geisteshaltung, war das eine der wesentlichen Neuerungen und Verlockungen der Freimaurerbewegung. In den Logen der Freimaurer galt die Religionszugehörigkeit der Mitglieder als zweitrangig, hier kooperierten protestantische und katholische Eliten über bestehende politische und konfessionelle Grenzen hinweg. Gerade das musste auf die Kirchen und ihre Strategie der gegenseitigen Abgrenzung verdächtig und verwerflich wirken. Nun entstand ein über lange Zeit erstaunlich stabiler Mythos von einer »jüdisch-freimaurerischen Weltverschwörung«. Dabei gebärdete sich die katholische Kirche traditionell als schärfster Gegner der Freimaurerei. Seit 1738 gab es zahlreiche päpstliche Enzykliken und Bullen, in denen die Freimaurer verdammt und schließlich wegen ihrer antikirchlichen Ziele und ihrer humanistischen Weltanschauung exkommuniziert wurden.[137]

Die Vorstellung von einer Verschwörung der Freimaurer erhielt entscheidenden Auftrieb durch die Französische Revolution. Adel und Klerus machten in hohem Maße die Logen für solche und andere revolutionäre Umstürze verantwortlich; fraglos, so hieß es in einem Papier der kaiserlichen Regierung in Wien, werde »das Rad der gegenwärtigen Irrungen und Revolutionen Europas von der Bruderschaft der Freymaurer getrieben«. Diese Vorstellung wurde bald auch außerhalb klerikaler und aristokratischer Kreise populär und setzte sich in den Köpfen von Liberalen, von Rechten und Linken fest, wobei die Vorurteile gegen die Freimaurer im Verlauf des 19. Jahrhunderts immer enger mit dem sowohl traditionellen als auch dem neuen, schärferen rassistisch-politischen Antisemitismus einhergingen.[138] Dies umso mehr, als sich die Freimaurer gegenüber den Juden toleranter gaben. Im Volksaberglauben tauchten im 19. Jahrhundert abwegige Motive über die Freimaurer auf, vor allem sah man ihre Mitglieder mit dem Teufel im Bund. Freimaurer müssten bei ihrer Aufnahme dem Christentum und

Gott abschwören, sie seien unkirchlich und beteten nicht, und weil sie das Kreuz mit den Füßen träten, sei ihnen auf der Fußsohle ein Kreuzeszeichen eingebrannt, an dem man sie zweifelsfrei erkennen könne.[139]

Als sich mit Beginn des 19. Jahrhunderts der konfessionelle Konflikt in Deutschland wieder verschärfte, sahen sich auch die Freimaurer einer neuen Dimension der Exklusion und der Diffamierung gegenüber.[140] Im deutschen Kaiserreich kam es schließlich zu einer regelrechten ultramontanen Besessenheit von der angeblichen Verschwörung der Freimaurer, wobei man die Juden kurzerhand mitverdächtigte. Die Gläubigen wurden in ihrem Feindbild dabei von höchster kirchlicher Stelle unterstützt, denn die Enzyklika »Humanum Genus« hatte im Jahr 1884 die Freimaurer nicht nur eindeutig dem Reich des Satans zugeordnet, sondern sie auch als Hintermänner der gegenwärtigen Bedrohung der ganzen Kirche benannt:

> »Zu unserer Zeit scheinen sich die Übeltäter in einer gewaltigen Anstrengung verbündet zu haben, auf Betreiben und mit Hilfe einer an zahlreichen Orten verbreiteten und stark organisierten Gesellschaft, der Gesellschaft der Freimaurer.«[141]

Entweder glaubten die Katholiken, die Juden selbst stünden hinter allen Bemühungen der Freimaurer, oder sie seien deckungsgleich mit diesen – Verschwörungstheorien nehmen es nun mal grundsätzlich nicht so genau mit der klaren Analyse einer vermeintlichen Gefahr. Vor allem die Jesuiten interessierten sich für die Freimaurer, obwohl gegen sie selbst von protestantischer Seite aus mit verschwörerischen Unterstellungen agitiert wurde. Jesuiten und Freimaurer konnten somit ihrerseits in den Verdacht eines verschwörerischen Kampfes gegen die (evangelische) Kirche geraten.

Nicht weniger heftig waren die Anfeindungen kirchlicher Kreise gegenüber allen, die von der ursprünglichen reinen

Lehre abgefallen waren: all jenen konfessionellen Abspaltungen gegenüber also, die sich bei Uneinigkeit in bedeutenderen oder unbedeutenderen theologischen Fragen aufgefordert sahen, ihr Seelenheil nun selbst in die Hand zu nehmen. Sie suchten ihr Glück dann abseits ihrer Amtskirche, oft in neuen kirchlichen Strukturen – und wurden von der Mehrheitskonfession deshalb als Renegaten verfolgt. Vor allem betroffen davon war der Protestantismus in Deutschland, der ohnehin in erheblichem Maße zu internen Konflikten neigte. Hier standen sich liberale und konservative Kräfte dergestalt gegenüber, dass später davon gesprochen wurde, der deutsche Protestantismus sei eigentlich in zwei Konfessionen zerfallen: die Orthodoxie und die Liberalen. Es überwogen wohl die »Normalkonservativen«, denen die Pietisten nahestanden, obwohl diese sich in ihrer Suche nach Frömmigkeit von der Amtskirche entfernt hatten. Beiden entgegengesetzt sahen sich die Liberalen, die auch eine andere, auf Versöhnung von Wissenschaft, Kultur und Bildung abzielende Theologie vertraten. Zwischen diesen Großgruppierungen standen wiederum die »Vermittlungstheologen«.

Was rückblickend als Resultat feinsinniger Debatten gelehrter Theologen erscheint, war im protestantischen Alltag ein spürbarer Dauerkonflikt. Die Gegensätze der Richtungen wurden hart ausgetragen. Pietisten nannten die Orthodoxen schon einmal »Ungläubige«, die wiederum verspotteten jene als »Frömmler« und »Hinterwäldler«.[142] Zudem hatte im Protestantismus des 19. Jahrhunderts die Erweckungsbewegung eine Gegenposition zum religiösen Rationalismus erschaffen. Hier trafen sich fortan die besonders »Frommen«, die sich selbst als die »Stillen im Lande« bezeichneten, weil sie mit den angeblichen weltlichen Verstrickungen ihrer Landeskirchen nichts zu tun haben wollten. Zwischen sämtlichen protestantischen Gruppierungen herrschte tiefes Misstrauen, die Stabilisierung der eigenen Identität ging oft genug einher mit der Kränkung des anderen, des vermeintlich Ungläubigen. Der deutsche Protestantismus sah sich also auch zahlreichen internen Konflikten ausgesetzt, wenn es um den Kampf um den richtigen Glauben ging.

Dieser mentale Mechanismus wirkte übrigens auch bei den Katholiken. Sie waren zwar aufgrund ihrer anders gelagerten Organisationsstruktur deutlich zentralistischer geprägt. Hier konnten im Gegensatz zum Protestantismus keine Landeskirchen ihren jeweils eigenen Weg gehen. Aber auch die katholische Kirche hatte empfindliche Abspaltungen hinnehmen müssen, die zwar statistisch nicht erheblich waren, die aber um des reinen Verlustes willen schmerzten und deshalb als warnendes Beispiel eines möglichen Kirchenabfalls galten: so etwa im Fall der »Deutschkatholiken«, die sich 1844/45 von der katholischen Kirche gelöst hatten, und schließlich der Altkatholiken, die ihrer Mutterkirche nach dem Unfehlbarkeitsdogma von 1870 den Rücken kehrten. Dieser Kampf gegen die Abweichler wurde nicht nur von der Amtskirche, sondern auch vom einfachen Katholiken auf der Straße ausgetragen. Und wenn es nötig schien, bedienten katholische Priester sich auch des herrschenden Antisemitismus, um die Altkatholiken wie andere innerkatholische Störenfriede schlicht als »Judenfreunde« zu denunzieren.[143] Die Konfessionen, so die Erfahrung der Zeitgenossen nicht erst im 19. Jahrhundert, bekämpften sich eben gegenseitig, waren aber auch oft intern zerstritten. In diesem Sinne war schon Johann Wolfgang von Goethe zu einer wenig schmeichelhaften Beschreibung des deutschen Katholizismus gekommen:

> »Die Katholiken vertragen sich unter sich nicht, aber sie halten immer zusammen, wenn es gegen einen Protestanten geht. Sie sind einer Meute Hunden gleich, die sich untereinander beißen, aber, sobald sich ein Hirsch zeigt, sogleich einig sind und in Masse auf ihn los gehen.«[144]

Sowohl dem Protestantismus als auch dem Katholizismus waren die sogenannten »Sekten« verhasst. Mit diesem kämpferischen

Begriff sollten alle Abspaltungen vom eigenen Lager sowie jede andere neue religiöse Gruppierung wie etwa die Freikirchen als fanatisch denunziert und als theologische wie politische Gefahr dargestellt werden. Denn diese markierten für sie den Weg des Irrglaubens, den ausgerechnet jene beschritten, die einst zu ihnen gehört hatten. Wohl noch mehr als der Konvertit, der zur anderen Konfession wechselte, verkörperte der »Sektierer« ein Feindbild. Den Sektierern und den Sekten wurde unterstellt, die eigene Kirche letztlich zerstören zu wollen. 1930 hieß es in einer protestantischen Schrift:

> »Unsere Kirche ist die angegriffene … Es besteht eine auffallende Ähnlichkeit der heutigen kirchlichen Lage mit derjenigen des jungen Christentums. Heute wie damals steht die Kirche im Kampf mit dem Unglauben, der Massen des Volkes ergriffen hat.«[145]

Die protestantischen Freikirchen nahmen an Zahl und Bedeutung zu, 1914 zählten sie bereits 150 000 Mitglieder.[146] Da waren zunächst die traditionellen protestantischen Glaubensgemeinschaften: die Mennoniten, die Baptisten, die Methodisten sowie die Anhänger der Neuapostolischen Kirche. Viele andere Freikirchen kamen hinzu, etwa seit den 1840er-Jahren die »Altlutheraner« genannten Protestanten. Das war die Vereinigung von Lutheranern und Reformierten, die den Weg der preußischen Union nicht mitgehen wollten und die sich mit anderen Freikirchen zusammenschlossen. Auch innerhalb der reformierten Kirche bildeten sich neue Gemeinden, weil »in der bestehenden Kirche die Wahrheit nicht mehr gepredigt« werde, wie es in einer solchen Gemeinde in der Nähe von Emden hieß. Diese neuen Kirchengruppierungen schlossen sich schließlich zur Altreformierten Kirche zusammen.[147]

Allen diesen traditionellen und neuen Freikirchen war zu eigen, dass es ihnen vor allem um die Bewahrung der reinen

Lehre und der althergebrachten Formen des Gottesdienstes ging. In den Freikirchen war das kirchliche und religiöse Leben bedeutend intensiver als in den evangelischen Landeskirchen. Die Mitglieder banden sich durch einen bewussten Willensakt an ihre Kirche. Vergleicht man diese aktive Teilnahme am kirchlichen Leben mit dem in den Landeskirchen (statt wie sonst üblich die reinen Mitgliederzahlen), so kommt man zu dem Ergebnis, dass ungefähr zehn Prozent der kirchlich gebundenen Protestanten in Deutschland auch in den christlichen Freikirchen engagiert waren.[148]

Die katholische wie auch die protestantische Amtskirche reagierten gereizt auf jede Abspaltung. Diese Gereiztheit steigerte sich noch, wenn Abtrünnige aus beiden Konfessionen zueinanderfanden und fortan gemeinsam auftraten. Das geschah beispielsweise im Jahr 1859, nachdem sich die freireligiöse evangelische Strömung der sogenannten »Lichtfreunde« mit den Deutschkatholiken zum »Bund freier religiöser Gemeinden« zusammengeschlossen hatte. Weder in ihrem Namen noch in ihren Statuten bezeichnete sich diese neue Union als »christlich«. Stattdessen vereinte sie den ausdrücklichen Glauben an eine naturwissenschaftliche Weltanschauung mit einem tatkräftigen Antiklerikalismus.[149] Ehemalige Katholiken und ehemalige Protestanten fröhlich vereint im erklärten Kampf gegen ihre Kirchen – das war ein kirchlicher Albtraum.

Die Entkirchlichung, das Wachsen der als unsittlich und unchristlich gefürchteten Städte, die zunehmenden Erfolge der Sozialdemokratie, der alte und im 19. Jahrhundert neu belebte und aggressivere Hass auf die Juden, eine geradezu paranoide Furcht vor den geheimen Machenschaften der Freimaurer und schließlich die offensichtliche Zunahme der Sekten, in denen ehemalige Mitglieder der großen Kirchen nun ihr Seelenheil suchten: Alles schien auf einen dramatischen Niedergang der Kirchen hinzudeuten. Ihre Angst war nicht unbegründet, auch deshalb nahm die Heftigkeit des Kampfes auf allen Seiten zu.

Und die Mauern zwischen den Konfessionen waren höher denn je.

Die Konfessionsspaltung blieb auch mit der Auswanderung der Menschen aus den Kirchen »eine entscheidende Wirklichkeit des deutschen Lebens, des Denkens, des Selbstverständnisses«.[150] Immer mehr Deutsche verließen die Kirchen, wurden aber nicht einfach Agnostiker oder Atheisten, sondern fanden anderweitig eine neue religiöse Heimat. Außerhalb der Kirchenmauern wuchs eine neue Welt der Glaubensmöglichkeiten heran. Die ersten Experimente außerkirchlicher Religiosität waren zwar oft noch angelehnt an die alten kirchlichen Strukturen und Riten, zunehmend fühlten sich die Menschen jedoch freier und fanden in neuen Glaubensformen und -zusammenhängen einen eigenen metaphysischen Sinn. Die Suche nach dem Seelenheil traditioneller Prägung wurde immer mehr ersetzt durch die Suche nach einem Glück jenseits der traditionellen kirchlichen und religiösen Pfade. Es begann der atemberaubende Aufstieg von »Beglückungsgemeinschaften«, die den Deutschen neue und höchst attraktive Angebote unterbreiteten, wie man das Leben auf Erden mit Sinn erfüllen konnte. Und das sollte das Land verändern.

4. Der Streit geht in die Welt: Neue Beglückungsgemeinschaften

Mit der Säkularisierung hatten die Kirchen ihre Exklusivität als Ort individuellen und kollektiven metaphysischen Trosts eingebüßt. Immer mehr Menschen wandten sich von der Kirche und ihrem traditionellen Glaubensangebot ab. Doch musste das keineswegs einen vollkommenen Bruch mit dem Gewohnten bedeuten: Vielmehr nahmen diese Menschen einen großen Teil der eingeübten religiösen Verhaltenspraxis, ihrer religiösen Bedürfnisse und Heilserwartungen mit in ihre neue geistige Heimat. Säkularisierung war eben nicht nur Entkirchlichung in einem statistisch messbaren Sinn, sondern zugleich auch ein Prozess, in dem traditionelle christliche Riten und Symbole, Erlösungs- und Wertvorstellungen den eigentlichen kirchlichen Rahmen verließen und in modifizierter Form in neuen Gruppen weiterlebten.[1] Das geschah verstärkt im 19. und 20. Jahrhundert.

Auch außerhalb der Kirchen gab es fortan Festtage, Fahnen, Weihen, priesterähnliche Anführer, »Gebete«, Hymnen oder die Hoffnung auf ein Paradies. Das alles hatte nun einen festen Platz in den neuen »Beglückungsgemeinschaften«, wie jene Bewegungen hier genannt werden sollen, in denen sich Menschen zusammenfanden, die bestimmte Heilserwartungen teilten. Das konnten christliche Heilserwartungen sein, wie in den zahlreichen von den Großkirchen so genannten »Sekten«, aber auch politische, wie sie etwa der deutsche Nationalismus im 19. Jahrhundert oder der Sozialismus propagierte. Auch die

Lebensreformbewegung lässt sich als eine solche Beglückungsgemeinschaft auffassen, soweit sie ein angeblich exklusives Wissen in Bezug auf das Heil des Menschen für sich reklamierte und auf strikte Umsetzung dieser Erkenntnis in die Lebenspraxis pochte. Diese Beglückungsgemeinschaften agierten zuweilen wie Kirchen, nur unter anderen religiös-weltanschaulichen Vorzeichen. Der Historiker Thomas Nipperdey hat darauf hingewiesen, dass in dem Maße, wie sich die kirchlichen Bindungen abschwächten, die Neigung zu politischem Glauben, politischen Heilsmythen und Ersatztheologien zunahm.[2]

Die neuen Beglückungsgemeinschaften schufen letztlich keine neuen Kirchen, sie stifteten keine neuen Religionen in einem theologischen Sinn, und ebenso wenig dürfte ihr oft quasireligiöses Auftreten für ihre Entstehung und ihre Attraktivität entscheidend gewesen sein. Für die vorliegende Analyse des deutschen Glaubenskrieges ist vielmehr von Bedeutung, dass diese Beglückungsgemeinschaften vor dem Hintergrund des vorhergegangenen jahrhundertealten konfessionellen Dauerkonflikts gesehen werden müssen: Sie traten, und zwar in teils frappierend ähnlicher Weise, wie dies vorher die rivalisierenden christlichen Konfessionen getan hatten, oft auf wie religiöse Eiferer, die sich permanent der eigenen Wahrheit vergewisserten, die mit Vehemenz jeden Abweichler und »Ungläubigen« bekämpften und ihre Anhänger konsequent auf Bekenntnistreue einschworen. Und das hatte Auswirkungen auf die politische Kultur im Land.

Die Kirchen hatten als traditionelle Heilsanbieter geglaubt, sie hätten durch die Kirchenaustritte lediglich Mitglieder verloren – in Wirklichkeit hatten sie jedoch neue Konkurrenz bekommen. Und die hatte von den großen konfessionellen Konflikten gelernt und trat von Beginn an entsprechend kämpferisch auf. Das galt zuvorderst für die christlichen Abspaltungen von den Kirchen sowie für die Atheisten.

Sekten und Atheisten

Die älteste Bedrohung der Kirchen stellten in deren Wahrnehmung stets die sogenannten »Sektierer« und die Gottlosen dar. Beide schienen den reibungslosen Ablauf kirchlicher Glaubens- und Herrschaftspraxis infrage zu stellen. Die Unterscheidung zwischen Kirchen und Sekten war nicht immer wirklich trennscharf, Letztere agierten häufig noch am Rande des amtskirchlichen Lebens und waren unmittelbare Konkurrenten um das christliche Erbe. Sie drohten Gläubige oder auch Geistliche zu verunsichern oder gar abzuwerben, indem sie die Verfehlungen der alten Kirche den vermeintlich gottgewollten Neuerungen ihrer Bewegung gegenüberstellten. Die Kirchen reagierten höchst gereizt auf jedes Anzeichen einer solchen Sektenbildung, weil sie stets die latente Gefahr witterten, dass darin der Keim zu einer größeren Abspaltung liegen könne. Es mag sein, dass sowohl im Katholizismus als auch im Protestantismus die historische Erinnerung an die Reformation stets gegenwärtig war mit ihrer Botschaft: Eine Kirchenspaltung ist immer möglich. Deshalb gelte es stets den Anfängen zu wehren. Die katholische Kirche in Deutschland hatte im 19. Jahrhundert einen Kurs des rigorosen Zentralismus eingeschlagen und war gegenüber Sektenbildungen deutlich immuner als der deutsche Protestantismus, der unter zunehmender Zersplitterung litt. Innerkirchliche Strömungen konkurrierten dort miteinander, sodass der Übergang zu neuen Gemeinschaften und Sekten einfacher war. Das heißt allerdings keineswegs, dass auf protestantischer Seite die Verurteilung der Sekten weniger scharf ausgefallen wäre.

Aus heutiger Sicht mag die Aufregung der Kirchen über die Sektierer übertrieben wirken, denn immerhin war deren statistischer Anteil an der Gesamtbevölkerung vergleichsweise klein. Als bei einer Volkszählung im Jahr 1910 die Religionszugehörigkeit der Deutschen erhoben wurde, zeigte sich die dominierende Position der beiden Großkirchen: 61,6 Prozent der Menschen gehörten einer evangelischen Kirche an, 36,7 Prozent der katholischen. Die Juden machten ein Prozent der Bevölkerung aus, zu den »Sonstigen« wurden nur 0,7 Prozent gerechnet. Doch auch auf niedrigem Niveau war der Trend für die Kirchen beunruhigend. Die »Sonstigen« stellten 1925 schon 3,5 Prozent, 1933 dann fast fünf Prozent der Bevölkerung.[3] Diese Entwicklung reichte aus, um eine generelle Erosion des kirchlichen Lebens zu diagnostizieren, vor allem weil die Kirchenstatistiken belegten, dass die noch zur Kirche gerechneten Menschen längst nicht mehr selbstverständlich an den kirchlichen Riten teilnahmen. Die Bindungskraft der Kirchen ließ nach – und die offensiv gegen die Kirchen agitierenden Sekten erschienen jenen als organisierte Bedrohung.

Die Liste der Sekten war aus Sicht der Kirchen lang. Ein evangelisches Handbuch aus der Zeit der Weimarer Republik dokumentiert eine Aufzählung von sektiererischen Gruppierungen, die vor allem dem Protestantismus entstammten. Dazu zählten unter anderen die Adventisten, die »ernsten Bibelforscher« und die Neuapostolische Gemeinde, die Pfingstbewegung und die Mormonen. Mit diesen Gruppen musste sich der Protestantismus auch deshalb auseinandersetzen, weil sie mit Martin Luther und der Reformation ebenfalls das historische Erbe des evangelischen Deutschland für sich beanspruchten. So war für die Adventisten, die sich auch durch das Ausbleiben des von ihnen für 1833/34 prophezeiten Weltendes nicht irritieren ließen, die Wiederkunft Christi nicht nur eine konkrete Erwartung, sie begründeten ihren Glauben auch ausdrücklich mit dem Anspruch, dass ihre Bewegung die Fortsetzung und Vollendung des Reformationswerks Martin Luthers sei.

Zahlreiche der neuen Glaubensgemeinschaften waren geprägt von autoritär geprägten Anführern, die den Sehnsüchten und Erwartungen vieler Menschen dadurch entgegenkamen, dass sie selbst als Garanten des Heils auftraten. Mit ihrer Sicherheit und ihrem persönlichen Auftreten, ihrer Überzeugungskraft und Rhetorik sowie unerschütterlichen Bekenntnistreue gegenüber der Übermacht der Andersgläubigen wurden sie zu modernen Aposteln. Dass gerade dieser absolutistische Anspruch häufig zu Spaltungen der Gemeinschaften führte, musste da in Kauf genommen werden.[4] Die neuen Religionsführer nötigten aber sogar den angefeindeten Kirchen Respekt ab, weil sie es oft verstanden, ihre Gemeinden in einem erstaunlichen Maße zu einer schlagkräftigen Glaubensgemeinschaft zusammenzuschweißen. Doch ihr Rigorismus verschreckte zuweilen die Amtskirchen; das erwähnte evangelische Handbuch zeichnet ein Schreckensbild moderner Sektenstifter:

> »Vor allem eine Überschätzung des eigenen Ich, das sich im Bewußtsein höherer Sendung aus der Umgebung heraushebt. Diese pathologische Einschätzung der eigenen Person sucht nicht vergebens nach einer Beglaubigung durch besondere ›Offenbarungen‹. Und diese wiederum erhalten ihre ›Begründung‹ durch die Bibel. Ist das gelungen, so hat der Sektenstifter seine Beglaubigung, er ist legitimiert. Nun kann er ans Werk gehen. Er tut das mit einer leidenschaftlichen Zähigkeit, die eine bestimmte, fixe Idee starr und rücksichtslos verfolgt.«[5]

Die diagnostizierte Rücksichtslosigkeit spiegelte lediglich wider, wie sehr sich die Amtskirche verletzt fühlte, die ja durch jede Sektengründung an ihren Rändern in ihrer Existenz grundsätzlich infrage gestellt wurde. Würde die Kirche noch den Weg der Wahrheit gehen, so die Logik der Abweichler, bräuchte es auch keine Abspaltung. Die »fixe Idee« der Sekten, verbunden mit dem Anspruch auf eine neue Wahrheit, entsprach im Grunde nur der »fixen Idee« der Amtskirchen, dass ihre althergebrachte Wahrheit die einzig selig machende sei. Und dass der gläubige Kirchenbesucher sich streng von den Anhängern der neuen Sekten abgrenzte und deren »Glauben« verdammte, verstand sich für die Kirchenführer von selbst. Was den eigenen Gläubigen recht war, durfte den Anhängern der Sekten nach Meinung der Amtskirchen jedoch keineswegs billig sein. Sie seien schließlich dogmatisch und ausgrenzend, so der Vorwurf:

> »Das sind Menschen, die mit gedankenloser Kritiksucht sich gegen das bestehende Kirchenwesen auflehnen, oft aus kleinlichen persönlichen Gründen. … So kritisch sie gegen Kirche und Pfarrer sind, so kritiklos erliegen sie in leichtfertigem Vertrauen dem als Laienprediger auftretenden Sektenstifter. … Je enger sie sich dann mit ihresgleichen zusammenschließen, um so schroffer schließen sie sich gegen Andersdenkende ab.«[6]

Dieses Urteil einte die katholische wie die protestantische Kirche auch bei ihrer Kritik an der bis zum Ende der Weimarer Republik zur größten neuen christlichen Sekte herangewachsenen Bewegung, von der sie sich tatsächlich bedroht fühlen konnten. Die Rede ist vom Religionsstifter Joseph Weißenberg. Geboren 1855 als Kind armer Leute in Schlesien, glaubte er früh an sich die Fähigkeit zum Hellsehen und zur Heilung Kranker entdeckt zu haben. Er praktizierte schließlich als Heilmagnetiseur in Berlin. Der Zulauf war groß, auch weil Weißenberg ein neues religiöses Angebot machte. Seine in der Öffentlichkeit bald spektakulären (tatsächlichen oder vermeintlichen) Heilerfolge führte er auf seine besonderen Fähigkeiten auf geistigem und religiösem Gebiet zurück. Gott selbst habe ihn mit der Fähigkeit ausgestattet, Krankheiten zu besiegen.[7]

Katholisch aufgewachsen, konvertierte Weißenberg nach heftigen Attacken gegen Kirche und Papst schließlich als Erwachsener zum Protestantismus. Er trat aber schließlich auch aus dieser Kirche aus und gründete die »Christliche Vereinigung ernster Forscher von diesseits und jenseits, wahrer Anhänger der christlichen Kirche«. Daraus entstand schließlich 1926 die »Evangelisch-Johannische Kirche nach der Offenbarung St. Johannes«, bis 1932 sollten ihr mehr als 200 000 Mitglieder angehören.[8] Es gab auch Anhänger, die von dieser neuen Kirche nicht nur die Rettung des Abendlandes im Allgemeinen, sondern auch den Untergang traditioneller Feinde wie der Freimauerer und Jesuiten erwarteten.[9]

Weißenberg gründete südlich von Berlin eine eigene Siedlung, die unter der Bezeichnung »Friedensstadt« ein neues Jerusalem auf Erden sein sollte. Er verkündete das »wahre« Evangelium, predigte von im Jenseits lebenden Seelen, die sich mit ihren guten wie bösen Absichten immer wieder in das irdische Leben einmischten, und bezeichnete sich schließlich selbst als wiedergeborenen Christus.[10] Für seine Anhänger war er damit zum Erlöser geworden, einem Erlöser, der gleichermaßen ein katholisches wie ein spezifisch reformatorisches Erbe für sich beanspruchte, wie ein zeitgenössischer Beobachter bemerkte:

> »Bei den Reformationsfesten, die jedes Jahr von der Gemeinde vielerorts in überfüllten Sälen abgehalten werden, meldet sich auch gewöhnlich der Geist Martin Luthers, der durch ein Medium sprechend bekundet, daß Weißenberg der neue Heiland sei, der das wahre Christentum auf Erden verwirklichen werde.«[11]

Durch die Gleichsetzung ihres Anführers mit Christus grenzte sich die neue Heilsgemeinschaft in letzter Instanz von den bestehenden christlichen Kirchen ab, wurde aber wegen dieser Selbststilisierung ihres Anführers heftig attackiert. Gerade für die Protestanten waren irgendwelche Geisterscheinungen Martin Luthers nicht hinnehmbar. Stellvertretend für die harsche Kritik aus kirchlichen Kreisen hieß es in einer protestantischen Schrift:

»Im Treiben dieses falschen Propheten offenbart sich die Macht der Finsternis, tut sich das Geheimnis der Bosheit kund. … In der Weißenbergtragödie handelt es sich nicht nur um eine Irrlehre, sondern um eine dämonische Macht, die unheimliche Willensbindungen bei den armen betörten Opfern wirkt.«[12]

Joseph Weißenberg und seine Kirche standen in diesen Jahrzehnten keineswegs isoliert da, sondern waren fester Bestandteil im religiösen Spektrum des Okkultismus wie Protestantismus. Diese Kirche gehörte zu den vielen »Endzeitsekten«, die das Land bevölkerten, die Adventisten zählten ebenso dazu wie die neuapostolischen Kirchen. Sie alle grenzten sich nach außen hermetisch ab, man feierte zusammen, man heiratete untereinander und tätigte seine Einkäufe möglichst nur in den Geschäften von »Brüdern« und »Schwestern«.[13] Aggressiv war die Abgrenzung vor allem der neuapostolischen gegenüber der protestantischen Kirche. Auch ihr Anführer, der Bahnbeamte Fritz Krebs, ließ sich als der fleischgewordene Christus verehren. Immerhin 21 000 Anhänger zählte diese Sekte bereits 1890, bis 1925 waren es fast 140 000.[14]

In ihren gegenseitigen Angriffen agierten Sekten und traditionelle Kirchen ähnlich rigoros, indem sie die andere Seite als Nichtwissende und Ungläubige bezeichneten. Das konnten sie in dem Maße machen, in dem sie sich ihrer eigenen Wahrheit immer sicherer wurden. Für die neuen Gruppierungen war dies die Gewissheit, in einer neuen Zeit die einzig mögliche Modernisierung des Christentums zu verkörpern, womöglich (wie beispielsweise bei Joseph Weißenberg) sogar einen wiedergeborenen Christus als neuen Führer hervorgebracht und somit die dunklen Zeiten der Kirchengeschichte endlich überwunden zu haben. Dazu gehörte bei auffallend vielen Gruppierungen übrigens auch die Vorstellung, durch ihre Existenz auch endlich die unselige Glaubensspaltung in Deutschland zu überwinden. Eine

Trennung in Katholiken und Protestanten war für sie unsinnig und stellte in ihren Augen nur eine unnötige und unchristliche Schwächung des Christentums dar. Eine Haltung übrigens, der sich vielleicht auch gewisse kirchliche Kreise der beiden Hauptkonfessionen still und heimlich anschließen mochten, denen jedoch der Weg zu einer Überwindung der Spaltung aufgrund der organisatorischen Verkrustungen längst verbaut war.

Die Bandbreite von Freikirchlern, Freireligiösen und Sektierern wurde noch erweitert durch die Anhänger neuer »Bildungsreligionen«. Sie wollten dem von ihnen empfundenen Glaubwürdigkeitsdefizit des überlieferten Kirchenglaubens durch eine weltanschauliche Orientierung an den deutschen »Klassikern« begegnen. Lessing, Goethe, Schiller und später auch Hölderlin waren die »Propheten« dieser Bewegung, die schließlich Umrisse einer neuen Religion und Kirche annahm. Einige Anhänger dieser neuen Ideen brauchten nicht aus der Kirche auszutreten, weil sie lediglich die Erneuerung des »alten« Glaubens erhofften; andere indes gingen weiter und wollten die Grundlage für eine neue Religion schaffen.[15] Vor allem der Protestantismus war empfänglich für diese neuen Angebote, die sich bald mit nationalen Tönen mischten und von einer spezifisch deutschen Religion der Zukunft sprachen.

Besonders prominent wurde der Goethe- und Schillerkult. Friedrich Schiller wurde vor allem als Anwalt einer »deutschen Freiheit« verehrt, und Johann Wolfgang von Goethe galt in nationalen und liberalen Kreisen als Inkarnation des Deutschen schlechthin, als Symbolgestalt deutschen Wesens und selbstverständlich deutscher Kultur. Das Trennende zwischen den beiden wurde dabei zunehmend in den Hintergrund gedrängt, bis sie wie eine Zwillingsfigur deutscher Geistesgeschichte erschienen. Gemeinsam wurden sie schließlich als die größten deutschen Dichter überhaupt glorifiziert, denen man 1859 ein Doppeldenkmal in Weimar errichtete. Vor allem um Goethe entstand ein regelrechter Kult mit sakralem Grundton: Es gelte die Wahrheit, die Güte und die Schönheit seiner Werke zu erkennen und ein Leben in seinem Geiste zu leben. Es gab ein Goethe-Brevier, *Mit Goethe durch das Jahr*, das mit Sprüchen und Sentenzen für jeden Tag im Jahr das richtige Wort fand, Geburts- und Todestag des Dichters wurden gemeinsam gefeiert und religiös aufgeladen. Der *Faust* galt geradezu als Bibel und Abbild des modernen Menschen und seine Lyrik als Ausdruck einer neuen »Weltfrömmigkeit«. Zwar waren nie mehr als 4000 Menschen auf einmal in der Goethe-Gesellschaft organisiert, doch die Goetheaner prägten weite Teile des deutschen Bildungsbürgertums. Als Lehrer oder Professoren waren sie klassische Multiplikatoren und wirkten mit ihrer Verehrung für den Meister tief in die deutsche Gesellschaft hinein. An diesem Kult beteiligten sich übrigens auch lebensreformerische und freigeistliche Gruppierungen wie etwa Rudolf Steiners Anthroposophen, die ebenfalls von einer tiefen Goethe-Verehrung geprägt waren.[16]

Auf protestantischer Seite gab es sogar Pfarrer, die von diesem Kult ergriffen wurden. Von einem Bremer Pastor ist überliefert, dass er Goethe-Predigten veröffentlichte und dass für ihn nicht mehr Paulus und Luther, sondern die deutschen Klassiker die Leitfiguren auf dem Weg zu einem neuen Christusverständnis waren.[17] Auf katholischer Seite gab man sich deutlich zurückhaltender bis kritisch. Gerade der des Atheismus verdächtigte Goethe sollte für die Katholiken keineswegs zu einem neuen Vorbild werden, seiner Literatur konnten die »Wächter des Glaubens« wenig Gutes abgewinnen. Scharfzüngige katholische Kreise – in diesem Fall ein jesuitischer Autor – verdammten die neuen Götter dieser bildungsbeflissenen und kirchenkritischen Menschen:

> »Was den Geist des christlichen Lebens ferner verwüstet, ist die heidnische, gottlose und weichlüsterne Literatur unserer Zeit, die überall als ›nationale Bildung‹ sich herandrängt. Diese nationale Bildung mit all ihren Romanen-, Novellen-

und Dramenschreibern, Natur- und Religionsphilosophen und sogenannten großen Classikern ist im großen Ganzen nichts als Religionsspötterei und Geschlechtsliebe. Das hat unserer Literatur nicht unbeträchtlichen Theils der Altmeister Göthe angethan, dieser Verächter des Mannes und der Vergötterer des Weibes.«[18]

Eine ähnliche Verehrung wie für Schiller und Goethe entwickelte sich auch für die Philosophen Arthur Schopenhauer und Friedrich Nietzsche sowie für den Komponisten Richard Wagner. Hier ging es allerdings nicht mehr um den Idealismus der Goethe-Zeit, sondern hier fand die pessimistische Grundstimmung bürgerlicher Schichten ihren Ausdruck. Heftiger als alle anderen formulierte Nietzsche die radikale Kritik am Christentum, und er tat dies in einer Sprache und Vehemenz, die für das Publikum atemberaubend war:

> »Ich heiße das Christentum den Einen großen Fluch, die Eine große innerlichste Verdorbenheit, den Einen großen Instinkt der Rache, dem kein Mittel giftig, heimlich, unterirdisch, klein genug ist, – ich heiße es den Einen unsterblichen Schandfleck der Menschheit.«[19]

Doch aus dieser schonungslosen Abrechnung mit dem Christentum erwuchs nicht das Ideal eines Lebens fernab des Glaubens, sondern eben wieder ein neuer Glaube. Aus der Kritik dieser Frömmigkeit entstand selbst eine neue Frömmigkeit der Gottlosigkeit, der Kult einer neuen Ehrlichkeit und Aufrichtigkeit, eines neuen Wahrheitsdrangs und des heroischen Mutes. Die radikale Religionskritik mündete in einen neuen religiösen Mythos von einem »neuen Menschen«, der sich nun selbst zum Gott erheben sollte – mit einem Willen zur Macht anstelle des Dienstes an den Schwachen, mit einem Kult des Schönen, Gesunden, der Stärke und des Heldenmuts, letztlich des Übermenschen.[20]

Bereits zu Lebzeiten des Philosophen nahm der sich etablierende Nietzsche-Kult religiöse Züge an, die sich nicht mehr durch die reine Bewunderung der Schriften des brillant formulierenden Philosophen rechtfertigen ließen. Allerdings zeigten sich schon zu diesem Zeitpunkt Differenzen zwischen dem Inhalt seiner Schriften und den Ambitionen seiner Verehrer. Gleichwohl wurde Friedrich Nietzsche immer wieder zum Propheten einer neuen Gesellschaft, zum Führer einer neuen, wenngleich noch unbekannten Zukunft erhoben. So entstand eine Form eines quasireligiösen Kults ohne eine wirklich klare weltanschauliche Konzeption – und die Anhänger waren (anders als dies beispielsweise bei den Goetheanern der Fall war) untereinander extrem zerstritten. Aber vielleicht gerade wegen dieser Bandbreite von Wahrnehmung und Aneignung boten Nietzsche und der mit ihm verbundene Kultus eines neuen Menschentums ein Angebot gleichermaßen für Christen und Juden, für Sozialisten, Liberale und Konservative, für Antisemiten und später für Nationalsozialisten. Nietzsches Gedanken wirkten, so hat es Lucian Hölscher genannt, »geradezu wie eine Lizenz zur Erschaffung neuer religiöser Mythen«.[21]

Die wichtigste Konfliktlinie verlief seit dem Ausgang des 19. Jahrhunderts zwischen den Lagern von Christen und Atheisten. Jetzt gab es immer zahlreicher Menschen, die mehr oder weniger offen zugaben, dass sie an keinen Gott glaubten. Was eigentlich genau ein Atheist sei, darüber gingen die Meinungen oft auseinander – auch weil die Bezeichnung selbst eine Fremdbezeichnung ist. Der Vorwurf des »Gottesleugners«, des »Gottlosen« und des »Ungläubigen« war lange ein fester Bestandteil des konfessionellen Streites. Im 19. Jahrhundert gingen mit der Entkirchlichung neue Dimensionen dieses Phänomens einher, mit mannigfaltigen Herausforderungen an den Gottesglauben in Form von modernen Wissenschaften, Naturalismus, Positivismus, Materialismus ebenso wie etwa Marxismus oder später Nietzsches Nihilismus. Für viele strenggläubige Christen galt es schon als atheistisch, an Gott nicht als Person zu glauben. Die Schärfe der Verurteilung war keineswegs dem Katholizismus vorbehalten. Auch im Protestantismus und sogar in liberalen und unkirchlichen Teilen der Gesellschaft wurde der praktizierende »gottlose« Mensch als verachtenswerte, unmoralische Figur denunziert.[22]

Kritik an den Kirchen und Zweifel an der Existenz Gottes hatte es schon früher gegeben. Johann Wolfgang von Goethe hatte dabei als Nichtchrist besonders nachhaltig auf das Bürgertum gewirkt: Er hatte in seinen Schriften das Ziel und das Leben anders bestimmt als die Kirchen, für ihn ging es nicht um die Erfüllung göttlicher Gesetze oder dessen, was die Kirche dafür ausgab, sondern um die Entfaltung der Persönlichkeit, um das Forschen, das Streben und Schaffen und um die nützliche Tätigkeit. Seit Goethe gab es für den Gebildeten eben mehr als die Offenbarung der Bibel, nämlich eine eigene und eine fremde Humanität. Das Christentum hatte demnach zwar durchaus seine Verdienste, wurde aber entscheidend relativiert, weil es nicht mehr als der Schlüssel zum Leben galt. Deshalb sollte die Kirche ihre Aufdringlichkeit und ihren Ausschließlichkeitsanspruch aufgeben, allein über das Leben zu bestimmen. In dieser Intensität und Wirkung waren Goethes Gedanken fraglos eine geisteswissenschaftliche Revolution.[23]

> »Die Geschichte des guten Jesu hab ich nun so satt, daß ich sie von keinem als allenfalls von ihm selbst hören möchte.«[24]

Auch die Atheisten des 19. Jahrhunderts vereinten in sich einerseits die Erleichterung, sich auch persönlich vom Joch des Gottesglaubens und den Zumutungen der Kirche befreit zu haben, andererseits das Gefühl, in einer jahrhundertlangen Geschichte der Verfolgung zu stehen. Der Jenaer Zoologe Ernst Haeckel sah sich und seine Mitstreiter als solch ein Opfer einer gewaltbereiten christlichen Kirche:

»Während des ganzen Mittelalters, unter der blutigen Thyrannei des Papismus, wurde der Atheismus als die entsetzlichste Form der Weltanschauung mit Feuer und Schwert verfolgt. Da der ›Gottlose‹ im Evangelium mit dem ›Bösen‹ schlechtweg identifiziert und ihm im ewigen Leben die Höllenstrafe der ewigen Verdammnis angedroht wird, ist es begreiflich, daß jeder gute Christ selbst den entfernten Verdacht des Atheismus ängstlich mied. Leider besteht auch heute noch diese Auffassung in weiten Kreisen fort.«[25]

Haeckel machte den Darwinismus in Deutschland besonders populär. Charles Darwins Evolutionstheorie hatte die herrschende christliche Vorstellung von der Schöpfung widerlegt. Auch wenn sich diese Einsicht nicht sofort durchsetzte, waren die grundlegenden Zweifel doch in der Welt. Haeckel beließ es nicht dabei, Darwins Erkenntnisse nur zu propagieren, sondern er schuf darauf basierend seine eigene Weltanschauung, die er »Monismus« nannte. Sein Buch über *Die Welträtsel*, in dem er eine naturwissenschaftliche Weltanschauung mit der Vorstellung einer moralischen Vervollkommnung durch die Evolution kombinierte, wurde zu einem Bestseller. Haeckel verhalf mit seiner Publizistik der Evolutionslehre in Deutschland zum Durchbruch, doch die Naturwissenschaften folgten nicht seinem Weg, ihre Prinzipien zu einer eigenständigen monistisch-evolutionären Weltanschauung zu erheben.[26] Bei Haeckel und zahlreichen seiner Anhänger wurde der antireligiöse Monismus selbst wieder zu einer Art Gegenreligion.[27] Schließlich erschienen sogar halbmonatlich »monistische Sonntagspredigten«, die als Beilage der Vereinszeitschrift vertrieben wurden. Sie sollten, wie es schon der Titel versprach, den monistischen Freidenkern in der Tradition der kirchlichen Predigt Erläuterung und Stärkung des eigenen Glaubens bieten.[28] Hier war auch der Ort für Spott auf die Kirchen und ihre Gläubigen, die in ihrer »abergläubischen« Tradition nicht von der biblischen

Schöpfungsgeschichte lassen wollten, obwohl die moderne Wissenschaft diese doch deutlich widerlegt habe:

> »So ist auch die biblische Schöpfungsgeschichte und sind ihre ins Moderne übersetzten symbolischen Deutungen nichts als derartige atavistische Überreste aus einer Periode höchst unvollkommenen und primitiven Denkens. Und von irgendeiner ernsthaften und sachlichen Diskussion dieser Schöpfungsgeschichte gegenüber dem Forum der Wissenschaften kann überall nicht die Rede sein, da sie eben keinen Bericht über Erfahrung und kontrollierbare Tatsachen, sondern unkontrollierbare Phantasien primitiver Priester enthalten.«[29]

Organisatorisch wirkte Haeckel 1906 mit der Gründung des »Deutschen Monistenbundes« auf das mentale Klima der deutschen Gesellschaft ein. Zwar zählte der Bund nie mehr als einige tausend Mitglieder, doch Aufmerksamkeit bescherte ihm immer wieder der Beitrag bekannter Zeitgenossen, die sich den monistischen Freidenkern anschlossen. Besonders die Forderung nach bekenntnisfreiem Moralunterricht an den Schulen führte zwischen Anhängern und entschiedenen Gegnern des Monismus zu erheblichen Konfrontationen. Auch die penible Dokumentation der Kirchenaustritte sorgte in den religiösen Lagern für erhebliche Verstimmung. Ein eigenes Komitee »Konfessionslos« berichtete in der Zeitschrift des Monistenbundes über die Fortschritte seiner Arbeit, wobei die Schärfe der Auseinandersetzung mit den Kirchen deutlich spürbar war und sein sollte. Seine Arbeit verstand das Komitee als »Waffengang«, und um den angeblichen Niedergang der alten Institution zu untermauern, zählten Mitglieder des Komitees in Berlin und anderen Großstädten selbst die Kirchenbesucher. Bei solchen Gelegenheiten kam wunschgemäß zum Ausdruck, dass die Krise der Kirchen viel gravierender sei, als diese zugeben würden: In Preußen etwa führe die evangelische Landeskirche »nur noch ein Scheinleben«, und auch die katholischen Kirchen würden eigentlich nur noch von Frauen, Kindern und alten Männern besucht. Das Komitee »Konfessionslos« zeigte sich kämpferisch gegenüber den Kirchen, besonders weil es sich seiner historisch-missionarischen Aufgabe bewusst war. Es sei offensichtlich, so hieß es in einer Verlautbarung aus dem Jahr 1913, »daß die Kirchenaustrittsbewegung den Kampf um Sein oder Nichtsein der Kirche einleitet«.[30]

Es häuften sich die atheistischen Schriften, deren Ton schärfer nicht mehr sein konnte. Als der heute weithin vergessene Schriftsteller Hanns Floerke 1909 ein Buch über *Das Kirchentum, die Haltlosigkeit seiner Ansprüche und seine Gefahren* vorlegte, machte er schon im Vorwort deutlich, dass es hier aus Sicht des Atheisten niemals um Verständigung, sondern nur um Kampf – und deshalb letztlich nur um Sieg oder Niederlage – gehen könne. Seine Sprache ist dementsprechend die Sprache eines Krieges:

> »Es liegt nicht in der Absicht dieser Schrift, gegen religiöse Vorstellungen zu polemisieren, – das wäre ein sinnloses Beginnen. Ihr Zweck ist jedoch, für weitere Kreise die Waffen zusammenzutragen zu dem immer notwendiger werdenden Kampfe gegen die Kirche. … Es wird dieser Schrift nicht gelingen, der Schlange den Kopf zu zertreten, aber sie will wenigstens dazu helfen, daß es später einmal gelinge.«[31]

Die Glaubenswelt schien im ausgehenden 19. Jahrhundert endgültig zerfallen zu sein: Die alten Kirchen waren verfangen in ihrem alten Grundgegensatz und dem konfessionellen Hader, der im Kaiserreich einen neuen Höhepunkt erreicht hatte, als Katholikenfresser und Protestantenfresser aufeinander losgingen und sogar der Staat im Kulturkampf brachial gegen die katholische Kirche und ihr neues Selbstbewusstsein vorging. Neue Erschütterungen brachten die Kirchenauswanderung und die zahlreichen Sekten, die zunächst dem zersplitterten deutschen Protestantismus zusetzten, aber auch von katholischer Seite als Gefahr gesehen wurden. Der keineswegs einheitlich agierende Atheismus, der gegenüber den Kirchen zuweilen ebenso aggressiv auftrat wie diese gegenüber ihm, tat ein Übriges, um das Gefühl der Bedrohung zu verstärken und den Ton zu verschärfen. Die Anhänger von alten und neuen Glaubensangeboten standen einander unversöhnlich gegenüber. Sie hatten die Welt in Richtig und Falsch unterteilt, die Menschen in Gläubige und Ungläubige, in Wissende und Verirrte.

Auffallend ist die Neigung, sich in seinem »alten« oder »neuen« Glauben dem Andersgläubigen moralisch überlegen zu fühlen. Diese moralische Überlegenheit, die sich im Verhältnis zwischen den Anhängern der Sekten und den Mitgliedern der Amtskirchen zeigte, fand sich allerdings noch stärker ausgeprägt in jenen Beglückungsgemeinschaften, die sich einer diesseitigen Reform des Lebens verschrieben hatten …

Das Leben und seine Reform

Ab Ende des 19. Jahrhunderts wurde in Deutschland eine neue Bewegung populär, die einen radikalen gesellschaftlich-weltanschaulichen Gegenentwurf zu der von ihr als krisenhaft empfundenen Moderne mit ihrer zunehmenden Industrialisierung und Urbanisierung präsentierte. Die Rede ist von der Lebensreformbewegung. Es war eine bunte Gesellschaft, die sich da mit neuen Ideen auf den Weg machte, um über eine Verhaltensänderung der Einzelnen die Gesellschaft zu »gesunden«, wie es oft genug hieß. Vegetarier und Antialkoholiker gehörten dazu, Anhänger der Reformhaus-Bewegung, Freunde der Nacktkultur, Naturheilkundler und Bodenreformer. Historisch waren sie die Gründungsväter und -mütter der heutigen Gesundheitsbewegung, wo Reformhäuser, biologisch angebautes Obst und Gemüse, maßvoller Fleischkonsum und Kleidung aus Naturmaterialien selbstverständlich geworden sind.

Um die Wende zum 20. Jahrhundert waren die Lebensreformer noch etwas Besonderes, auch wenn sie immer mehr Zulauf erhielten. Sie alle verband bei durchaus bestehenden Differenzen hinsichtlich des jeweiligen Reformprogramms der Glaube, dass die Lebensweise des Einzelnen reformiert werden müsse, um die Gesellschaft in einen vermeintlich »besseren« Zustand zu überführen.[32] Lebensreform hieß für ihre Anhänger immer zugleich Gesellschaftsveränderung, der Anspruch war von Beginn an immens. Und damit wurde die Lebensreformbewegung zum Antreiber einer gesellschaftlichen Diskussion über das richtige Leben und eine bessere irdische Welt. Mit ihren neuen Glaubensbekenntnissen und Heilserwartungen wurde sie zugleich zum Konkurrenten der Kirchen mit ihrem traditionellen Glaubensangebot.

Eine wichtige Fraktion der Lebensreformer bildeten die Vegetarier, die aus unterschiedlichen Gründen den Verzicht auf Fleischkonsum propagierten. Wilhelm Zimmermann, der vor allem als Vermittler der schon älteren angelsächsischen vegetarischen Tradition fungierte, veröffentlichte 1844 sein viel beachtetes Buch zur neuen Lebensform unter dem Titel *Weg zum Paradies*.[33] Es ging also um mehr als nur um individuelle Essgewohnheiten, nämlich ums große Ganze, um den richtigen Weg in eine wahrhaft menschliche Welt, in die beste aller möglichen Welten. Es war die Botschaft einer diesseitsgerichteten Religion, dass man das Paradies auf Erden (und also noch zu Lebzeiten!) finde, wenn man nur zu den Lebensreformern konvertierte und ihren Ideen und Anführern folgte.

Durch eigenes Wissen und Verhalten sollten auch andere zu einer Änderung ihres Lebens bewegt werden. Spätere Beobachter haben darin gewisse Parallelen zum Pietismus diagnostiziert: Auch diesen zeichne ein ähnlicher Veränderungswille aus, der die Erweckung des Einzelnen und die Änderung seines Bewusstseins und seines Verhaltens zur Voraussetzung dafür mache, dass sich die Gesellschaft als Ganzes reformiere.[34] Auch die Vegetarier wähnten sich im Besitz einer, nämlich ihrer Wahrheit, auch sie stritten sich intern heftig und gerieten vor allem mit der Außenwelt in Konflikt, die sie unbedingt nach ihren Vorstellungen reformieren wollten. Das hatte auch missionarische Züge.

> »Was ist Vegetarismus?
> Bruch mit dem Hergebrachten, Ablegung uralter schädlicher Lebensgewohnheiten, Wiedergeburt, neues Leben. … Nur durch den Vegetarismus gelangt der Mensch zum Einklang von Empfinden, Denken und Handeln, der unerlässlichen Vorbedingung inneren Friedens; nur in der Harmonie liegt die Vollkommenheit.«[35]

Der Grad des missionarischen Eifers hing ab von der jeweiligen Motivation zu einem vegetarischen Leben. Der deutsche Vegetarismus kannte eine ernährungsphysiologische, eine ökonomische und eine ethische Begründung für den Fleischverzicht. Während ökonomisch vergleichsweise nüchtern die Bedeutung der Nahrungsmittelbeschaffung für die soziale Frage debattiert wurde, öffneten die Überlegungen zur ethisch begründeten Ernährungsumstellung Raum für grundlegende Fragen. Das richtige sittliche Verhalten und das »Gewissen« spielten dabei die entscheidende Rolle, sodann das Tötungsverbot, das eben auch für Tiere gelte, sowie die ebenso erstrebenswerte wie unkonkrete Vorstellung von einem Leben im Einklang mit Gott und der Natur. An diesem Punkt versuchten christlich geprägte Vegetarier, die Ethik des Fleischverzichts mit neuen religiösen Vorstellungen zu verbinden. Zuweilen priesen sie den Vegetarismus als die wahre Religion, nämlich als die »Religion der Tat«. Ein maßgeblicher Vertreter dieser Bewegung sprach von einer »inneren Haltung«, mit der die fleischlose Ernährung praktiziert werden müsse und die erst »das innere Gnadenleben, die religiöse Lebensführung«, ermöglichen würde.[36] Der Vegetarier Hans Paasche verknüpfte 1924 beispielhaft diese Idee einer neuen Lebensführung mit dem Christentum:

> »Wer aber die Zukunft aufbauen … will, der kann an der Lebensreform nicht vorbei. Tiefer aufgefaßt heißt das: Kein Christentum ohne Lebensreform, keine Lebensreform ohne Christentum.«[37]

Viele der ursprünglich oder weiterhin religiös gebundenen Vegetarier zeichneten sich dadurch aus, dass sie ihre Kirche inzwischen verlassen oder sich konkurrierenden, neuen konfessionellen Gruppen angeschlossen hatten. Innerhalb des Vegetarismus setzten sie sich zumeist grundsätzlich für das Prinzip des religiösen Individualismus und der Gewissensfreiheit ein. Der Anspruch auf Vielfalt nach innen fand indes immer dann seine Grenzen, wenn die lebensreformerische Idee durch abweichende Meinungen gefährdet schien. So reagierten deutsche Vegetarier zu Beginn des 20. Jahrhunderts heftig auf Versuche einer vegetarischen Sekte aus den USA, Mitglieder aus dem deutschen vegetarischen Milieu abzuwerben. Als »gefährliche Schmarotzer« wurden die konkurrierenden Vegetarier verunglimpft und für ihre versuchte Proselytenmacherei kritisiert.[38] Hier erinnern die Reaktionen der vegetarischen Bewegung nicht zufällig an diejenigen der Kirchen auf das Auftreten und Erstarken christlicher Sekten.

Die deutsche vegetarische Bewegung war allerdings nicht einheitlich organisiert. In Abgrenzung zum 1867 gegründeten »Verein für natürliche Lebensweise« sammelten sich beispielsweise 1879 vor allem Studenten im »Deutschen Akademischen Verein für harmonische Lebensweise«. Die jungen Leute warfen dem bisherigen Verein vor, konservativ und erstarrt zu sein. Dafür ernteten sie Kritik, was die Studenten wiederum als Beschimpfung werteten und was die Zweiteilung der vegetarischen Bewegung zementierte. Nach zwischenzeitlich erfolglosen Fusionsbemühungen wurde schließlich 1892 der gemeinsame »Deutsche Vegetarier-Bund« gegründet. Der brachte es bis zum Jahr 1908 auf 36 Lokalvereine in 28 deutschen Städten, in denen aber bis zum Ersten Weltkrieg wohl nicht mehr als rund 1000 Menschen organisiert waren.[39] Die geringe Zahl der organisierten Vegetarier darf jedoch nicht darüber hinwegtäuschen, wie sehr die Diskussion um fleischlose Ernährung zu einem öffentlichen Thema wurde. In den großen Städten öffneten vegetarische Restaurants, Reformhäuser hielten »Fleisch-Ersatz« bereit, eine Vielzahl von vegetarischen Kochbüchern fand zuweilen zahlreiche Auflagen.

Aber nicht nur in »Vegetarier-Heimen« waren die Anhänger dieser Reformidee unter sich, sondern auch in eigenen Kolonien. Die berühmteste befand sich auf einem Hügel in der Nähe von Ascona. Aus kleinen Anfängen im Jahr 1900 mit einer Gruppe von fünf Aussteigern hatte sich dort bald ein international bekannter Ort der Zuflucht vor der Welt etabliert, der als »Monte Verità« (»Berg der Wahrheit«) den Weg in ein neues Leben weisen sollte. Mit dem Vegetarismus vermengten sich hier eigentlich sämtliche Reformbestrebungen der Zeit: Eurythmie, Nacktkörperkultur, freie Ehe und Sexualität, Psychoanalyse, Erziehungs- und sogar Rechtschreibreform. Bald schon sollte der Monte Verità zur Künstlerkolonie werden, zu der (und zum angeschlossenen Sanatorium) in Scharen Dichter, Maler und Tänzer wie Erich Mühsam, Emil Ludwig, Else Lasker-Schüler, Stefan George, Georg Schrimpf, Rudolf von Laban, Mary Wigman oder auch Hermann Hesse pilgerten.[40] Letzterer hatte dort 1907 erfolglos versucht, in einer nahen Felsenhöhle fastend und meditierend mit der Natur eins zu werden, und war enttäuscht über sein Versagen ins bürgerliche Leben zurückgekehrt.[41]

Drei Jahre später hat Hermann Hesse in einer kurzen Erzählung nicht nur das Leben, sondern auch die Fraktionsbildung innerhalb des vegetarischen Lagers lustvoll überzeichnet. In *Doktor Knölges Ende* ließ er einen frühpensionierten Gymnasiallehrer, der sich aufgrund gesundheitlicher Probleme einer Diät unterziehen muss, in die Welt des internationalen Vegetarismus eintauchen. Der Protagonist pilgert zu den vielen inzwischen entstandenen Vegetarierpensionen an der französischen Mittelmeerküste oder am Lago Maggiore und lernt dabei – und hier greift Hesse dem Charakter der Bewegung entsprechend auf christliche Begriffe zurück – »langhaarige Apostel« ebenso wie »Fanatiker des Fastens« oder zuweilen schlicht vegetarische Gourmands kennen. Klug hält sich Lehrer Knölge aus den ideologischen Debatten um den richtigen Weg zu Gesundheit und Weltweisheit heraus. Doch das ist schwer:

> »Der Doktor selbst gehörte nach dem Sprachgebrauch der Eingeweihten zu den Gemischtkostlern, da er nicht nur Früchte und Ungekochtes, sondern auch gekochtes Gemüse, ja auch Speisen aus Milch und Eiern zu sich nahm. Daß dies den wahren Vegetariern, vor allem den reinen Rohkostlern strenger Observanz, ein Greuel war, entging ihm nicht. Doch er hielt sich den fanatischen Bekenntnisstreitigkeiten dieser Brüder fern.«[42]

Diese Haltung wird allerdings sehr auf die Probe gestellt, als sich Knölge in Kleinasien am Aufbau einer lebensreformerischen Kolonie »aller Freunde der vegetarischen und vegetabilistischen Lebensweise, der Nacktkultur und Lebensreform« beteiligt. Der Gymnasiallehrer kann diesem »sehnsüchtigen Ton aus dem Paradiese« nicht widerstehen (eine Reminiszenz an *Weg zum Paradies* von Wilhelm Zimmermann), er ist beeindruckt von der Vielfalt der Lebensformer, die da fernab der Welt zusammenströmen: flüchtig gegangene Priester und Lehrer aller Kirchen, falsche Hindus und Okkultisten, Sprachlehrer und Masseure, Magnetopathen, Zauberer und Gesundbeter.

Dieses »kleine Volk exzentrischer Existenzen« bringt in Hesses Erzählung allerdings nicht nur die eigenen Vorstellungen vom wahren Leben in das selbst geschaffene Paradies mit, sondern auch alle Zutaten für Konflikte. Bald bilden sich konkurrierende Fraktionen. Namentlich die Gruppe der »reinen Frugivoren« verachtet alle anderen Vegetarier um sie herum. Knölge selbst wird von den Frugivoren und deren Anführer, einem nackt auf einem Ast sitzenden »Baummenschen«, offen angefeindet. In Finale steht der Waldmensch plötzlich keuleschwingend vor Knölge und erwürgt ihn schließlich:

> »Die wenigen Freunde, die sich der Fremde während seines Aufenthaltes im Paradiese erworben hatte, begruben ihn in der Nähe und steckten auf sein Grab eine einfache Tafel mit der kurzen Inschrift: Dr. Knölge, Gemischtkostler aus Deutschland.«[43]

Bekanntermaßen war der Umgang der Lebensreformer miteinander dann doch deutlich kultivierter als in Hesses Erzählung. Aber die Tendenz zur Fraktionsbildung und zur weltanschaulichen Verhärtung der Lagergrenzen entsprach durchaus der historischen Realität. Durch die strenge ideologische und quasireligiöse Aufladung ihrer Sicht auf die Welt neigten auch die deutschen Vegetarier zu einem inhaltlichen Rigorismus, mit dem sie nicht nur auf die Fleischesser, sondern auch auf die Abweichler von der reinen Lehre in den eigenen Reihen reagierten. Dies und auch die oft praktizierte räumliche Abkapselung in Landkommunen trugen dazu bei, dass den deutschen Vegetariern bis weit ins 20. Jahrhundert hinein das Image einer esoterischen religiösen Sekte anhaftete.[44] Die scharfe Abgrenzung gegenüber allem, was der eigenen Lehre nicht entsprach, fand sich auch bei anderen Gruppen der Lebensreformbewegung, wie bei der Antialkoholbewegung, deren Anhänger die Welt strikt nach dem Kriterium des Alkoholgenusses in Gut und Böse unterteilten, oder bei den Vertretern der Nacktkultur, die schlicht dekretierten: »Der wahre Mensch ist der nackte Mensch!«[45]

Die Freikörperkultur reagierte in besonders erkennbarem Maße auf die zunehmende soziale Not in den Städten, vor allem in den rasch wachsenden Arbeiterbezirken der Großstädte mit ihren baulichen und hygienischen Unzulänglichkeiten. Zu enger Wohnraum, mangelnde Abwasserentsorgung, Luftverschmutzung – in die Hinterhöfe mancher Stadtbezirke schien nicht einmal mehr Sonnenlicht zu fallen. »Wo die Sonne nicht hinscheint«, so wurde damals ein Sprichwort kolportiert, da komme der Arzt hin – »und wenn der nicht mehr zu helfen vermag, der Tod«.[46] Der weit verbreiteten Stadtkritik entsprach komplementär die immer populärer werdende Vorstellung von der Gesundung der Menschen an Leib und Seele durch ein wie auch immer gestaltetes »Zurück zur Natur«. Soziale Not und lebensreformerische Ansätze gehörten untrennbar zusammen – dem »Unmenschlichen« urbanen Lebens wurde der nackte, sich vegetarisch ernährende oder zu welchem wahren Glauben auch immer zurückgekehrte Mensch gegenübergestellt.

Nicht zuletzt wegen dieser Abkehr vom angeblichen »Schmutz« und »Dunkel« städtischen Lebens spielte bei der nudistischen Bewegung – übrigens ähnlich wie in der bereits erwähnten antikatholischen Rhetorik innerhalb des deutschen Protestantismus – die Metaphorik vom »Licht« der Erkenntnis und des Lebens eine wichtige Rolle. Von der »Lichtbewegung« sprachen die Nudisten selbst, sahen sich als »Lichtmenschen« und »Lichtfreunde«. Wie für die Aufklärung galt hier das Licht als Symbol der Wahrheit und Reinheit, sowohl in körperlicher als auch in sozialer Hinsicht. Zudem bezeichnete das Licht einen utopischen Zustand des Heils und der Erlösung, so wie bei dem bekannten Nudisten Richard Ungewitter:

»Auf zum Lichte! Wird zur Heilsparole,
Daß die Finsternis nicht ewig währt
Und vom Haupte bis herab zur Sohle
Neues Leben in die Leichen kehrt!«[47]

Diese Begrifflichkeit fand über die Grenzen der Nacktbewegung hinaus zunehmend Verwendung, prominent etwa in der deutschen Jugendbewegung. So verstand sich die Freideutsche Jugend durchaus als eine »Kriegerschaft im Heere des Lichts«.[48] Auch in anderen Zusammenhängen, beispielsweise bei den Reformbestrebungen der Pädagogik, zielte man »Lichtwärts«, wie eine entsprechende Schrift betitelt war.[49] Es entstanden religiöse Rituale wie das »Lichtgebet«, bei dem die Nudisten im Kreis oder einzeln ihre Hände zur Sonne erhoben und ihren Leib als »heiligen Tempel« des Lebens feierten. Religiöse Symbole wie die Flamme und das Licht, Runen und Hakenkreuz als Erkennungs- und Verehrungszeichen und eine Vielzahl religiöser Begriffe prägten dieses Milieu. Von »Heil« und »Heilung« war die Rede, von »Heiligkeit«, »Reinheit« und »Keuschheit«, »Natur«, »Leben« und »Menschentum«. Geist, Seele und Körper sollten wieder zu einer Einheit werden und möglichst den Weg in ein irdisches Paradies finden. Das war die religiöse Botschaft der Lebensreform.[50] Wer nicht dazugehörte, wer seine Kleider lieber anbehielt, der quittierte diese religiös anmutende Überhöhung der Nacktheit zuweilen mit Spott:

> »Es ist Unfug, aus dem Nacktbaden eine Weltanschauung zu machen, womöglich gar eine Religion. Schließlich ist Zähneputzen ebenso wenig eine religiöse Handlung wie Nacktbaden.«[51]

Zu Beginn des 20. Jahrhunderts hatte sich in Deutschland ein regelrechter »Reformmarkt« herausgebildet, ein Markt der lebensreformerischen und spirituellen Möglichkeiten, auf dem immer mehr Menschen als Propheten oder Apostel einer neuen Sinnstiftung agierten. Einige von ihnen vermochten Säle mit tausend Zuhörern zu füllen, was teils auch an ihrem eigentümlichen, zuweilen skandalös wirkenden Auftreten lag.

Zu Letzteren zählte etwa der Maler Karl Wilhelm Diefenbach (1851–1913), der als einer der Begründer der Nacktkultur gilt. Nach seiner Konversion zu den Lebensreformern trat er vorzugsweise mit lang wallendem Haar, in Sandalen und einer grob gewebten Tunika auf den Straßen Münchens auf, um für seine Ideen zu werben. Er wurde als »Kohlrabi-Apostel« verspottet und zog sich zwischenzeitlich mit seinen Anhängern in einen Steinbruch in Höllriegelskreuth südlich von München zurück, wo er einem urchristlichen Gesellschaftsideal nacheiferte. Diefenbach, der später ins Ausland emigrierte, glaubte an seinen missionarischen Auftrag, die Menschheit von Krankheit, Not und Verbrechen zu heilen und zu einem »Gottesmenschentum« zu erheben. Einer breiteren Öffentlichkeit hingegen blieb er in Erinnerung als Angeklagter im ersten bekannten Nudistenprozess.[52] 1888 verurteilte das Amtsgericht Wolfratshausen Diefenbach und den Maler Fidus, der unter dem anfänglichen Einfluss Diefenbachs mit seinen Arbeiten stilbildend für die Jugend- und Lebensreformbewegungen wurde, zu Kerkerhaft, weil die beiden beim gemeinsamen »Licht-Luftbaden« ohne Bekleidung beobachtet worden waren. Die Haftstrafe wandelte das Landgericht München später zwar in eine Geldbuße um, doch die Öffentlichkeit hatte ihren Skandal und mokierte sich ausgiebig über das unmoralische Treiben der Nudisten-Apostel.[53]

Aus völlig anderen Gründen für Aufsehen sorgte eine weitere Persönlichkeit der Reformbewegungen: Rudolf Steiner. Er war der Begründer der Anthroposophie, einer ganz eigenen Mischung aus philosophischen und naturwissenschaftlichen Erkenntnissen sowie okkulten und christlichen Traditionen. Steiners Lehre umfasste so unterschiedliche Lebensbereiche wie Medizin, Pädagogik und Kunst sowie eine neuartige Gliederung der gesamten Gesellschaft. Die Anthroposophie war nicht abgewendet von Gott. Steiner interpretierte Christus als kosmisch gedeuteten starken Impuls der Geschichte und zur Lebenswahrheit.[54] Die »Anthroposophische Gesellschaft« sollte den organisatorischen Kern dieser religiös-weltanschaulichen

Erneuerung bilden. Zudem entstand daraus schließlich mit der »Christengemeinschaft« eine eigene kirchliche Gemeinschaft.

Exponierte Persönlichkeiten wie Rudolf Steiner berichteten in Schriften und Vorträgen nicht nur von eigenen Erweckungserlebnissen in ihrer Kindheit, sie sorgten als Redner bei Zuhörern zuweilen auch für solche, durchaus vergleichbar denen klassischer religiöser Freikirchen. Als Begründer der Anthroposophie nahm Steiner beispielsweise mit seinen regelmäßig publizierten »Leitsätzen« Einfluss auf die Lebensführung und die Weltsicht seiner Anhänger. Zugleich stieg er zu einer charismatischen Führerfigur auf, der von ihren Verehrern prophetische Qualitäten und überzeitliche Weisheit zugestanden wurden.[55] Steiner wurde damit so etwas wie ein neuer Prophet. Ein Besucher einer seiner Veranstaltungen berichtete später, wie er und seine Frau diesen Auftritt erlebten:

> »Der Redner sprach so, daß uns sofort klar war: Ihm liegt nicht daran, auf den Zuhörer Eindruck zu machen. Er sprach von Dingen, die weit über jener Sphäre liegen, wo es so etwas noch gibt. … Als er geendet hatte, blickten wir uns gegenseitig an und sagten: ›Das ist er.‹ Wir nahmen uns bei der Hand und gingen zum Rednerpult hin.«[56]

Auch für die Anthroposophen waren die Themen Gesundheit und gesunder Lebenswandel zentral, nicht zuletzt wegen der von ihnen vertretenen Reinkarnationslehre. Der Vegetarismus genoss hier hohes Ansehen, Alkoholkonsum wurde von Steiner strikt verworfen.[57] Die nicht nur in anthroposophischen, sondern auch in allen anderen lebensreformerischen Gruppierungen erfolgte Thematisierung des »gesunden Lebens« legte den Grundstein für die bis heute anhaltende Kritik an der »Schulmedizin«. Nicht die wissenschaftliche, evidenzbasierte Medizin, sondern nur eine reformerische Lebensweise konnte absolute Gesundheit gewährleisten.[58] Die Reformhäuser machten deutlich, dass die »gesunde Lebensführung« religiöse Züge annehmen konnte. Entsprechend unkritisch verherrlicht wurden oft Gesundheit und Vitalität. In der Abgrenzung gegenüber den anderen, den Nichtmitgliedern der Bewegung, konnte dies auch bedeuten, dass Kranke und Schwache, Hässliche und auch Intellektuelle (die immer wieder im Verdacht des Nichtglauben-Könnens standen) nicht nur als Unwissende abgelehnt, sondern als sichtbare Vertreter eines »falschen« Lebens auch regelrecht verachtet wurden.[59]

Im »richtigen« Leben wähnten sie sich alle: die Mitglieder freikirchlicher Gemeinden, die Monisten, die Vegetarier und Nudisten, die Anthroposophen sowie die Anhänger der zahlreichen anderen Gruppierungen auf dem Markt der Lebensreform. Wer mithilfe eigener Erkenntnis oder nach Erweckung durch einen der vielen Propheten diesen Weg in eine bessere Welt fand, konnte befreit aufleben. Wer ihn aber nicht gefunden hatte, dem wurde keinerlei Erleuchtung zuteil. Viele konnten nur staunen über das bunte lebensreformerische Treiben und quittierten es mit Spott. Etwa Franz Kafka, der 1912 nach einem Besuch in einem lebensreformerischen Sanatorium im Harz ein wenig verwirrt in sein Reisetagebuch notierte:

> »Hie und da bekomme ich leichte, oberflächliche Übelkeiten, wenn ich, meistens allerdings in einiger Entfernung, diese gänzlich Nackten langsam zwischen den Bäumen sich vorbeibewegen sehe. Ihr Laufen macht es nicht besser. … Plötzlich steht einer da, man weiß nicht, woher er gekommen ist. Auch alte Herren, die nackt über Heuhaufen springen, gefallen mir nicht.«[60]

Angesichts solcher Worte des Unverständnisses blieb man als Anhänger einer lebensreformerischen Gruppe doch lieber unter sich, und das nicht nur im Sanatorium oder bei den gemeinsamen Treffen, in den eigenen Vereinen, Restaurants, Ferienkolonien oder »Kirchen«. Und so waren auch »Mischehen« in den lebensreformerischen Gruppierungen ein Thema: Wenn irgend möglich, heiratete man untereinander. Denn was konnte es für eine größere Erfüllung geben als ein gemeinsames Leben mit Gleichgesinnten? Noch dazu, als bei vielen Gruppierungen eine wie auch immer gepflegte »naturhafte« Sexualität dazugehörte. Die Kontaktanzeigen jener Zeit dokumentieren die Suche nach einem gemeinsamen, ideologisch gefestigten Lebensweg, etwa in der einschlägigen Zeitschrift der deutschen Monisten:

> »Veg.-Mon. (25 J., gesund, ebenmäss. Körperentw., 1.65 m, höh. Schul- & umfas. gedieg. Eigenbild) leidenschaftl. Naturfr. & -Kenner, äuss. feinsin. Beob. m. ausgepr. Sinn f. klass. Musik, wünscht m. ähnl. Veranl. Weib ruhigbeständ. Karakters in idealer Ehe gleichen Schrittes zur Vollkommenheit empor zu gehn.«[61]

Der Weg dieser Vervollkommnung ließ sich eben am besten in der Gemeinschaft Gleichgesinnter begehen. Wer nicht dazugehörte, störte nur auf dem Weg zum Glück. In der Gemeinschaft von Fleischessern war der Vegetarier Exot und Provokation, im deutschen Straßenbild musste sich der Nudist fremd fühlen, mit allen »Nichteingeweihten«, »Nichtdazugehörenden« taten sich Adventisten und Mormonen, Anthroposophen und spiritistische Kreise, Deutschkatholiken und evangelische »Lichtfreunde« schwer. Alle diese Gruppen neigten deshalb in ihrem exklusiven Wahrheitsanspruch tendenziell zum Fundamentalismus und damit zur latenten Aggression gegenüber den »Ungläubigen« außen und den Abweichlern im Innern. »Echten« Lebensreformern war abweichendes Verhalten in den eigenen Reihen stets ein Ärgernis. So empörte sich die Zeitschrift *Vegetarische Rundschau* 1893 über den erwähnten Maler Diefenbach, weil dieser öffentlich Bier, Wein, Cognac und Kaffee trinke und damit die gesamte vegetarische Bewegung desavouiere.[62]

Die Entwürfe der Lebensreformer waren vielfältig, und die Konkurrenz dieser Beglückungsgemeinschaften zum traditionellen Heilsversprechen der christlichen Kirchen war nicht unerheblich. Tatsächlich bildete sich bei aller Vielfalt der lebensreformerischen Strömungen und ihrer permanenten Konkurrenz untereinander, von der hier nur ein Teil geschildert werden konnte, so etwas wie eine lebensreformerische »Diesseits-Religion« heraus. Es kam zu »Kirchengründungen«, in der anthroposophischen Bewegung, und bei manchen lebensreformerischen Gruppen wurden Entwürfe für regelrechte Tempelbauten vorgelegt. Selbst eigene Andachtsbilder schuf die lebensreformerische Religion für ihre heilsgeschichtlichen Ziele – etwa das erwähnte »Lichtgebet« von Hugo Höppener (»Fidus«) oder das von Gustav Schwenk gemalte Kolossalgemälde »Treu der Natur« aus dem Jahr 1900. Das auch als Postkarte vertriebene Bild zeigt Menschen beim Eintritt in das Paradies, in dem sie weitgehend unbekleidet Frieden mit der Tierwelt geschlossen haben und als »Frugivoren« die Früchte der Erde genießen können. Dieses Bild versinnbildlicht beispielhaft das innerweltliche religiöse Heils- und Heilungsversprechen der deutschen Lebensreformbewegung.[63] In der Zeitschrift *Vegetarische Rundschau* wurde 1896 der Vegetarismus als »Grundstein der religiösen Reform der Gegenwart« bezeichnet. Eine künftige »gesundheitliche Kultur« werde die traditionelle christliche Hoffnung auf ewige Seligkeit ersetzen durch maximale Förderung der irdischen Glückseligkeit aufgrund von »Vervollkommnung und Verlängerung des Lebens im Diesseits«.[64]

Bis zum Beginn des 20. Jahrhunderts hatten die großen Kirchen in Deutschland also nicht nur einen Aderlass im Hinblick auf die Zahl ihrer Mitglieder erlitten, sondern mussten zugleich auch die Entstehung eines neuen Markts an Heils- und Religionsangeboten hinnehmen. Es gab Beglückungsgemeinschaften, die sich als »religiös« oder gar »kirchlich« identifizieren ließen, als Ergänzung des bestehenden christlichen Angebots oder aber auch als erklärt antikirchliche oder sogar antichristliche Alternative.[65] Für die katholische und die protestantischen Kirchen war bei aller Unterschiedlichkeit der lebensreformerischen Strömungen in Deutschland eine weitgehende Gemeinsamkeit von Bedeutung: Die meisten dieser Beglückungsgemeinschaften waren von der Sehnsucht getrieben, die Vielzahl der »Religionen« durch eine neue, möglichst einheitliche »Religiosität« zu ersetzen.[66]

Dieser Wunsch nach Überwindung der Gegensätze war immer auch eine Erinnerungskonstruktion, die auf die Reformation und die jahrhundertealte deutsche Glaubensspaltung zurückverwies. Neue Beglückungsansätze sollten eben auch die alten Glaubenskämpfe vergessen machen, deshalb waren ihnen oft die Forderung nach Toleranz und das Bekenntnis zu eigen, dass dogmatische Absolutheitsansprüche in einer glücklichen deutschen Zukunft keinen Platz mehr haben sollten. Damit verbunden war die Sehnsucht vieler Zeitgenossen nach »Gemeinschaft«, und zwar nach einer eigentümlich vergangenen Form außerhalb der Zeit. Es war der Wunsch nach einer Aufhebung der sozialen, politischen und weltanschaulichen Differenzen, derer die Menschen so überdrüssig waren. Dies sollte ermöglicht werden durch eine »Religion der Zukunft«, zuweilen auch durch eine gemeinsame »deutsche Religion«.[67]

Die deutsche Gesellschaft war zersplittert, nicht nur in Klassen und Schichten, sondern auch in religiöser und weltanschaulicher Hinsicht. Und je offenbarer dies war, desto größer schien der Wunsch nach einem Neuanfang zu werden. Die Beglückungsgemeinschaften betrachteten das als ihre Berufung. Dass sie dabei dogmatisch auftraten, störte sie nicht, vielmehr erschien es ihnen zuweilen als notwendig. Nur die Einhaltung der reinen, neuen Lehre schien eine Gesundung Deutschlands zu ermöglichen. Dazu mag ein spezifischer »Hunger nach Gewissheit« beigetragen haben, der Ende des 19. Jahrhunderts immer stärker um sich griff und der als

Signatur dieses Zeitalters bezeichnet worden ist.[68] So positionierten sich die Beglückungsgemeinschaften mit ihrer eigenen Heilsgewissheit gegen andere Gruppen zunächst fast immer gegen den alten Glauben, oft genug aber auch gegen die neuen Konkurrenten.

Doch die wirkliche Überwindung weltanschaulicher Differenzen war auf diesem Weg nur schwer zu erreichen. Alle Beglückungsgemeinschaften entstanden in Konkurrenz zu bestehenden Angeboten, sie mussten sich von ihnen distanzieren, um die eigene Existenz zu legitimieren. Und zugleich reagierten sie überaus gereizt auf »Abweichler« von ihrer neuen Lehre. Nein, Toleranz im Sinne des praktischen Denkens eines Friedrichs des Großen hatte hier keinen Platz. Dass Christen und Atheisten, Anhänger der Reinkarnation, Adventisten und Lebensreformer, Antialkoholiker und Trinker, Vegetarier und Fleischesser, Theosophen und Nudisten allesamt in ihrem Anspruch toleriert und überdies »nach ihrer Façon« selig werden sollten, war für die einzelnen Beglückungsgemeinschaften eine reichlich abwegige Vorstellung. Sie wollten andere Heilslehren nicht ergänzen, sie wollten sie in der Regel schlicht ersetzen. Ihr neuer Glaube war nicht Möglichkeit, sondern Gewissheit. Das machte Kooperation schwer, eigentlich unmöglich.

Nun wäre es für die politische Kultur in Deutschland nicht besonders folgenreich gewesen, wenn sich unterschiedliche lebensreformerische Gruppen in heilsgeschichtlicher Unversöhnlichkeit gegenübergestanden hätten. Gravierende Folgen sollte jedoch der Umstand haben, dass zu den neuen Beglückungsgemeinschaften nicht nur neue kirchliche und lebensreformerische Kräfte, sondern auch politische Gemeinschaften zählten. An der Schwelle zum 20. Jahrhundert hatte sich auf dem Markt der Heilsangebote in vielfältigen Formen auch ein »politischer Glaube« entwickelt. Solche politischen Strömungen trugen ihre Konflikte in erschreckend ähnlicher Weise aus wie die traditionellen Konfessionen in Deutschland die ihrigen. Auch sie traten wie neue Religionen auf und wähnten sich im Besitz der alleinigen Wahrheit.

Der politische Glaube

Religiöses Denken und Fühlen erstreckte sich im 19. und 20. Jahrhundert immer intensiver auch auf das politische Leben. Es bildete sich eine spezifische Religiosität heraus, mit der ideologische und politische Forderungen überhöht werden konnten. Der Historiker Thomas Nipperdey spricht vom »politischen Glauben«, der sich seit dem Vormärz entwickelte und der zunächst neben, zunehmend aber auch an die Stelle des alten christlichen Glaubensangebots rückte. Schon beim Hambacher Fest im Jahr 1832, der in der deutschen Erinnerungskultur so wichtigen ersten großen Massenkundgebung für ein freies und einiges Deutschland, war von dem »heiligen Werk« der Gründung des Vaterlandes und der Wiedergeburt des deutschen Wesens die Rede. Die politischen Äußerungen der Zeit waren im Ton religiös geprägt. Politische Zielsetzungen wurden nun zu einer »Verheißung von Heil«, und sie erhoben einen »Anspruch auf Leben und Tod«.[69]

Dieser »politische Glaube« führte in der deutschen Geschichte schließlich zur Herausbildung regelrechter »politischer Religionen«, die in Symbolik und Sprache den althergebrachten kirchlichen Angeboten frappierend ähnelten und ein eigenes Heilsangebot unterbreiteten: Sie versprachen Erlösung von unterschiedlichen Übeln (sozialer oder politischer Natur), wähnten sich im Besitz einer Wahrheit (die alle anderen Interpretationen als unwahr verwarf), verfügten über eigene Propheten und Märtyrer und zeigten sich aggressiv gegen äußere und innere Feinde. Sie trugen den Kern von Überlegenheit in sich, in moralischer und heilsgeschichtlicher Hinsicht. Damit können auch sie als Beglückungsgemeinschaften verstanden werden, ähnlich den christlichen Sekten oder den unterschiedlichen Gruppierungen der Lebensreformbewegung. Um politische Ideen scharten sich in diesem Sinne Glaubensgemeinschaften.

Zunächst war es die nationale Bewegung, die in Deutschland ein solches quasireligiöses Angebot vorlegte. Für die deutschen Patrioten waren »Nation« und »Vaterland« religiös aufgeladene Begriffe und Konzepte. Einer der wichtigsten Wortführer einer religiösen Erneuerung, die mit der Nationwerdung der Deutschen einhergehen sollte, war Ernst Moritz Arndt. Er selbst verstand sich durchaus als Prophet, der den Deutschen »alles auslege und verkündige«, wie sie den Weg in eine glückliche nationale Zukunft finden. Wenn er die politischen Zustände anprangerte, sprach er im Stil eines Nationalpredigers. So etwa von sündhafter Befleckung oder von göttlicher Strafe, wenn es darum ging, dass man angeblich nicht energisch genug gegen alle Kräfte antrete, die den Weg zu einer geeinten deutschen Nation versperrten:[70]

> »Einmüthigkeit der Herzen sey eure Kirche, Haß gegen die Franzosen eure Religion, Freiheit und Vaterland seyen die Heiligen, bei welchen ihr anbetet! Wahrlich ich sage euch und verkündige euch, der alte Pabst und der alte Luther sind lange todt, und stehen in der früheren Gestalt nimmer wieder auf; mit einem neuen und lebendigeren Geist, mit einem höheren Athem des Lebens muß die Welt und das Christenthum wandeln; einer neuen Kirche und eines neuen Heils warten wir.«[71]

So nahm in Deutschland die Nation schließlich den Rang eines heiligen Guts ein. Gerade die schwierige und so lange erfolglose Geschichte der deutschen Einigungsversuche verstärkte das Sehnen nach nationaler Erlösung. Das einige Vaterland, die deutsche Nation – das waren Sehnsüchte, die viele Deutsche lange hegten und die schon beim Wartburgfest 1817 oder beim

Hambacher Fest 1832 die Menschen bewegten. Das lange Warten auf nationale Erfüllung trug seinen Teil zur emotionalen Überladung der »Nation« bei. Und dabei war die Idee einer christlichen Erneuerung des Volks der unverzichtbare Bestandteil zur Konstruktion einer nationalen Einheit. Anfangs war es in der Nationalbewegung sehr populär, an den »inneren Wahrheiten« des Christentums festzuhalten, das »verunreinigte« Christentum zu »reinigen« und in einem nationalen Sinn zu erneuern.[72]

Deshalb kam die deutsche Nationalbewegung nicht ohne die Muster einer christlichen Heilserwartung unter nationalen Vorzeichen aus. Die deutsche Geschichte bewegte sich angeblich unaufhaltsam auf die Einheit zu, und die Deutschen erschienen in dieser Konzeption als das auserwählte Volk, von dessen Schicksal nicht weniger abzuhängen schien als das Heil der gesamten Menschheit. Die Deutschen seien von Gott in den Mittelpunkt Europas gestellt, hatte Arndt erklärt, sie seien zwangsläufig »auch der Mittelpunkt der neuen Geschichte und der Kirche und des Christentums«.[73] Wenn das deutsche Volk »versinkt«, so prophezeite Johann Gottlieb Fichte in seinen berühmten *Reden an die Deutsche Nation*, dann »versinkt die ganze Menschheit mit, ohne Hoffnung einer einstigen Wiederherstellung«. In dieser Vorstellung stieg die »Deutsche Nation« zum Zentrum einer Heilsgeschichte auf.[74]

Die Nation wurde nicht sogleich als Ersatz für die traditionelle Religion verstanden, vielmehr nahm die Nationalbewegung zunächst bewusst Anleihen beim Christentum, verzichtete mit der Zeit allerdings zunehmend darauf, sich in besonderem Maß für dessen Erneuerung einzusetzen. So etablierte sich ein eigenständiger Heilsgedanke, der inhaltlich zunehmend auf einen christlichen Anteil verzichten konnte. Auch wenn der Protestantismus nach der deutschen Einigung von 1871 gern von einem »heiligen evangelischen Reich deutscher Nation« sprach und damit Protestantismus und Nationalismus als Brüder im Geiste in der deutschen Geschichte wirken sah: Der politische Glaube an die Nation wurde immer unabhängiger von den anhaltenden kirchlich-religiösen Umarmungsversuchen. Doch zugleich zeichnete sich der Nationalismus auch dadurch aus, dass er traditionelle Bindungen nicht notwendigerweise ersetzen musste, sondern sich ihnen zur Seite stellen konnte. Er war immer zur Koexistenz mit herkömmlichen Religionen und anderen Loyalitäten imstande.[75]

Nach der Reichsgründung 1871 kühlte sich dieses Verhältnis keineswegs ab, das Vaterland war und blieb tatsächlich des Glückes Unterpfand: Deutschland stand für viele Menschen, und dies keineswegs nur im bürgerlichen Lager, über alles, über alles in der Welt. Die Nation, so Thomas Nipperdey, wurde und blieb Ort der Seligkeit und der Sinnstiftung über diese Welt hinaus:

> »Da war Heiligkeit, da war Identität, da war das Ganze, die Ewigkeit. … Nation war ein überindividueller Zusammenhang, der Lebenden, der Toten, der Kommenden, überstieg die Grenze zwischen Lebenden und Toten, vermittelte die Einheit des einzelnen mit dem Allgemeinen. Der Einsatz für die Nation war Hingabe und Opfer, über egoistische Interessen hinaus Einsatz für andere, für die Nächsten, war Liebe, war Brüderlichkeit. Nation forderte und lohnte zuletzt den Einsatz des eigenen Lebens.«[76]

Dieser Glaube an die Nation beanspruchte in einem traditionellen religiösen Sinn den Besitz und die Verkündigung einer eigenen Wahrheit – und zwar *der* Wahrheit. Diese versprach nichts weniger als eine »Sinnstiftung im Rang einer umfassenden Weltdeutung«, die sogar die Forderung nach dem Märtyrertod für die höchsten Werte beinhaltete. Zugleich zeigte sich diese Religion kompromisslos, wenn es um die Auslegung der Lehre im Verhältnis zu möglichen konkurrierenden Vorstellungen ging.[77] Das Deutungsmonopol durfte nicht hinterfragt werden, die Wahrheit war unumstößlich, nicht diskutierbar. Sie galt es ohne jeden Kompromiss umzusetzen. Mit der Nation verband sich eine Glücksverheißung, der sich kaum jemand entziehen konnte. Dieser »irdische Gott« wurde im 19. Jahrhundert fast übermächtig.

Den Grundprinzipien eines nationalen Emanzipationswillens und der damit verbundenen Heilsversprechen stand von Beginn an die Gewaltbereitschaft zur Seite. Die Vision einer neuen nationalen Gemeinschaft gleichberechtigter Staatsbürger ging stets einher mit dem Willen zur Ausgrenzung und Ausstoßung.[78] Der Glaube an die deutsche Nation wähnte sich stets von Ungläubigen und Abweichlern umgeben. Schon an der Wiege der deutschen Nationalbewegung standen Gegner, die man dafür verantwortlich machte, dass der Weg zum nationalen Heil versperrt war. Die seit den napoleonischen Kriegen verhassten Franzosen wurden dazugezählt, aber auch die vermeintlich unpatriotischen Fürsten, die für ein kommendes Reich partout nicht auf die eigene Herrschaft verzichten wollten. So hieß es in einer Dokumentation des Hambacher Festes:

> »Herrschsüchtige Thoren, deren mattes Herz für das erhebende Gefühl der Vaterlandsliebe keinen Raum hat, kleine Menschen, die den armenseligen Flitterstaat einer Krone höher schätzen, als die Majestät einer großen Nation, verdorbene Gemüther endlich, welche ein eingebildetes persönliches Glück mit ewigem Leiden einer Bevölkerung von 56 Millionen Menschen zu erkaufen im Stande sind, haben … das Dasein der deutschen Nation umbarmherzig getödtet.«[79]

Zunächst waren es die Franzosen, gegen die sich der Hass der nationalen politischen Religion richtete. Seit den 1840er-Jahren waren die Dänen Ziel der Aversionen, den militärischen Sieg 1864 über sie feierte man emphatisch als Sieg der deutschen Sache. Als weitere Feinde wurden die »Slawen« konstruiert, die noch bis in den Vernichtungskrieg des »Dritten Reiches« hinein als Bedrohungsszenario dienten. Der Glaube an die Nation hatte in Deutschland stets den Gegner als den Ungläubigen im Blick. Es galt, das Glück der Nation *gegen* diese Gegner durchzusetzen: gegen die uneinsichtigen Fürsten, die »Thoren« und »kleinen Menschen«, die einfach nicht einsehen wollten, dass ein einziger starker Herrscher besser sei als die Regentschaft der vielen kleinen. Von Anfang an, so der Historiker Hans-Ulrich Wehler, zählten zur »Schattenseite« des deutschen Nationalismus »die Feindbilder, der Haß auf die äußeren und inneren Gegner der Nation«.[80]

Deshalb war die Nation immer auch latente Kampfgemeinschaft gegen die tatsächlichen oder angeblichen Feinde: Das Deutsche Reich, zumindest sein protestantisch-preußisches Establishment, kannte erstaunlich viele solcher innerer Reichsfeinde: Allen voran die Sozialdemokraten, dann die Katholiken und traditionell die Juden, weil sie alle verdächtig waren, in Wahrheit nicht national, sondern über- und international zu denken. Der politische Glaube stiftete also nicht nur Gemeinschaft und Solidarität nach innen, sondern zeichnete sich auch aus durch die schroffe Abgrenzung gegenüber den Menschen außerhalb dieser nationalen Gemeinde. Dieses Element war durchaus vergleichbar mit der traditionellen Scheidung der »Heiden« von den Christen, mit der im 19. Jahrhundert schärfer gewordenen Teilung der Welt in Christen und Atheisten, in Protestanten und Katholiken – oder eben in »Erweckte« in den Sekten oder den vielen lebensreformerischen Gruppen und die Außenstehenden und Ahnungslosen ihrer Zeit.[81]

Auch nach außen verstand sich die Nation als »kriegsbereite Kampfgemeinschaft«, die fähig zum Krieg sein sollte. Eben weil Staat und Nation die Erfüllung aller Verheißungen versprachen, konnte es keine Kompromisse geben, wenn andere »Nationen« ebenfalls eigene Ansprüche hatten. In dieser Vorstellung konnte es für den Fall, dass Nationen miteinander um ein bestimmtes

Territorium rivalisierten, kaum eine andere Handlungsoption geben als den Waffengang.[82] Aufgrund der Sakralisierung des eigentlich weltlichen Ziels erschien auch die Anwendung von Gewalt als plausibel, zuweilen sogar als notwendig. In dem Maße, in dem die Nation zu einem neuen Gott wurde, mussten dafür Opfer erbracht und Feinde gerichtet werden. Wer diesen Gott nicht anerkannte, war deshalb nicht mehr nur politischer Gegner, sondern wurde auch zum Widersacher und Feind einer Idee, die dem ganzen Leben, dem Volk und der Geschichte überhaupt Sinn verlieh.[83]

Die Abgrenzung der Kampfgemeinschaft gegen Andersgläubige wurde noch verschärft durch besondere Spielarten des deutschen Nationalismus, die sich aus diffusen Vorstellungen über ein historisches Germanentum speisten. Die im 19. Jahrhundert fast unwidersprochene, wenngleich historisch unhaltbare Vorstellung, dass »die Germanen« die direkten Ahnen »der Deutschen« gewesen seien, machte auch den Rückgriff auf eine vorchristliche Religion möglich. Die germanische Mythologie, die Texte der *Edda* erschienen dabei als Dokumente aus der Ursprungzeit der eigenen Nation.[84]

Ohne auf historische Plausibilität Rücksicht zu nehmen, wurden nun die Germanen zu den »ersten Deutschen« stilisiert, um so etwas wie eine »angeblich homogene Abstammungsgemeinschaft« zu suggerieren.[85] Nun waren die germanischen Stämme niemals ein geschlossenes Volk *der* Germanen gewesen, und sie waren auch keineswegs die direkten Vorfahren der Deutschen. Doch es passte gut zum nationalen Glauben der Deutschen, dass jene es gewesen sein sollen und dass ihr Anführer Arminius einst in der »Schlacht im Teutoburger Wald« im Jahr 9 n. Chr. ein angebliches »Deutschland« von der römischen Fremdherrschaft befreit habe. Dennoch feierte das 19. Jahrhundert den historischen Cheruskerfürsten nicht nur als »ersten deutschen Staatsmann« und »ersten Deutschen«, sondern auch als »ersten Märtyrer für die Einheit Deutschlands«.[86]

So war der deutsche Nationalismus durch ein gläubiges Sendungsbewusstsein geprägt, wonach die Deutschen als auserwähltes Volk eine weltmissionarische Funktion innehatten.[87] Zu Beginn des 20. Jahrhunderts war es dann die völkische Bewegung, die mit neuer Vehemenz den deutschen Nationalismus entscheidend ergänzte – oder sollte man besser sagen: deformierte. Tief im Innern des Volkes, so die propagierte Vorstellung, seien die aus dem Germanentum stammenden Kräfte verborgen, die zur Linderung der gegenwärtigen Nöte wiederbelebt werden müssten. Das Christentum hingegen sei in seiner aktuellen Ausgestaltung eine »Fremdreligion«, dem deutschen Wesen sozusagen artfremd. Die deutsche Mission könne nur durch Rückbesinnung auf diese Urkraft gelingen, lautete die Botschaft in einem Aufsatz im Jahr 1913:

> »Hinter dem Deutschtum steht als die große nährende und umspannende Macht das Germanentum, und man wird vor allem und hauptsächlich von germanischer Religion reden müssen, wenn man sich über die Rolle klar werden will, die das deutsche Wesen unter Umständen in der Weltgeschichte noch zu spielen berufen ist.«[88]

Hier wurde ein Deutschtum zelebriert, dem man eine glorreiche nationale Vergangenheit zuschrieb (die es aber in Wahrheit gar nicht besaß) und das man in welthistorischer Mission wähnte. Der »Mythos der nationalen Regeneration« sollte die Zerrissenheit des Vaterlandes aufheben und Deutschland als führende Nation legitimieren. So schien der Aufbruch in eine noch glänzendere Zukunft möglich. All dies nährte einen immensen Überschuss an utopischem Glauben, an Heilsgewissheit und drängender Erwartung, wodurch die Mobilisierungskraft dieser politischen Religion immer größer wurde.[89] Selbst als Deutschland 1914 in den Weltkrieg zog, der angesichts der Vielzahl der Feinde ohnehin nicht zu gewinnen war, wurde dieser Glaube zunächst nicht erschüttert. Ganz im Gegenteil, viele (und dabei erschreckend viele Intellektuelle) verfielen geradezu in nationalreligiöse Ekstase. So glaubte etwa der Wirtschaftswissenschaftler Johann Plenge wie viele andere an einen unsterblichen Sendungsauftrag der deutschen Nation:

> »In uns ist das 20. Jahrhundert, wie der Krieg auch endet, wir sind das vorbildliche Volk. Unsere Ideen werden die Lebensziele der Menschheit bestimmen.«[90]

Rückschläge auf dem Weg zur deutschen Nationalstaatlichkeit wurden dabei nicht als Widerlegung dieser Heilserwartung verstanden, sondern stets als weitere Ermutigung, diesen Weg noch glaubensstärker und noch überzeugter zu gehen. Fast kann man im Rückblick den Eindruck gewinnen, Rückschläge hätten der politischen Religion zusätzliche Leidenschaft verliehen, weil sich dabei stets das Sehnen nach Erfüllung des großen Heils noch gesteigert hatte. Womöglich waren es gar nicht die vermeintlichen Erfolge der deutschen Nationalgeschichte, die diesem Glauben Vehemenz verliehen, sondern seine Misserfolge. Von einer »Zusammenbruchsgeschichte« spricht der Historiker Dieter Langewiesche, in der die Deutschen seit dem frühen 19. Jahrhundert gelebt hätten.[91] Es habe kaum lange Phasen staatlicher Kontinuität gegeben, in der sie die nötige Zeit gefunden hätten, ein Selbstbild ihrer eigenen Nation zu entwerfen.

Das 19. Jahrhundert begann mit der Niederlage gegen Napoleon und der Auflösung des Heiligen Römischen Reiches Deutscher Nation 1806. Neue Versuche wie die Gründung des Deutschen Bundes nach dem Wiener Kongress 1815 oder auch das nationale Anliegen der Revolution von 1848 konnten keinen Ersatz für das untergegangene Reich liefern. Erst die Reichseinigung von 1871 stellte einen entsprechenden Versuch dar, so Langewiesche. Aber auch sie müsse letztlich als Moment des Zusammenbruchs gewertet werden, sobald man die negativen Aspekte in den Blick nimmt: Deutschland war 1871 territorial kleiner geworden, weil die alte deutsche Kaisermacht Österreich ausgeschlossen wurde. Zudem wurde es anders als zuvor ein überwiegend protestantisches Land, zugleich gingen mit dem Aufstieg des Deutschen Reiches einige traditionsreiche deutsche Staaten unter (besonders eklatant waren die Zerschlagung des Königreichs Hannover und die Enteignung der Welfen). Außerdem verloren die bürgerlichen Demokraten abrupt an politischer Bedeutung, weil diese sich vor allem in Süd- und Südwestdeutschland gegen die »Verpreußung« des Landes gewehrt hatten – und nun offensichtlich verloren hatten. Immerhin konnten sich zwei bis drei Generationen in diesem Reich von 1871 einrichten, ehe der Machtanspruch der deutschen Nation in die Niederlage des Ersten Weltkriegs mündete und der nächste, noch sehr viel tiefer empfundene Zusammenbruch folgte.[92]

Aber nicht nur die Idee der Nation nahm in Deutschland heilsgeschichtliche Züge an, daneben – aber interessanterweise keineswegs immer zwangsläufig in Konkurrenz zu ihr – etablierte sich der Sozialismus als politisches Glaubensangebot. An seiner Wiege stand bekanntermaßen keineswegs ein religiöser Impuls – die soziale Frage und die Not der Industriearbeiterschaft hatten diese neue politische Kraft entstehen lassen. Forderungen nach gerechtem Lohn, nach menschenwürdigen Arbeitsbedingungen und schließlich nach angemessener politischer Partizipation bildeten den Kern der neuen Bewegung. Und doch erinnerte in Sprache und Auftreten überraschend vieles an das traditionelle christliche Heilsangebot – mit einem Paradies auf Erden. Das Paradies war nun der sozialistische Zukunftsstaat, die sozialdemokratische Partei bildete dazu die neue »Kirche«. Der Sozialismus wurde im Laufe des 19. Jahrhunderts zu mehr als nur einer politischen Sache. Seine Führer interpretierten Welt und Leben, hielten für die Notleidenden Erklärungen ihres gegenwärtigen Elends parat und wiesen ihnen den Weg in eine lichte Zukunft. Der Sozialismus bot Lebenssinn und Glauben und hatte seine eigenen Symbole und Rituale.[93] Eine neue politische Religion war entstanden, die bei den Anhängern zunehmend religiöse Gefühle weckte und bediente:

> »Ich griff nach dem neuen Evangelium wie ein Verschmachtender nach dem Trunk. Ich mußte glauben können, um das Leben zu ertragen. Und die Millionen, die heute dem Sozialismus anhängen, sind zum geringsten Teil wissenschaftlich überzeugte Sozialisten, sondern sie kommen aus grenzenloser innerer und äußerer Öde wie das Volk Israel aus der Wüste. Sie müssen glauben, um nicht zu verzweifeln.«[94]
>
> (Der Sozialdemokrat Otto Krille in den 1890er-Jahren)

Die Partei und ihre Organisationen prägten das Leben und auch den Alltag der neu entstehenden Arbeiterklasse. Man kämpfte gemeinsam gegen Aussperrung und für bessere Arbeitsbedingungen, kaufte demonstrativ im »Konsum« ein, engagierte sich im Arbeiter-Samariter-Bund, feierte gemeinsam Feste, sang und spielte gemeinsam Theater, solidarisierte sich in Betrieb und Nachbarschaft – und über allem standen die Partei und ihre Vereine, die eigene Presse und die Bibliotheken der Arbeiterbewegung.[95] Die Partei und die Gewerkschaften gewährten damit einerseits Halt, Trost und Geborgenheit im täglichen Leben, andererseits hatten sie auch die überzeitliche Erlösung im Angebot: nämlich die Aufhebung aller Unterdrückung in der künftigen klassenlosen Gesellschaft. Indem der Sozialismus Trost und Versprechen zugleich war, trat er in gewisser Weise an die Stelle der traditionellen Kirchen.[96] Er wurde Objekt einer neuen Beglückungsgemeinschaft.

Offiziell hatte die Sozialdemokratie in ihrem »Erfurter Programm« von 1891 die Religion zur »Privatsache« erklärt, was aber eben auch politisch verstanden werden musste. Denn öffentliche Mittel sollten für religiöse oder kirchliche Zwecke fortan nicht mehr fließen. Auch sollten in Zukunft Kirchen und religiöse Zusammenschlüsse nur noch als private Vereinigungen betrachtet werden. Das war eine Kampfansage an die Kirchen. Auch wenn ihnen die Sozialdemokratie nicht das Existenzrecht absprach, wie es etwa die organisierten Atheisten taten, so forderte sie doch eine gesellschaftliche Herabstufung kirchlicher Macht. Die Trennung von Kirche und Staat, und hier vor allem die Trennung von Kirche und Schule, war der Kern der politischen Opposition zu den Kirchen. Zwar vertraten viele Sozialdemokraten zuweilen einen militanten Atheismus und forderten einen schärferen Kurs der Partei gegen die Kirchen, aber die Parteiführer zogen es aus taktischen Überlegungen doch vor, nicht offen aggressiv zu agitieren. Eine solche Art von Kulturkampfpolitik hätte der eigenen Bewegung beispielsweise in überwiegend katholischen Gebieten nur geschadet.[97]

Statt ihre Anhänger offensiv zum Austritt aus den traditionellen Kirchen aufzufordern, unterbreitete die Arbeiterbewegung ihnen also ein eigenes Glaubensangebot. Das geschah zunächst noch weitgehend im Einklang mit traditionellen christlichen Werten: Sozialdemokraten wie Wilhelm Liebknecht und August Bebel nahmen für sich in Anspruch, dass sie und ihre Partei nach christlichen Grundsätzen handelten. Sie provozierten sogar mit der Spekulation, ob Sozialdemokraten womöglich gar die besseren Christen seien. Es sei doch eine »unbestreitbare Tatsache«, so erläuterte Bebel 1895 den Abgeordneten des Deutschen Reichstags, dass die Sozialdemokratie jene hohen idealen Ziele zu verwirklichen suche, »die in ihrem inneren Kern sich vielfach mit gleichen Idealen des Christentums decken« (das Protokoll vermerkt »Gelächter rechts«).[98] Und Wilhelm Liebknecht erklärte auf dem Parteitag 1890, die SPD sei eine Partei nach besten, sogar nach besseren christlichen Grundsätzen. In seiner Rede stilisierte er die SPD zur Heilsgemeinschaft, denn die Partei vertrete mit dem Sozialismus eine »Religion des Menschenthums«:

»Haben wir nicht das, was die Kraft der Religion bildet, den Glauben an die höchsten Ideale? Ist im Sozialismus nicht die höchste Sittlichkeit: Selbstlosigkeit, Aufopferung, Menschenliebe?«[99]

»Was bis jetzt Jesus Christus war«, so wurde ein sozialdemokratischer Arbeiter zitiert, »wird einst Bebel und Liebknecht sein.«[100] Für die Partei hatte dieses Angebot den Vorteil, dass es für viele Arbeiter eine Art Kirchenersatz bot und den Eintritt in die Partei erleichterte. Allerdings kam es nicht zu einer programmatischen Verbindung zwischen Christentum und Sozialismus, da dessen Protagonisten sich auch als wahre Hüterin christlicher Vorstellungen wie Brüderlichkeit und Menschenliebe verstanden. Als solche konnte man es sich herausnehmen, das für die deutschen Protestanten so symbolträchtige Lied aus der Reformationszeit, »Ein' feste Burg ist unser Gott«, in vier Versionen zum Arbeiterlied umzudichten. Eine begann in Erinnerung an den Arbeiterführer Ferdinand Lassalle mit den Zeilen »Ein' feste Burg ist unser Bund, wie ihn Lassalle geschaffen«, eine andere mit »Ein' feste Burg ist unser Gott: der ›freie Geist der Wahrheit‹!«[101]

Viele Sozialdemokraten waren überzeugt, dass der Sozialismus die weltgeschichtliche Nachfolge des Christentums antreten werde. Auch deshalb waren religiöse Begriffe und christliche Metaphern seit Mitte des 19. Jahrhunderts fester Bestandteil der Parteirhetorik. Zuweilen waren begriffliche Anleihen beim Christentum wohl ironisch gemeint, doch im Wesentlichen sollte damit zum Ausdruck kommen, dass der Sozialismus wie das Christentum heilsgeschichtliche Funktion habe. Von der »Erlösung aus materieller und geistiger Knechtschaft« sprach etwa der marxistische Autor Joseph Dietzgen und bezeichnete den Sozialismus als »neues Evangelium« und als »Lehre unserer sozialdemokratischen Kirche«. Eine ganz eigene Religiosität liege der Bewegung laut Dietzgen zugrunde, die Sozialdemokratie enthalte grundsätzlich »den Stoff zu einer neuen Religion«:[102]

»Die Sache selbst ist so groß und erhaben, daß sie keiner Mystifikation bedarf. Es handelt sich um die Erlösung des Menschengeschlechts im wahrhaftigsten Sinne des Wortes. Wenn es irgend etwas Heiliges gibt – wir stehen hier vor dem Allerheiligsten. Es ist kein Fetisch, keine Bundeslade, kein Tabernakel und keine Monstranz, sondern das reale, sinnliche Heil des gesamten zivilisierten Menschengeschlechts.«[103]

Und die Träger dieses sozialistischen Evangeliums erschienen Dietzgen geradezu als Vollstrecker des göttlichen Willens, als Heiland selbst:

»Wir verlangen den Heiland, wir verlangen, daß unser Evangelium, das Wort Gottes, Fleisch werde. Doch nicht in einem Individuum, nicht in einer bestimmten Person soll es sich verkörpern, sondern wir alle wollen, das Volk will – Sohn Gottes sein.«[104]

Zentral für diese politisch-säkulare Religion war die Intensität des Glaubens an einen sozialistischen »Zukunftsstaat«. Der werde kommen, und in ihm werde für die unterdrückte Arbeiterschaft endlich Friede, Gleichheit und Gerechtigkeit herrschen. Diese Zukunftsvision war das sozialdemokratisch gewendete christliche Versprechen einer besseren Welt – allerdings im Diesseits. Doch wie sollte das Paradies auf Erden aussehen? Vor allem August Bebel, damals der unangefochtene Führer der deutschen Sozialdemokratie, versuchte den künftigen Staat genauer zu beschreiben. Dies tat er vor allem in seiner Schrift *Die Frau und der Sozialismus*, die 1879 unter den Bedingungen des Sozialistengesetzes zunächst illegal erschien. Das tat er so detailliert, dass fortan jeder, der sich über die sozialistischen Vorstellungen vom Zukunftsstaat informieren wollte, zu diesem Büchlein griff. Bis 1910 erlebte es 50 Auflagen mit einer Gesamtauflage von 100 000 Exemplaren und rund einer halben Million Lesern.[105] Das Heraufkommen des Sozialismus und einer besseren Zeit beschwor Bebel pathetisch so:

»Die Morgendämmerung zu einem schönen Tage zieht mit Macht herauf. Kämpfen und streben wir also immer voran, unbekümmert darum, ›wo‹ und ›wann‹ die Grenzpfähle für eine neue, bessere Zeit für die Menschheit eingeschlagen werden.«[106]

Allerdings machte Bebel seinen Lesern auch deutlich, dass die Genossen keineswegs friedlich diesem Morgenrot entgegenziehen könnten. Vielmehr habe dieses gesellschaftliche Glück der Zukunft seinen Preis: Es werde Kampf geben, so wie es auch bisher Kämpfe gegeben habe (die Sozialistenverfolgung unter Bismarck war nur allzu gut in schlechter Erinnerung), und fraglos würden auch »Gefallene« zu beklagen sein. Doch sie würden Märtyrern gleich für eine höhere Sache fallen. Bebel schreckte dieses Opfer nicht:

»Und fallen wir im Laufe dieses großen, die Menschheit befreienden Kampfes, so treten die uns Nachstrebenden für uns ein. Wir fallen in dem Bewußtsein, unsere Schuldigkeit als Mensch getan zu haben, und in der Überzeugung, daß das Ziel erreicht wird, wie immer die dem Fortschritt der Menschheit feindlichen Mächte sich dagegen wehren und sträuben mögen.«[107]

Das ist Heilsgewissheit – die Gewissheit, dass der Sozialismus kommen werde. Sosehr sich die Feinde gegen diese Einsicht auch wehren würden, in der Logik von August Bebel und seinen Anhängern war es eben heilsgeschichtlich vorbestimmt, dass die alte Welt zusammenbrechen und eine neue entstehen werde – die sozialistische Welt. In der sei alles anders und besser:

Die bisherige Herrschaft einer Klasse über die andere würde beendet, weil das Privateigentum an den Produktionsmitteln aufgehoben und damit die Ausbeutung des Menschen durch den Menschen unmöglich geworden sei. Eine freie Entwicklung der Persönlichkeit ungeachtet der sozialen Herkunft ermögliche eine »Sorglosigkeit der Existenz«; eine zukünftige »kommunistische Küche« würde angesichts einer gerechteren Verteilung der Erträge aus der Landwirtschaft die Menschen besser versorgen. Man dürfe in dieser neuen Welt auch eine »Neugeburt der Kunst« erwarten, ebenso eine Ära für Künste und Wissenschaften, »wie sie die Welt noch nie gesehen hat«.[108]

Mochte die Brüderlichkeit als Moral dieser politischen Religion gelten – wenn es um das große Ziel ging, den sozialistischen Zukunftsstaat, hatte die Brüderlichkeit ihre Grenzen. Gerade weil die Botschaft heilsgeschichtlich aufgeladen war, nahmen die Konflikte um dieses Endziel »den Charakter und die moralische Qualität von Glaubenskämpfen« an.[109] Es war wie bei den anderen großen (politischen) Religionen, dem Nationalismus, den traditionellen Kirchen, den Sekten und lebensreformerischen Gruppierungen: Die »anderen« waren und blieben »Außenstehende«, sie gefährdeten das heilige Werk, sie waren nicht im Besitz der wahren Lehre. Sie waren Feinde, die nicht an das eigentliche Paradies glaubten und deshalb auch nie dort einziehen würden.

Innerhalb der deutschen Sozialdemokratie war der Kampf gegen die Abweichler im eigenen Lager stets scharf im Ton (auch dies ein typisches Merkmal politischer und anderer Religionen). Als beispielsweise Eduard Bernstein im sogenannten Revisionismusstreit zu Beginn des 20. Jahrhunderts seine Partei aufforderte, sich nicht mehr wie einst beabsichtigt ausschließlich auf die Revolution vorzubereiten, sondern auf parlamentarischem Weg die Verwirklichung des Sozialismus anzustreben, entflammten heftige Konflikte. Rosa Luxemburg kämpfte mit anderen energisch gegen diese Position. Der eigene Genosse schien ein Abtrünniger, ein Feind geworden zu sein: »Die Diskussion mit Bernstein ist zur Auseinandersetzung zweier Weltanschauungen, zweier Klassen, zweier Gesellschaftsformen geworden«, erklärte die strenge Marxistin. »Bernstein und die Sozialdemokratie stehen jetzt auf gänzlich verschiedenem Boden.«[110] Entweder für die baldige Revolution zu kämpfen oder auf parlamentarischem Weg zum Sozialismus zu gelangen – das war eine sozialdemokratische Bekenntnisfrage geworden. Und der Sozialismus hatte die erste große, aber mit Blick auf den weiteren Verlauf der Geschichte nicht die letzte Spaltung vor sich.

Zumindest am gemeinsamen sozialistischen Festtag versuchte man jedoch Einigkeit und Stärke zu demonstrieren. Das galt vor allem für den 1. Mai, den zentralen Kampf- und Festtag der Arbeiterbewegung. Auch er nahm zunehmend religiöse Züge an, auch wenn er kein allgemeiner Feiertag war. In Deutschland war ein solcher sozialistischer Feiertag unter den Bedingungen des Sozialistengesetzes und auch danach nicht durchsetzbar gewesen, nur wenige Arbeitgeber gewährten einen halben oder einen ganzen Tag Urlaub für die Maifeierlichkeiten. Gleichwohl nahm die Zahl der demonstrierenden Arbeiter zu, die von den Unternehmen im Gegenzug oft mit Aussperrung belegt wurden. Das machte die Forderung nach einem 1.-Mai-Feiertag aber nur noch populärer. An diesem Tag fühlte man sich der sozialistischen Utopie noch ein Stückchen näher. »Sozialismus, dein Reich komme« war auf Transparenten der Maifestumzüge zu lesen. Die alte bäuerliche Vorstellung vom Frühlingserwachen im Monat Mai vereinte sich mit der Vision einer neuen Gesellschaft. »Heute seid Ihr des Frühlings Gäste«, hieß es in einem Lied aus dem Jahre 1902, »und mit Euch segnen auf weitem Rund die Völker der Erde den heiligen Bund.«[111] Und wenn deutsche Sozialdemokraten dann noch gemeinsam ihr Lied »Brüder, zur Sonne, zur Freiheit« anstimmten, dann klang das immer ein wenig nach sozialistischem Gottesdienst, weil es letztlich doch um das Heilige ging:

»Brüder, in eins nun die Hände,
Brüder, das Sterben verlacht!
Ewig der Sklav'rei ein Ende,
heilig die letzte Schlacht.«[112]

Solch politischem Glauben ging es um Fragen von Leben und Tod – hier entschied sich, was die Bestimmung der »letzten Schlacht« sein sollte und welche Bedingungen ihr das Prädikat »heilig« verliehen. Es gab nur zwei Möglichkeiten: richtig oder falsch. Jahrhunderte nach der Reformation waren Fragen der reinen Lehre und der absoluten Wahrheit wieder aktuell, die politischen Religionen führten den deutschen Glaubenskrieg auf ihrem Feld und unter neuen Vorzeichen fort. Nicht nur, aber besonders ausgeprägt finden sich diese Verhaltensweisen im nationalistischen und im sozialistischen Lager, hier waren politische Heilserwartungen konstitutiv für die Agitation – und zugleich Ursache für den Erfolg.

Der Exkurs zu den unterschiedlichen Beglückungsgemeinschaften hat gezeigt, dass die Politik nur *ein* Feld für diese Ersatzreligionen war. »Geglaubt« wurde auch auf anderen Feldern – und damit auch um den »richtigen« Glauben gekämpft. Zunächst an den Rändern der Großkirchen, wo sich die sogenannten Sekten etablierten. Die Vehemenz ihrer Überzeugungen verdankte sich der leidenschaftlichen Ablehnung ihrer bisherigen religiösen Heimat, die sie nun zuweilen genauso erbittert bekämpften, wie sie wiederum von den Großkirchen verfolgt wurden. Die jahrhundertelange konfessionelle Dauerkonfrontation bildete die Folie für diese Kämpfe, wo Dogmatismus nicht als intellektuelle Engstirnigkeit, sondern als überlebenswichtige Bekenntnistreue erschien. Wer als Glaubensgemeinschaft eine Zukunft haben will, muss sich im Kampf prinzipienfest und unnachgiebig zeigen, so die Erfahrung.

Ähnliches galt für die Atheisten, deren divergierende Formationen im Glaubenskampf geboren wurden und im permanenten Konflikt mit den etablierten Kirchen fortlebten, sowie für die unterschiedlichen Gruppierungen der Lebensreformbewegung, deren Anhänger sich in Deutschland zunehmend auf die Suche nach dem »wahren Leben« machten. Auch sie glaubten an die unbedingte Richtigkeit einer, nämlich ihrer allumfassenden Idee. All diese Beglückungsgemeinschaften agierten auf dem weiten Feld der neuen und schillernden Glaubensangebote, von denen manche noch christlich geprägt, andere durch neue Lehren inspiriert oder bereits dominiert waren. Selbst ernannte Propheten und Apostel schritten durchs Land, »Sehende« und neue Gläubige. Von Außenstehenden zuweilen belächelt oder verspottet, suchten und fanden sie ihr Glück in einer neuen Lehre, einer neuen Wahrheit.

Dabei hatte die Übernahme christlicher Begriffe, Metaphern und Ideale in die nichtchristliche, politische Lebenswelt zur Folge, dass die Kampferfahrungen der Konfessionen, ihre ständige latente Konfliktbereitschaft, ihr dualistisches, manichäisches Denken auch auf die neuen, in Konkurrenz zueinander stehenden Beglückungsgemeinschaften übergingen. Der traditionelle Glaubenskrieg war also keineswegs abgeschwächt oder gar beendet, nur weil die beiden großen konfessionellen Lager an Bindungskraft einbüßten. Er bestand einerseits als katholisch-protestantischer Grundgegensatz fort, wurde andererseits aber auch aufgrund der Konfrontation moderner Glaubensformationen religiöser und weltlicher Prägung auf einem neuen Feld geführt. Im Rückblick hat man den Eindruck, dass dieser Glaubenskrieg durch die Vielzahl der neuen Beteiligten erheblich an Dynamik gewonnen hat. Fortan wurden in Deutschland weltanschauliche Konflikte jedweder Couleur religiös oder eben quasireligiös (mit den ursprünglichen Symbolen, Ritualen oder der Sprache des Religiösen) aufgeladen und ausgetragen. Das hatte Folgen für die politische Kultur. Konfessionsspaltung und -konfrontation hatten als kollektive Erfahrung dazu beigetragen, dass die Parteien stark von Ideen, von

Theorien und Weltanschauungen bestimmt waren. Daher auch der Rigorismus und die zentrale Bedeutung von – wie es in Wahlkämpfen immer wieder hieß – »Glaubensbekenntnissen«. Zwischen den Wahrheitsaposteln der zahlreichen »Religionen« und Beglückungsgemeinschaften hatten es Pragmatismus und Kompromissbereitschaft im politischen Geschäft fortan schwerer denn je.

5. Das Erbe und seine politischen Folgen

Als das 20. Jahrhundert begann, war die deutsche Gesellschaft sowohl vom traditionellen und manifesten Grundgegensatz zwischen Katholiken und Protestanten als auch von der Konkurrenz einer Vielzahl von Weltanschauungsgemeinschaften geprägt. Es war mithin eine doppelte Konfliktgeschichte, die das Land und seine Menschen bestimmte. Die Kirchen wie die neuen Beglückungsgemeinschaften zeichneten sich durch einen mehr oder weniger offen erklärten Missionseifer aus, obwohl sie eigentlich der Toleranz gegenüber Andersdenkenden das Wort redeten. Sie nahmen für sich die exklusive Einsicht in die wahre Heilslehre in Anspruch und versprachen überdies oft genug, die in weltanschauliche und politische Einzelteile zerfallende deutsche Gesellschaft wieder zu einem harmonischen Ganzen zu vereinen. Die proklamierte »wirkliche Einheit« – sowohl in kirchlicher als auch in politischer Hinsicht – war ein wichtiger Faktor in den weltanschaulichen Konflikten.

Aber gerade weil diese Beglückungsgemeinschaften sich einbildeten, den alleinseligmachenden Weg zur Überwindung aller Gegensätze zu kennen, trugen sie notwendigerweise zur Verhärtung der weltanschaulichen Grabenkriege bei.[1] Oft genug schien es ihnen sogar darauf anzukommen, sich möglichst engagiert in die gesellschaftlichen Auseinandersetzungen zu stürzen. Gerade in Momenten politischer Krisen sahen sie für ihre Lehre besonders große Chancen, die Gesellschaft in ihrem Sinne zukunftsweisend zu verändern. Dies galt auch für das katastrophale Ende des Ersten Weltkriegs und den Zusammenbruch des politischen Systems in Deutschland, was eine willkommene Gelegenheit für alte und neue Heilsversprechungen zu sein schien. Der Kampf um den richtigen Glauben kam deshalb in den folgenden Jahren nicht zur Ruhe.

Die beiden Konfessionen als traditionelle Subjekte des deutschen Glaubenskrieges traten ins 20. Jahrhundert zudem keineswegs mit der Absicht zu friedlicher Koexistenz ein. Das lag nicht nur daran, dass sie noch in den althergebrachten Konfliktmustern verhaftet waren. Denn zugleich schienen die Kirchen und ihre Vereine gerade aufgrund des Kampfes gegen alle Formen des Unglaubens ein starkes Interesse daran zu haben, dass der Antagonismus der Bekenntnisse auch weiter Bestand hatte. Auch deshalb blieben die Religionen und ihr Verhältnis zueinander und zum Staat weiterhin Faktoren permanenter gesellschaftlicher Unruhe. »Wohl in keinem Lande der Welt stehen konfessionelle Fragen augenblicklich so sehr im Vordergrunde des Interesses wie in unserem Vaterland«, schrieb ein katholischer Autor 1904.[2] Und 1910 konstatierte ein Beobachter angesichts der politischen Debatten auf Reichsebene eine »gegenwärtig wieder verschärfte Spannung« zwischen den Konfessionen.[3] Das fanden manche durchaus positiv, weil solche Konflikte doch zeigten, so ein katholischer Beobachter, wie sehr die Deutschen ein starkes religiöses Empfinden charakterisiere. Weshalb würden sie sich sonst um die Religion streiten? So gesehen könne der alte Konflikt zwischen Katholiken und Protestanten eine wünschenswerte Schärfung des Glaubens bewirken:

> »Es hat das die bedauerliche Folge, daß es oft zu Streitigkeiten zwischen den beiden Konfessionen kommt, in welche die deutsche Nation gespalten ist. Auf der anderen Seite ist es aber doch ein Zeichen für das tief religiöse Gemüt, das den Deutschen auszeichnet. Die Religion ist dem Deutschen, mag er nun Katholik oder Protestant sein, nichts gleichgültiges; er schätzt sie höher als materielle Güter und

> materielle Vorteile, seine Stellung zur Religion entscheidet über seine ganze Lebensanschauung und nicht selten auch über seine Stellungnahme zu den wichtigsten Fragen des öffentlichen Lebens.«[4]

Hier wurde der Konflikt als Wettstreit verstanden und damit letztlich als Impuls zur Stärkung der eigenen Identität. Anders gesagt: Was wären die deutschen Katholiken ohne die Protestanten? Und wie profilierten sich die deutschen Protestanten ohne die Katholiken? Fraglos war bei manchen Protestanten der Glaube zuweilen auf einen reinen Antikatholizismus geschrumpft, so wie auf katholischer Seite der Antiprotestantismus eine unverzichtbare Säule der Identität geworden war. Der Kampf gegeneinander schien die alten Kirchenmächte am Leben zu erhalten. Je heftiger die Kritik am anderen, so die Vorstellung bei vielen ihrer Wortführer, desto größer der Ertrag für das eigene Lager. Das steigerte zwangsläufig die Lust an der konfessionellen Polemik. Die Protestanten setzten dabei bevorzugt auf die überkommene Vorstellung von der kulturellen Überlegenheit des deutschen Protestantismus und der Zurückgebliebenheit der Katholiken, Letztere wiederum prophezeiten immer wieder gern das absehbare Ende der evangelischen Abspaltung von der »einzig wahren Kirche«. Gerade diese Polemik verfing noch immer bei den Protestanten, wie die Äußerung eines evangelischen Autors aus dem Jahr 1900 zeigt:

> »Es geht eine alte Sage in der römischen Kirche, daß noch keine Ketzerei älter als vierhundert Jahre geworden sei. Daher die gewaltigen Anstrengungen, den Protestantismus vor seinem vierhundertsten Geburtstage (1917) zu erwürgen.«[5]

Was der Autor damals noch nicht wissen konnte: 1917 hatten die deutschen Katholiken wahrlich anderes zu tun, als den Protestantismus zu erwürgen. Der Erste Weltkrieg führte unweigerlich in die Katastrophe, die erschreckend hohen Verluste an den Fronten und die zunehmend desaströse Versorgung der Menschen im Land machten nur zu deutlich, was für ein Fehler es gewesen ist, diesen Krieg geradezu vorsätzlich begonnen zu haben. Doch was taten die Kirchen? Obwohl sie sich 1917 erstmals Gedanken über einen möglichen Frieden machten, konnten sich die Geistlichen in ihrer übergroßen Mehrheit noch immer daran erfreuen, was der Krieg ihnen und ihren Gemeinden zunächst bescherte: volle Kirchen nämlich. Und die Teilnahme am Gottesdienst, am aktiven Kirchenleben – das war die Währung, in der die Gottesmänner rechneten. Auch wenn die Deutschen nur zu Beginn des Krieges den Weg in die Kirchen fanden und ihre Teilnahme an den kirchlichen Riten danach wieder auf das gewohnte Maß zurückging, so glaubten viele Kirchenmänner einen ganz eigenen Sinn des Krieges erkannt zu haben. Auf evangelischer Seite erschien der Krieg einigen als »Retter« und als »Reformator mit furchtbarem Antlitz«, der die Menschen wieder zum Volk und zu ihrem wahren Gott zurückführen werde.[6] Im Jahrbuch der evangelischen Landeskirchen hieß es 1915:

> »Jetzt begehrt das Volk den Dienst der Prediger wieder, viel Mißtrauen ist geschwunden, Gott sei's gedankt; die Kirche hat wieder Anziehungskraft.«[7]

Auch die katholische Seite konnte sich darüber freuen, dass Not erfahrungsgemäß das Beten lehre. Der spätere Kardinal Michael von Faulhaber, zu diesem Zeitpunkt Bischof von Speyer, erblickte wie andere eine regelrechte Resakralisierung des Landes:

> »Der Krieg hat in den Missionen viele Zelte des Gottesreiches zerstört, er hat aber dafür in den Seelen viel Gottesreich wieder aufgebaut und zu uns kommen lassen.«[8]

Das waren Illusionen. Der Krieg brachte keine Revitalisierung der Kirchen, und auch eine Annäherung zwischen den Bekenntnissen blieb trotz gelegentlicher kriegsbedingter Kooperationen etwa bei der Militärseelsorge aus. Die katholische wie die protestantische Kirche mussten 1918 vielmehr erkennen, dass Gott wohl doch nicht mit den Deutschen war, wie sie es in den Jahren zuvor ihren Gläubigen immer gepredigt hatten. Die militärische Niederlage war für die Kirchen so gesehen auch eine moralische Niederlage. Doch Selbstkritik blieb weitgehend aus, die Schuld für die Katastrophe wurde weiterhin bei anderen gesucht, die alten Kämpfe der Bekenntnisse und Weltanschauungen wurden fortgesetzt. Für Kompromisse sah niemand einen Anlass, auch in den politischen Auseinandersetzungen der Nachkriegszeit prallten die Verkünder der vermeintlich wahren Lehre unversöhnlich aufeinander. »Die deutsche Uneinigkeit« sei das zentrale Übel der Zeit, urteilte 1922 der evangelische Theologe und Geschichtsphilosoph Ernst Troeltsch. So seien wichtige außenpolitische Entscheidungen in Deutschland gar nicht mehr diskutierbar, sondern würden aufgrund der »furchtbaren Uneinigkeit und Parteizerrissenheit« als Waffen »in dem tödlichen inneren Kampf« genutzt. Diese Zerrissenheit sei der »wundeste Punkt« der deutschen Gesellschaft, und Troeltsch selbst vermochte nicht die Ursachen dieses Unheils zu erklären:[9]

> »Ob diese Uneinigkeit wirklich sozusagen anthropologisch in dem Charakter der Germanen seit Urzeiten begründet ist oder ob sie eine Folge unseres schweren Schicksals erst mittelalterlich internationaler Orientierung und dann territorialstaatlicher Zerbrochenheit oder ob sie aus der überschnellen Verwandlung in einen fast amerikanischen Industriestaat herstammt, das ist schwer zu sagen.«

Dass der alte Kampf der Kirchen gegeneinander die Schule für diese »deutsche Uneinigkeit« sein könnte, blendete der Theologe Troeltsch interessanterweise aus. Doch gerade dafür lieferte seine Zeit neue Belege.

Kein Kompromiss: Die verspielte Weimarer Demokratie

Die Niederlage von 1918 bedeutete für die Deutschen eine völlig neue Erfahrung. Nicht nur, weil sie seit den Napoleonischen Kriegen nur noch siegreich aus Schlachten hervorgegangen waren – gerade die sogenannten Einigungskriege unter Bismarcks Führung spielten in der nationalen Erinnerung eine übergroße Rolle –, sondern auch, weil diese Niederlage eine andere Qualität besaß. Der Weltkrieg war nicht geführt worden als ein Kampf um Sein oder Nichtsein der Armee, sondern der gesamten Nation. Und eine Niederlage musste nach dieser Vorstellung wie ein Vorzeichen des nationalen Niedergangs erscheinen. In der jahrelangen Kriegspropaganda war es immer »ums Ganze« gegangen, und die deutsche Nation konnte sich in ihrer übergroßen Mehrheit bis zum Schluss eine Niederlage schlicht nicht vorstellen.[10] Die herrschende Zensur, die geschönte Presseberichterstattung und die über Jahre hinweg etablierte Propaganda sorgten dafür, dass das erste entscheidende Anzeichen für einen dramatischen Wechsel des Kriegsgeschehens, das deutsche Waffenstillstandsgesuch an den amerikanischen Präsidenten Wilson in der Nacht vom 3. auf den 4. Oktober 1918, einen tiefen Schock in der deutschen Öffentlichkeit auslöste.[11] Das Land war weder auf den Zusammenbruch noch auf die Etablierung einer neuen gesellschaftlichen Ordnung vorbereitet.

Die Niederlage widersprach schließlich auch dem lang genährten zentralen nationalen Mythos. Aus dem 19. Jahrhundert stammte die Beschwörungsformel, dass das deutsche Volk unbesiegbar sei, wenn es nur vereint marschiere. War nicht die Reichsgründung von 1871 genau auf dieser »Stärke« aufgebaut? Und hatte nicht Kaiser Wilhelm II. bei Ausbruch des Krieges im Sommer 1914 den sogenannten »Burgfrieden« ausgerufen, wonach es jetzt keine Parteien mehr gebe, sondern nur noch Deutsche? Sie müssten lediglich »wie Brüder« zusammenstehen, »dann wird dem deutschen Volke Gott zum Siege verhelfen«?[12] Dieser Irrglaube, zum Mythos erstarrt, wirkte stärker als die Einsicht, dass militärische Überschätzung und politische Fehleinschätzungen das Land zwangsläufig in die Katastrophe geführt hatten. Deshalb fiel es nach 1918 weiten Teilen der Bevölkerung auch so schwer, die Schuldigen für die Katastrophe zu benennen: Die Parole von einem hinterhältigen »Dolchstoß« gegen eine im Krieg unbesiegte deutsche Armee verfing deshalb in so erschreckendem Umfang.

Kriegsende, Revolution und die Etablierung der demokratischen Ordnung führten zu einem neuen Schub der Übernahme religiöser Weltbilder, von Erklärungs- und Trostangeboten in die innerweltlichen Debatten.[13] Vor allem das »Schicksal« der Nation wurde unter diesen Vorzeichen neu diskutiert. Schon vor dem Weltkrieg hatte sich der politische Glaube fest verankert, wonach es um das Heil der deutschen Nation ging. Und gerade in den Kriegsjahren war die Nation zu einem gottgleichen Wert an sich aufgestiegen. Zwar hatte es zu Beginn des Krieges eine allumfassende Kriegsbegeisterung nicht gegeben,[14] aber wer sich von der religiösen Überhöhung der deutschen Nation erfassen lassen wollte, konnte jetzt der Auferstehung Gottes beiwohnen. »Uns ist das deutsche Wesen erschienen«, verkündete 1914 zwei Wochen nach Beginn der Kämpfe das *Berliner Tageblatt*« in einem oft nachgedruckten Artikel, der die angebliche Volksgemeinschaft des Krieges pries:

> »Wir wissen jetzt zum ersten Mal, wie wir wirklich sind. Das ist das unbeschreibliche Geschenk dieser großen Zeit. … Wir haben uns wieder, nun sind wir nichts als deutsch. … Alle deutschen Wunden schließen sich. Wir

sind genesen. Gelobt sei dieser Krieg, der uns am ersten Tag von allen deutschen Erbübeln erlöst hat!«[15]

Der Sturz aus dem Himmel der Heilserwartung war tief: 1918 schien sich die zentrale, religiös grundierte Erlösungsstrategie in Luft aufgelöst zu haben, das Vaterland war geschlagen, die Nation gedemütigt. Die versprochene Wiedergeburt Deutschlands war nicht erfolgt, die entsprechenden Heilserwartungen hatten sich als obsolet erwiesen. Es gehörte zur üblichen Rhetorik, dass deutsche Soldaten in den vier Jahren zuvor »für Deutschland« gestorben seien, und für weite Teile der deutschen Bevölkerung war dies ein tatsächlich plausibler Trost für die im Grunde genommen unzumutbaren Opfer des Krieges. »Mögen wir den Krieg verlieren«, schrieb eine evangelische Kirchenbesucherin 1918 ihrem Pfarrer, »den Glauben an unser Deutschland kann mir keiner rauben.« Und fast klingt es in diesem persönlichen Schreiben wie eine Drohung kommenden Unheils, wenn sie erklärt, ein »neues Deutschland wird geboren aus Not und Leid«.[16]

Gerade die evangelischen Kriegstheologen sahen sich über Nacht ihrer Glaubwürdigkeit entkleidet: Der Berliner Pfarrer Otto Dibelius (später einer der führenden Köpfe in der »Bekennenden Kirche«) hatte noch im Oktober 1918 in einer seiner Predigten den Kampf und das »Volkstum« zu einem göttlichen Gebot erhoben: »Wer ein Christ ist«, so erklärte der Gottesmann, »dem muß sein Volkstum über alles gehen in der Welt.« Wochen später mussten solche Bekenntnisse wie Makulatur erscheinen; zudem hatte die evangelische Kirche nach der Abdankung der deutschen Fürsten und Könige und des Kaisers das landesherrliche Kirchenregiment verloren, in dem der Landesherr immer auch Summepiskopus einer Landeskirche war. So erlebten Kirchenführungen und weite Kreise des deutschen Protestantismus 1918/19 als einen Kulturschock, den sie während der gesamten Weimarer Republik nicht überwinden konnten. Den Werten eines demokratischen und republikanischen Staates standen sie misstrauisch, zuweilen kämpferisch-ablehnend gegenüber und trugen so ihren Teil zu einem permanenten mentalen und realen Bürgerkrieg in der Weimarer Republik bei. Es sprach Bände, dass sich die evangelische Kirchenleitung in Preußen nach dem Tod des von den Gegnern der Republik angefeindeten Reichspräsidenten Friedrich Ebert im Jahr 1925 keine offizielle Mitleidsbekundung abringen konnte.[17]

Für viele gab es keinen Anlass, alte Haltungen aufzugeben. Dies galt besonders für die auf protestantischer Seite praktizierte Verquickung von konfessioneller Feindschaft mit nationalem Pathos. Besonders brisant wurde diese Mischung, weil an der Wiege der Weimarer Republik ein zuweilen enthemmt ausgetragener Konfessionskonflikt stand, der die Rhetorik der Kulturkampfzeit zuweilen noch übertraf. Nationaler Hass ging nun oft mit konfessionellem Hass einher, beide Gefühle beflügelten einander. Für die überwiegende Mehrheit der Protestanten war es ein Leichtes, vor allem in die Diffamierung des Zentrumspolitikers Matthias Erzberger einzustimmen, eines der von rechten Kreisen am meisten gehassten Politiker der jungen Republik, der 1921 schließlich einem Mordanschlag von Rechtsradikalen zum Opfer fiel. Der Theologe Ernst Haack gab später in seinen Lebenserinnerungen seiner Verachtung für diesen »Landesverräter« Ausdruck. Erzberger habe sich als Katholik nicht nur an der deutschen Nation versündigt, sondern dies auch noch »als gehorsamer Diener eines Papstes« im Auftrag einer fremden Macht getan.[18] Zum nationalen und konfessionellen Hass kamen hier noch traditionelle Verschwörungsfantasien hinzu – eine verheerende Mischung für die politische Kultur einer jungen, mit Demokratie so unerfahrenen Republik. Und protestantische Kreise legten noch nach. Zuweilen sahen sie sich von Katholiken, von Kommunisten und oder auch von Juden umringt, die ihnen angeblich »ihr« Deutschland nehmen und zerstören wollten. So schrieb das evangelische Wochenblatt

Licht und Leben im November 1918 unter dem Titel »Satanische Gottesfeindschaft regiert«:

> »Sehr bedeutsam ist, daß jetzt in unserem Vaterland ›Rot‹ und ›Schwarz‹ regieren. Das stimmt ja auffallend mit der Weissagung, daß zuletzt alle weltliche und geistliche Gewalt in den Händen des Tieres und des falschen Propheten liegen wird, die sich miteinander verbinden und miteinander die Welt beherrschen werden. ›Rot‹ deutet auf das Tier hin, ›Schwarz‹ auf die falschen Propheten. Alle andern Parteien werden sich diesen unterwerfen müssen, und die es nicht tun wollen, werden ihren bitteren Haß zu erfahren bekommen.«[19]

Katholiken und Protestanten hassten sich. Öffentlich und leidenschaftlich. Der Schock über die Niederlage, das Nicht-eingestehen-Können des deutschen politischen und militärischen Versagens, die Flucht in die »Dolchstoßlegende« und selbstverständlich die vehemente Ablehnung des Versailler Friedensvertrags – all das prägte die Stimmung der ersten Jahre der Weimarer Republik. Die protestantische Kirche teilte nicht nur mit anderen die Aufregung über den vermeintlichen »Schandfrieden«, sie konnte ihre nationale Empörung – die von links bis rechts fast das gesamte politische Spektrum erfasst hatte – auch noch kirchlich-konfessionell abrunden. Für sie waren die vaterlandslosen Gesellen, denen man nun den »Dolchstoß« und die Unterzeichnung des Friedensvertrags vorwarf, auch noch katholisch.

Zugleich vermochte der Protestantismus in diesem Moment auch seinen alten inneren Konflikt zwischen liberaler und konservativer Richtung nicht ruhen zu lassen. Die Debatte um eine umfassende Erneuerung der Kirche unter dem Schlagwort »Volkskirche« wurde vor allem von Kreisen des liberalen Protestantismus getragen, der eine von den Gemeinden ausgehende Neubesinnung der Kirche im Blick hatte. Für die Konservativen war dies nicht weniger als die Idee von Gottesleugnern, von »Elementen der Zersetzung«. Der Ton in den eigenen Reihen war scharf, etwa in einer »Warnung vor dem liberalen Protestantismus«, die 1918 in der *Allgemeinen Evangelisch-Lutherischen Kirchenzeitung* erschien:[20]

> »Wer die liberale Richtung gerade in den letzten Jahren verfolgt hat, wird bei ruhigem Erwägen sich sagen müssen, der Graben wird immer tiefer. Einen kirchlichen Neubau gründen wollen mit Elementen der Zersetzung, heißt auf Sand bauen. ... Was gebietet der Herr der Kirche? ... Sind die Leugner seiner Gottheit, seines Erlösungswerkes, seiner Auferstehung und die Zerbrecher der Schrift wirklich die berufenen Bauleute einer neuen Kirche?«

Der Katholizismus hatte dieses Problem der inneren Zerrissenheit in diesem Maße nicht. Trotz der massiven Anfeindung, die an die wilhelminische Polemik von den national unzuverlässigen Katholiken anknüpfte, nutzte er die politische Chance, die die neue Republik ihm bot. Er hatte schließlich nicht so sehr an dem Verlust der protestantisch-preußischen Monarchie zu leiden und konnte überdies mit dem Zentrum auf eine über Jahrzehnte etablierte und konflikterfahrene katholische Partei zurückgreifen.[21] Von Beginn an übernahm das Zentrum Regierungsverantwortung. Zwischen 1919 und 1932 war die Partei an allen Weimarer Regierungen beteiligt, stellte zahlreiche Minister und vier Reichskanzler. Doch gerade durch die Mitgestaltung der Reichspolitik wurde der Katholizismus in die heftigen innenpolitischen Debatten der jungen Republik verwickelt. Die politische Stimmung dieser Jahre kann man sich gar nicht vergiftet genug vorstellen. Die wenigen politischen Kräfte, die sich für eine parlamentarische Demokratie einsetzten, waren von Beginn an den schweren Attacken der Republikfeinde ausgesetzt. Viele von diesen sahen die alten »Reichsfeinde« am Werk, vor allem Sozialdemokraten und Katholiken. Zunächst waren es die alten, monarchistisch und rechts geprägten Kreise, die mit Kriegsniederlage und Revolution nicht leben konnten und wieder und wieder offen den Verrat der sogenannten »Novemberverbrecher« beklagten. Durch die Revolution hätten sich die Deutschen »zum Auswurf unter den Völkern gemacht«, schrieb etwa der ehemalige Weltkriegsgeneral Erich Ludendorff in seinen Kriegserinnerungen, vor den Regierenden des Landes empfinde er nur »Scham und Ekel«.[22]

Es ist nicht übertrieben, von einem latenten weltanschaulichen Bürgerkrieg zu sprechen, um sich die Gespaltenheit der deutschen Gesellschaft zu vergegenwärtigen. Das politische Systemversagen und damit die Diktatur wurden nicht erst in der Endphase der Republik ermöglicht, vielmehr war dieser mentale Bürgerkrieg schon bei Kriegsende 1918 ausgebrochen. Als »Bürgerkrieg der Worte, Taten und Ideologien« ist er einmal beschrieben worden, als Kampf, der Weimar dem Abgrund entgegentreiben sollte.[23] Dazu gehörten die Gewalt auf den Straßen – Spartakus-Aufstand 1919, Kapp-Lüttwitz-Putsch 1920 oder Hitler-Ludendorff-Putsch 1923 – ebenso wie die spektakulären politischen Morde an Rosa Luxemburg und Karl Liebknecht, an Matthias Erzberger und Walther Rathenau. In den heftiger werdenden Auseinandersetzungen wurden die ideologischen Grenzen zwischen den Weltanschauungen schärfer, der Blick auf den Gegner und Feind immer wichtiger. Zugleich wuchs die Attraktivität der Erlösungsanbieter. Auf dem politischen Feld bekämpften sich allen voran zwei mächtige Rivalen, die Kommunisten und die Nationalsozialisten. Auch sie können als Beglückungsgemeinschaften verstanden werden, bei denen in einem traditionellen Sinne der politische Glaube übermächtig war. Sie verkündeten mit dogmatischer Attitüde ihren jeweiligen Weg zum politischen Heil und legten gegenüber anderen politischen Kräften entschiedene Kompromisslosigkeit an den Tag. Damit prägten sie seit Mitte der 1920er-Jahre maßgeblich das politische Klima.

Die Geschichte der deutschen Sozialisten begann in der Weimarer Republik mit dem Vollzug der sich schon anbahnenden Teilung der Bewegung. Die USPD hatte sich bereits 1917 von den Mehrheitssozialdemokraten getrennt, aus ihr entstand die Spartakus-Gruppe, die dann in der neu gegründeten KPD aufging. Der historische und ideologische Bruch war jetzt auch organisatorisch vollzogen. Kommunisten und Sozialdemokraten traten jetzt gegeneinander an, sie waren keine Genossen mehr, nicht einmal mehr politische Konkurrenten oder Gegner, sondern Feinde. Für diesen Bruch gab es auch gute Gründe, zu sehr unterschieden sich die Genossen in zentralen politischen Fragen. Das war schon 1917 bei der Debatte um Fortführung oder Beendigung des Weltkriegs der Fall gewesen und nun erneut hinsichtlich der Frage, welches neue politische System nach dem Sturz der Monarchie zu errichten sei.

Die gegenseitige Polemik war von Beginn an radikal, der Pakt des Sozialdemokraten Friedrich Ebert mit den alten Militärs zur Niederschlagung linksradikaler Bestrebungen vergiftete früh das Klima. Ebert wurde als »Arbeiterverräter« denunziert, sein ebenfalls sozialdemokratischer Reichswehrminister Gustav Noske als »Bluthund« gehasst. Als in Berlin im Dezember 1918 Soldaten 16 Menschen erschossen, lasteten die Führer des Spartakus-Bundes dies den Sozialdemokraten in der Regierung an. Ihre Vertreter wurden als Feinde der »wahren Revolution« beschimpft, der Kampf gegen sie zur Notwendigkeit erhoben. In der *Roten Fahne* war zu lesen:

> »Fegt hinweg von der Regierung die wahren Schuldigen, die infamen Hetzer, die Verführer der unaufgeklärten Soldatenmasse, die Wels, Ebert und Scheidemann mit Genossen! Ihre Namen sind jetzt zum Schlachtruf der Gegenrevolution, zum Feldzeichen der Anarchie und des Brudermordes, zum Banner des Hochverrats an der Revolution geworden!«[24]

Die Spartakisten hofften in dieser Phase des Umbruchs auf die rasche und vollständige Revolution als den Übergang in die »schöne neue Welt« des Kommunismus, die KPD wurde in dieser Hoffnung, einer weiterentwickelten, radikaleren Form der traditionellen sozialdemokratischen Hoffnung auf den sozialistischen Zukunftsstaat, groß. Die Sozialdemokratie reagierte gegen die Linksabweichler aus dem eigenen Lager mit dem Mittel des Parteiausschlusses, die USPD und später die KPD galten ausnahmslos als Handlanger einer »Bolschewisierung« Deutschlands.[25] Tatsächlich nahm sich die KPD zunehmend Moskau und den sowjetischen Diktator Stalin zum Vorbild. Die Partei unterwarf sich in den folgenden Jahren vollends dem sowjetischen Vorbild, machte Jagd auf die »Abweichler« im eigenen Lager, hatte mit Ernst Thälmann einen »unfehlbaren Führer« an ihrer Spitze und glaubte allein die politische Wahrheit gepachtet zu haben. Der Kommunismus in Deutschland hatte also eine feste Organisation für diesen politischen Glauben gefunden. Die anfangs noch einflussreichen Führungsmitglieder, die eine Kooperation mit der SPD erwogen und damit die politische Schlagkraft der deutschen Arbeiterbewegung stärken wollten, wurden an den Rand gedrängt. Stalin und Thälmann hatten fortan das Sagen.

Für diese Heilsgewissheit nahmen die Kommunisten die Schädigung und Zerstörung der Weimarer Republik sehenden Auges in Kauf. Als 1925 der alte Feldmarschall Paul von Hindenburg als erklärter Republikgegner zum Staatsoberhaupt gewählt wurde, hatte die KPD daran ihren Anteil. Sie stellte nämlich Ernst Thälmann als eigenen Kandidaten auf, obwohl offensichtlich war, dass er nicht die geringste Chance hatte. Seine Partei hatte schließlich bei der letzten Reichstagswahl gerade einmal neun Prozent der Stimmen erhalten. Hindenburg gewann mit einem geringen Vorsprung auf den Kandidaten des »bürgerlichen« Lagers; dem in diesem Fall von der SPD unterstützten Zentrumspolitiker Wilhelm Marx fehlten letztlich die Stimmen, die auf den aussichtslosen Thälmann entfallen waren.[26]

Doch die rechten Republikfeinde waren ohnehin nicht die Hauptgegner der Kommunisten. Vielmehr hatte die KPD die »auf der anderen Seite der Barrikade« stehenden Sozialdemokraten als Feinde ebenso ausgemacht wie die Nationalsozialisten. Die beiden seien politische »Zwillingsbrüder«, so hieß es, die Sozialdemokraten nichts anderes als »Sozialfaschisten«. Der Hauptstoß, so erklärte Parteiführer Ernst Thälmann noch im Februar 1932, sollte weiterhin gegen die Sozialdemokratie gerichtet bleiben.[27] Sie galten fortan als Verräter an der Sache der Arbeiterbewegung und wurden zum Hassobjekt von Parteileitung und vielen einfachen Parteigenossen.

Gleichwohl hatte die KPD zumindest bei den Wählern Erfolg: 1924 wurde sie viertstärkste Kraft im Reichstag, sie etablierte sich als Massenpartei, die bei der Herbstwahl 1932 mit fast 17 Prozent ihren größten Wahlerfolg feierte und sich nach der NSDAP und der SPD zur dritten starken Kraft im Parlament entwickelte. Im Nachhinein wurden das Agieren der KPD und vor allem ihr frenetischer Kampf gegen die SPD und gegen die Weimarer Republik heftig kritisiert, doch bleibt zu konstatieren, dass das Heilsangebot der Kommunisten eben seine eigene Wirkung hatte. Was der Historiker Hans-Ulrich Wehler einmal als »Fata Morgana der kommunistischen Gesellschaft« bezeichnet hat, galt gerade in der wirtschaftlichen Krise als ein attraktives Glaubensangebot einer politischen Religion. Diese hatte eine zwar vage, aber attraktive Zukunftsvision in petto. Für deren Einlösung verlangte die Partei allerdings einen unbarmherzigen Umgang mit Andersdenkenden und »Feinden« innerhalb und außerhalb der Partei. Zugleich etablierte sich ein Märtyrerkult um die von politischen Feinden ermordeten Genossen, vor allem um Rosa Luxemburg. Mochte der Weg in das kommunistische Paradies auch beschwerlich sein, der Endzeitglaube in der KPD war konstitutiv für die Partei.[28]

Neben den Kommunisten gelang es in der Weimarer Republik auch den Nationalsozialisten, sich als politische Religion zu etablieren. Um jedem Missverständnis vorzubeugen: Kommunismus und Nationalsozialismus sollen damit in keinster Weise gleichgesetzt werden, zu eklatant sind die Unterschiede der Weltanschauungen, zu unterschiedlich die Motive und Akteure. An dieser Stelle ist vielmehr von Interesse, in welcher Form auch die extreme Rechte durch quasireligiöse Züge bestimmt war. Dafür griff die NSDAP den radikalen Nationalismus weiter Kreise auf, ergänzte ihn um den Hass gegen Demokraten und Liberale, gegen Kommunisten und Juden und schwadronierte diffus von einer deutschen »Wiedergeburt«. Zudem etablierte sie mit dem zunächst unscheinbaren Adolf Hitler eine eigene »Führer«-Figur. Diese Strategie war auch deshalb so erfolgreich, weil die Partei damit einer keineswegs nur im rechten Parteienspektrum verbreiteten Sehnsucht nach einem starken Mann, nach einem »Erlöser der Zeit von finsteren Gewalten«, eine personifizierte Form gab. »Ein Volk, ein Reich, ein Führer« – diese ab 1933 verwendete Losung spiegelte die nationalen Erlösungsfantasien wider, die dem Aufstieg der NSDAP zugrunde lagen und die sie im gewünschten Maße bediente. Joseph Goebbels notierte 1924:

> »Deutschland sehnt sich nach dem Einen wie die Erde im Sommer nach Regen. … Herr, zeige dem deutschen Volk ein Wunder!«[29]

Die Gegner erkannten die religiösen Züge der NSDAP. Der Philosoph Ernst Bloch sprach von dem »fanatisch-religiösen Einschlag« dieser Partei, von einer »seltsam aufgewühlten Glaubenskraft«, die ihre Anhänger an den Tag legten.[30] Hitler wurde als regelrechter Heilsbringer präsentiert, als Retter der in tiefe Not geratenen Nation, die »Vorsehung«, zuweilen auch der Ratschluss Gottes wurden bemüht. Hitler wurde schließlich zur »letzten

Hoffnung« stilisiert, und in der Wirtschaftskrise folgten ihm tatsächlich Millionen Wähler: Bei der Reichstagswahl von 1930 wurde die NSDAP zweitstärkste, ab 1932 dann stärkste Fraktion im deutschen Reichstag. Wenngleich die Gründe für diese Erfolge vielfältig waren – ausschlaggebend dafür in diesem historischen Moment war der Umstand, dass Hitler als selbst ernannter Heilsbringer auf einen allgemeinen gesellschaftlichen Konsens traf, der nach einem »starken Führertum«, nach einem politischen Messias verlangte.[31] Dieser radikale Populist kam für viele wie gerufen. Wenn er seine Vision einer »Volksgemeinschaft« vortrug, wirkte das, wie wenn ein neuer Apostel den Menschen den Weg ins Paradies weisen würde. Die Inszenierung der Partei mit ihren Fahnen, ihren Ritualen, ihren Märtyrern und ihrem vergötterten Führer tat ihr Übriges. Eine neue politische Religion stand bald vor ihrem größten Erfolg, ihre Versammlungen waren voll mit Gläubigen. Die »Bibel«, so die Bezeichnung auf nationalsozialistischer Seite, der wachsenden NS-Gemeinde war Hitlers programmatische Schrift *Mein Kampf*. Sein Buch sei das Geheimnis eines »kommenden Königs«, schrieb ein Parteigenosse einem Freund 1931. Doch während die Anhänger die Schrift vergötterten, sprachen politische Gegner und Theologen von einer »Bibel der Demagogen«, von einer »Bekenntnisschrift und Parteibibel«, vom »Neuesten Testament« oder vom »kanonische Geltung genießenden Hitlerbuch«.[32]

Auch im Umfeld der NSDAP agierten Gruppierungen, die völkische und religiöse Komponenten miteinander verknüpften. Diverse sogenannte deutschgläubige Bewegungen hatten Konjunktur, darunter besonders jene des ehemaligen Weltkriegsgenerals Erich Ludendorff und seiner Frau Mathilde. Zunächst propagierten sie im 1926 gegründeten »Tannenbergbund« die Überwindung des traditionellen Christentums, um an seiner Stelle einen allerdings unscharf beschriebenen »deutschen Glauben« zu installieren. Im Mittelpunkt ihrer Heilsversprechen stand das »Volk«, ein personalisierter Gott wurde negiert, der Sinn des individuellen Lebens hing eng mit dem Schicksal des Volkes zusammen. Mathilde Ludendorff, die mit zahlreichen Schriften maßgeblich die Gläubigen um das bald so genannte »Haus Ludendorff« als Zentrum dieser Bewegung scharte, propagierte wie andere das »unsterbliche Volk«. Ihm zu dienen und die eigene Sterblichkeit einzugestehen (ein Jenseits gab es in diesen Vorstellungen nicht) sei die Erfüllung des wahren Gläubigen. Dafür müsse man allerdings von den alten christlichen Gottesvorstellungen radikal Abschied nehmen, so Mathilde Ludendorff:

> »Wer darauf nicht verzichtet und sich an dem köstlichen Reichtum, das Göttliche in seiner eigenen Seele bis zur Stunde seines Todes erleben und erfüllen, und in seinen Worten, Werken und Taten anderen gleichnishaft übermitteln zu können, nicht genügen läßt, der bleibe bei einer der Religionen, die vom Wahn der Gottesbegriffe nicht loskommen und aus ihm unheilvolle Irrlehren für die Völker herleiten.«[33]

Die Ludendorff-Anhänger glaubten die Wahrheit geschaut zu haben. Das gab ihnen Kraft und Glauben, das machte sie zugleich aggressiv gegen alles Alte, gegen die »unheilvollen Irrlehren«, die zu überwinden sie für notwendig erachteten. Und mit den alten Traditionen nahmen sie auch die alten Feinde wieder ins Visier: die Juden, die Freimaurer, die Jesuiten, allesamt »alte Bekannte«, wenn es um die Verfolgungsphobien religiöser und neureligiöser Heilsgemeinschaften ging.

Wie gehabt schuf sich jede neue Beglückungsgemeinschaft in diesen Jahren ihre eigene Heilslehre, ihre eigenen Apostel, Heiligen und Märtyrer sowie ihre »Ungläubigen« und Feinde. Die politischen Religionen, die zunehmend das politische Klima der Weimarer Republik prägten, zeichneten sich durch Rigorismus und möglichst bedingungslosen Kampf für das eigene Heilsversprechen aus. Schließlich herrschte eine politische Kultur, in der zunehmend Glaubensbekenntnisse im Vordergrund standen und die alte konfessionelle Vorstellung von der »Bekenntnistreue« als Ausweis für die Richtigkeit der eigenen Ideologie galt. In diesem Klima hatte der Kompromiss als Ergebnis des Aushandelns unterschiedlicher politischer Interessen immer weniger Platz. Diese zunehmend mühevollere Arbeit überließ man in der politischen Auseinandersetzung und in den wechselnden Koalitionen und Regierungen gern den immer weniger werdenden Anhängern der Republik. Das war genau das Gegenteil der einfachen Bekenntnisformeln, mit denen sich ein politischer Glaube zufriedengab.

So konnte der Begriff »Kompromiss« geradezu wie eine Denunziation wirken. Und das durchaus in einer gewissen Tradition. Wie hatte der Linksliberale Eugen Richter schon im Kaiserreich einmal über die rechten Liberalen gespottet: »Sie kompromittieren sich von Kompromiss zu Kompromiss.«[34] Das war denunziatorisch gemeint: Mit jedem Kompromiss verzichteten die Liberalen nämlich auf einen Teil ihrer Prinzipien. Mangelnde Bekenntnistreue stand hier als Vorwurf im Raum. Heute mag Kompromissbereitschaft eine Grundvoraussetzung für das Funktionieren des politischen Alltagsgeschäfts sein – nicht nur Große Koalitionen funktionieren schließlich so. An der Schwelle zum 20. Jahrhundert sah das in Deutschland noch völlig anders aus. Scheinbar eindeutig und vehement wurde das »Richtige« vom »Falschen« unterschieden, wurde die »reine Lehre« hochgehalten und wurden angebliche »Abweichler« diffamiert und verfolgt.

In der Weimarer Republik wurde in dieser Tradition der »Kompromiss« zu einem Kampfbegriff der Republikgegner. Kurt Tucholsky textete 1919 »Das Lied vom Kompromiß« (vertont von Hanns Eisler), in dem er die Sozialdemokratie attackierte, weil diese sich mit den alten politischen Kräften des Kaiserreichs einlasse. »Kleine Schweine mit dem Ringelschwänzchen« und »Bullen mit erschrecklichem Gebrumm« täten sich zusammen, so der uncharmante Vergleich. Die Verräter der Arbeiterklasse und der Revolution wähnte er am Werk, und das Mittel der verhassten »Roten« und »Schwarzen« (womit das katholische Zentrum gemeint war) sei eben der – verhasste – Kompromiss:

»Schließen wir nen kleinen Kompromiß!
Davon hat man keine Kümmernis.
Einerseits – und andrerseits –
So ein Ding hat manchen Reiz ...
Sein Erfolg in Deutschland ist gewiß:
Schließen wir nen kleinen Kompromiß!«[35]

Nein, Kompromisse mit den »Ungläubigen« wollte jetzt längst niemand mehr machen. Und interessanterweise lieferte Tucholsky am Ende seines Liedes auch noch den kleinen Zusatz: »Und durch Deutschland geht ein tiefer Riß, dafür gibt es keinen Kompromiß!« Zumindest damit hatte Tucholsky recht: Die Gräben in der deutschen Gesellschaft waren zu tief, die Konfliktlinien zu zahlreich, als dass eine friedliche Übereinkunft durch das Aushandeln gegenseitiger Zugeständnisse noch möglich gewesen wäre. Am Ende standen sich ja nicht nur die mächtigen Blöcke der Kommunisten und der Nationalsozialisten gegenüber, es kämpften ebenso unversöhnlich Konservative gegen Liberale und Sozialdemokraten, Kulturprotestanten gegen Katholiken, aggressive Antisemiten gegen die Verfechter einer vollen Integration aller deutscher Juden, religiöse Sozialisten gegen orthodoxe Lutheraner, Kriegsverherrlicher gegen Kriegsskeptiker, Reichsmystiker gegen Realpolitiker – Hans-Ulrich Wehler hat angesichts dieser eigentlich noch sehr viel längeren Liste von einem »wahren Hexenkessel der politischen Theorien und Phobien« gesprochen. Lauter fundamentalistische Gegensätze seien darin versammelt gewesen, und gerade die tief verankerten sozialmoralischen Milieus, das nationalprotestantische etwa oder das katholische, hätten immer wieder die Chancen auf konsensuale Einigung zerstört, weil sie mit ihrer seit dem 19. Jahrhundert gepflegten »theologischen Selbstgerechtigkeit« lediglich ihre jeweiligen Ziele und Interessen verteidigten und dabei keinerlei Rücksicht auf die politischen Folgen nahmen.[36]

Es gab also keinen Kompromiss, die unterschiedlichen Beglückungsgemeinschaften dieser Gesellschaft kannten kein vielleicht, sondern immer nur richtig und falsch, wahr und unwahr. Das waren die Prinzipien des traditionellen deutschen Glaubenskriegs, der die Grundlage für den schließlich eskalierenden ideologischen Bürgerkrieg am Ende der Weimarer Republik war. Die zahlreichen weltanschaulichen Gruppierungen, so Lucian Hölscher, provozierten mit ihrem so typischen Totalitätsanspruch die religiöse (und quasireligiöse) Aufladung politisch-sozialer Konflikte »und behindern dadurch deren rationale Lösung auf dem Wege politischer Kompromisse«.[37] Auch damit wurde der Weg in das »Dritte Reich« geebnet.

Überdies zeigten sich die religiösen Lager am Ende der Republik immer kompromissloser, wenn es um konfessionelle Fragen ging. Im Klima der innenpolitischen Radikalisierung stellten sie das Trennende noch stärker heraus, sodass der religiöse Verfolgungswahn des 19. Jahrhunderts gleichermaßen fortgesetzt wie aktualisiert wurde. Sorgsam achtete man darauf, wie der Konkurrent in der neuen Staatsform der Demokratie zurechtkam. Geradezu hysterisch reagierten kirchliche Kreise, wenn sie die eigene Konfession benachteiligt wähnten, sei es durch Personalentscheidungen in Verwaltung und Politik, sei es bei der Bereitstellung öffentlicher Gelder für kirchliche Einrichtungen oder Kirchenbauten, sei es schließlich bei Entscheidungen der Gerichte zu Fragen der religiösen Erziehung von Kindern. Gerade in der Schulfrage machten die Kirchen und ihre Vereine mobil. Seit den Beratungen um die Reichsverfassung waren konfessionelle Schulen weiterhin erlaubt, wenngleich die gemischtkonfessionelle Simultanschule als Einrichtung für Kinder aller Bekenntnisse eigentlich die Regel sein sollte. Die Kirchen wähnten sich in einer ständigen Bedrohungssituation, fürchteten von jeder neuen Regierung eine Zurückdrängung aus dem Erziehungssystem und führten deshalb mit hohem propagandistischen Aufwand einen breit angelegten »Schulkampf«, der im politischen Klima der Republik für permanente Unruhe sorgte.[38]

In dieser Atmosphäre war gegen konfessionelles Misstrauen und Überfremdungsangst kaum ein Kraut gewachsen. So stand für die evangelische Kirche in der Pfalz im Jahr 1930 fest, dass man sich angesichts des vermeintlich immensen Einflusses der katholischen Kirche auf das religiöse, gesellschaftliche und politische Leben »mitten in einem grandiosen Vorstoß der Gegenreformation« befand. So großer Aufregung tat auch die Tatsache keinen Abbruch, dass tatsächlich die meisten politischen Spitzenpositionen in der Pfalz von Protestanten besetzt waren. Entscheidender war hingegen, dass die Katholiken ihrerseits genüsslich ihr neues konfessionelles Selbstbewusstsein auslebten. Dafür stand eine Forderung der Speyerer Bistumszeitung vom Januar 1932: »Deutschland muß wieder katholisch werden.«[39] Das alte Spiel von Provokation und Verletzung wurde fortgesetzt, die rhetorischen Schlachten um Reformation und Gegenreformation wurden wieder aufgenommen.

Die katholische Kirche konnte mit dem Erreichten in der Weimarer Republik durchaus zufrieden sein. Sie hatte die Revolution überstanden, die zwar die Monarchie und die alten landesherrlichen Kirchenregimente beseitigt hatte, wovon jedoch vor allem der Protestantismus betroffen war. Für die Katholiken war vieles geblieben wie vorher: der Papst, Rom und die Bischöfe, die innerkirchliche Hierarchie und Rechtsordnung. Auch war es ja nicht zu der in Revolutionstagen noch gefürchteten Trennung von Kirche und Staat gekommen, stattdessen waren in der Weimarer Reichsverfassung fast alle kirchlichen Forderungen erfüllt worden. So agierten die Kirchen nun als staatlich subventionierte Körperschaften öffentlichen Rechts, finanziell abgesichert durch die Einziehung von Kirchensteuern sowie die Garantie ihres Vermögens. Und die Katholiken richteten es sich gut ein im neuen parlamentarischen System. Im preußisch-protestantisch geprägten Kaiserreich waren sie lange genug vom Staat und seiner Elite angefeindet worden, jetzt hatte man mit der Zentrums- und der Bayerischen Volkspartei großen, zuvor kaum für möglich gehaltenen Einfluss auf die Staatsgeschäfte gewonnen. Umso glücklicher war man auf katholischer Seite, dass die Protestanten nun nach dem Untergang der Monarchie und dem damit verbundenen Verlust des landesherrlichen Kirchenregiments keine politische Vertretung mehr hatten, die sich entsprechend der katholischen Parteien ihrer Interessen annahm.[40] So regte sich mit den Jahren allenthalben neues katholisches Selbstbewusstsein. An einigen Orten war eine Neubelebung des Kirchenlebens zu beobachten, neue und alte Vereine und Verbände zogen zahlreiche Mitglieder an.[41]

Das wurde auf protestantischer Seite selbstverständlich mit großer Sorge betrachtet. Auch hier gab es ein lebhaftes Vereinswesen mit schlagkräftigen und meinungsbildenden Organisationen, die dafür sorgten, dass evangelische Interessen auch in der Politik gewahrt wurden. Doch das war manchem Protestanten nicht genug, und so wurde 1928 eine eigene »Deutsche Reformationspartei« gegründet, die der an Parteien nicht armen Weimarer Republik noch eine weitere hinzufügte. Der populäre Berliner Pfarrer Bruno Doehring wollte damit die »Söhne und Töchter der Reformation« politisch einen, die zersplitterte politische Rechte inklusive der völkischen Gruppen in einem protestantischen Sinn sammeln und so ein evangelisches parlamentarisches Gegengewicht zu den »römischen« und »marxistischen« Parteien bilden, die er in der Republik ausgemacht zu haben glaubte. Allerdings endete dieser Versuch in einem Fiasko, bei der Reichstagswahl 1928 konnte die Reformationspartei kein einziges Mandat erringen.[42]

Beide Kirchen trieb in ihrer konfessionellen Gegensätzlichkeit weiter die Angst vor der zunehmenden Unkirchlichkeit und den angeblich »zersetzenden« Einflüssen der Moderne um. Vor allem die Sekten seien eine Gefahr, weil sie doch das Ende der Staatskirche nach 1918 als »Signal zu neuem Sturm gegen die Kirche« verstanden hätten, meinte jedenfalls ein protestantischer Autor 1930. Die Kirche müsse diesen »Feind« und die davon ausgehende Gefahr von geradezu welthistorischer Bedeutung erkennen:

> »Es besteht eine auffallende Ähnlichkeit der heutigen kirchlichen Lage mit derjenigen des jungen Christentums. Heute wie damals steht die Kirche im Kampf mit dem Unglauben, der Massen des Volkes ergriffen hat, wie auch in der Auseinandersetzung mit weltflüchtiger Schwarmgeisterei und weltsüchtiger Auflösung des Christlichen.«[43]

Eine solche Sicht auf die Gegenwart war die Fortsetzung und zugleich die Dramatisierung der kirchlichen Haltung im 19. Jahrhundert: Sämtliche Feinde schienen sich gegen die Kirchen verbündet zu haben, der Kampf gegen den Unglauben wurde als existenziell wahrgenommen. Und wieder glaubten viele kirchliche Repräsentanten, dass die Schärfung der eigenen konfessionellen Identität zumindest ein Teil der Lösung sein kann. Das Bedrohungsgefühl machte eben auch aggressiv gegen den traditionellen konfessionellen Gegner. Als sich die Weimarer Republik ihrem Ende näherte, war dieser Grundgegensatz zwischen Katholiken und Protestanten aktueller denn je. Manch ein Zeitgenosse empfand das Jahr 1932 als Zeit »konfessioneller Spannungen«, in der jede weitere Provokation des anderen religiösen Lagers als »geradezu frivol« erscheinen musste.[44] Die konfessionelle Gereiztheit ging so weit, dass der antikatholische Reflex den deutschen Protestantismus anfällig für einen Pakt mit den Nationalsozialisten machte – erschienen diese doch als erklärte Gegner des politischen Katholizismus. Für ein evangelisches Gemeindeblatt in Neustadt in der Pfalz griff ein erkennbar nationalsozialistisch gesinnter Stadtvikar zur Feder und forderte angesichts »der ultramontanen Sturmflut« geradezu reformatorischen Kampfwillen:

> »Ich glaube, daß wir die nächste und noch kommende Wahlen nicht mehr allein nach parteipolitischen, sondern auch nach konfessionellen Gesichtspunkten betrachten müssen. Die Katholisierung Deutschlands macht Fortschritte, die Unterdrückung der Evangelischen und Beschneidung ihrer Lebensrechte durch regierende kath. Parteien werden immer öffentlicher. Es heißt da für uns Evangelischen, sich zu wehren.«[45]

War es angesichts einer drohenden »Katholisierung« des Landes für einen braven evangelischen Christenmenschen nicht naheliegend, sozusagen aus konfessioneller Notwehr die Nazis zu wählen? Erschienen diese nicht in der zur Schicksalsstunde erhobenen Situation, in der die alten Ängste vor der Gegenreformation geschürt wurden, als letzte Retter vor der katholischen Gefahr? So dachten wohl viele. Denn am Ende der Weimarer Republik waren weite kirchliche Kreise vor lauter konfessioneller Hysterie endgültig politisch blind geworden. NSDAP hin oder her, Ludendorff oder Schleicher – Hauptsache, der politische Katholizismus setzte nicht zur permanent befürchteten oder nur herbeigeredeten Gegenreformation an. Zugespitzt gefragt: Was sind schon Adolf Hitler und seine »braune Bande« gegen die Gefahr einer Gegenreformation? Und außerdem hatte man ja auch eine Art gemeinsamen Gott: die deutsche Nation oder, wie es jetzt längst hieß, das »Volkstum«.

Aufschlussreich in diesem Zusammenhang ist, dass hinsichtlich der Wahlergebnisse der NSDAP deutliche Unterschiede entlang der Konfessionsgrenze zu verzeichnen waren. In protestantischen Gebieten erzielte die Partei überdurchschnittliche Erfolge, in katholischen Regionen schnitt sie hingegen zumeist unterdurchschnittlich ab. Dies wurde auch schon von vielen Zeitgenossen wahrgenommen, sodass sich die NSDAP ausdrücklich darum bemühte, den Gegensatz zwischen den Konfessionen weitgehend zu überspielen.[46] Die Nazis waren keine »protestantische« Partei und wollten es nicht sein, weil eine solche Engführung durch alte Gegensätze ihre Erfolgschancen nur geschmälert hätte. Sie beanspruchten ja mehr – den alten Konfessionskonflikt wollten sie hinter sich lassen, eben weil sie eine neue heilsgeschichtliche Dimension verfolgten.

»Viele Kirchenmänner beider Konfessionen«, so der britische Historiker Michael Burleigh, »hatten in ihrem Antibolschewismus, Antijudaismus und dem Gefühl, ihr Land sei auf den Hund gekommen, manches mit den Nazis gemeinsam.«[47] Als die Republik politisch zu Grabe getragen wurde, stand deshalb der kirchliche Protestantismus in seiner überwiegenden Mehrheit nicht trauernd am selben, sondern versuchte sich sogar noch am Feuer der neuen Zeit zu wärmen. Kein einziger protestantischer Kirchenmann beklagte den Untergang von Demokratie und Freiheit, die meisten Kirchtürme wurden schwarz-weiß-rot geflaggt – in den Farben der alten Monarchie und der neuen rechten Republikfeinde. Otto Dibelius predigte am »Tag von Potsdam«, dem 21. März 1933, als der neue Reichskanzler Hitler sich scheinbar demütig und publikumswirksam vor Reichspräsident Hindenburg verneigte, in der Nikolaikirche just über jene Bibelstelle, die beim Ausbruch des Ersten Weltkriegs der damalige Berliner Hofprediger ebenfalls gewählt hatte: »Ist Gott für uns«, so zitierte er aus dem Brief des Apostels Paulus an die Römer, »wer mag wider uns sein?«[48]

»Der Feind meines Feindes ist mein Freund«, das war in konfessioneller Hinsicht die Logik der Stunde. Das galt auch für den politischen Katholizismus. Dieser setzte am 23. März 1933 einen dramatischen Schlusspunkt hinter das demokratische Projekt der Weimarer Republik, als die Zentrumsabgeordneten des Reichstags dem sogenannten »Ermächtigungsgesetz« der Regierung Hitler zustimmten. Viele katholische Abgeordnete mochten aus Angst um ihre persönliche Sicherheit so gehandelt haben. Aber ausschlaggebend war wohl auch, dass viele im neuen Reichskanzler die Chance auf das seit Jahren herbeigesehnte Konkordat zwischen dem Deutschen Reich und dem Vatikan gekommen sahen, in dem die Rechte der katholischen Kirche möglichst umfangreich garantiert würden. Die NSDAP erschien bei allen Bedenken auch in katholischen Kreisen immerhin als die einzige christliche Partei, die offensiv gegen Bolschewismus und Gottlosigkeit kämpfen wollte. Prälat Ludwig Kaas, der 1928 als erster Geistlicher zum Vorsitzenden der Zentrumspartei aufgestiegen war, reichte bei seiner Rede zur Zustimmung des Ermächtigungsgesetzes »allen, auch früheren Gegnern, die Hand, um die Fortführung des nationalen Rettungswerkes zu sichern«. Dafür, so vermerkte das Protokoll, gab es auch Beifall von den NSDAP-Abgeordneten.[49]

Der politische Katholizismus reichte damit denen die Hand, deren Glaube mit einem christlichen Bekenntnis nichts zu tun hatte. Die Aussicht auf die Stärkung der eigenen konfessionellen Position durch den Abschluss eines Konkordats war für diese Konfession und ihre Partei nach den langen Erfahrungen im deutschen Glaubenskrieg wichtiger als die Überlegung, ob Demokratie und Freiheit zu retten waren. Was zählte, war das religiöse und konfessionelle Gegeneinander; an gemeinsames Engagement gegen das höchst Unchristliche, das mit dem »Dritten Reich« aufzog, wurde nicht einmal gedacht. Vielleicht konnten die Kirchen nach Jahrhunderten der Konfrontation so auch gar nicht denken. Sie waren unfähig zu einer wirklichen Zusammenarbeit und Gegenwehr. Sie mussten ansehen, wie die Nationalsozialisten zu einer ganz eigenen Beglückungsgemeinschaft aufstiegen, zu einer neuen politischen Glaubensgemeinschaft, die schließlich viel bedrohlicher wurde als alle Sekten und Kirchenaustrittsbewegungen der letzten Jahrzehnte zusammen. Und diese Glaubensgemeinschaft ging nach ihrer Etablierung daran, sich ihr eigenes Reich zu erbauen.

Der Feind meines Feindes: Das »Dritte Reich«

Wer sich 1933 in Deutschland noch als Christ fühlte, der tat dies weiterhin in katholischer oder protestantischer Art und Weise – aber dies stets in einer bewussten Abgrenzung zur jeweils anderen Konfession. Welche Folgen hatte dies in den darauffolgenden Jahren? Fraglos hat die traditionelle Konfessionsspaltung das Verhältnis von Katholiken und Protestanten zum Nationalsozialismus mit geprägt. Denn nicht Gemeinsamkeiten, sondern das Trennende war für die meisten christlich geprägten Deutschen maßgeblich.[50] Da stand zuerst einmal, ähnlich wie in der Weimarer Zeit, die Überlegung im Vordergrund, ob das Erstarken der NS-Bewegung der eigenen Kirche nun zum Schaden oder zum Nutzen gereicht. Und was würde mit dem jeweils anderen konfessionellen Lager geschehen? Würde es von den neuen Machthabern bevorzugt oder gezielt benachteiligt? Danach richtete sich zu einem Gutteil das Verhalten gegenüber der NSDAP und ihren Führern.

Wie gezeigt, gingen Katholizismus und Protestantismus mit unterschiedlichen Voraussetzungen in die Zeit der Diktatur. Da war zunächst einmal der politische Katholizismus, der lange Jahre als erklärter und von der Hitler-Bewegung ernst genommener Gegner auftrat. Das katholische Milieu zeigte sich weitgehend immun gegen die Verlockungen der NS-Propaganda, es blieb auch nicht ohne Wirkung, dass die Bischöfe seit September 1930 in ihren Hirtenbriefen vor den Irrlehren des Nationalsozialismus gewarnt hatten. Die Ablehnung wurde noch offenkundiger, als die Fuldaer Bischofskonferenz im August 1932 – da stand Hitler schon längst an der Schwelle zur Macht – ihre Ablehnung der NS-Ideologie bekräftigte und die Mitgliedschaft gläubiger Katholiken in der NSDAP für »unerlaubt« erklärte.[51]

Umso größer war der Sündenfall, den der politische Katholizismus 1933 mit Blick auf ein Konkordat einging. Kirche und Parteiführer glaubten dem neuen Reichskanzler Hitler, der in den ersten acht Wochen nach seiner Machtübernahme so inbrünstig Gott beschwor wie niemals davor oder danach. Die Katholiken wollten ihm vertrauen, wenn er in seiner ersten Regierungsansprache das »Christentum als Basis unserer gesamten Moral« bezeichnete oder wenig später zusicherte, dass die neue Regierung »in den beiden christlichen Konfessionen die wichtigsten Faktoren zur Erhaltung unseres Volkstums« sehe und dass deshalb ihre Rechte unangetastet bleiben würden. Das NS-Regime garantierte die freie Religionsausübung, den Schutz der katholischen Laienorganisationen und das Festhalten an Bekenntnisschule und Religionsunterricht.

Die katholische Kirche setzte nun so große Hoffnungen auf ein Konkordat zwischen Berlin und dem Vatikan, dass sie angesichts dieser Versprechungen die alte Zurückhaltung fahren ließ. Schon Ende März 1933 erklärten die deutschen Bischöfe, es bleibe zwar bei der Verurteilung »bestimmter religiös-sittlicher Irrtümer«, die man in der NS-Bewegung ausgemacht habe, aber man glaube zugleich, dass die alten »allgemeinen Verbote und Warnungen nicht mehr als notwendig betrachtet zu werden brauchen«. Deshalb mahnten die Bischöfe jetzt sogar »zur Treue gegenüber der rechtmäßigen Obrigkeit und einer gewissenhaften Erfüllung der staatsbürgerlichen Pflichten«. Damit bekundete der deutsche Katholizismus eindeutig seine Zustimmung zum »Führer« und zu dessen Reich, sodass nun viele Gläubige keine Bedenken mehr hatten, sich der Diktatur und dem vermeintlichen »nationalen Aufbruch« anzudienen.[52] Zugleich wirkte dieser Kurs auch nach innen: Den kritischen Katholiken im Lande fiel es nun angesichts der vielen positiven Urteile von Kanzeln und Kathedern herab sowie in

Kirchenzeitungen deutlich schwerer, ihrer ablehnenden Haltung auch kirchenöffentlich Ausdruck zu verleihen.[53]

Hoffnung und Ernüchterung lagen jedoch eng beieinander. So musste die katholische Kirche schon bald zur Kenntnis nehmen, wie hoch der Preis für das Konkordat war. Im Juli 1933 wurde der Vertrag zwischen Berlin und Rom paraphiert, am 20. Juli unterzeichnet, am 10. September trat er in Kraft. Da war von der alten Herrlichkeit des politischen Katholizismus in Deutschland kaum mehr etwas übrig. Das Konkordat untersagte fortan den katholischen Geistlichen jegliche politische Betätigung (ein Ziel, das Otto von Bismarck mit seinem verbissen geführten Kulturkampf noch verfehlt hatte), was zugleich die faktische Selbstaufgabe des politischen Katholizismus bedeutete, sodass sich das Zentrum und die Bayerische Volkspartei bereits im Juni 1933 selbst auflösten. Damit war der Weg frei für die Herrschaft der NSDAP als einziger Partei; sie wurde im Gesetz gegen die Neubildung von Parteien im Juli 1933 zur einzig zugelassenen Partei in Deutschland. KPD und SPD, die beiden großen Oppositionsparteien, waren schon zuvor verboten worden.

Was den deutschen Protestantismus anging, konnten die Nazis für die Errichtung ihrer Herrschaft auf die Unterstützung zurückgreifen, die sie aus evangelischen Kreisen schon vor 1933 erfahren hatten. Vor allem der Nationalprotestantismus war besonders empfänglich für das völkische Programm der Nationalsozialisten. Die seit Juni 1932 agierende »Glaubensbewegung Deutsche Christen« war angetreten, evangelischen und völkischen Glauben zu vereinen. Sie baute Begriffe wie »Volk« und »Rasse« in ihre Theologie ein, zählte fortan nur »blutsdeutsche Volksgenossen« zu den wahren deutschen Christen und schloss ganz im Sinne des rassistischen Antisemitismus christlich getaufte Juden von der Glaubensgemeinschaft aus. Als »SA Jesu Christi« bezeichneten sich die »Deutschen Christen« gelegentlich selbst, und bei den preußischen Kirchenwahlen im November 1932 errangen sie bereits ein Drittel aller Sitze, in manchen Regionen Ostpreußens und Pommerns mehr als die Hälfte.[54]

Die große Mehrheit der protestantischen Kirchenführer hatte die Machtübernahme der Nationalsozialisten emphatisch begrüßt. So glaubte sich etwa der preußische Oberkirchenrat in seiner Osterbotschaft 1933 mit allen evangelischen Glaubensbrüdern einig »in der Freude über den Aufbruch der tiefsten Kräfte unserer Nation zu vaterländischem Bewußtsein, echter Volksgemeinschaft und religiöser Erneuerung«.[55] In den ersten Monaten nach der nationalsozialistischen Machtübernahme wähnten sich zahlreiche Protestanten fast schon an ihrem Ziel, auch aus konfessionellen Erwägungen: Sie schienen im »ewigen« Wettstreit mit den Katholiken jetzt endlich einmal die Nase vorn zu haben. Schließlich waren die so lange verhassten katholischen Parteien ausgeschaltet, zahlreiche kirchenfeindliche Organisationen inzwischen verboten. In einigen evangelischen Kirchen nahmen NS-Gliederungen geschlossen an den Gottesdiensten teil, und die Zahl der Kirchenaustritte ging (endlich!) wieder zurück.[56] Insgesamt wurde in kirchlich-protestantischen Kreisen die Abkehr von Weimar und der Demokratie unumstritten positiv bewertet, dies löste kein Bedauern aus. Und mehr noch: Die evangelischen Kirchen schwiegen zu den ersten massiven Verbrechen der Nazis im Jahr 1933 – zur Zerstörung des Rechtsstaats, zu den Verhaftungswellen, die politische Gegner betrafen, zum ersten Judenboykott am 1. April, zur Verschleppung von Sozialdemokraten, Kommunisten und jüdischen Deutschen in die ersten Konzentrationslager.[57]

Die »Deutschen Christen« drängten erfolgreich auf eine künftige »Reichskirche« mit dem »Reichsbischof« Ludwig Müller an der Spitze und provozierten damit schließlich innerkirchlichen Widerstand. Müller griff für sein Ziel einer »Reichsbischofsdiktatur« auch bedenkenlos auf die Hilfe des NS-Regimes zurück, das opponierende Pfarrer verhaften und sogar ins KZ sperren ließ. Gegen diesen Kurs etablierte sich schließlich der »Pfarrernotbund« als Keimzelle der späteren »Bekennenden Kirche«; hier versammelten sich die protestantischen Kritiker. Die Mitglieder der »Bekennenden Kirche« fanden den Mut und die Entschlossenheit, den Machtanspruch dieser neuen »Reichskirche« zurückzuweisen, den »Notstand« für die Kirche auszurufen und gegen den Zugriff der NS-Diktatur allein die Bibel zum Maßstab christlichen Handelns zu machen. Mit diesem Auftreten wirkten Pfarrer und Laien der »Bekennenden Kirche« auch über das kirchliche Milieu hinaus. Der deutsche Protestantismus erlebte damit eine neue Spaltung, ein Bruderkampf entflammte, der in vielen Gemeinden auch vor Ort tobte und zuweilen die Form eines gehässigen Nahkampfs annahm. Die Zerrissenheit wuchs noch, nachdem die »Deutschen Christen« ab Ende 1934 allmählich ihre breite Zustimmung eingebüßt hatten und in zahlreiche rivalisierende Fraktionen von unterschiedlicher Radikalität und Nähe zur NS-Diktatur zerfallen waren. Widerstand gegen die NS-Herrschaft leisteten schließlich nur wenige, die wie Dietrich Bonhoeffer dafür ermordet wurden.[58]

Dass die Kirchen – katholische wie protestantische – erstaunlich lange Zeit glaubten, sie könnten sich in dieser Diktatur behaupten, womöglich sogar eine wichtige Rolle in diesem neuen Deutschland einnehmen, lag auch an der Strategie der NS-Herrschaft, beide Kirchen als »wertvolle Stützen für den Bestand unseres Volkes« darzustellen, wie es Hitler einmal formulierte.[59] Dieser Plan verfing tatsächlich bei Kirchenleitungen wie einfachen Gläubigen, die damit entscheidend von Kritik an den oder gar Widerstand gegen die Nationalsozialisten abgehalten wurden. Zwar nahmen Hitler und die NS-Propaganda gezielt Anleihen beim traditionellen Christentum, wenn es um Rituale und sprachliche Bilder ging, aber letztlich war die politische Ausschaltung der traditionellen christlichen Kirchen das Ziel. Da mochten sich die »Deutschen Christen« noch so verzweifelt bemühen, eine evangelische nationalsozialistische Kirche zu etablieren und der Diktatur damit ihren Segen zu geben: Die Nazis wollten ohne kirchlichen Segen im Namen des Volkes und der Rasse ihre Art von Heil verkünden. Längst hatten sie sich als eine eigene Glaubensgemeinschaft etabliert und eine säkulare Religion geschaffen, die das Heil der Menschen in Gestalt einer neuen Ordnung im Diesseits und in einer fernen Zukunft versprach – nicht zufällig griffen die Nationalsozialisten für ihre Herrschaft auf die biblische Bezeichnung »Tausendjähriges Reich« zurück.[60]

Diese neue »Volksgemeinschaft« als politische Beglückungsgemeinschaft hatte ihre eigenen Apostel und vor allem den alles überstrahlenden Führer, der sich in vielen Reden und Auftritten als Prophet und selbst ernannter Vollstrecker des neuen Heils inszenierte. Hitler ließ es bewusst zu, dass seine Partei und seine Anhänger einen offensichtlich an religiösen Traditionen orientierten Kult um ihn zelebrierten. Er lehnte es zwar ab, offiziell als Religionsstifter in Erscheinung zu treten, doch gefiel er sich vor allem auf den Parteitagen erkennbar in der Rolle des Hohenpriesters.[61] Er war fortan der »Homo religiosus« im höchsten Staatsamt.[62] Und seine Gefolgsleute beteten ihn und seine Bewegung regelrecht an. 1934 beschrieb ein Arbeiter seine langjährige Begeisterung für die Nazis folgendermaßen:

> »Der Glaube war das einzige, das uns aufrecht erhalten hat, der Glaube an Deutschland, der Glaube an die Reinheit unseres Volkes und der Glaube an unseren Führer. Heilig war unser Kampf und heilig unser Sieg.«[63]

Vor allem in die Massenveranstaltungen der NSDAP hatten sich schon zu Weimarer Zeiten erkennbar christlich-liturgische Elemente gemischt. Das ging sogar so weit, dass Julius Streicher als Gauleiter von Franken bei den jährlichen zentralen Kundgebungen seine Zuhörer aufforderte, sich bei seinen Beschimpfungen der Juden hinzuknien. Pseudoreligiös verliefen auch die Segnungen der Fahnen neuer SA-Verbände: Diese berührten jeweils die sogenannte »Blutfahne« vom 9. November 1923 und galten damit als »geweiht«.[64] Auch die Etablierung von spezifisch nationalsozialistischen Märtyrern wurde zum unverzichtbaren Bestandteil der NS-Bewegung. Dabei verlief die Auswahl nicht immer besonders glücklich, Propagandaminister Joseph Goebbels entschied sich schließlich für den 23-jährigen Horst Wessel. Als der Berliner SA-Führer nach einer Schießerei wegen persönlicher Streitigkeiten schwer verletzt im Krankenhaus lag, setzte Goebbels alles daran, diese unglaubwürdige Figur zu einem modernen Christus hochzustilisieren. »Ein neuer Märtyrer für das Dritte Reich«, kommentiert Goebbels schließlich dessen Tod. Und ein Nazi-Blatt bediente sich im Nachruf in gewünschtem Maße einer religiösen Sprache:

> »Ein Christsozialist! Einer, der durch Taten ruft: ›Kommt zu mir, ich will euch erlösen!‹ … Er hat den Kelch der Schmerzen bis zur Neige getrunken. … Der Tote, der mit uns ist, hebt seine müde Hand und weist in die dämmernde Ferne: Über Gräber vorwärts! Am Ende liegt Deutschland!«[65]

Diese sakrale Dimension der NS-Herrschaft sollte auch bei der Planung des Reichsparteitagsgeländes in Nürnberg berücksichtigt werden. Bewusst wurden architektonische Versatzstücke aus dem christlichen Kirchenbau verwendet. So erinnerte in der Luitpoldarena die halbrunde Ausbuchtung des Kopfbaus an eine Apsis, und deren Erweiterung wirkte wie ein Chorraum. Dieser wiederum erhob sich über einer Ehrenhalle, die einer traditionellen Krypta glich und in der der »Gefallenen« der NS-Bewegung gedacht wurde. Adolf Hitler wurde in dieser Architektur als geistlicher Führer inszeniert, der einerseits seiner »Gemeinde« fern war, geradezu entrückt auf seiner Führerkanzel, ihr aber auch ganz nahe kommen konnte. So etwa bei der Überführung der so bezeichneten »Blutfahne«, des Relikts des gescheiterten Putsches von 1923. Wurde diese vom Gefallenendenkmal zur Haupttribüne geschaffen, war Hitler »mitten unter ihnen«: Er schritt wie an der Spitze einer Prozession mit der Blutfahne als Reliquie durch die NS-Gemeinde.[66]

Auf dem Zeppelinfeld, dem zentralen Aufmarschgelände, wurde gestalterisch ebenfalls an den christlichen Erlösungsgedanken angeknüpft, vor allem durch den mit riesigen Flakscheinwerfern in den Nachthimmel geworfenen »Lichtdom«. Dieser leuchtete bei bestimmten Veranstaltungen in dem Moment auf, wenn Hitler erschien. Zudem wurde der Diktator in einen Lichtkegel gehüllt, wenn er über das weite Feld bis zur Haupttribüne schritt. Einerseits war er dabei mitten in »seinem« Volk, anderseits durch die Lichtaura diesem wieder eigentümlich entzogen. Robert Ley, der Chef der Deutschen Arbeitsfront, des gleichgeschalteten Einheitsverbands für Arbeiter und Unternehmer, und auch für die Inszenierung der Reichsparteitage der NSDAP verantwortlich, nahm im Jahr 1936 »Lichtdom« und göttliche Vorsehung für die Nationalsozialisten in Anspruch:

> »In dieser Weihestunde, wo ein unendlicher Dom sich über uns wölbt, der in die Unendlichkeit geht, da wollen wir geloben: Wir glauben an einen Herrgott im Himmel, der uns geschaffen hat, der uns lenkt und behütet und der Sie, mein Führer, uns gesandt hat, damit Sie Deutschland befreien. Das glauben wir, mein Führer!«[67]

War Hitler nun ein »Prophet«, oder war er wirklich der von Gott gesandte »Heiland« selbst? Die Architektur des Nürnberger Reichsparteitagsgeländes spricht für Letzteres, die angebliche Gottgleichheit des »Führers«. Er schien die »Wiedergeburt« Deutschlands bewerkstelligt zu haben, er galt als »Erlöser« von alten Zwängen, als »Schöpfer« einer neuen, besseren Welt. In einem Lied der Hitlerjugend, das in den ersten Monaten der Diktatur in der Auseinandersetzung mit katholischen Jugendorganisationen gedichtet worden war, gerierten sich die jungen Nazis gerade in dieser Abgrenzung zur bald verbotenen und verfolgten kirchlichen Konkurrenz ganz demonstrativ als die Mitglieder einer neuen Religion. Darin hieß es unter anderem:

»Wir sind die fröhliche Hitlerjugend,
wir brauchen keine christliche Tugend,
denn unser Führer ist Adolf Hitler,
ist unser Erlöser, unser Vermittler.«[68]

Die propagandistische Vergötterung Hitlers war grenzenlos. Er wurde in der Inszenierung zu einem übernatürlichen und übermenschlichen Wesen stilisiert, zu einem »Gott-Menschen« erhoben (so bezeichnete ihn beispielsweise SS-Chef Heinrich Himmler häufig). »Vorsehung« und »Erlösung« wurden zu festen Begriffen der NS-Herrschaft. Wurde Adolf Hitler von den Anhängern als neuer Messias vergöttert, so verspotteten ihn seine Gegner genau für diese Anmaßung. So notierte Thomas Mann im April 1933 in seinem Tagebuch:

»Dieser vergötzte Popanz, der Millionen eine Religion bedeutet.«[69]

Schon in den ersten Jahren der Diktatur machten sich mehrere deutsche Exilanten Gedanken über den religiösen Charakter der NS-Herrschaft. Maßgeblich war in dieser Hinsicht der Politikwissenschaftler und Philosoph Eric Voegelin, der 1938 seine Studie über *Die politischen Religionen* vorlegte. Darin stellte er erstmals die These auf, dass der Nationalsozialismus gleich anderen Massenbewegungen dieser Zeit mit seinen Jenseitsversprechen wie Offenbarungsreligionen in der diesseitigen Welt auftrete. Seine Interpretation, derzufolge diese neuartigen politischen Religionen ihre Wurzeln in bestimmten Formen des spätantiken und mittelalterlichen Christentums haben, ist seither viel diskutiert worden. Bedenkenswert bleibt seine Anregung, dass heilsgeschichtliches Denken und die radikale Einteilung der Welt in Gut und Böse, die klare Unterscheidung zwischen Wahrheit und Unwahrheit diese politische Strömung geprägt haben.[70]

Wenn man es überspitzt sagen will: Auch der Nationalsozialismus hatte schließlich aus den deutschen religiösen und konfessionellen Traditionen gelernt. Auch er bildete eine Beglückungsgemeinschaft, die sich wie eine politische Religion gerierte. Die NS-Bewegung brachte eine eigenständige Form des Fanatismus hervor, der bedingungslos in seinem Anspruch war und sich »über alles Maß … gegen alle ›Andersgläubigen‹ unduldsam« zeigte. So formulierten es im Jahr 1937 Regimekritiker im Exil, als sie sich mit Blick auf das »Dritte Reich« der Frage »Kirche oder Sekte?« widmeten. Die Autoren gingen so weit, die Diktatur als Träger einer politischen Religion, gleichsam als »Kirchenstaat« mit eigenem Ritus, Kultus und Dogma, darzustellen. Dieses Gebilde kenne deshalb auch nicht mehr den loyalen Staatsbürger wie andere Herrschaftsformen, sondern ausschließlich Gefolgsleute oder Widersacher.[71]

»Wer nicht für uns ist, der ist gegen uns« – diese oft wiederholte Nazi-Parole war schließlich auch nichts anderes als ein gewollt entstelltes Zitat aus dem Matthäus-Evangelium. Hitler nutzte das gesamte religiöse Instrumentarium, die Symbole, die Sprache. Bei einer Rede im Februar 1933 verfiel er im Berliner Sportpalast in solches Pathos, als er von einem künftigen Deutschen Reich voll »der Größe und der Ehre und der Kraft und der Herrlichkeit und der Gerechtigkeit« schwärmte, dass er diesen Redeschwall und damit die gesamte Rede tatsächlich mit einem »Amen« abschloss.[72] Unentwegt beschwor Hitler die Macht des Glaubens, und in kaum einer Rede verzichtete er auf geradezu gebetsartige Formulierungen und Anspielungen auf das traditionelle christliche Gedankengut.[73] Am 1. Mai 1935 legte er ein regelrechtes Glaubensbekenntnis ab:

»Mein Wille – das muß unser aller Bekenntnis sein – ist euer Glaube! Mein Glaube ist mir – genau wie euch – alles auf der Welt! Das Höchste aber, was mir Gott auf dieser Welt gegeben hat, ist mein Volk. In ihm ruht mein Glaube. Ihm diene ich mit meinem Willen, und ihm gebe ich mein Leben.«[74]

Das Volk und die Rasse waren der Kern dieser neuen Heilserwartung geworden. Und diese war eine Konkurrenz zu den alten Glaubensangeboten, die sie zu unterdrücken versuchte, deren Resistenz sie allerdings immer wieder eingestehen musste. Es gab viele Menschen, die an ihren alten Glaubensvorstellungen hingen – und wie so häufig in der Geschichte des deutschen Glaubenskriegs wurde auch nun wieder zum Vorwurf des Aber- und Wunderglaubens gegriffen, der vor allem katholische Kreise betraf: Es sei »eine zunehmende Intensität in der Behandlung nichtirdischer Gestalten und Erscheinungen«, meldete der Sicherheitsdienst der SS im März 1941, die Hölle und das Fegefeuer, Schutzengel oder göttliche Wunder seien zunehmend Gegenstand kirchlicher Aktivitäten. Auch gebe es zahlreiche Gerüchte über das Erscheinen der Muttergottes, es werde von Visionen und zahlreichen Heilungswundern berichtet. Für die SS war dies religiöser Unfug, der im günstigsten Fall lediglich auf »die seelische und geistige Haltung« der einzelnen Volksgenossen einen negativen Einfluss haben, im ungünstigen Fall aber die Betroffenen auch empfänglich machen könnte für einen »bewußt propagierten politischen Aberglauben«. Deshalb sei dieser Wunderglaube auch als »Kampfmittel der Kirchen gegen die staatliche Führungspropaganda« zu werten.[75]

Während des Aufstiegs der NSDAP und noch zu Beginn des »Dritten Reiches« wandte sich Hitler massiv gegen die Gefahr, dass religiöser Streit in die NS-Bewegung eindringen könne. Auch sollten gezielte Angriffe gegen Katholizismus und Protestantismus möglichst unterbleiben.[76] Doch war dies keine bewusste Schonung der Kirchen gewesen, die Hitler verachtete und als reale Bedrohung seiner Politik verstand. Vielmehr empfand er den traditionellen Konflikt zwischen den Konfessionen als reale Gefährdung. Die Bevorzugung einer Konfession (oder nur der Eindruck einer solchen) hätte die Idee einer bis auf die erklärten Feinde alle Deutschen umfassenden »Volksgemeinschaft« infrage gestellt. Jetzt ging es um den Kampf gegen alle Kirchen, der für Hitler ein zentrales Ziel seiner Herrschaft war. Seine Feindseligkeit allen Konfessionen gegenüber erklärt sich auch aus der Gefahr, die allein von den Kirchen im »Führerstaat« noch hätte ausgehen können. Sie hätten sich dem weltanschaulichen Totalitätsanspruch der Nazis entziehen und damit die Diktatur erheblich schwächen können. Der Diktator hatte sein Ziel nicht aus dem Auge verloren, auch sie seinem absoluten Herrschaftswillen zu unterwerfen und sie endgültig zu einem gesellschaftlichen Schattendasein zu verurteilen. Nationalsozialismus und Kirche, so wird Hitler einmal zitiert, könnten auf Dauer nicht nebeneinander existieren.

Der Krieg zwang ihn allerdings dazu, diese Entscheidung auf die Zeit nach dem erhofften »Endsieg« zu verschieben. Er glaubte sich jedoch mit einem Gegner konfrontiert, dem man nicht mit einem einzigen Frontalangriff, mit einer brachialen Einzelaktion begegnen könne – dabei hatte er wohl auch Bismarcks Scheitern in seinem Kulturkampf gegen die katholische Kirche vor Augen. Stets hatte die NS-Führung die Kirchen sorgenvoll im Blick, befürchtete innenpolitische Unruhen, die sie während eines Krieges in jedem Fall verhindern musste. Doch die erhoffte Endabrechnung mit den Kirchen verlor Hitler nicht aus den Augen.[77]

Bei seinem Kurs gegenüber den Kirchen half es dem Diktator, dass die kirchlichen Kreise auch weiterhin in hohem Maße konfessionell dachten. Mochte es für die Nazis nur noch »Volksgenossen« geben, für die Kirchen existierten weiterhin unterschiedliche christliche Bekenntnisse und traditionelle Trennlinien. Das eigene konfessionelle Hemd war den meisten noch immer am nächsten. Was nutzt der eigenen Kirche? Das blieb die zentrale Herausforderung in der Diktatur. Das zeigte sich an vielen Beispielen, etwa in dem Moment, als im Zuge des Hitler-Mussolini-Abkommens vom 22. Mai 1939 Zehntausende Südtiroler von Italien ins Deutsche Reich umgesiedelt werden sollten. Organisiert von SS-Chef Heinrich Himmler als »Reichskommissar für die Festigung des deutschen Volkstums«, gilt diese »Option« (entweder umsiedeln oder bleiben und italianisiert werden) heute als Auftakt zu den späteren ausgreifenden Umsiedlungsaktionen in Osteuropa, wo die Verschiebung ganzer Volksgruppen und der Massenmord an den Juden Hand in Hand gingen.[78] Sogleich trat der »Katholische Siedlungsdienst«, der seit dem Ende der Weimarer Republik die Ansiedlung von Katholiken in konfessionell geschlossenen Siedlungen auf dem Lande propagierte und begleitete, auf den Plan: »Wir erklären der für die Umsiedlung zuständigen Stelle«, so schlug der Weihbischof von Meißen vor, dass es sowohl für die Reichsregierung als auch für die katholische Kirche ein Gewinn wäre, wenn die neuen Volksgenossen in »geschlossene und in kirchlich gut versorgte Siedlungen kämen«.

Solche Initiativen zeigten das Unvermögen auch in den obersten Rängen der Amtskirche, zur Kenntnis zu nehmen, dass traditionelle kirchliche und konfessionelle Hoffnungen im »Dritten Reich« längst nicht mehr zu erfüllen waren. So legten NS-Führung und vor allem Heinrich Himmler mit seiner SS überhaupt keinen Wert auf kirchliche Unterstützung. Vielmehr zerschlugen sie kurz darauf den Katholischen Siedlungsdienst, weil es sich bei diesem, so erklärte Reinhard Heydrich als Chef des Reichssicherheitshauptamts, »um eine rein konfessionell bestimmte Organisation handelt, die nichts mit religiösen Dingen zu tun hat«.[79] Mochten die Kirchen noch entlang der alten Bekenntnisgrenzen denken – die Nazis hatten sie in ihrer eigenen Radikalität längst überwunden.

Indem Katholiken und Protestanten auch angesichts des

Nationalsozialismus immer noch stärker das Trennende als das Gemeinsame sahen, schwächten sie ihre Möglichkeiten zu einer gemeinsamen Abwehr der mit den Jahren immer ersichtlicher werdenden verbrecherischen Herrschaft. Der traditionelle Konfessionsantagonismus trug dazu bei, dass es nicht zu einer Kooperation der beiden Kirchen gekommen ist, um etwa die Verbrechen der Diktatur freimütig zu kritisieren. »Wußte man nicht hinreichend genau«, so fragte vor wenigen Jahren der Historiker Hans-Ulrich Wehler, »dass Hitler im Krieg einen offenen Kulturkampf mit den beiden christlichen Kirchen unter allen Umständen vermeiden wollte?«[80] Diesen Kulturkampf wagten die Kirchen nicht – aus unterschiedlichen Gründen: die Sorge um die eigene Existenz, die Sicherung von kirchlichem Besitz, aber eben auch noch immer der mangelnde Wille, mit der Diktatur zu brechen.

Der Verfolgung der Juden im eigenen Land wurde nur vereinzelt begegnet, der mit dem Zweiten Weltkrieg einsetzende Vernichtungskrieg im Osten und die planmäßige Ermordung der europäischen Juden trafen auf keinen nennenswerten kirchlichen Widerstand. Vielmehr war der Krieg für die Kirchen eine Bewährungsstunde, auch hinsichtlich ihrer Treue gegenüber der Nation und schließlich dem sogenannten »Führer«. Und alle einte sie der tief sitzende Hass gegen den Bolschewismus. Die Saat der von den Kirchen betriebenen Verdammung des Sozialismus, ein Kind schon des 19. Jahrhunderts, war nun aufgegangen. Den Vernichtungskrieg gegen die Sowjetunion betrachteten viele als den finalen Entscheidungskampf zwischen christlichem Abendland und dem Bolschewismus – keine Frage, wo sich die Kirchen hier positionierten und dass sie sich hier einem gemeinsamen Gegner gegenübersahen.

So führt der nach 1945 gern genutzte Begriff »Kirchenkampf« trotz aller letztlich vereinzelten Widerstandsakte in die Irre: Die Hinnahme oder sogar die Unterstützung der kriegführenden Diktatur überwogen bis in die Schlusstage des Regimes alle Bedenken; Kardinal Bertram als Vorsitzender der Fuldaer Bischofskonferenz ordnete noch für alle Priester seines Bistums ein »Requiem auf den Führer« an, als er am 1. Mai 1945 die Nachricht von Hitlers Tod erhielt.[81] So waren es beim kirchlichen Widerstand gegen die Diktatur lediglich Einzelne, die sich nicht mit der Rolle des bloßen Zuschauers beim Holocaust begnügen wollten.[82] Sie nahmen in der Erinnerung Nachkriegsdeutschlands verdientermaßen einen besonderen Rang ein: Dietrich Bonhoeffer oder Martin Niemöller etwa auf protestantischer Seite, bei der katholischen Kirche der Münsteraner Bischof Clemens August Graf von Galen, der Jesuit Rupert Mayer oder der Berliner Domprobst Bernhard Lichtenberg.

Der Bekenntnisgraben zwischen katholischer und evangelischer Kirche war tief, doch in Einzelfällen gab es interkonfessionelle Kontakte, die zu Widerstandsaktionen gegen das Regime führen konnten. Aber es blieben wenige. Zu ihnen zählen die Taten der sogenannten vier »Lübecker Märtyrer«. Das waren die drei katholischen Geistlichen Johannes Prassek, Hermann Lange und Eduard Müller sowie der evangelische Pastor Karl Friedrich Stellbrink. Die vier tauschten sich gegenseitig aus, versuchten praktische Hilfe für Verfolgte zu leisten, verteilten die Predigten des Bischofs von Galen und äußerten sich kritisch zu Wort. Die Gestapo verfolgte sie, dann wurde ihnen vor dem Volksgerichtshof der Schauprozess gemacht, ehe man sie am 10. November 1943 in einem Hamburger Gefängnis hinrichtete. Die katholische Kirche hat die drei katholischen Kapläne inzwischen selig gesprochen, gemeinsam mit dem protestantischen Pfarrer werden sie als Märtyrer verehrt; ein neuer katholischer Pfarrverbund in Hamburg trägt seit Kurzem den Namen Johannes Prassek. Dass sich die vier in der Stadt Lübeck zum gemeinsamen Protest gegen die NS-Herrschaft entschlossen, ist in historischer Perspektive höchst ungewöhnlich; auf den Tafeln der offiziellen Gedenkausstellung in Lübeck wird dies so formuliert:

»Im Jahr 1942 lernen sich Kaplan Prassek und Pastor Stellbrink persönlich kennen, obwohl zu dieser Zeit Kontakte zwischen den beiden Konfessionen völlig unüblich sind. Die gemeinsame ablehnende Haltung gegenüber dem kirchenfeindlichen *NS*-System und seinen Verbrechen lassen daraufhin die vier Lübecker Geistlichen zu einer Gruppe zusammenwachsen, bei der die konfessionellen Unterschiede in den Hintergrund treten.«[83]

Das hört sich aus heutiger Perspektive selbstverständlich an, war es aber keineswegs. Katholische und evangelische Kirche waren in der Regel unfähig, mehr als 400 Jahre nach der Reformation und keine zwei Generationen nach dem Kulturkampf in der Erfahrung des permanenten Konfessionskonflikts zueinanderzufinden. Letztlich war es die Tradition des deutschen Glaubenskriegs, der eine Überwindung der Konfessionsgrenzen für die meisten Pfarrer und Gläubigen selbst angesichts des NS-Terrors so schwer machte. Zu lange hatten sich die Religionen gegenseitig bekämpft, sich gedemütigt und beleidigt, sich gegenseitig verdächtigt, die andere Konfession möglichst von der Welt tilgen zu wollen – sei es durch eine Neuauflage der Reformation, sei es durch eine neue Gegenreformation. Unter den Kommunikations- und Handlungsstrukturen einer Diktatur war eine radikale Wende nicht mehr möglich.

Gleichwohl kam es im »Dritten Reich« zu Annäherungen, wenngleich sie in ihrem Umfang begrenzt waren. Dazu gehörte die »Una-Sancta«-Bewegung des Freiburger Priesters Max Josef Metzger, der nach 1939 sogar von einer »Einheit in der Mannigfaltigkeit« sprach und damit eine Vereinigung aller christlichen Konfessionen nicht mehr ausschließlich unter dem Dach des römischen Papsttums für möglich zu halten schien. Auch dies war wohl ein Grund dafür, dass Metzgers Initiativen von den deutschen katholischen Bischöfen mit Zurückhaltung aufgenommen wurden.[84] Diese und andere Dialogversuche zwischen den Konfessionen gingen vor allem von Christen an der kirchlichen Basis aus. Diese »ökumenischen Pioniere« blieben damit allerdings eine Minderheit, die Kirchenleitungen auf evangelischer und auf katholischer Seite reagierten im Allgemeinen mit Zurückhaltung oder offener Kritik.[85]

Waren die Kirchenführungen dem Dialog gegenüber skeptisch, so erschien ihnen ein taktisches Zusammengehen zur Abwehr des zunehmend kirchenfeindlichen Nationalsozialismus als durchaus interessant. So protestierten evangelische Kirchenführer und katholische Bischöfe 1941 in zwei separaten Denkschriften an die Reichskanzlei gegen den zunehmenden Druck auf die Christen, aber auch konkret gegen die Tötung von Geisteskranken. Diese Schreiben blieben indes ohne Antwort, anschließende Veröffentlichungen durch die Kirchen sparten darin enthaltene wichtige kritische Sätze bewusst aus, wodurch eine größere Wirkung innerhalb der kirchlichen Anhängerschaft ausblieb.[86]

Widerstand gegen das NS-Regime war von vielen Faktoren abhängig, und es wäre grob vereinfachend, sein Ausbleiben aufseiten der Kirchen allein auf die jahrhundertealte Glaubensspaltung zurückzuführen. Doch dass die katholische und die evangelischen Kirchen nur in Ausnahmefällen zu einer Kooperation gegen den Terror zusammenfanden, resultierte fraglos auch aus dieser Trennung. Es gab keine funktionierende Kommunikation zwischen den konfessionellen Lagern, das Misstrauen überwog weiterhin mögliche Gemeinsamkeiten, hinsichtlich gemeinsamer Aktionen waren Laien wie Kleriker unerfahren. Der Glaubenskrieg hatte die Kirchen unfähig gemacht zur gemeinsamen Gegenwehr. Zugleich mussten sie konstatieren, dass ihnen der Nationalsozialismus als neue Beglückungsgemeinschaft offensichtlich den Rang abgelaufen hatte: zunächst mit Versprechen, dann mit den Mitteln von Verfolgung und Terror. Die Kirchen fanden sich nun in einer Situation wieder, in der sie nicht mehr in einem öffentlichen Wettbewerb standen, sondern sich unter den zunehmend restriktiven Bedingungen einer Diktatur bald der eigenen Verfolgung ausgesetzt sahen. Ihr traditioneller Konfessionskonflikt war mithin marginalisiert worden.

Der verlorene Himmel? Deutschland nach 1945

Als Deutschland und große Teile Europas in Trümmern lagen, war es mit den Heilsgewissheiten erst einmal vorbei. Vom Glauben an Volk und »Führer« wollten die meisten Deutschen (von ein paar unverbesserlichen Altnazis abgesehen) nichts mehr wissen. Aber woran sollte man jetzt noch glauben? Neue Erlösungsangebote hatten es schwer. Und die alten Heilsangebote? Da waren allen voran die beiden christlichen Kirchen, die sich 1945 und in der unmittelbaren Nachkriegszeit nicht die Zeit nahmen, ihre Rolle in der NS-Diktatur zu reflektieren. Dabei war ihr institutionelles Versagen in der Diktatur eklatant. Im Protestantismus wog trotz der Existenz der »Bekennenden Kirche« die moralische und intellektuelle Blamage durch die »Deutschen Christen« besonders schwer. Das im Oktober 1945 von der Spitze der evangelischen Kirche formulierte »Stuttgarter Schuldbekenntnis« wirkte da wie ein Befreiungsschlag, wenngleich auch darin – entsprechend der allgemeinen Politik der Vergangenheitsbewältigung und wie übrigens auch bei den katholischen Bischöfen – auf das eigene Versagen beim Massenmord an den europäischen Juden mit keinem einzigen Wort eingegangen wurde.[87] Dass beide Kirchen sich in einem »Kirchenkampf« gegen das Unrechtsregime befunden hätten, wurde zu einer tröstenden Lüge der Nachkriegszeit. Wie bereits erwähnt, hatte es letztlich Widerstandsakte nur durch einzelne mutige und durch ihren christlichen Glauben gestärkte Menschen gegeben.[88] Beide Kirchen sahen den Zusammenbruch des Landes jetzt als ihre große Chance, den nun anstehenden Neuanfang zu ihren Bedingungen mitzugestalten. Sie stellten zunächst ihren angeblichen Widerstand gegen die Nazis heraus. So freuten sich die katholischen Bischöfe in einem gemeinsamen Hirtenbrief 1945, dass »diese gottlosen und unmenschlichen Lehren auch weit über den Kreis unserer katholischen Glaubensbrüder hinaus abgelehnt wurden«,[89] womit sie einen kollektiven »Persilschein« ausstellten. Sodann beanspruchten sie mit Vehemenz ihren Anteil an der Rechristianisierung der Gesellschaft. Eine Wiederbelebung der Kirchlichkeit, der Aufbau eines tief christlich geprägten Staates sowie die Berücksichtigung der konfessionellen Sonderwünsche der Kirchen – das waren die Erwartungen der Stunde. Jedenfalls in Westdeutschland.

Selbst christliche Beobachter sahen das mit gemischten Gefühlen, vor allem vor dem Hintergrund der Erfahrung, dass die Stärkung kirchlicher Positionen und Identitäten stets zu neuen konfessionellen Konflikten und damit Belastungen für die gesamte Gesellschaft geführt hatte. Der Historiker Friedrich Meinecke, der bei Kriegsende seine Analyse *Die deutsche Katastrophe* vorlegte, diagnostizierte zunächst die neue Nachfrage nach kirchlicher Präsenz:

> »Das religiöse Bedürfnis, einen überweltlichen Halt im Unglück zu gewinnen, wird voraussichtlich und hoffentlich viel stärker als nach dem ersten Weltkrieg sich regen, weil jeder andere Halt noch viel fraglicher als damals für uns geworden ist. Die katholische Kirche und innerhalb des Protestantismus die ›Bekennende Kirche‹ rüsten sich bereits mit ihren Mitteln, an das Herz der Menschen heranzukommen.«[90]

Doch jetzt gelte es, alte Fehler nicht zu wiederholen. Meinecke, der bei Abfassung dieses Textes bereits über 80 Jahre alt war, warnte eindringlich vor einem Rückfall in den alten Glaubenskrieg. Schließlich gebe es einen »abendländisch-christlichen Grundbesitz«, den viele Glaubensgemeinschaften teilten. Alle unterschiedlichen Gruppen müssten an Deutschlands Zukunft mitarbeiten, ohne dabei allerdings zwanghaft die Einheit und den Dogmatismus einer neuen gemeinsamen abendländischen Zukunftsreligion hervorzubringen. Das Ziel müsse vielmehr sein, wirklichen, inneren Respekt voreinander aufzubringen:

> »Vielfältig sind die Wege zu Gott, und diese Vielfalt sollte respektiert werden. Nicht bloß Toleranz, sondern Respekt voreinander fordern wir von allen den Kirchen, Bekenntnissen, Sekten und Richtungen, die an jenem religiösen Gemeinbesitz des christlichen Abendlandes Teil haben.«[91]

Damit ging der Historiker gedanklich einen entscheidenden Schritt weiter als viele andere Zeitgenossen. Er forderte wie Goethe nicht nur Toleranz zwischen den Glaubensgruppen, sondern auch eine darüber hinausgehende Anerkennung. Für den deutschen Protestantismus, der gerade die tiefe Teilung in »Deutsche Christen« und »Bekennende Kirche« erlebte hatte, könne dies etwa bedeuten, dass er in Zukunft nicht mehr als eine dogmatisch gebundene Einheit, sondern letztlich nur als »ein Bündel von Richtungen« auftrete. Historisch durchaus erfahrungsgesättigt, verweist Meinecke darauf, dass jeder neue Versuch einer Einheitsbildung nur wieder »unzählige religiös Suchende kirchlich heimatlos« machen werde (was bei der Schaffung der preußischen Kirchenunion nach 1817 ja tatsächlich der Fall gewesen war, als sich beispielsweise die Altlutheraner gründeten). In Glaubensdingen sei also für die Zukunft eine »föderative Lösung« geboten, die zwar solche Entgleisungen wie die »Deutschen Christen« ausschließen müsse, andere bislang ausgegrenzte Glaubensgruppen wie etwa die anthroposophische »Christengemeinschaft« jedoch selbstverständlich einbinden sollte.[92]

Mochte der greise Meinecke – mit diesem Plädoyer einer religiösen Vielfalt – seiner Zeit deutlich voraus gewesen sein, so blieb er doch einem christlichen »Gemeinbesitz« verhaftet.

Für die kulturelle Wiederaufrichtung des Landes wünschte er sich überdies die Schaffung von »Goethegemeinden«, in denen das wahre kulturelle Erbe der Deutschen wiederbelebt werden sollte. Er griff also im Moment der Neubesinnung deutlich kürzer als Friedrich der Große, der aus seiner aus Überlegungen der Staatsräson entwickelten Toleranz heraus auch nichtchristliche Religionen (wie auch alle Nichtgläubigen) dazu einlud – als Steuerzahler wohlgemerkt –, nach ihrer »Façon« selig zu werden.

Doch der Blick auf die Situation in Westdeutschland kurz nach Kriegsende zeigt, dass die Kirchen alles daransetzten, ihre alten konfessionellen »Schlachtrösser« wieder in den Kampf zu führen: allem voran die Warnung vor der Mischehe und die Forderung nach der christlichen Bekenntnisschule. Besonders die katholische Kirche machte in der Schulfrage massiv Druck, um ein Elternrecht auf den weltanschaulichen Charakter der Schule im Grundgesetz zu verankern. Als die kirchlichen Forderungen nicht vollständig erfüllt wurden, überlegten die Bischöfe, ob sie den katholischen Bundestagsabgeordneten nicht die Ablehnung des Grundgesetzes empfehlen sollten; der Bischof von Münster wollte damals so weit gehen, die Zustimmung zum Grundgesetz öffentlich als Sünde zu bezeichnen.[93] Der Episkopat nahm zwar schließlich davon Abstand, aber der Ton blieb scharf. Weil trotz der Rücksichtnahme auf kirchliche Forderungen die Bekenntnisschule nicht allgemein eingeführt wurde, war von einer »Vergewaltigung des Gewissens unserer christlichen Eltern« die Rede. Das gemeinsame Hirtenwort der Bischöfe der Bundesrepublik Deutschland vom 23. Mai 1949 klang wie eine Drohung:

> »Nie und nimmer wird das deutsche Volk zur Ruhe kommen, solange die weltlichen Machthaber nicht in echter Toleranz und Weitherzigkeit die innere Überzeugung der christlichen Staatsbürger respektieren, und solange der Staat bei der Regelung der Schul- und Erziehungsfrage die ihm

gezogenen Grenzen überschreitet und es ablehnt, bei der Gestaltung des öffentlichen Schulwesens dem Willen der Eltern gebührend Rechnung zu tragen.«[94]

Dieses Auftreten belegt, wie selbstverständlich vor allem die katholische Kirche ihre politische und gesellschaftliche Rolle in der jungen Bundesrepublik einzunehmen gedachte. Dazu passte die weit verbreitete kirchliche Analyse, dass die NS-Diktatur letztlich nichts anderes gewesen sei als die logische Folge eines »Abfalls von Gott«, der mit der Entkirchlichung im 19. Jahrhundert begonnen habe. Deshalb müsse nun umso eindringlicher die Forderung erhoben werden, dass Staat und Gesellschaft zur Abwehr neuer politischer Katastrophen auf die Vorstellungen der christlichen Kirchen vertrauen müssten.[95]

Man fühlte sich ein wenig an die Weimarer Republik erinnert, in der sich der politische Katholizismus ja ebenfalls rasch und gestaltend einbringen konnte. In der westdeutschen Nachkriegsrepublik waren die Bedingungen dafür besonders günstig, vor allem weil nach dem Verlust oft überwiegend evangelischer Gebiete im Osten des untergegangenen Reiches die Katholiken nun erstmals zahlenmäßig mit den Protestanten gleichgezogen hatten. Das verlieh neues Selbstbewusstsein innerhalb der Amtskirchen und bei den kirchlichen Verbänden. Daraus resultierte in den ersten Jahren der Bonner Republik die Betonung der eigenen konfessionellen Identität und damit die Wiederbelebung konfessioneller Konflikte – gerade auf katholischer Seite. Es folgte eine regelrechte Abschottung von der evangelischen Kirche.[96] Dementsprechend war die Stimmung in den Nachkriegsjahren davon geprägt, dass der »Dämon des Konfessionalismus« wieder aus seiner kurzzeitigen Betäubung unter der NS-Diktatur erwachte. Der alte Streit, die alte Missgunst waren wieder da, und zwar seit den ersten Tagen nach dem Ende des »Dritten Reichs«. Auch in konfessionsgeschichtlicher Perspektive gab es eben keine »Stunde Null«.[97]

Wo es angesichts der unmittelbaren Not der Nachkriegszeit zu überkonfessioneller Hilfe oder gar Zusammenarbeit kam, folgte kirchenpolitisch bald wieder die Absage an nicht erwünschte Formen einer Ökumene. Auch die erwähnte »Una-Sancta-Bewegung«, die eine Annäherung durch persönliche Begegnungen im kleinen Kreis fördern wollte und sogar während des »Dritten Reichs« bescheidende Impulse setzen konnte, wurde von Rom gebremst. Zusammenkünften von Nichtkatholiken und Katholiken, bei denen Fragen des Glaubens angesprochen wurden, durften weder Laien noch Kleriker ohne vorherige amtskirchliche Erlaubnis beiwohnen. So urteilte das Heilige Offizium im Jahr 1948 und erinnerte die Gläubigen an die einschlägigen Passagen des kanonischen Rechts. Vor »Streitgesprächen oder Aussprachen« mit Nichtkatholiken sollten sich die Katholiken hüten, ebenso vor einer wie auch immer gestalteten Teilnahme oder Mitwirkung an gemeinsamen Gottesdiensten oder der Spendung von Sakramenten an Nichtkatholiken.[98]

Davon unberührt sei der katholische Wunsch nach einer Einheit der Kirche, hieß es ein Jahr später in Rom: »Alle, die zu ihr als der einzig wahren Kirche Christi zurückkehren, nimmt sie mit mütterlicher Liebe auf.« Es ging also um die Rückkehr in den Schoß der römischen Kirche und nicht um ein ökumenisches Treffen auf Augenhöhe. Alles, was mit der Angelegenheit einer »Wiedervereinigung« zu tun habe, werde in Zukunft Aufgabe der Bischöfe sein. Sie würden allein darüber wachen, welche Annäherungen sinnvoll seien, und diese gegebenenfalls fördern und zugleich für die notwendige Einhaltung der kanonischen Vorgaben sorgen. Nicht zuletzt sei von katholischer Seite gerade in solchen Momenten stets daran zu erinnern, dass das eigentliche zentrale Übel in der Geschichte der Kirchenspaltung »der Abfall vom katholischen Glauben« während der Reformationszeit gewesen sei.[99] Es ging also aus römischer Sicht weiterhin um die historische »Schuld« des Protestantismus.

In der Frühzeit der Bundesrepublik traf ein sehr selbstbewusster und hinsichtlich der Durchsetzung seiner kulturpolitischen Ziele durchaus aggressiver Katholizismus auf einen zwar organisatorisch schwächeren, aber gleichwohl ebenso selbstbewussten und in seiner Haltung streitbaren Protestantismus.[100] Für die politischen Parteien bedeutete dies, dass sie den konfessionellen Gegensatz in ihren eigenen Reihen stets im Blick haben mussten – vor allem die CDU musste sich gegen das Vorurteil wehren, eine rein katholische Partei zu sein. Deshalb sammelten sich einige Mitglieder im »Evangelischen Arbeitskreis«, um für die Union Wählerstimmen auch im evangelischen Lager zu gewinnen. Die Partei wollte keinesfalls als Nachfolger der alten Zentrumspartei auftreten, sondern propagierte eine »christliche Weltanschauung« als verbindendes Element zwischen den Konfessionen. Die alten Begehrlichkeiten mussten anfangs sorgsam beachtet werden. So galt in der Adenauer-CDU ein ungeschriebenes Gesetz bei Bundestagswahlen: Da bei diesen die Direktmandate vor allem von katholischen Kandidaten errungen werden konnten, wurden die Landeslisten entsprechend mit evangelischen Bewerbern besetzt.[101]

Während die CDU sich um konfessionelle Parität und damit um religiöse Befriedung sorgte, gab es aus anderen politischen Lagern weiterhin scharfe Töne. So sprach der SPD-Fraktionsvorsitzende Kurt Schumacher 1950 im Bundestag von der katholischen Kirche als »fünfter Besatzungsmacht«, aber es war vor allem die FDP, die in den 1950er-Jahren eine aggressivere konfessionalistische, antikatholische Gangart einlegte, um auf Stimmenfang zu gehen. Die Liberalen rückten den konfessionellen Gegensatz unentwegt in den Vordergrund. Über den Wahlkampf in Baden-Württemberg berichtete Ministerpräsident Gebhard Müller (CDU) im Februar 1956, dass dieser von der FDP in evangelischen Gebieten »mit einer unglaublichen konfessionellen Hetze betrieben« würde. Doch der Erfolg schien der Partei zumindest anfangs recht zu geben: Bei den Wahlen 1949 und 1953 erzielte die FDP ihre größten Gewinne in rein evangelischen Gebieten.[102] Aber die Verärgerung bei den anderen Parteien war groß. So notierte im Juli 1961 Heinrich Krone, Vorsitzender der CDU/CSU-Fraktion im Deutschen Bundestag:

»Die *FDP* hetzt die Christen aufeinander. Sie versucht es. Sie hetzt die Protestanten gegen die Katholiken, denen sie vorwirft, sie trieben katholische Politik und wollten in Deutschland ein katholisches Regiment einführen.«[103]

Auch prominente Einzelpersönlichkeiten wollten der – aus ihrer Sicht zu katholisch geprägten – westdeutschen Staatsgründung lange nicht ihren Segen geben. Zu ihnen zählte der angesehene Theologe und Vertreter der Evangelischen Kirche in Deutschland (EKD), Martin Niemöller, der zu den profiliertesten Kritikern der Bonner Republik und der Politik der Westorientierung gehörte. Das neue Staatswesen nannte er »im Vatikan gezeugt und in Washington geboren«.[104] Auch die deutsche Teilung wurde konfessionell interpretiert, ausgehend von der Kritik am katholischen Bundeskanzler Konrad Adenauer und an seinem außenpolitischen Kurs der Westintegration. Gab es eine katholisch motivierte »Preisgabe« Ostdeutschlands? Das behauptete 1953 beispielsweise ein Flugblatt der »Gesamtdeutschen Volkspartei« (GVP), die unter Führung von Gustav Heinemann und Helene Wessel zugleich bestritt, dass ein überzeugter evangelischer Christ Mitglied der CDU sein könnte:

»Evangelische Christen, beantwortet euch selbst die Frage: Können diese katholischen Politiker, die mit dem katholischen Kleineuropa das Reich Karls des Großen wiederherstellen wollen, ein Interesse daran haben, uns wieder mit den 16 Millionen evangelischer Brüder und Schwestern hinter dem Eisernen Vorhang zusammenzuführen? Oder wird den katholischen Zielen die evangelische Bevölkerung Ostdeutschlands geopfert?«[105]

Die deutsche Teilung wurde damit zwar immerhin nicht ursächlich als Machwerk der Katholiken bezeichnet, doch ihre Zementierung erschien als Ergebnis einer spezifisch katholisch eingefärbten Politik, die sich nicht an den Handlungszwängen der Gegenwart, sondern an überholten historischen Vorbildern orientiere, die tief aus dem dunklen (weil vorprotestantischen!) Mittelalter in die Gegenwart herüberreichen. Gustav Heinemann ging in dieser Auseinandersetzung mit der CDU so weit, dass er kaum verschlüsselt erklärte, wer für die Politik Adenauers stehe, missbrauche das Evangelium. Hermann Ehlers, stellvertretender CDU-Bundesvorsitzender, nannte das »Brunnenvergiftung« und nahm diesen Vorwurf auch in der Folgezeit nicht zurück.[106]

Vor dem Hintergrund der konfessionellen Auseinandersetzungen des Kaiserreichs lässt sich leicht erkennen, dass hier die traditionelle Verunglimpfung der Katholiken als »vaterlandslose Gesellen« eine Renaissance erfuhr. Diesmal wurde der deutsche Katholizismus allerdings nicht verdächtigt, mit Rom gegen die eigene Nation zu paktieren, sondern mit einer Neuauflage des »christlichen Abendlandes« nicht nur die Protestanten hinter dem Eisernen Vorhang preiszugeben, sondern zugleich mit der Ausrichtung auf mittelalterliche Vorbilder auch eine vorreformatorische Zukunft anzustreben, in der ein evangelisches Deutschland eben keinen Platz mehr habe. In diese Vorstellungswelt passte, dass mit dem Aufstand vom 17. Juni 1953 in der DDR viele Liberale und Protestanten glaubten, am fernen Horizont so etwas wie die Herstellung eines geeinten, freien Deutschland und damit endlich die Überwindung des katholischen Provisoriums Bundesrepublik ausmachen zu können.[107]

Für die alltäglichen konfessionellen Spannungen in diesen Jahren hat der Historiker Martin Greschat einmal stellvertretend den sogenannten »Zwischenfall von Ochsenfurt« angeführt. Dieser ereignete sich am 28. Juni 1953 in dem unterfränkischen Städtchen, als dort die größte Zuckerfabrik Bayerns eingeweiht werden sollte. Es gab zwei Festgottesdienste, bei denen die beiden Konfessionen getrennt feiern und dann die eigentliche Weihe der neuen Fabrik vornehmen wollten. Der Würzburger Bischof Döpfner eröffnete dem evangelischen Pfarrer allerdings, dass er es nicht akzeptieren würde, wenn ein protestantischer Geistlicher im Talar an der Weihe teilnähme. Der gerade dafür angereiste evangelische Stadtdekan verließ daraufhin verärgert die Zuckerfabrik, kein evangelischer Pfarrer nahm an der Einweihung teil. Der örtliche FDP-Landtagsabgeordnete fragte vor rund 8000 Besuchern noch während der offiziellen Festveranstaltung empört, ob es denn schon wieder so weit sei, dass »wir evangelischen Christen Menschen zweiter Klasse« sind. Zunächst in Bayern, dann bundesweit wurde anschließend kontrovers über das Zusammenleben der Konfessionen diskutiert.[108] Die erregten Debatten veranlassten schließlich Bundeskanzler Adenauer nach einer entsprechenden Intervention des Bundespräsidenten dazu, seinen Ministerialdirektor Globke zu einem vertraulichen Gespräch mit Bischof Döpfner nach Würzburg zu schicken. Er sollte seitens der Regierung um Ruhe und Besonnenheit werben, schließlich stand kurz darauf im Palais Schaumburg der protestantische Bischof Dibelius auf der Besucherliste. Da wollte man von höchster Stelle den Streit entschärft wissen.[109]

Fraglos lässt sich der Ochsenfurter Zwischenfall als anschauliches Beispiel für das angespannte Verhältnis zwischen den Konfessionen in der Frühzeit der Bundesrepublik interpretieren.[110] Wer in dieser Zeit ein offizielles Amt bekleidete, musste sich um ausgewogene Kandidatenlisten, um permanente Rücksichtnahme gegenüber konfessionellen Empfindsamkeiten bemühen. So beklagte sich 1955 der hannoversche Landesbischof Hanns Lilje öffentlich darüber, dass im Bundesverteidigungsministerium katholische Mitarbeiter bei der Beförderung systematisch bevorzugt würden. Das Ministerium sah sich daraufhin genötigt, eine Aufstellung über den Konfessionsproporz im eigenen

Hause vorzulegen.[111] Nur wenige prominente Zeitgenossen erlaubten es sich, ihren Überdruss über solche Streitigkeiten drastisch auszudrücken. Von Franz Josef Strauß (damals stellvertretender CSU-Landesvorsitzender und Mitglied des Bundestages) wird kolportiert, dass er in einem Gespräch mit einem hohen Geistlichen folgenden Kommentar habe fallen lassen: »Ihr streitet euch so lange um Protokollfragen, bis ihr im KZ wieder gemeinsam aus einem Blechnapf eßt.«[112]

Der Streit erreichte in diesen Jahren nicht nur die große Politik, er gehörte in der unmittelbaren Nachkriegszeit auch zum westdeutschen Alltag. Das lag auch an den massiven Verschiebungen der religiösen Geographie. Die fast jahrhundertealte Konfessionskarte des Landes hatte sich dramatisch verändert, die Ankunft der Vertriebenen veränderte das konfessionelle Antlitz wie seit der Reformation und dem Dreißigjährigem Krieg nicht mehr.[113] Die Vertreibung aus den Ostgebieten und die Flucht aus Ostdeutschland hatten dazu geführt, dass plötzlich Katholiken und Protestanten an Orten nebeneinanderlebten, die zuvor völlig andere konfessionelle Verhältnisse gewöhnt oder sogar fast monokonfessionell besiedelt waren. Protestantische Ostpreußen mussten sich plötzlich im katholischen Emsland zurechtfinden, Katholiken aus dem Ermland im rein evangelischen Schleswig-Holstein. Fremdheitserfahrungen waren da an der Tagesordnung. Und der Gegensatz der Konfessionen erschwerte zuweilen die ohnehin nicht immer reibungslose Integration der Vertriebenen. Das überkommene Misstrauen gegen die Mitglieder der anderen Konfession wurde damit zu einer Grunderfahrung in der »kalten Heimat«, wie Andreas Kossert sein wegweisendes Buch über das anfangs schwierige Miteinander in vielen Teilen der Bundesrepublik betitelt hat. Wieder wurden Fremde vor allem deshalb als Fremde wahrgenommen, weil sie sich durch ihren »fremden« Glauben von den Einheimischen unterschieden.

Die Ankunft der Vertriebenen provozierte Konflikte, die an

die konfessionellen Auseinandersetzungen des frühen 19. Jahrhunderts erinnerten. Denn jetzt gab es erneut einerseits die Fremdheitserfahrungen und Konflikte innerhalb der großen Konfessionen, andererseits die neu entfachten Konflikte zwischen Katholiken und Protestanten. Die internen Konflikte resultierten aus der Tatsache, dass vor allem in den evangelischen Kirchen die Mitglieder aus denjenigen Regionen des ehemaligen Deutschen Reiches, die nicht zur Bundesrepublik gehörten, sich nicht nur durch ihre landsmännische Mentalität unterschieden, sondern auch durch Bekenntnisstand, Katechismus, Liturgie und Frömmigkeitskultur. Vertrieben aus den östlichen altpreußischen Provinzialkirchen, trafen sie jetzt in der neuen Heimat auf reformierte oder konsensunierte Landeskirchen.

Aber beide Seiten blieben zuweilen bekenntnisstreu, so wie im rheinischen Rheydt: Dort weigerte sich die örtliche reformierte Kirchengemeinde, den übrigen evangelischen Neuankömmlingen in der Frage der Gottesdienstordnung oder der Verwendung des »richtigen« Katechismus im Konfirmandenunterricht entgegenzukommen. Das Ergebnis war eine Teilung der Protestanten in eine reformierte und eine evangelisch-lutherische Gemeinde. Erst nach zehn Jahren konnte die Leitung der Rheinischen Landeskirche schließlich einen Kompromiss durchsetzen, der vor Ort eine evangelische Einheit herstellte.[114]

Solche internen Fremdheitserfahrungen und Konflikte waren nicht auf die evangelische Seite beschränkt, auch auf katholischer Seite trafen andersartige Frömmigkeitsriten und liturgische Bräuche sowie höchst unterschiedliche kirchliche Mentalitäten aufeinander. Im katholischen Bayern befürchtete der Klerus, die sudetendeutschen Katholiken könnten durch ihre Armut und Hoffnungslosigkeit eine Art »religiösen Bolschewismus« in die konservativ-ländlichen Gemeinden Bayerns tragen. Was war das für ein Katholizismus, der zuweilen in Gestalt eines »Rucksackpriesters« umherreiste, um die versprengten Glaubensgenossen zu Gottesdiensten in einfachen Wohnstuben oder gar Gasthäusern zu sammeln, wo sie oft genug nicht von Weihrauchduft, sondern von Bierdunst umgeben waren?[115]

Hatte sich seit den großen konfessionellen Auseinandersetzungen des 19. Jahrhunderts nichts verändert? Erneut standen sich Katholiken und Protestanten in Dörfern und Städten fremd gegenüber, wieder gossen Geistliche leidenschaftlich Öl ins konfessionelle Feuer. Wieder, so muss man den Eindruck haben, witterten diese ihre Chance, durch die Zuspitzung des konfessionellen Konflikts die eigene konfessionelle Identität schärfen zu können. Zu den mildesten Formen gehörten dabei die überall zu beobachtenden Versuche, die andersgläubigen Fremden zu bekehren. Ein evangelischer Flüchtlingspfarrer im katholischen Lingen an der Ems beklagt sich 1946:

> »Wo sich Glieder unserer Gemeinden solchen Einflüssen entschieden widersetzen, müssen sie Beschimpfungen wie ›lutherische Ketzer‹, ›Heiden‹, ›Gottlose‹ oder gar ›lutherische Schweine‹ hören. Leider sind das keine Einzelerscheinungen! Daneben steht die sehr viel weniger sichtbare, aber umso erfolgreichere stille Aktivität der katholischen Seite, die bis in die Arbeit der Behörden hineinwirkt. … Zuweilen kann ich mich des Eindrucks nicht erwehren, daß Kräfte am Werk sind, die eine Art Gegenreformation hier im schwarzen Emslande ins Werk setzen wollen.«[116]

Für die Kirchen bedeutete die Welle der Vertriebenen und Flüchtlinge eine Neuauflage ihrer Ängste aus dem 19. Jahrhundert – denn jetzt war auch das Thema »Mischehe« wieder aktuell. Die werde in Zukunft vermutlich zur »Regelehe« werden, prophezeite der Kölner Erzbischof Josef Kardinal Frings vor seinen Bischofskollegen im August 1953, weil es jetzt im großen Maßstab »Berührung zwischen katholischen und evangelischen Familien und Sippen« gebe. Der eigenen Kirche bleibe nur die Möglichkeit, möglichst viele Einrichtungen und Veranstaltungen zu gründen und zu unterstützen, »die dem Zustandekommen katholischer Ehen förderlich sind«. Frings warnte: »Im Kampf gegen die Mischehe dürfen wir nicht erlahmen.«[117] Hilfe für diesen »neuen alten Kampf« kam aus Rom. Papst Paul VI., der 1963 sein Pontifikat antrat, verwarf solche Verbindungen: Gültige Ehen könnten nach den Vorstellungen der Kirche nur durch einen katholischen Priester zwischen einem Katholiken und einer Katholikin gestiftet werden.[118]

Kirchliche Vertreter griffen wieder zur »Fackel der Zwietracht«, doch diesmal gelang es ihnen nicht, einen großen Mischehenstreit wie noch im 19. Jahrhundert zu entfachen. Die Entwicklung hatte sie regelrecht überrollt: Waren um 1900 im Kaiserreich nur knapp zehn Prozent der geschlossenen Ehen gemischtkonfessionell, so stieg ihr Anteil in der Weimarer Republik auf rund 15 Prozent und in der Bundesrepublik um 1950 schließlich auf etwa 25 Prozent, umfasste also ein Viertel aller Ehen. In den 1980er-Jahren sollte schließlich mehr als ein Drittel der neuen Ehen konfessionell gemischt sein. Eine deutsch-niederländische Untersuchung registrierte 1994 zufrieden, dass jene sozioreligiöse »Apartheid«, die den deutschen Heiratsmarkt so lange geteilt habe, bei den großen Konfessionen endlich verschwunden sei, selbst die Masse der Katholiken habe sich inzwischen »den modernen Gepflogenheiten« gefügt.[119] Die Kirchen hatten also in der Bundesrepublik zunehmend einen Kampf an den Menschen vorbei geführt, spätestens seit den 1960er-Jahren hatten die mentalen und emotionalen Schranken zwischen den Angehörigen der unterschiedlichen Bekenntnisse spürbar an Bedeutung verloren.

Die vielen konfessionellen Attacken wirkten zunehmend überholt, der einschneidende Wandel in der deutschen Mentalitätsgeschichte ließ sich nicht mehr aufhalten. Die konfessionellen Strukturen, die das Land über vier Jahrhunderte in unterschiedlichen Konjunkturen geprägt hatten, verloren ihre traditionelle Wirkmächtigkeit. Die Auseinandersetzungen zwischen Katholiken und Protestanten nahmen ab, obwohl sie in zuweilen spektakulären Fällen wieder ausbrachen und auch auf Alltagsebene noch lange schwelten. Ob eine konfessionelle Mischehe denkbar war oder ob das Kind eine kirchliche Bekenntnisschule besuchen solle – das blieb in manchen Familien bis in die 1960er- oder 1970er-Jahre hinein Gegenstand besorgter Debatten.

Doch die religiöse Welt war längst im Wandel begriffen. Der erste Grund dafür war sicherlich die weitgehende numerische konfessionelle Parität zwischen katholischen und evangelischen Deutschen. Die alte Diskriminierung der katholischen Minderheit samt den Verletzungen und Erfahrungen aus der Kulturkampfzeit wurde entscheidend überwunden, da der Katholizismus in der Bundesrepublik nun gleichberechtigt und gestaltungsmächtig war. Für die politische Kultur brachte das eine entscheidende Wende, vor allem da die CDU sich als christliche Volkspartei etablierte, die die Vertretung der Katholiken gewährleistete, ohne die Interessen der Protestanten unberücksichtigt zu lassen. Von jenen tiefen Gräben, die noch in der Weimarer Republik das politische Verhältnis der Konfessionen geprägt hatten, konnte jetzt keine Rede mehr sein.[120]

Neben der neuen konfessionellen Parität sollte ein zweiter Grund für eine Zurückdrängung des alten Gegensatzes maßgeblich werden: Die traditionelle katholische Welt, in welcher der Alltag der Menschen von der Taufe über den Schulbesuch bis zur »richtigen« Eheschließung mit allen Verhaltensnormen verbindlich von der Kirche geregelt wurde, brach seit den 1960er-Jahren auseinander. Die Bindung an die traditionellen Konfessionen nahm drastisch ab, was sich am Rückgang des sonntäglichen Kirchgangs und der Teilnahme an der Kommunion ebenso zeigte wie an der Zahl der Taufen oder der Kinder, die in kirchlichen Schulen erzogen wurden. Das religiöse Leben in Deutschland erfuhr eine historische Zäsur, vom »verlorenen Himmel« hat der Münsteraner Historiker Thomas Großbölting gesprochen. Dieser Himmel, verstanden als Metapher für eine christliche geprägte Sicht auf das irdische Leben und ein Leben nach dem Tod, war vielleicht nicht gänzlich verschwunden, aber für einen immer größeren Teil der Bevölkerung war er schließlich nicht mehr relevant.[121] Vergleichbares lässt sich für den deutschen Protestantismus feststellen.

Heute können die beiden großen Kirchen jeweils nur noch rund 30 Prozent der Deutschen zu ihren Mitgliedern zählen, das sind zusammen keine zwei Drittel der Gesamtbevölkerung mehr.[122] Aber das bedeutet keineswegs, dass die christlichen Kirchen und ihre Mitglieder ohne Einfluss sind. Wenn auch »der Himmel« verloren gegangen sein mag – seine Institutionen bestehen weiterhin und hoffen auf eine Revitalisierung. Die Statistik lässt sich schließlich auch anders lesen: Nach wie vor stellen die katholischen und evangelischen Christen sowie die Mitglieder der Freikirchen und anderen christlichen Gemeinschaften die Mehrheit derjenigen, die religiös aktiv sind. Regional gibt es dabei massive Unterschiede: So gehören im Westen Deutschlands drei Viertel der Menschen nach wie vor einer der christlichen Großkirchen an, im Osten ist es hingegen nur ein Fünftel. Der Einfluss der Kirchen im gesellschaftlichen und politischen Bereich ist immer noch hoch. Weiterhin sind die christlichen Kirchen und ihre Repräsentanten voll akzeptierte politische Diskussionspartner, deren Stimme respektiert wird.[123]

Was die Alltagsauswirkungen der Glaubensspaltung anbelangt, so sind die Konflikte weitgehend Vergangenheit. Nachdem jahrhundertelang interkonfessionelle Spannungen die Grundstruktur der politischen und gesellschaftlichen Verfassung in deutschen Landen gebildet hatten, ist die Bundesrepublik seit den 1960er-Jahren von großen konfessionellen Konflikten verschont geblieben. Die alten Kirchen, erschöpft davon und von dem Aderlass gegenüber einer modernen Welt, sind nicht mehr imstande, die althergebrachten Kontroversen auszutragen. Der

Glaubenskrieg zwischen ihnen kennt keinen Gewinner, beide Kirchen haben in einem Maße verloren, dass weitere Kämpfe sinnlos zu sein scheinen.

Die Betrachtung der Entwicklung des religiösen Lebens in Deutschland wäre unvollständig ohne einen Blick auf die Vorgänge in der DDR. Hier erlebten die christlichen Kirchen nach dem »Dritten Reich« keine Wiederbelebung alter Hoffnungen. Die SED baute ihren Sozialismus bewusst in einem atheistischen Staat auf, in dem althergebrachte Glaubensvorstellungen und Gestaltungsmöglichkeiten der Kirchen keinen Platz haben sollten. Der Sozialismus auf deutschem Boden sollte ein politischer und moralischer Neuanfang nach der Katastrophe des »Dritten Reiches« sein. Ein konsequenter Antifaschismus und die Zerschlagung des alten kapitalistischen Systems zugunsten des Prinzips des Volkseigentums schienen geboten zu sein als notwendige Konsequenzen aus Diktatur, Krieg und Völkermord. Außerhalb der SED und ihrer Massenorganisationen wie der »Freien Deutschen Jugend« sollte es keine eigenständigen gesellschaftlichen Kräfte geben – das galt auch für die Kirchen.

Nun waren die Menschen auf dem Gebiet der DDR schon vor 1945 ohnehin tendenziell weniger kirchengebunden als in anderen Regionen Deutschlands, was die evangelische Kirchenstatistik anhand einer generell niedrigeren Abendmahlbeteiligung dokumentiert hat. Aber unter der SED-Herrschaft schwand die Religiosität weiterhin. Die alltägliche religiöse Praxis ebenso wie Taufen, kirchliche Trauungen oder christliche Beerdigungen wurden zur Ausnahme von der Regel. Aktive Teilnahme an kirchlichem Gemeindeleben führte vielmehr zu politischer und sozialer Diskriminierung.[124]

Die Protestanten und (wenigen) Katholiken mussten erleben, wie sich in der DDR nicht nur ein atheistischer Staat etablierte. Zugleich zeigte sich nämlich auch, wie dort ein politischer Glaube beanspruchte, über das Glück und das angeblich wahre Heil der Menschen zu urteilen und den Weg zu einem irdischen Paradies durch Staatsdoktrin zu bestimmen. Die SED agierte in vielerlei Hinsicht ähnlich wie jene Beglückungsgemeinschaften, die schon im 19. Jahrhundert bestanden. Der sozialistische Glaube an das Richtige und an die »Wahrheit« bestimmte das politische Klima. Der Dichter Franz Fühmann, der anfangs mit der SED sympathisierte, erinnerte sich später an diese symbolisch hoch aufgeladene Sprache der Aufbauzeit:

> »Ein Wiedergewinnen politischer Werte durch den Dennoch-Gebrauch des bis ins Verbrauchtsein Missbrauchten, im Namen revolutionärer Erneuerung: ›Volk‹, ›Vaterland‹; ›Zukunft‹, ›Sinn des Lebens‹, ›Gemeinnutz‹, ›Opfermut‹, ›Glauben‹, ›Einsatz‹, ›Kampf‹, ›Hingabe‹ … Ihre Auferstehung geschah im Zeichen des Wahren … ›Wahr‹ – es wurde das wichtigste Wort jener Zeit.«[125]

Die neue Heilslehre war im Recht. Im Parteilied der SED hieß es denn auch im Sinne dieser neuen Zwangsläufigkeit, dass die Partei immer recht habe. Denn »wer da kämpft für das Recht, der hat immer Recht« – in dieser Logik konnte es keine Abweichung von der neuen Lehre geben. Es gab ein sozialistisches Heilsversprechen, ein irdisches Paradies und den großen Führer Josef Stalin. Er galt vielen als Prophet des Heils, manche verehrten in als gottgleiche Lichtfigur. In »Ein Lied für Stalin« aus dem Jahr 1953 hieß es unter anderem:

> »Er ist höher als die Wolke
> Er ist tiefer als das Meer,
> Und er lebt in jedem Volke
> Auf der Erden ringsumher.«[126]

Die politische Kultur der jungen DDR war der erkennbare Ausdruck eines politischen Glaubens. Der Historiker Lutz Niethammer sprach für die ersten Jahre des Arbeiter-und-Bauern-

Staates als von einer »Priesterherrschaft«. Das »klerikale Element der Aufbauzeit« sei vor allem durch die alten Genossen geprägt gewesen, die Priestern ähnlich den Weg in eine Erziehungsdiktatur geebnet hätten. Diese Form einer »Priesterherrschaft« habe dem gesamten sozialistischen Vorhaben zusätzliche Glaubwürdigkeit gebracht, sie »eröffnete Neubekehrten huldvolle Aufnahme in die Gemeinschaft«, »stiftete hierarchische Ordnung und willige Askese« und ermöglichte eine neue »Inquisition«.[127] Gerade die Jugend war Hauptobjekt der neuen Heilsbringer. Ein SED-Plakat im Ostberliner Straßenbild brachte das auf den Punkt:

> »Deutsche Jugend – Der Nazismus hat Euren Glauben schmählich mißbraucht. Ihr seid unsere Hoffnung und in Euren Händen wird die Zukunft des Vaterlandes liegen. Unsere Weltanschauung muß Euer Glaube werden.«[128]

Ein alter Glaube sollte also gegen einen neuen ausgetauscht werden. Das Heil dieser neuen Glaubensgemeinschaft lag in den Händen der Partei als Sachwalter der »wahren Lehre«. Herausragende charismatische Führer hat der DDR-Sozialismus allerdings nie hervorgebracht, der letzte Heilige des Weltkommunismus war mit Josef Stalin 1953 gestorben, und weder Walter Ulbricht noch Erich Honecker hatten das Zeug zu einem neuen Religionsführer. Aber es etablierte sich eine Führung, die sich den Schein der Aufgeklärtheit und Allwissenheit gab. Wer mitmachte, auf den wartete in der sozialistischen Zukunftsgesellschaft ein Platz an der Sonne. Und wer nicht mitmachte? Der geriet als Ungläubiger unter Verdacht und wurde verfolgt. Der Ausschluss aus der Gemeinschaft der gläubigen DDR-Sozialisten war die Konsequenz, der Glaube an das sozialistische Heil legitimierte zugleich Gewalt gegen Andersdenkende.[129]

In der für Beglückungsgemeinschaften typischen Vehemenz ging man gegen interne Abweichler vom vermeintlich wahren Glauben vor. Mit dem Aufstieg der SED zur Staatspartei kam es zu Säuberungen. Ein ganzer Katalog an organisatorischen und disziplinarischen Maßnahmen ermöglichte Bedrohung, Einschüchterung und Verfolgung von Abweichlern. Zwischen den Jahren 1948 und 1951 waren dies zunächst die alten Feinde. Unter dem Vorwurf des »Sozialdemokratismus« wurden Funktionäre mit sozialdemokratischer Vergangenheit kriminalisiert, später dann die früheren Angehörigen kommunistischer Kleingruppen aus der Weimarer Zeit, vor allem vermeintliche »Trotzkisten«, so der offizielle Kampfbegriff der Partei.[130] Damit wurde in der DDR unter den Bedingungen des Totalitarismus der vermeintliche Glaubensabtrünnige, der Renegat, zu einer festen Figur der Propaganda. Der Feind des Sozialismus befinde sich im eigenen Lager, dies sei schon immer in der Geschichte der deutschen Arbeiterbewegung so gewesen. So hieß es im Beschluss des III. SED-Parteitages im Jahr 1950:

> »Wie die geschichtliche Erfahrung zeigt, wenden sich die imperialistischen Agenten in erster Linie an die Renegaten der Arbeiterbewegung, an ehemalige Anhänger früherer opportunistischer und oppositioneller Strömungen.«[131]

Als sich allerdings abzeichnete, dass der Aufbau des Sozialismus doch auf sich warten ließ, der Aufstand vom 17. Juni 1953 niedergeschlagen wurde und der Mauerbau von 1961 das Erlösungsangebot bereits weitgehend diskreditiert hatte, erstarrte dieser politische Glaube. Die Heiligenlegenden blieben zwar, so Lutz Niethammer, aber sie wurden weniger gern gelesen. Die »weise Führung« wurde älter, an den Ritualen und Festtagen hielt man fest. Und bis zum Ende der DDR sei der Zugriff der SED-Führung auf »ihre« Menschen auf das Verhältnis des Hirten zu seiner Herde beschränkt geblieben.[132] Damit die Herde wusste, wie man sich zu verhalten habe, verkündete die Partei unter Walter Ulbricht, in bewusster Anlehnung an die traditionelle christliche Vorlage, ihre eigenen zehn Gebote. Die »10 Gebote für den neuen sozialistischen Menschen« wurden 1958 während des V. Parteitags der SED verkündet, als verbindlicher Katalog für die »sozialistische Moral und Ethik«. Darin hieß es unter anderem:

»2. Du sollst Dein Vaterland lieben und stets bereit sein, Deine ganze Kraft und Fähigkeit für die Verteidigung der Arbeiter-und-Bauern-Macht einzusetzen.

3. Du sollst helfen, die Ausbeutung des Menschen durch den Menschen zu beseitigen.

4. Du sollst gute Taten für den Sozialismus bringen, denn der Sozialismus führt zu einem besseren Leben für alle Werktätigen.

...

9. Du sollst sauber und anständig leben und Deine Familie achten.«[133]

Doch auch diese Gebote halfen nicht – der Glaube an das neue Heil verfing letztlich nicht. Der Sozialismus ostdeutscher Prägung mochte in seiner Form wie ein politischer Glaube agieren, es gab Fahnen, »Priester« und Weihehandlungen, doch wurde das staatliche Konstrukt letztlich weitgehend durch staatliche Restriktionen zusammengehalten. Einen neuen »Himmel« hatte das sozialistische Heilsangebot nicht eröffnet. Das zeigte sich nicht erst nach der Revolution von 1989, dann aber in dem Ausmaß der Abkehr von der DDR besonders drastisch.

Die christlichen Kirchen in der DDR hatten sich während der SED-Herrschaft 40 Jahre lang zwischen strikter Opposition und Annäherung entscheiden müssen – und das immer wieder unter neuen Vorzeichen. Doch schon die erste große Auseinandersetzung brachte ihnen die entscheidende Niederlage bei: Gegen die Einführung der »Jugendweihe« setzten sich Protestantismus wie (der in der DDR zahlenmäßig deutlich schwächere) Katholizismus zunächst vehement zur Wehr, aber der SED gelang es, die christlichen Übergangsriten wie Konfirmation und Firmung zurückzudrängen. Die Partei wollte sich auf diese Weise zulasten der traditionellen Kirchen Einfluss auf die Jugend sichern. Die Kirchen gingen über die Jahrzehnte aus diesem Konflikt auch deshalb als klarer Verlierer hervor, weil jeder Jugendliche bei Verweigerung der Jugendweihe mit Nachteilen in Schule und Studium und bei der Berufswahl rechnen musste. Während die katholische Kirche bis zuletzt an der Unvereinbarkeit von Jugendweihe und Firmung festhielt, kam die evangelische Kirche ihren Mitgliedern in diesem Punkt entgegen. Die Jugendweihe wurde schließlich der Regelfall. Stärker als der Katholizismus wurden die protestantischen Landeskirchen von dieser Erfahrung geprägt, wagten bis 1989 keine direkte Kraftprobe mehr und verzichteten im Gegenzug für das Zugeständnis, auf höchster Ebene Kontakte mit der Staats- und Parteiführung unterhalten zu dürfen, auf fundamentale Kritik am Arbeiter-und-Bauern-Staat.[134] Die Formel von der »Kirche im Sozialismus«, die allerdings auch in den Kirchen selbst auf Unbehagen stieß, brachte diese Haltung auf den Punkt. Es wirkt rückblickend wie eine Ironie der Geschichte, dass die Demonstranten, die das Ende der DDR herbeiführten, ausgerechnet in Kirchen Zuflucht fanden und gerade evangelische Christen aktiv an der Wende von 1989 beteiligt waren.

Was ist heute vom deutschen Glaubenskrieg geblieben? Die traditionellen Heilsangebote haben weitgehend abgewirtschaftet: die Nation und der Sozialismus, die katholische und die protestantische Kirche, die zahlreichen Sekten, Weltanschauungen und Lebensreformen. Heute scheint jeder sein eigenes Süppchen der Beglückung zu kochen, ohne allerdings andere zwingen zu wollen, davon zu essen. Weil das auch für die christlichen Bekenntnisse zu gelten scheint, ist die Erleichterung groß. So schrieb ein evangelischer Theologe vor wenigen Jahren:

»In Deutschland haben sich die alten Unterschiede und Frontlinien zwischen Katholizismus und Protestantismus abgeschliffen. Vorbei sind die alten, schlechten Zeiten, als Protestanten noch meinten, der Papst sei der Antichrist, und Katholiken glaubten, Martin Luther habe seine Reformation nur angezettelt, um sich endlich eine Frau nehmen zu können.«[135]

Als im Jahr 2013 das Deutsche Historische Museum in Berlin seine Ausstellung »Leben nach Luther. Eine Kulturgeschichte des evangelischen Pfarrhauses« präsentierte, wurden wieder einmal die Fragen nach der spezifischen Leistung des Pfarrhauses aufgeworfen. »Was verbindet Angela Merkel, Joachim Gauck, Friedrich Nietzsche und Benjamin von Stuckrad-Barre miteinander«, fragte man im Ausstellungskatalog, »was Elke Heidenreich, Rezzo Schlauch und Gudrun Ensslin?«[136] Eben die Herkunft aus einem evangelischen Pfarrhaus. Doch ist das für die Deutschen heute noch relevant? Gibt es Zustimmung oder Ablehnung gegenüber einer Protestantin im Kanzleramt oder gegenüber einem evangelischen Pfarrer im Schloss Bellevue maßgeblich entlang der alten Konfessionsgrenze? Nein, diese alte Teilung des Himmels und der Welt ist längst Geschichte. Oder?

Bilanz: Die deutsche Geschichte – ein Lehrstück

Am Anfang dieser Geschichte stand eine historische Leistung: die Reformation. Sie war als Akt des Widerstands dringend geboten, das Aufbegehren gegen den moralischen und theologischen Niedergang der Kirche war mutig und fand in der Person Martin Luthers einen Vorkämpfer, der ganz sicher den Teufel fürchtete, nicht aber den Papst oder den Kaiser. Das eigentliche Problem der Reformation war jedoch, dass ihr Sieg nicht vollständig war, ja, dass es eigentlich gar kein richtiger Sieg war. Fortan gab es nämlich mehrere konkurrierende Kirchen, die auf einem Markt der religiösen Möglichkeiten aber keineswegs nur unterschiedliche religiöse Angebote machten, von denen sich die Gläubigen je nach Sympathie oder Überzeugung das für sie attraktivste heraussuchen konnten. So einfach war es nicht.

Stattdessen gab es von Beginn an Streit. Die unterschiedlichen Kirchen, die sich langsam herausbildeten, standen sich in tiefer Feindschaft gegenüber. Der jeweils andere Glaube war und blieb in der Wahrnehmung der einzelnen Konfessionen stets der des Ketzers oder des Antichristen, der zu allem Möglichen, aber bestimmt nicht zu Gott führe. Mehr noch: Die konfessionelle Konkurrenz lästere eigentlich diesen Gott, verführe die Menschen und bringe damit Unheil über die Welt. Rasch wurde die theologische Spaltung auch politisch durch das Prinzip »cuius regio, eius religio« überformt, wonach der jeweilige Landesherr die Konfessionszugehörigkeit seiner Untertanen bestimmte. Nach der Reformation war die kirchliche, religiöse und auch die politische Welt unwiderruflich eine andere. Im Nachhinein wird deutlich, was für eine Herausforderung die Reformation speziell für die Deutschen, die wie kein anderes Volk Europas fortan konfessionell geteilt waren, in Zukunft bedeutete. Sie mussten miteinander leben, zumindest nebeneinander, denn der Konflikt war nicht zu lösen. Dies wurde schon einige Jahrzehnte nach Luthers Thesenanschlag deutlich. Weder würde die Reformation sich in allen deutschen Ländern durchsetzen noch es der katholischen Gegenreformation gelingen, den alten Status quo wiederherzustellen.

Da half auch keine Gewalt. Selbst wenn es versucht wurde, im Bauernkrieg oder im Schmalkaldischen Krieg, die Tausende von Menschen das Leben kosteten und eine neue Angst ins Land brachten: die Angst vor der Verfolgung durch andersgläubige Christen. Der Dreißigjährige Krieg stellte in dieser Hinsicht eine Katastrophe auch in Glaubensdingen dar. Die Verheerungen ganzer Landstriche und das lange Leiden der Menschen führten vor Augen, zu welchen Exzessen der Konflikt um das rechte Bekenntnis führen konnte.

Zugleich war der Alltag schon damals von unsäglichen Streitigkeiten vor Ort geprägt, etwa in der schwäbischen Stadt Donauwörth, wo eine Handvoll Katholiken mit einer demonstrativen Prozession Prügel von protestantischen Bürgern provozierte. Hatten die Menschen nichts Besseres zu tun, als wegen solcher Differenzen sogar die Zukunft ihrer Stadt aufs Spiel zu setzen, über die der Kaiser schließlich die Reichsacht verhängte? Nein, hatten sie nicht, muss man rückblickend festhalten – vor allem weil Religion und mit ihr alle öffentlichen Manifestationen konfessionellen Selbstbewusstseins immer auch politisch waren. Religion und Politik waren nicht voneinander zu trennen, die Positionen der Landesherren und letztlich des Kaisers waren durch konfessionelle Begehrlichkeiten stets gefährdet.

Nach dem Dreißigjährigen Krieg und dem Westfälischen

Frieden stand die Frage im Raum, ob es jemals einen Frieden zwischen den Religionen geben könnte. Die Aufklärungszeit brachte neue Impulse, die Frage der Toleranz rückte stärker in den Mittelpunkt, sogar »Simultankirchen« funktionierten in dieser Zeit. Menschen unterschiedlicher Bekenntnisse nutzten gemeinsam ein Gotteshaus, schienen gleichberechtigt nebeneinanderleben zu können. Doch die Aufklärung blieb eine Leidenschaft von wenigen, und sie stieß auch auf kirchlichen Widerstand. Denn für viele Gottesmänner schien das Projekt der Aufklärung die Axt an die Wurzeln des christlichen Glaubens zu legen. Die konfessionelle Kampfstimmung hielt sich im Alltag weiterhin recht hartnäckig.

Alte, nie gänzlich eingeschlafene Konflikte erwachten dann im 19. Jahrhundert zu neuem Leben. An der Frage der konfessionellen »Mischehen« entzündete sich zu Beginn des 19. Jahrhunderts der massive Konflikt zwischen katholischer Kirche und modernem Staat. Und auch der Streit zwischen den Konfessionen erreichte eine neue Qualität. Ein regelrechter religiöser Verfolgungswahn griff um sich, und das Leben in Deutschland war scharf geteilt entlang der Grenze zwischen den Bekenntnissen. Wenn man so will, hatten sich Katholiken und Protestanten über Jahrhunderte hinweg die Reformation gegenseitig nicht verziehen. Bei jeder passenden oder unpassenden Gelegenheit wurde die Erinnerung an das 16. Jahrhundert beschworen, um die andere Seite zu diffamieren. Für die Katholiken blieben die Evangelischen schlicht Sektierer, Ungläubige oder eben abgefallene Brüder, jene wurden dafür von diesen wiederum als abergläubische Papisten und Relikte des Mittelalters denunziert. Die Reformation und die Gegenreformation blieben im kollektiven Gedächtnis der Deutschen wach, weil sie im Glaubenskrieg der Kirchen immer wieder als Rechtfertigung aktueller Auseinandersetzungen dienten. Was zu Beginn des 16. Jahrhunderts geschehen war, wurde nicht einfach Geschichte im Sinne einer historischen Erinnerung, sondern Erklärungsmuster für Vorgänge in der Gegenwart. Deshalb war es zum Beispiel möglich, dass Mitte des 19. Jahrhunderts in Berlin-Moabit das angeblich unsittliche Treiben eines Dominikanermönchs zu dem des Ablasspredigers Tetzel in Bezug gesetzt wurde, gegen den sich einst so heldenhaft Martin Luther erhoben habe. Die Reformation war der immerwährende Bezugspunkt. Auf beiden Seiten.

Dieser konfessionelle Dauerkonflikt hatte Bestand bis zur Mitte des 20. Jahrhunderts, bis in die 50er- und 60er-Jahre der jungen Bundesrepublik hinein. Dann erst schwanden die Bindungskräfte der Großkirchen so sehr, dass die Menschen den Graben zu den Andersgläubigen zunehmend selbstverständlich überschritten. Bis zu diesem Zeitpunkt hatte der Grundkonflikt zwischen Katholiken und Protestanten Alltag und Politik im Land geprägt. Allerdings geschah dies nicht immer in gleicher Intensität, es gab stets Konjunkturen dieser Auseinandersetzung. Es gab Krieg um den rechten Glauben, es gab auch Orte und Zeiten des friedlichen Miteinanders, aber immer wieder kam es auch zum Aufflammen religiöser Konflikte und zur alten Teilung der Welt in Freund und Feind. Das ist die erste wichtige Erkenntnis dieses Buches: Der Konflikt zwischen Katholiken und Protestanten, hier ausdrücklich als Glaubenskrieg bezeichnet, hat die deutsche Geschichte tief geprägt.

Eine zweite wichtige Erkenntnis kommt hinzu: Wie gezeigt wurde, gab es in diesem ursprünglich interkonfessionellen Glaubenskrieg ab dem 19. Jahrhundert nicht mehr nur kirchliche Beteiligte. Viele der hier so bezeichneten neuen Beglückungsgemeinschaften traten auf den Plan und sammelten ihrerseits Gläubige um sich. Die neuen religiösen Gemeinschaften, sogenannte »Sekten«, aber auch lebensreformerische Gruppen und neue politische Bewegungen agierten wie Heilsgemeinschaften: Sie unterteilten die Welt in Gläubige und Ungläubige, hatten so etwas wie ihre eigenen Heiligen oder Propheten und erhoben oft den Anspruch, über das Leben ihrer Anhänger auf Leben und Tod zu verfügen. Überdies verlangten sie Bekenntnistreue und eine klare Abgrenzung von Abweichlern, Konvertiten und Renegaten, die stets als Bedrohung der eigenen Gemeinschaft empfunden wurden. Dabei wurde zuweilen ein Absolutheitsanspruch an den Tag gelegt, wie man ihn sonst nur von den Konfessionen her kannte, und der eigene Wahrheitsanspruch ging zuweilen in Wahrheitswahn über. Zwischen den unterschiedlichen Beglückungsgemeinschaften war der Graben denkbar tief: Konkurrierende Heilsmodelle wurden nie einfach nur als verschiedene Optionen verstanden, die gegebenenfalls durch einen Kompromiss miteinander vereinbart werden könnten. Vielmehr wurden sie als Antagonismen aufgefasst, als auf dieser Welt nicht aufzulösende Widersprüche. Wie die Kirchen kannten die neuen Beglückungsgemeinschaften kein vielleicht, sie grenzten sich stattdessen rigoros ab, gaben häufig einfache Antworten auf komplizierte Fragen. Sie wussten, was »Sinn« ergibt, wofür es sich lohnt zu leben und zu sterben.

Der Glaubenskrieg als jahrhundertelange Grunderfahrung der Deutschen prägte nun auch die politische Kultur des Landes. Dass die deutschen politischen Parteien fortan so stark durch Ideen, Theorien und Weltanschauungen geprägt wurden und die politische Kultur durch Rigorismus und »Glaubensbekenntnisse«, dass die Idealisierung und Zuspitzung von politischen Gegensätzen an der Tagesordnung waren – all das ist auch ein Erbe dieser deutschen Glaubensspaltung.[1]

Der konfessionelle Dauerkonflikt hat über Jahrhunderte hinweg Schule gemacht, und zwar in einem negativen Sinne. So stellt sich abschließend die Frage, ob wir nach 500 Jahren Reformation und Glaubenskrieg heute endlich in friedlicheren Zeiten leben, ob dieser Konflikt tatsächlich der Vergangenheit angehört. Auf den ersten Blick scheint dies so, weil offene konfessionelle Konflikte längst nicht mehr unseren Alltag prägen. Man hat den Eindruck, als wären die christlichen Kirchen erschöpft von den alten Streitereien, als wären sie in Zeiten einer forcierten Entkirchlichung und eines unaufhaltsamen Mitgliederschwunds die eigentlichen Verlierer dieses Glaubenskriegs. Doch das heißt nicht, dass Religion und religiöse Gruppierungen in der Gegenwart auf dem Rückzug sind.

Vielmehr scheint das Gegenteil der Fall zu sein. Längst hat sich eine neue religiöse Vielfalt entwickelt, das religiöse Feld in Deutschland wird wiederentdeckt, von katholischer wie evangelischer Kirche (auch das große Reformationsjubiläum 2017 hat da seinen Anteil) sowie von Sekten und christlichen Fundamentalisten. Inzwischen rufen christliche Theologen dazu auf, das religiöse Feld »nicht von vornherein kampflos den ganz Harten, Antiliberalen« zu überlassen, sondern sich an die alten Traditionen liberaler Religion zu erinnern.[2] Die christlichen Kirchen und ihre Anhänger müssen zudem lernen, dass auch andere Weltreligionen sowie die wachsende Gruppe der Nichtreligiösen ihren Platz in der deutschen Gesellschaft haben. Noch genießen katholische und evangelische Amtskirche besondere Privilegien; sie agieren als Körperschaften öffentlichen Rechts und kommen in den Genuss der Kirchensteuer. Ihre Vertreter sitzen in Rundfunk- und Fernsehräten und beraten die Politik beispielsweise als »Sektenexperten«, wenn es um die Einschätzung anderer Glaubensgemeinschaften geht. Zu Recht ist moniert worden, dass die deutsche Religionspolitik insgesamt den Einfluss der christlichen Kirchen konserviert, sie etwa dem Islam gegenüber besserstellt und dabei vergisst, so der Historiker Thomas Großbölting, »dass das Christentum zwar das persönliche Bekenntnis vieler Bürger ist, nicht aber die deutsche Staatsreligion«.[3]

Die deutsche Gesellschaft wird sich in religiöser Hinsicht weiter verändern. Der Markt der Religionen ist keineswegs geschlossen, weil der »Himmel verloren« gegangen ist und die alten Kirchen einen Teil ihrer Herrlichkeit eingebüßt haben. Zum einen gibt es weiterhin Katholiken und Protestanten im Lande, die sich dezidiert nicht nur zum Christentum, sondern ausdrücklich auch zu ihrer Konfession bekennen. Viele mögen dies auch notgedrungen tun, weil das große Projekt einer christlichen Ökumene kaum von der Stelle kommt. Zum anderen treten neue Anbieter auf diesem religiösen Markt auf, die ebenfalls ihre Ansprüche geltend machen. Diese religiöse Pluralität der Gegenwart mag im Moment viel Kooperation beinhalten, vieles deutet auch auf ein friedliches Nebeneinander der Glaubensgruppen hin. Doch wer die lange Dauer der religiösen Auseinandersetzungen in der deutschen Geschichte überschaut, mag skeptisch bleiben. Ist der Dämon des Glaubenskriegs wirklich tot? Womöglich schläft er nur.

Anmerkungen

1. Die Konfessionen werden erfunden

1 Rechtfertigung und Freiheit, S. 8 f.
2 Rossi, Geburt der modernen Wissenschaft, S. 73.
3 Schilling, Luther, S. 31–34.
4 Ebd., S. 34.
5 Burckhardt, Renaissance, S. 81.
6 Schwaiger, Leo X., S. 121 f.
7 Schilling, Luther, S. 35.
8 Pastor, Geschichte der Päpste, S. 397 f.
9 Ebd., S. 402 f.
10 Burckhardt, Renaissance, S. 116 f.
11 Ranke, Päpste, S. 64.
12 Burckhardt, Renaissance, S. 280.
13 Ebd., S. 159.
14 Lutz, Ringen um deutsche Einheit, S. 183.
15 Ständlin/Tzschirner, Archiv, 4. Bd., S. 550.
16 Friedeburg, Europa, S. 71 f.
17 Ohnehin war das Fegefeuer seit seiner »Erfindung« im Mittelalter stets ein Machtinstrument der Kirche gegenüber den Lebenden – weil sie damit Aussagen über das Geschehen nach dem Tod machen konnte. Und mit dem Ablasshandel erlaubte sie angebliche Eingriffe in dieses jenseitige Geschehen. Vgl. dazu grundlegend Le Goff, Die Geburt des Fegefeuers.
18 Pastor, Geschichte der Päpste, S. 226 f.; Friedeburg, Europa, S. 72 f.
19 Friedeburg, Europa, S. 72 f.
20 Burke, Renaissance, S. 125 f.
21 Vögel, Hutten, S. 224.
22 Reinhard, Reichsreform, S. 222.
23 Ebd., S. 221.
24 Zit. n. Lutz, Ringen um deutsche Einheit, S. 184 f.
25 Ebd., S. 185.
26 Schilling, Luther, S. 100.
27 www.ekd.de/glauben/95_thesen.html (Zugriff: 17. 6. 2015).

28 Schilling, Luther, S. 162–165.
29 Friedeburg, Europa, S. 75.
30 Luther, Werke, Bd. 2, S. 173.
31 Schilling, Luther, S. 193 f.
32 Zit. n. Schilling, Luther, S. 222.
33 Ebd., S. 223.
34 Braudel, Karl V., S. 36 .
35 Zit. n. Schilling, Luther, S. 224.
36 François, Wartburg, S. 155.
37 Schilling, Luther, S. 232.
38 Zit. n. ebd., S. 233.
39 Lutz, Ringen um deutsche Einheit, S. 193 f.
40 Schilling, Luther, S. 200 f.
41 Ebd., S. 255.
42 Ebd., S. 263–265.
43 Ebd., S. 318–329.
44 Rösener, Bauern, S. 128 f.
45 Ebd., S. 132.
46 Ebd.
47 Friedeburg, Europa, S. 84.
48 Burckhardt, Renaissance, S. 137.
49 Schwaiger, Leo X., S. 122.
50 Schilling, Luther, S. 195.
51 Van Ess, Antichrist, Sp. 704 f.
52 Delumeau, Angst im Abendland, Bd. 2, S. 336–340.
53 Übertragung des Zitats in ebd., S. 336.
54 Burke, Renaissance, S. 104.
55 So auch der treffende Titel von Heinz Schillings Luther-Biographie.
56 Schilling, Luther, S. 621 f.
57 Hölscher, Frömmigkeit, S. 45 f.
58 Lutz, Ringen um deutsche Einheit, S. 248.
59 Ebd., S. 242.
60 Schilling, Luther, S. 399.
61 Lutz, Ringen um deutsche Einheit, S. 244.
62 Ebd.
63 Aus »Wie köstlich ist der Heil'gen Tod« von Leonhard Schiemer (1526/27), zit. n. Lutz, Ringen um deutsche Einheit, S. 245.
64 Schilling, Luther, S. 590 f.
65 Friedeburg, Europa, S. 125 f.
66 Lutz, Ringen um deutsche Einheit, S. 277.
67 Braudel, Karl V., S. 44.
68 Schilling, Luther, S. 605 f.
69 Braudel, Karl V., S. 41.

70 http://www.lwl.org/westfaelische-geschichte/portal/Internet/finde/langDatensatz.php?urlID=739&url_tabelle=tab_quelle (Zugriff: 19. 6. 2015).
71 Schmidt, Der Dreißigjährige Krieg, S. 17 f.
72 Schulze, Staat und Nation, S. 144.
73 Friedeburg, Europa, S. 126.
74 Lutz, Ringen um deutsche Einheit, S. 320 f.
75 Lanzinner, Konfessionelles Zeitalter, S. 100.
76 Ebd., S. 101.
77 Lutz, Ringen um deutsche Einheit, S. 321.
78 Lanzinner, Konfessionelles Zeitalter, S. 100.
79 Friedeburg, Europa, S. 109 f.
80 Lutz, Reformation, S. 49.
81 Ebd., S. 68 f.
82 Friedeburg, Europa, S. 111 f.
83 Lanzinner, Konfessionelles Zeitalter, S. 105.
84 Zit. n. Lutz, Ringen um deutsche Einheit, S, 324.
85 Lanzinner, Konfessionelles Zeitalter, S. 64.
86 Ebd., S. 105.
87 Schilling, Luther, S. 627.
88 Ebd., S. 628 f.
89 Hölscher, Frömmigkeit, S. 46.
90 Lanzinner, Konfessionelles Zeitalter, S. 160 f.
91 Ebd., S. 161.
92 Mann, Die Jugend, S. 7.
93 Lutz, Reformation, S. 81.
94 Bönisch, Hunger, Flöhe, Hass, S. 68 f.
95 http://www.lwl.org/westfaelische-geschichte/portal/Internet/finde/langDatensatz.php?urlID=739&url_tabelle=tab_quelle (Zugriff: 19. 6. 2015).
96 Lanzinner, Konfessionelles Zeitalter, S. 76.
97 Friedeburg, Europa, S. 221.
98 Lanzinner, Konfessionelles Zeitalter, S. 188.
99 Ebd.
100 Ebd., S. 189 f.
101 Jessen, Augenzeugenberichte, S. 24 f.
102 Ebd., S. 25.
103 Zit. n. ebd., S. 70.
104 Lutz, Ringen um deutsche Einheit, S. 410.
105 Ebd.
106 Friedeburg, Europa, S. 221.
107 Jessen, Augenzeugenberichte, S. 146–148.
108 Schormann, Dreißigjähriger Krieg, S. 237.
109 Lutz, Ringen um deutsche Einheit, S. 417–419.
110 Ebd., S. 417.

111 Ebd., S. 415 f.
112 Schormann, Dreißigjähriger Krieg, S. 269.
113 Lutz, Ringen um deutsche Einheit, S. 415.
114 Ebd.
115 Kittsteiner, Stabilisierungsmoderne, S. 57.
116 Lutz, Ringen um deutsche Einheit, S. 425.
117 Schormann, Dreißigjähriger Krieg, S. 243 f.
118 Zit. n. Lutz, Ringen um deutsche Einheit, S. 426.
119 Hölscher, Frömmigkeit, S. 47.
120 Kittsteiner, Stabilisierungsmoderne, S. 59.
121 Ebd., S. 59–61.
122 Kohler, Reformation, S. 103.
123 Kissinger, Weltordnung, S. 36.
124 http://www.lwl.org/westfaelische-geschichte/portal/Internet/finde/langDatensatz.php?urlID=740&url_tabelle=tab_quelle#art1 (Zugriff: 22. 6. 2015).
125 Hölscher, Frömmigkeit, S. 46 f.
126 http://www.lwl.org/westfaelische-geschichte/portal (Zugriff: 23. 11. 2014)
127 Kohler, Reformation, S. 108.
128 François, Grenze, S. 13.
129 Ebd., S. 12 f.
130 Gerhardt, Dichtungen, S. 285.
131 Schnabel-Schüle, Konfessionalisierungsforschung, S. 74.
132 Lutz, Ringen um deutsche Einheit, S. 465 f.

2. Gibt es Frieden zwischen den Religionen?

1 Kittsteiner, Stabilisierungsmoderne, S. 135.
2 Rémond, Religion, S. 50.
3 Ebd., S. 51.
4 Ebd., S. 55.
5 Hölscher, Frömmigkeit, S. 158–160.
6 Bade/Oltmer, Deutschland, S. 142–144.
7 Roper, Hexenwahn, S. 284.
8 Rosseaux, Lutheraner und Katholiken, S. 213 f.
9 Doubek, August der Starke, S. 47 f.
10 Rosseaux, Lutheraner und Katholiken, S. 217.
11 Ebd., S. 217–219.
12 Ebd., S. 219 f.
13 Zu diesem »Bedrohungsgefühl« in Dresden: ebd., S. 235.
14 Ebd., S. 221 f.
15 Ebd., S. 224–226.
16 Hölscher, Frömmigkeit, S. 160.

17 Gawlick, Toleranz, S. 412.
18 Rémond, Religion, S. 54.
19 Lessing, Theologiekritische Schriften, S. 319.
20 Trunz, Goethes Werke, Bd. 12, S. 385.
21 Im Hof, Europa, S. 39.
22 Hölscher, Frömmigkeit, S. 158 f.
23 Ebd., S. 161 f.
24 Ebd., S. 162.
25 Zit. n. Frey, Toleranz und Selektion, S. 114.
26 Hölscher, Frömmigkeit, S. 164 f., 168.
27 Ebd., S. 166 f.
28 Ebd., S. 167.
29 Ebd., S. 169.
30 Frey, Toleranz und Selektion, S. 115.
31 Zit. n. Benninghoven, Friedrich der Große, S. 64.
32 Zit. n. ebd.
33 Bendikowski, Friedrich der Große, S. 65, 120–122.
34 Friedrich, Bd. 7, S. 148.
35 Ebd., S. 149.
36 Bendikowski, Friedrich der Große, S. 122 f.
37 Zit. n. Dülmen, Frauenleben, S. 294.
38 Friedrich, Werke Bd. 2, S. 222.
39 Im Hof, Aufklärung, S. 246.
40 Schildt, Konservativismus, S. 30.
41 Hölscher, Frömmigkeit, S. 163.
42 Goethe, Artemis-Gedenkausgabe, Bd. 23, S. 649 f.
43 Nipperdey, Deutsche Geschichte 1800–1866, S. 432 f.
44 Köhle-Hezinger, Evangelisch – Katholisch, S. 7 f.
45 Frey, Toleranz und Selektion, S. 118.
46 Borutta, Antikatholizismus, S. 49 f.
47 Nicolai, Beschreibung, Bd. 2, S. 466 f.
48 Spehr, Aufklärung und Ökumene, S. 374 f.
49 Nicolai, Beschreibung, Bd. 5, S. 30
50 Zit. n. Spehr, Aufklärung und Ökumene, S. 385
51 Nicolai, Beschreibung Bd. 2, S. 462.
52 Borutta, Antikatholizismus, S. 60 f.
53 Zit. n. ebd., S. 88–90.
54 Borutta, Antikatholizismus, S. 90.
55 Roper, Hexenwahn, S. 62 f.
56 Ebd., S. 284.
57 Lanzinner, Konfessionelles Zeitalter, S. 159 f.
58 Art. Konfession, in: Handwörterbuch des deutschen Aberglaubens, Bd. 5, Sp. 173.

59 Ebd., Sp. 174 f.
60 Ebd., Sp. 175.
61 Ebd., Sp. 178 f.
62 Ebd., Sp. 181.
63 Zit. n. Frey, Toleranz und Selektion, S. 122.
64 Nicolai, Beschreibung Bd. 2, S. 372.
65 Zit. n. Dülmen, Frauenleben, S. 294.
66 Vgl. Geulen, Wahlverwandte, beispielsweise S. 114 f.
67 Borutta, Antikatholizismus, S. 61 f.
68 Dietrich, Konfessionelle Gegnerschaft, S. 183.
69 François, Grenze, S. 16 f.
70 Ebd., S. 140–142.
71 Ebd., S. 168–177.
72 Zit. n. ebd., S. 226.
73 Ebd., S. 180.
74 Ebd., S. 180 f.
75 Lotz-Heumann/Mißfelder/Pohlig, Indifferenz und Radikalität, S. 239 f.
76 Vgl. Konfessionswechselstatistik in Hölscher, Datenatlas Bd. 4, S. 703 f., sowie Bd. 1, S. 14.
77 Bock, Pfarrer und Mönche, S. 357.
78 Dotschev, Begräbnis, S. 308.
79 Ebd., S. 310–312.
80 Spehr, Aufklärung und Ökumene, S. 412–414.
81 Ebd., S. 418 f.
82 Osterhammel, Verwandlung, S. 1244 f.
83 Hölscher, Frömmigkeit, S. 177 f.
84 Ebd., S. 178.

3. Deutschland im konfessionellen Streit

1 Dietrich, Konfession im Dorf, S. 268.
2 Ebd.
3 Nipperdey, Deutsche Geschichte 1866–1918, Bd. 1, S. 529.
4 Sägmüller, Katholisches Kirchenrecht, Bd. 3, S. 561.
5 Huber, Verfassungsgeschichte, Bd. 2, S. 189–191.
6 Nipperdey, Deutsche Geschichte 1800–1866, S. 418 f.
7 Ebd., S. 419.
8 Darlegung des Verfahrens der preußischen Regierung, S. 5.
9 Nipperdey, Deutsche Geschichte 1800–1866, S. 420.
10 Meschler, Großmacht, S. 264.
11 Fauth, Hüte dich vor der Mischehe!, S. 7.
12 Michaelis, Beichtstuhl, S. 76.

13 Synodalarchiv Bochum, Mittleres Archiv, »Mischehen« XI, 2, ohne Paginierung.
14 Vgl. Bendikowski, Großer Kampf, S. 101.
15 Einige dieser Flugblätter finden sich abgedruckt bei von der Heydt, Mischehe, S. 285–304.
16 Art. »Ein schwerer Schaden und ein Versuch zur Heilung«, in: Evangelisches Gemeindeblatt für Rheinland und Westfalen, Nr. 18 (3. Mai 1885), Sp. 167.
17 Bendikowski, Großer Kampf, S. 92 f.
18 Vgl. ebd., S. 104.
19 »Beschluß des Königlichen Amtsgerichts Aachen gegen William Ziermann vom 16. April 1903«, in: »Acta III betreffend des Religionsbekenntnisses der Kinder aus gemischten Ehen und die darüber geschehenen Anfragen und Beschwerden des Consistoriums zu Coblenz«; Archiv der Evangelischen Kirche im Rheinland (Düsseldorf), B II b 2, S. 133–136, hier S. 133 f.
20 Ebd., S. 134
21 Bendikowski, Eine Fackel der Zwietracht, S. 215.
22 Schoppmeyer, Geschichte Wittens, S. 35.
23 Dietrich, Konfessionelle Gegnerschaft, S. 198 f.
24 Krose, Konfessionsstatistik, S. 1.
25 Hölscher, Datenatlas, Bd. 1, S. 31.
26 Hölscher, Die religiöse Entzweiung, S. 22.
27 Zit. n. Hölscher, Datenatlas, Bd. 1, S. 1.
28 Everling, Mischehenpflege, S. 7.
29 Art. »Zum Moabiter Klostersturm«, in: *Berliner Gerichtszeitung*, 19.8.1869, S. 1.
30 Borutta, Antikatholizismus, S. 243.
31 Ebd., S. 244 f.
32 Ebd., S. 245 f.
33 Ebd., S. 250.
34 Zit. n. ebd., S. 253.
35 Wehler, Gesellschaftsgeschichte, Bd. 3, S. 384–396.
36 Ebd., S. 387.
37 Nipperdey, Deutsche Geschichte 1866–1918, Bd. 2, S. 374.
38 Spehr, Aufklärung und Ökumene, S. 392 f.
39 Nicolai, Beschreibung, Bd. 6, S. 727.
40 Schnabel, Deutsche Geschichte, Bd. 4, S. 265.
41 Ebd., S. 266.
42 Stenographische Berichte des Reichstags, 1872, 2, S. 1130.
43 Nipperdey, Deutsche Geschichte 1866–1918, Bd. 2, S. 374 f.
44 Ebd., S. 378.
45 Schoppmeyer, Geschichte Wittens, S. 41 f.

46 Windthorst, Verhandlungen 1883, S. 279 f.
47 Ebd.
48 Art. »Damit Alle eins seien«, in: *Bonifatius-Blatt* 1893, Nr. 2, S. 20–24, hier S. 21.
49 Martin, Hauptpflicht, S. 48.
50 Hölscher, Datenatlas, Bd. 4, S. 703.
51 Art. »Ein Gedanke über die Conversionen«, S. 55.
52 Berg, Geschichtslügen, S. 1 f.
53 Art. »Der Protestantismus im Licht der Statistik«, S. 307.
54 Art. »Ein Wort zum neuen Jahr für die Mitglieder des Bonifacius-Vereins«, in: *Bonifatius-Blatt*, Nr. 2 (1877), S. 25–28, hier S. 27.
55 Zit. n. Winkler, Der lange Weg, Bd. 1, S. 214.
56 Burkhardt, Reformations- und Lutherfeiern, S. 223.
57 Treitschke, Deutsche Geschichte, T. 1, S. 15.
58 Wehler, Deutsche Gesellschaftsgeschichte, Bd. 1, S. 272–274.
59 Ebd., S. 274.
60 Leben nach Luther, S. 137.
61 Janz, Das evangelische Pfarrhaus, S. 221.
62 Eichel, Ethos und Idyll, S. 10.
63 Rebenich, Mommsen, S. 16.
64 François, Das andere Pfarrhaus, S. 198 f.
65 Ebd., S. 199.
66 Eichel, Ethos und Idyll, S. 10.
67 Ebd., S. 13.
68 Janz, Das evangelische Pfarrhaus, S. 222.
69 Ebd., S. 230–232.
70 Nipperdey, Deutsche Geschichte 1866–1918, Bd. 2, S. 367.
71 Sterne, Carus: Art. »Die Aachener Reliquien«, in: *Die Gartenlaube* (1874), H. 44, S. 708–710, hier S. 708.
72 Art. »Die Wallfahrt zu Birkenstein«, in: *Die Gartenlaube* (1874), H. 19, S. 302–306, hier S. 305.
73 Wehler, Gesellschaftsgeschichte, Bd. 3, S. 394.
74 Ebd., Bd. 1, S. 280.
75 Nipperdey, Deutsche Geschichte 1866–1918, Bd. 1, S. 580.
76 Wehler, Gesellschaftsgeschichte, Bd. 3, S. 1190.
77 Ebd., Bd. 3, S. 395.
78 Schmidtmann, Katholische Studierende, S. 148.
79 Wehler, Gesellschaftsgeschichte, Bd. 3, S. 1190.
80 Nipperdey, Deutsche Geschichte 1800–1866, S. 412.
81 Wehler, Gesellschaftsgeschichte, Bd. 3, S. 392.
82 Vgl. Spehr, Aufklärung und Ökumene, S. 383.
83 Wehler, Gesellschaftsgeschichte, Bd. 3, S. 392.
84 Habermas, Rituale des Gefühls, S. 169.

85 Blackbourn, Marpingen, S. 16–18.
86 Ebd., S. 271–293.
87 Ebd., S. 335.
88 Ebd., S. 328 f.
89 Art. »Die Glaubwürdigkeit der Wunderheilungen in Lourdes und Marpingen« (von J. Frohschammer), in: *Die Gartenlaube*, H. 10 (1878), S. 164–167, hier S. 167.
90 Nipperdey, Deutsche Geschichte 1800–1866, S. 413.
91 Verhandlungen Katholikentag 1901, S. 223.
92 Jentsch, Wandlungen, S. 51.
93 Nipperdey, Deutsche Geschichte 1866–1918, Bd. 1, S. 451.
94 Loewenfeld, Dummheit, S. 71.
95 Borutta, Antikatholizismus, S. 261.
96 So ebd., S. 261 f.
97 Nipperdey, Deutsche Geschichte 1866–1918, Bd. 2, S. 370.
98 Hürten, Spiegel, S. 31 f.
99 Nipperdey, Deutsche Geschichte 1866–1918, Bd. I, S. 444.
100 Ebd., S. 439.
101 Zit. n. Hürten, Spiegel der Kirche, S. 79.
102 Schreiben Bismarcks an Brassier vom 16. Februar 1871, in: Bismarck, Gesammelte Werke, Schriften 1871–1873, S. 283 f., hier S. 284.
103 Pflanze, Bismarck. Der Reichsgründer, S. 747.
104 Stenographische Berichte Reichstag, 1874/75, 1, S. 486.
105 Ebd., S. 487.
106 Nipperdey, Deutsche Geschichte 1800–1866, S. 413.
107 Zit. n. Hölscher, Weltgericht, S. 98.
108 Ebd.
109 Nipperdey, Deutsche Geschichte1866–1918, Bd. 1, S. 507.
110 Blaschke, Katholizismus und Antisemitismus, S. 66.
111 Zit. n. Brakelmann, Widerstand, S. 42.
112 Straubinger, Bäuerliche Siedlung, S. 153.
113 Zit. n. Brakelmann, Widerstand, S. 44.
114 Zit. n. Bendikowski, Lebensraum, S. 133.
115 Hölscher, Datenatlas, Bd. 1, S. 17 f.
116 Dazu grundlegend: Bergmann, Agrarromantik, hier S. 277.
117 Ebd., S. 178.
118 Brakelmann, Widerstand, S. 51.
119 Ebd., S. 46.
120 Ritter/Tenfelde, Arbeiter, S. 764.
121 Ebd., S. 766.
122 Ebd., S. 764–767.
123 Von der Heydt, Mischehen, S. 25.
124 Schinzel, Seelsorgerisches Wirken, S. 79.

125 Schneider, Theologisches Jahrbuch 1899, S. 283.
126 Wehler, Gesellschaftsgeschichte, Bd. 3, S. 924.
127 Greschat, Protestantischer Antisemitismus, S. 29.
128 Ullrich, Großmacht, S. 387.
129 Zit. n. Greschat, Protestantischer Antisemitismus, S. 30.
130 Nipperdey, Deutsche Geschichte 1866–1918, Bd. II, S. 296.
131 Ebd., S. 308.
132 Nipperdey, Deutsche Geschichte 1866–1918, Bd. II, S. 306.
133 Blaschke, Katholizismus und Antisemitismus, S. 233–235.
134 Ebd., S. 321.
135 Ebd., S. 337.
136 Ebd., S. 134.
137 Melzer, Konflikt und Anpassung, S. 37.
138 Ebd., S. 36–38.
139 Art. »Freimaurer«, in: *Handwörterbuch des deutschen Aberglaubens*, Bd. 3, Sp. 32 f.
140 Hölscher, Frömmigkeit, S. 345 f.
141 Zit. n. Blaschke, Katholizismus und Antisemitismus, S. 71.
142 Nipperdey, Deutsche Geschichte 1866–1918, Bd. I, S. 478 f.
143 Blaschke, Katholizismus und Antisemitismus, S. 139.
144 Goethe, Artemis-Gedenkausgabe, Bd. 24, S. 345.
145 Scheurlen, Die Sekten der Gegenwart, S. 3, 7.
146 Nipperdey, Deutsche Geschichte 1866–1918, Bd. I, S. 476.
147 Dokumente zur Entstehung und Etablierung dieser Gemeinden vgl. Beuker, Umkehr und Erneuerung (Zitat S. 141).
148 Hölscher, Frömmigkeit, S. 351–355.
149 Weir, Keine Lücke, S. 96 f.
150 Nipperdey, Deutsche Geschichte 1866–1918, Bd. 1, S. 529.

4. Der Streit geht in die Welt: Neue Beglückungsgemeinschaften

1 Lucian Hölscher hat dies detailliert für die Sozialdemokratie nachgewiesen; vgl. Hölscher, Weltgericht, S. 196–198.
2 Nipperdey, Deutsche Geschichte 1866–1918, Bd. I, S. 530.
3 Petzina, Sozialgeschichtliches Arbeitsbuch III, S. 31.
4 Obst, Apostel, S. 19.
5 Scheurlen, Sekten, S. 14.
6 Ebd., S. 15.
7 Körner, Wunderheiler, S. 83.
8 Gebhardt, Rudolf Steiner, S. 190.
9 Scheurlen, Sekten, S. 262.
10 Gebhardt, Rudolf Steiner, S. 190.

11 Zit. n. Linse, Geisterseher, S. 126.
12 Scheurlen, Sekten, S. 279.
13 Linse, Geisterseher, S. 210.
14 Ebd., S. 42–47.
15 Hölscher, Frömmigkeit, S. 377 f.
16 Ebd., S. 378–383.
17 Ebd.
18 Meschler, Eine wahre Großmacht, S. 264.
19 Nietzsche, Antichrist, S. 97.
20 Hölscher, Frömmigkeit, S. 386.
21 Ebd., S. 387.
22 Hölscher, Religion im Wandel, S. 61.
23 Nipperdey, Deutsche Geschichte 1800–1866, S. 441 f.
24 Goethe, Artemis-Gedenkausgabe, Bd. 18, S. 651.
25 Haeckel, Welträtsel, S. 180.
26 Heberer, Die Welträthsel.
27 Nipperdey, Deutsche Geschichte 1866–1918, Bd. 1, S. 510.
28 Vgl. beispielsweise die monistische Sonntagspredigt »Der Anfang aller Dinge« von Wilhelm Ostwald, zwischen 1911 und 1915 Vorsitzender des Monistenbundes (Beigabe zu *Das monistische Jahrhundert*, Jg. 2, H. 17, 26. 7. 1913).
29 Monistische Sonntagspredigten von Wilhelm Ostwald, Nr. 85, Beilage zu *Das monistische Jahrhundert*, Jg. 2, Heft 17, 26. 7. 1913.
30 Art. Bericht des Komitees »Konfessionslos«, in: *Das monistische Jahrhundert*, Jg. 2, H. 18, 2. 8. 1913, S. 485–491.
31 Floerke, Kirchentum, S. 1 f.
32 Cluet, Lebensreform, S. 11.
33 Krabbe, Gesellschaftsveränderung. S. 55.
34 Ebd., S. 57.
35 Aus einer Speisekarte für das Reform-Restaurant »Freya« in Frankfurt am Main um das Jahr 1915; abgedruckt in: Buchholz u.a., Die Lebensreform, Bd. 2, S. 534.
36 Krabbe, Gesellschaftsveränderung. S. 70–72.
37 Zit. n. Cluet, Lebensreform, S. 12.
38 Krabbe, Gesellschaftsveränderung, S. 73.
39 Ebd., S. 135–137.
40 Böhme, Monte Verità, S. 473–475.
41 Müller, Propheten und Dichter, S. 321–324.
42 Hesse, Doktor Knölges Ende, S. 76 f.
43 Ebd., S. 87.
44 Hölscher, Frömmigkeit, S. 397.
45 Zit. n. Krabbe, Gesellschaftsveränderung, S. 98.
46 Zit. n. Linse, Zeitbild Jahrhundertwende, S. 11.

47 Krabbe, Gesellschaftsveränderung, S. 104.
48 Ebd.
49 Ebd., S. 105.
50 Hölscher, Frömmigkeit, S. 393.
51 Zit. n. Andritzky/Rautenberg, Wir sind nackt, S. 50.
52 Krabbe, Gesellschaftsveränderung, S. 105 f.
53 Ebd., S. 97.
54 Nipperdey, Deutsche Geschichte 1866–1918, Bd. I, S. 522.
55 Hölscher, Frömmigkeit, S. 400.
56 Zit. n. Gebhardt, Rudolf Steiner, S. 197.
57 Zander, Theosophie, S. 435.
58 Gebhardt, Rudolf Steiner, S. 176.
59 Nipperdey, Deutsche Geschichte 1866–1918, Bd. I, S. 832.
60 Zit. n. Gebhardt, Rudolf Steiner, S. 176 f.
61 *Das monistische Jahrhundert*, H. 15, 12. 7. 1913, S. 416.
62 Krabbe, Gesellschaftsveränderung, S. 106.
63 Linse, Lebensreform, S. 196.
64 Ebd.
65 Ebd., S. 197.
66 Hölscher, Frömmigkeit, S. 390.
67 Ulbricht, Reformation, S. 188.
68 Ebd., S. 189.
69 Nipperdey, Deutsche Geschichte 1800–1866, S. 442.
70 Berghoff, Volk, S. 183 f.
71 Zit. n. ebd., S. 184.
72 Berghoff, Tod, S. 102.
73 Zit. n. ebd., S. 100.
74 Berghoff, Volk, S. 194.
75 Wehler, Gesellschaftsgeschichte, Bd. 3, S. 944.
76 Nipperdey, Deutsche Geschichte 1866–1918, Bd. 1, S. 517 f.
77 Wehler, Gesellschaftsgeschichte, Bd. 3, S. 943.
78 Langewiesche, Reich, Nation, Föderation, S. 260.
79 Wirth, Nationalfest, S. 1.
80 Wehler, Gesellschaftsgeschichte, Bd. 3, S. 945.
81 Vgl. zur Charakterisierung dieser »politischen Religion« ebd., Bd. 3, S. 943.
82 Langewiesche, Reich, Nation, Föderation, S. 50 f.
83 Berghoff, Volk, S. 195 f.
84 Zernack, Germanische Restauration, S. 144.
85 Wehler, Gesellschaftsgeschichte, Bd. 3, S. 942.
86 Bendikowski, Der Tag, S. 168.
87 Wehler, Gesellschaftsgeschichte, Bd. 3, S. 942.
88 d'Ardeschah, Religion, S. 32.

89 Wehler, Gesellschaftsgeschichte, Bd. 3, S. 942.
90 Zit. n. Müller, Die Nation, S. 85.
91 Langewiesche, Reich, Nation, Föderation, S. 156–159.
92 Ebd., S. 157 f.
93 Nipperdey, Deutsche Geschichte 1866–1918, Bd. 1, S. 518.
94 Zit. n. Hölscher, Weltgericht, S. 272.
95 Nipperdey, Deutsche Geschichte 1866–1918, Bd. 2, S. 562.
96 Ebd., Bd. 1, S. 518.
97 Ritter/Tenfelde, Arbeiter, S. 764–768.
98 Reichstagsprotokolle 1894/95, 3, S. 2177.
99 Zit. n. Ritter/Tenfelde, Arbeiter, S. 768.
100 Ebd.
101 Grote, Sozialdemokratie, S. 188 f.
102 Hölscher, Weltgericht, S. 182 f.
103 Zit. n. ebd., S. 183.
104 Dietzgen, Religion, S. 7.
105 Hölscher, Weltgericht, S. 307–310.
106 Bebel, Frau, S. 516.
107 Ebd.
108 Ebd., S. 459.
109 Nipperdey, Deutsche Geschichte 1866–1918, Bd. 1, S. 518.
110 Zit. n. Carsten, Bernstein, S. 87.
111 Ullrich, Fünf Schüsse, S. 78 f.
112 Zit. n. Sievritts, Lied, S. 209.

5. Das Erbe und seine politischen Folgen

1 Hölscher, Die religiöse Entzweiung, S. 24 f.
2 Krose, Konfessionsstatistik, S. 1.
3 Altkemper, Deutschtum, S. 115.
4 Krose, Konfessionsstatistik, S. 1.
5 Reinhard, Mischehengefahr, S. 27.
6 Meier, Evangelische Kirche, S. 696 f.
7 Ebd., S. 697.
8 Zit. n. Lätzel, Katholische Kirche, S. 109.
9 Troeltsch, Fehlgeburt, S. 249 f.
10 Schivelbusch, Kultur der Niederlage, S. 16.
11 Mommsen, Freiheit, S. 23 f.
12 Schulthess' Geschichtskalender 1914, S. 371.
13 Hettling, Erlösung, S. 201 f.
14 Vgl. Bendikowski, Sommer 1914.
15 Zit. n. Müller, Die Nation, S. 85.

16 Zit. n. Greschat, Protestantismus 1918/19, S. 34.
17 Zit. n. Wehler, Gesellschaftsgeschichte, Bd. IV, S. 436f.
18 Zit. n. Greschat, Protestantismus 1918/19, S. 25f.
19 Ebd., S. 30.
20 Ebd., S. 169f.
21 Wehler, Gesellschaftsgeschichte, Bd. IV, S. 435.
22 Ludendorff, Kriegserinnerungen, S. 218.
23 Blasius, Weimars Ende, S. 11 f.
24 Zit. n. Bernstein, Revolution, S. 112.
25 Mommsen, Freiheit, S. 43.
26 Wehler, Gesellschaftsgeschichte, Bd. 4, S. 538f.
27 Bahne, SPD, S. 12f.
28 Wehler, Gesellschaftsgeschichte, Bd. 4, S. 540f.
29 Zit. n. ebd., S. 556.
30 Ebd.
31 Wehler, Gesellschaftsgeschichte, Bd. 4, S. 572.
32 Plöckinger, Geschichte eines Buches, S. 351.
33 Ludendorff, Gotterkenntnis, S. 34.
34 Nipperdey, Deutsche Geschichte 1866–1918, Bd. I, S. 530.
35 Gerold-Tucholsky/Heepe, Chanson-Buch, S. 185–188.
36 Wehler, Gesellschaftsgeschichte, Bd. IV, S. 484f.
37 Hölscher, Die religiöse Entzweiung, S. 25.
38 Nowak, Evangelische Kirche, S. 81–84.
39 Fandel, Konfessionalismus und Nationalsozialismus, S. 303.
40 Ebd., S. 302.
41 Wehler, Gesellschaftsgeschichte Bd. 4, S. 446f.
42 Zur »Deutschen Reformationspartei«: Nowak, Evangelische Kirche, S. 153–157.
43 Scheurlen, Die Sekten, S. 7.
44 So der Geschäftsführer der Gesellschaft zur Förderung der inneren Kolonisation, Karl Maßmann, im Februar 1932; vgl. Bendikowski, Lebensraum, S. 146.
45 Zit. n. Fandel, Konfessionalismus und Nationalsozialismus, S. 304.
46 Mommsen, Verspielte Freiheit, S. 356–358.
47 Burleigh, Nationalsozialismus, S. 300.
48 Wehler, Gesellschaftsgeschichte Bd. 4, S. 445.
49 Reichstagsprotokolle, 2. Sitzung, 23. März 1933, S. 37.
50 Fandel, Konfessionalismus und Nationalsozialismus, S. 300f.
51 Ullrich, Hitler, Bd. 1, S. 707.
52 Ebd., S. 707f.
53 Denzler/Fabricius, Christen und Nationalsozialismus, S. 69.
54 Ullrich, Hitler, Bd. 1, S. 710f.
55 Ebd., S. 711.

56 Fandel, Konfessionalismus und Nationalsozialismus, S. 317.
57 Wehler, Deutsche Gesellschaftsgeschichte, Bd. 4, S. 798.
58 Ebd., S. 802–809.
59 Ullrich, Hitler, Bd. 1, S. 706.
60 Bédarida, Nationalsozialistische Verkündigung, S. 154 f.
61 Ullrich, Hitler, S. 720.
62 Wehler, Deutsche Gesellschaftsgeschichte, Bd. 4, S. 798.
63 Zit. n. Burleigh, Nationalsozialismus, S. 144.
64 Ebd.
65 Ebd., S. 147.
66 Doosry, Die sakrale Dimension, S. 209.
67 Zit. n. ebd., S. 212.
68 Zit. n. Scholder, Kirchen, S. 143.
69 Zit. n. Bédarida, Nationalsozialistische Verkündigung, S. 158.
70 Vgl. Kraus, Eric Voegelin redivivus?
71 Burleigh, Nationalsozialismus, S. 295.
72 Winkler, Der lange Weg, Bd. 2, S. 8.
73 Ullrich, Hitler, Bd. 1, S. 706.
74 Zit. n. Berghoff, Tod, S. 108.
75 Boberach, Meldungen aus dem Reich, S. 2114 f.
76 Ullrich, Hitler, Bd. 1, S. 706 f.
77 Ebd., S. 705–726.
78 Vgl. Mommsen, Umvolkungspläne, S. 70.
79 Bendikowski, Lebensraum, S. 220–232.
80 Wehler, Gesellschaftsgeschichte, Bd. 5, S. 365.
81 Ebd., S. 364.
82 Zu den Kirchen als »Zuschauer«: Hilberg, Täter, Opfer, Zuschauer, S. 284–293.
83 Vgl. Ausstellungstexte der »Gedenkstätte der Lübecker Märtyrer in Lübeck«: www.luebeckermaertyrer.de/de/orte-des-gedenkens/gedenkstaette-luebeck/index.html (Zugriff 17. 4. 2015).
84 Mehl/Thierfelder, Ökumene, S. 344–346.
85 Ebd., S. 375.
86 Ebd., S. 362–369.
87 Wehler, Gesellschaftsgeschichte, Bd. 5, S. 364 f.
88 Ebd., S. 363–365.
89 Hürten, Katholizismus, S. 26.
90 Meinecke, Katastrophe, S. 164.
91 Ebd., S. 166.
92 Ebd., S. 167 f.
93 Damberg, Milieu und Konzil, S. 343.
94 Zit. n. Hürten, Katholizismus, S. 46.
95 Damberg, Milieu und Konzil, S. 341.

96 Wehler, Gesellschaftsgeschichte, Bd. 5, S. 370–372.
97 Blaschke, Dämon, S. 48.
98 Monitum des Heiligen Offiziums 1948: *Cum compertum*, in: Ökumenische Dokumente, S. 181 f. Vgl. ebenfalls zur ökumenischen Bewegung: Gatz, Katholische Kirche, S. 151 f.
99 Instruktion des Heiligen Offiziums 1949: *De motione oecumenica*, in: Ökumenische Dokumente, S. 183–185.
100 Greschat, Konfessionelle Spannungen, S. 19.
101 Großbölting, Der verlorene Himmel, S. 63.
102 Greschat, Konfessionelle Spannungen, S. 20.
103 Zit. n. ebd.
104 Görtemaker, Bundesrepublik Deutschland, S, 190.
105 Zit. n. Greschat, Konfessionelle Spannungen, S. 22.
106 Ebd.
107 Wolfrum, Geschichtspolitik, S. 97.
108 Greschat, Konfessionelle Spannungen, S. 19.
109 Art. »Konfessions-Streit: Aus einem Napf«, in: *Der Spiegel*, 29 (1953), S. 9–14.
110 Greschat, Konfessionelle Spannungen, S. 19.
111 Großbölting, Der verlorene Himmel. S. 57.
112 Art. »Konfessions-Streit: Aus einem Napf«, in: *Der Spiegel*, 29 (1953), S. 9–14, hier S. 14.
113 Kossert, Kalte Heimat, S. 229.
114 Ebd., S. 248.
115 Ebd., S. 254.
116 Zit. n. ebd., S. 236.
117 Josef Kardinal Frings: Referat auf der Fuldaer Bischofskonferenz, August 1953, abgedruckt in: Trippen, S. 363.
118 Wehler, Gesellschaftsgeschichte, Bd. 5, S. 370.
119 Hendrickx, Mischehe, S. 628 und 642.
120 Wehler, Deutsche Gesellschaftsgeschichte, Bd. 5, S. 206 f.
121 Großbölting, Der verlorene Himmel, S. 176 f.
122 Zur Entwicklung der jüngsten Religionsstatistik vgl. www.destatis.de/DE/ZahlenFakten/GesellschaftStaat/Bevoelkerung/Bevoelkerungsstand/Tabellen/AltersgruppenFamilienstandZensus.html (Zugriff: 21. 4. 2015).
123 Großbölting, Der verlorene Himmel, S. 202 f., S. 71.
124 Ebd., S. 230–241.
125 Glaser, Kulturgeschichte, S. 278.
126 Zit. n. Jäger, Kultur, S. 46.
127 Niethammer, Deutschland danach, S. 172.
128 Zit. n. Hartewig, Wir sind im Bilde, S. 90.
129 Niethammer, Deutschland danach, S. 172.

130 Malycha/Winters, Geschichte der SED, S. 80, 87.
131 Beschlüsse III. Parteitag der SED, S. 43.
132 Niethammer, Deutschland danach, S. 173.
133 Dokument als Faksimile: http://bildungsserver.berlin-brandenburg.de/fileadmin/havemann/docs/material/1958_zehn_gebote.pdf (Zugriff: 16.8.2015).
134 Großbölting, Der verlorene Himmel, S. 230–241.
135 Claussen, Christentum, S. 89.
136 Koch, Vorwort, S. 7.

Bilanz

1 Nipperdey, Deutsche Geschichte 1866–1918, Bd. I, S. 530.
2 Graf, Einleitung, S. 44f.
3 Großbölting, Der verlorene Himmel, S. 269.

Literatur

Althaus, Hans-Ludwig: Ökumenische Dokumente. Quellenstücke über die Einheit der Kirche, Göttingen 1962.

Altkemper, Johannes: *Deutschtum und Polentum in politisch-konfessioneller Bedeutung*, Leipzig 1910.

d' Ardeschah, Jean Paul: Art. »Religion / Deutsche Waffe!«, in: *Die Tat. Sozialreligiöse Monatsschrift für deutsche Kultur*, 5. Jg. 1913/14, H. 1, S. 31–36, hier S. 32.

Bade, Klaus J., u. Oltmer, Jochen: Art. Deutschland, in: Bade, Klaus J. u.a. (Hgg.): *Enzyklopädie Migration in Europa*, Paderborn/München/Wien/Zürich 2007, S. 141–170.

Bahne, Siegfried: *Die KPD und das Ende von Weimar. Das Scheitern einer Politik 1932–1935*, Frankfurt a.M./New York 1976.

Bebel, August: *Die Frau und der Sozialismus*, Stuttgart 1910.

Bédarida, François: »Nationalsozialistische Verkündigung und säkulare Religion«, in: Ley/Schoeps, *Nationalsozialismus*, S. 153–167.

Bendikowski, Tillmann: »Großer Kampf um kleine Seelen. Konflikte um konfessionelle Mischehen im Preußen des 19. Jahrhunderts«, in: *Jahrbuch für Westfälische Kirchengeschichte*, Bd. 91 (1997), S. 87–108.

Bendikowski, Tillmann: *»Lebensraum für Volk und Kirche«. Kirchliche Ostsiedlung in der Weimarer Republik und im »Dritten Reich«* (Konfession und Gesellschaft, Bd. 24), Stuttgart 2002.

Bendikowski, Tillmann: »›Eine Fackel der Zwietracht‹. Katholisch-protestantische Mischehen im 19. und 20. Jahrhundert«, in: Blaschke, *Konfessionen im Konflikt*, S. 215–241.

Bendikowski, Tillmann: *Der Tag, an dem Deutschland entstand. Die Geschichte der Varusschlacht*, München 2008.

Bendikowski, Tillmann: *Friedrich der Große*, München 2011.

Bendikowski, Tillmann: *Sommer 1914. Zwischen Begeisterung und Angst – wie Deutsche den Kriegsbeginn erlebten*, München 2014.

Benninghoven, Friedrich, Börsch-Supan, Helmut, u. Gundermann, Iselin: *Friedrich der Große. Ausstellung des Geheimen Staatsarchivs Preußischer Kul-*

turbesitz anläßlich des 200. Todestages König Friedrichs II. von Preußen, Berlin 1986.
Berghoff, Peter: *Der Tod des politischen Kollektivs. Politische Religion und das Sterben und Töten für Volk, Nation und Rasse*, Berlin 1997.
Berghoff, Peter: »›Volk‹ und ›Nation‹ als Schlüsselsymbole moderner politischer Religion«, in: Jureit, *Politische Kollektive*, S. 182–198.
Bergmann, Klaus: *Agrarromantik und Großstadtfeindschaft*, Meisenheim 1870.
Bernstein, Eduard: *Die deutsche Revolution von 1918/19. Geschichte der Entstehung und ersten Arbeitsperiode der deutschen Republik*, hg. von Heinrich August Winkler und annotiert von Teresa Löwe, Bonn 1998.
Beuker, Gerrit Jan: *Umkehr und Erneuerung. Aus der Geschichte der Evangelisch-Altreformierten Kirche in Niedersachsen 1838–1988*, Bad Bentheim 1988.
Bismarck, Otto von: *Gesammelte Werke*. Neue Friedrichsruher Ausgabe, Abteilung III: 1871–1898, Schriften, Bd. 1: 1871–1873, Paderborn/München/Wien/Zürich 2004.
Blackbourn, David: *Marpingen. Das deutsche Lourdes in der Bismarckzeit*, Saarbrücken 2007.
Blaschke, Olaf: *Katholizismus und Antisemitismus im Deutschen Kaiserreich* (Kritische Studien zur Geschichtswissenschaft, Bd. 122), Göttingen 1999.
Blaschke, Olaf: »Das 19. Jahrhundert: Ein Zweites Konfessionelles Zeitalter?«, in: *Geschichte und Gesellschaft* 26 (2000), S. 38–75.
Blaschke, Olaf (Hg.): *Konfessionen im Konflikt. Deutschland zwischen 1800 und 1970: Ein zweites konfessionelles Zeitalter?* Göttingen 2002.
Blasius, Dirk: *Weimars Ende. Bürgerkrieg und Politik 1930–1933*, Göttingen 2005.
Boberach, Heinz (Hg.): *Meldungen aus dem Reich. Die geheimen Lageberichte des Sicherheitsdienstes der SS 1938–1945*, Bd. 6, Herrsching 1984.
Bock, Heike: »Pfarrer und Mönche in Gewissensnot. Eidgenössische Geistliche zwischen den Konfessionen im 17. Jahrhundert«, in: Lotz-Heumann, Ute, Missfelder, Jan-Friedrich, u. Pohlig, Matthias (Hgg.): *Konversion und Konfession in der Frühen Neuzeit* (Schriften des Vereins für Reformationsgeschichte, Bd. 205), Göttingen 2007, S. 353–392.
Böhme, Gernot: »Monte Verità«, in: Buchholz u.a., *Die Lebensreform*, Bd. 1, S. 473–476.
Bönisch, Georg: »Hunger, Flöhe, Hass«, in: Pieper, Dietmar, u. Saltzwedel, Johannes (Hgg.): *Der Dreißigjährige Krieg. Europa im Kampf um Glaube und Macht 1618–1648*, München 2012, S. 63–70.
Borutta, Manuel: *Antikatholizismus. Deutschland und Italien im Zeitalter der europäischen Kulturkämpfe*, Göttingen 2010.
Brakelmann, Günter: *Zwischen Widerstand und Mitverantwortung. Vier Studien zum Protestantismus in sozialen Konflikten*, Bochum 1994.
Braudel, Fernand: *Karl V. Die Notwendigkeit des Zufalls*, Frankfurt a.M./Leipzig 1992.

Buchholz, Kai, Latocha, Rita, Peckmann, Hilke, u. Wolbert, Klaus (Hgg.): *Die Lebensreform. Entwürfe zur Neugestaltung von Leben und Kunst um 1900*, 2 Bde., Darmstadt 2001.

Burckhardt, Jacob: *Die Kultur der Renaissance in Italien. Ein Versuch*, Stuttgart [11]1988.

Burg, Joseph: *Protestantische Geschichtslügen. Ein Nachschlagebuch*, Essen [10]1909.

Burke, Peter: *Die europäische Renaissance. Zentren und Peripherien*, München 1998.

Burkhardt, Johannes: »Reformations- und Lutherfeiern. Die Verbürgerlichung der reformatorischen Jubiläumskultur«, in: Düding, Dieter, Friedemann, Peter, u. Münch, Paul (Hgg.): *Öffentliche Festkultur. Politische Feste in Deutschland von der Aufklärung bis zum Ersten Weltkrieg*, Reinbek 1988, S. 212–236.

Burleigh, Michael: *Die Zeit des Nationalsozialismus. Eine Gesamtdarstellung*, Frankfurt a.M. 2000.

Carsten, Francis Ludwig: *Eduard Bernstein 1850–1932. Eine politische Biographie*, München 1993.

Claussen, Johann Hinrich: *Die 101 wichtigsten Fragen – Christentum*, München 2006.

Cluet, Marc, u. Repussard, Catherine (Hgg.): »*Lebensreform*«. *Die soziale Dynamik der politischen Ohnmacht. La dynamique sociale de l'impuissance politique*, Tübingen 2013.

Damberg, Wilhelm: »Milieu und Konzil. Zum Paradigmenwechsel konfessionellen Bewußtseins im Katholizismus der frühen Bundesrepublik Deutschland«, in: Blaschke, *Konfessionen im Konflikt*, S. 335–350.

Delumeau, Jean: *Angst im Abendland. Die Geschichte kollektiver Ängste im Europa des 14. bis 18. Jahrhunderts*, 2 Bde., Reinbek 1985.

Denzler, Georg, u. Fabricius, Volker: *Christen und Nationalsozialisten. Darstellung und Dokumente*, Frankfurt a.M. 1993.

Deutsches Historisches Museum (Hg.): *Leben nach Luther. Eine Kulturgeschichte des evangelischen Pfarrhauses* (Katalog zur gleichnamigen Ausstellung 2013/14), Berlin [2]2014.

Dietrich, Tobias: »Konfessionelle Gegnerschaft im Dorf des 19. Jahrhunderts«, in: Blaschke, *Konfessionen im Konflikt*, S. 181–213.

Dietrich, Tobias: *Konfession im Dorf. Westeuropäische Erfahrungen im 19. Jahrhundert*, Köln/Weimar/Wien 2004.

Dietzgen, Josef: *Die Religion der Sozialdemokratie. Kanzelreden von Josef Dietzgen*, München [8]1911.

Doosry, Yasmin: »Die sakrale Dimension des Reichsparteitagsgeländes in Nürnberg«, in: Faber, Richard (Hg.): *Politische Religion – religiöse Politik*, Würzburg 1997, S. 205–224.

Dotschev, Philipp: »Das Begräbnis auf dem Goldenstedter Kirchhof. Der Zwang zur Koexistenz der Konfessionen in einem Simultaneum«, in: Freitag, Werner, u. Helbich, Christian (Hgg.): *Bekenntnis, soziale Ordnung und rituelle Praxis. Neue Forschungen zur Reformation und Konfessionalisierung in Westfalen*, Münster 2009, S. 299–314.

Doubek, Katja: *August der Starke*, Reinbek 2007.

Dülmen, Andrea von (Hg.): *Frauenleben im 18. Jahrhundert*, München/Leipzig/Weimar 1992.

Eichel, Christine: »Ethos und Idyll. Die Idealisierung des Pfarrhauses«, in: *Leben nach Luther. Das evangelische Pfarrhaus gestern, heute und morgen* (Themenheft zur Ausstellung »Leben nach Luther. Eine Kulturgeschichte des evangelischen Pfarrhauses« im Deutschen Historischen Museum, 2013/14), o.J. [2013], S. 10–13.

Enzensberger, Ulrich: *Parasiten*, Frankfurt a.M. 2001.

Kulturbüro des Rates der Evangelischen Kirche in Deutschland (EKD) in Zusammenarbeit mit dem Deutschen Historischen Museum und der Internationalen Martin Luther Stiftung (Hg.): *Leben nach Luther. Das evangelische Pfarrhaus gestern, heute und morgen* (Themenheft zur Ausstellung »Leben nach Luther. Eine Kulturgeschichte des evangelischen Pfarrhauses« im Deutschen Historischen Museum, 2013/14), o.J. [2013].

Rechtfertigung und Freiheit. 500 Jahre Reformation 2017. Ein Grundlagentext des Rates der Evangelischen Kirche in Deutschland (EKD), Gütersloh ²2014.

Everling, Otto: *Die Mischehenpflege. Praktisches Handbuch zur Orientierung über die Notwendigkeit und zur Einführung in die Gestaltung der Mischehenpflege*, Berlin ³1918.

Fandel, Thomas: »Konfessionalismus und Nationalismus«, in: Blaschke, *Konfessionen im Konflikt*, S. 299–334.

Fauth, Adolf: *Hüte dich vor der Mischehe! Ein Wort der Warnung und Mahnung an die Evangelische Christenheit Deutschlands*, Breslau ²1885.

Floerke, Hanns: *Das Kirchentum. Die Haltlosigkeit seiner Ansprüche und seine Gefahren. Ein Orientierungsbuch für die Freunde der Geistesfreiheit*, Frankfurt a.M. 1910.

François, Étienne: *Die unsichtbare Grenze. Protestanten und Katholiken in Augsburg 1648–1806* (Abhandlungen zur Geschichte der Stadt Augsburg, Bd. 33), Sigmaringen 1991.

François, Étienne: »Die Wartburg«, in: François, Etienne, u. Schulze, Hagen: *Deutsche Erinnerungsorte* Bd. II, München 2001, S. 154–170.

François, Étienne: »Das andere Pfarrhaus: Das katholische Pfarrhaus«, in: *Leben nach Luther. Eine Kulturgeschichte des evangelischen Pfarrhauses* (Katalog zur gleichnamigen Ausstellung im Deutschen Historischen Museum 2013/14), Berlin ²2014, S. 195–201.

Leben, Singen, Kämpfen. Liederbuch der Freien Deutschen Jugend, Berlin 1952.
Frey, Manuel: »Toleranz und Selektion. Konfessionelle Signaturen zwischen 1770 und 1830«, in: Blaschke, *Konfessionen im Konflikt*, S. 113–153.
Friedeburg, Robert von: *Europa in der frühen Neuzeit*, Frankfurt a.M. 2012.
Friedrich II.: *Die Werke Friedrichs des Großen*, hg. von Gustav Berthold Volz, Berlin 1912.

Gatz, Erwin: *Die Katholische Kirche in Deutschland im 20. Jahrhundert*, Freiburg i.Br./Basel/Wien 2009.
Gawlick, Günter: Art. »Toleranz«, in: Schneiders, Werner (Hg.): *Lexikon der Aufklärung. Deutschland und Europa,* München 1995.
Gebhardt, Miriam: *Rudolf Steiner. Ein moderner Prophet*, München 2011.
Gerold-Tucholsky, Mary, u. Heepe, Hans Georg (Hgg.): *Das große Kurt Tucholsky-Chanson-Buch*, Reinbek 1983.
Geulen, Christian: *Wahlverwandte. Rassendiskurs und Nationalismus im späten 19. Jahrhundert*, Hamburg 2004.
Glaser, Hermann: *Kleine Kulturgeschichte Deutschlands im 20. Jahrhundert*, München 2002.
Görtemaker, Manfred: *Geschichte der Bundesrepublik Deutschland. Von der Gründung bis zur Gegenwart*, München 1999.
Graf, Friedrich Wilhelm: »Einleitung«, in: Graf, Friedrich Wilhelm, u. Meier, Heinrich (Hgg.): *Politik und Religion. Zur Diagnose der Gegenwart*, München 2013, S. 7–45.
Graf, Friedrich Wilhelm, u. Raphael, Lutz: »Einleitung. Christliche Glaubenswelten im 20. Jahrhundert«, in: *Journal of Modern European History*, Vol. 3 (2005/2), S. 140–145.
Greschat, Martin: *Der deutsche Protestantismus im Revolutionsjahr 1918/19* (Politik und Kirche. Studienbücher zur kirchlichen Zeitgeschichte, hg. von Günter Brakelmann und Martin Greschat, Bd. 2), Witten 1974.
Greschat, Martin: »Protestantischer Antisemitismus in Wilhelminischer Zeit. Das Beispiel des Hofpredigers Adolf Stoecker«, in: Brakelmann, Günter, u. Rosowski, Martin (Hgg.): *Antisemitismus. Von religiöser Judenfeindschaft zur Rassenideologie*, Göttingen 1989, S. 27–51.
Greschat, Martin: »Konfessionelle Spannungen in der Ära Adenauer«, in: Sauer, Thomas: *Katholiken und Protestanten in den Aufbaujahren der Bundesrepublik* (Konfession und Gesellschaft, Bd. 21), Stuttgart 2000, S. 19–34.
Großbölting, Thomas: *Der verlorene Himmel. Glaube in Deutschland seit 1945*, Göttingen 2013.
Grote, Heiner: *Sozialdemokratie und Religion. Eine Dokumentation für die Jahre 1863 bis 1875*, Tübingen 1968.

Habermas, Rebekka: »Rituale des Gefühls. Die Frömmigkeit des protestantischen Bürgertums«, in: Hettling, Manfred, u. Hoffmann, Stefan-Ludwig

(Hgg.): *Der bürgerliche Wertehimmel. Innenansichten des 19. Jahrhunderts*, Göttingen 2000, S. 169–191.
Haeckel, Ernst: *Die Welträtsel. Gemeinverständliche Studien über monistische Philosophie*, Leipzig 1922.
Hardtwig, Wolfgang: *Vormärz. Der monarchische Staat und das Bürgertum*, München ³1993.
Hartewig, Karin: *Wir sind im Bilde. Eine Geschichte der Deutschen in Fotos vom Kriegsende bis zur Entspannungspolitik*, Bonn 2010.
Heberer, Gerhard: Art. »Die Welträthsel«, in: *Kindlers Neues Literaturlexikon*, München 1996, Bd. 7, S. 151.
Hendrickx, John, Schreuder, Osmund, u. Ultee, Wouter: »Die konfessionelle Mischehe in Deutschland (1901–1986) und den Niederlanden (1914–1986)«, in: *Kölner Zeitschrift für Soziologie und Sozialpsychologie*, Heft 4 (1994), S. 619–645.
Hesse, Hermann: »Doktor Knölges Ende«, in: Ders.: *Der Weltverbesserer und Doktor Knölges Ende. Zwei Erzählungen*, Frankfurt a.M. 1973, S. 73–87.
Hettling, Manfred: »Erlösung durch Gemeinschaft. Religion und Nation im politischen Totenkult der Weimarer Republik«, in: Jureit, *Politische Kollektive*, S. 199–225.
Von der Heydt, Fritz: *Die Mischehe. Praktisches Handbuch für evangelische Mischehenarbeit*, Berlin 1926.
Hilberg, Raul: *Täter, Opfer, Zuschauer. Die Vernichtung der Juden 1933–1945*, Frankfurt a.M. 1992.
Hölscher, Lucian: *Weltgericht oder Revolution. Protestantische und sozialistische Zukunftsvorstellungen im deutschen Kaiserreich*, Stuttgart 1989.
Hölscher, Lucian: »Die religiöse Entzweiung. Entwurf zu einer Geschichte der Frömmigkeit im 19. Jahrhundert«, in: *Jahrbuch der Gesellschaft für niedersächsische Kirchengeschichte*, 93. Bd. (1995), S. 9–25.
Hölscher, Lucian: »Religion im Wandel. Von Begriffen des religiösen Wandels zum Wandel religiöser Begriffe«, in: Gräb, Wilhelm (Hg.): *Religion als Thema der Theologie. Geschichte, Standpunkte und Perspektiven theologischer Religionskritik und Religionsbegründung*, Gütersloh 1999, S. 45–62.
Hölscher, Lucian: *Geschichte der protestantischen Frömmigkeit in Deutschland*, München 2005.
Hölscher, Lucian: »Konfessionspolitik in Deutschland zwischen Glaubensstreit und Koexistenz«, in: Ders. (Hg.): *Baupläne der sichtbaren Kirche. Sprachliche Konzepte religiöser Vergemeinschaftung in Europa*, Göttingen 2007, S. 11–52.
Huber, Ernst Rudolf: *Deutsche Verfassungsgeschichte seit 1789*, Bd. 2: »Der Kampf um Einheit und Freiheit 1830 bis 1850«, Stuttgart ²1968.
Hürten, Heinz (Hg.): *Katholizismus, staatliche Neuordnung und Demokratie 1945–1962*, Paderborn/München/Wien/Zürich 1991.
Hürten, Heinz: *Spiegel der Kirche – Spiegel der Gesellschaft? Katholikentage im Wandel der Zeit*, Paderborn u.a. 1998.

Im Hof, Ulrich: *Das Europa der Aufklärung*, München 1993.

Jäger, Manfred: *Kultur und Politik in der DDR 1945–1990*, Köln 1992.
Janz, Oliver: »Das evangelische Pfarrhaus«, in: François, Etienne, u. Schulze, Hagen: *Deutsche Erinnerungsorte*, Bd. III, S. 221–238.
Jentsch, Karl: *Wandlungen*, Tl. 1, Leipzig 1896.
Jessen, Hans (Hg.): *Der Dreißigjährige Krieg in Augenzeugenberichten*, München ²1972.
Jureit, Ulrike (Hg.): *Politische Kollektive. Die Konstruktion nationaler, rassischer und ethnischer Gemeinschaften*, Münster 2001

Verhandlungen der 48. General-Versammlung der Katholiken Deutschlands zu Osnabrück vom 25. bis 29. August 1901, Osnabrück 1901.
Kissinger, Henry: *Weltordnung*, München 2014.
Kittsteiner, Heinz Dieter: *Die Stabilisierungsmoderne. Deutschland und Europa 1618–1715*, München 2000.
Koch, Alexander: »Vorwort«, in: *Leben nach Luther. Eine Kulturgeschichte des evangelischen Pfarrhauses* (Katalog zur gleichnamigen Ausstellung im Deutschen Historischen Museum 2013/14), Berlin ²2014, S. 7–9.
Köhle-Hezinger, Christel: *Evangelisch – Katholisch. Untersuchungen zu konfessionellem Vorurteil und Konflikt im 19. und 20. Jahrhundert vornehmlich am Beispiel Württembergs*, Tübingen 1976.
Kohler, Alfred: *Von der Reformation zum Westfälischen Frieden*, München 2011.
Körner, Daniel: *Die Wunderheiler der Weimarer Republik. Protagonisten, Heilmethoden und Stellung innerhalb des Gesundheitsbetriebs*, Freiburg i.Br. 2012.
Krabbe, Wolfgang R.: *Gesellschaftsveränderung durch Lebensreform. Strukturmerkmale einer sozialreformerischen Bewegung im Deutschland der Industrialisierungsperiode* (Studien zum Wandel von Gesellschaft und Bildung im 19. Jahrhundert, Bd. 9), Göttingen 1974.
Krabbe, Wolfgang R.: »Die Lebensreformbewegung«, in: Buchholz u.a., *Die Lebensreform*, Bd. 1, S. 25–29.
Kraus, Hans-Christof: »Eric Voegelin redivivus? Politische Wissenschaft als Politische Theologie«, in: Ley, Michael, u. Schoeps, Julius H.: *Der Nationalsozialismus als politische Religion*, Bodenheim 1997, S. 74–88.
Kraushaar, Wolfgang: *Achtundsechzig. Eine Bilanz*, Berlin 2008.
Krose, H. A.: *Konfessionsstatistik Deutschlands. Mit einem Rückblick auf die numerische Entwicklung der Konfessionen im 19. Jahrhundert*, Freiburg i.Br. 1904.

Langewiesche, Dieter: *Reich, Nation, Föderation. Deutschland und Europa*, München 2008.
Lanzinner, Maximilian: »Konfessionelles Zeitalter 1555–1618«, in: *Gebhardt, Handbuch der deutschen Geschichte*, Bd. 10, ¹⁰Stuttgart 2001, S. 3–203.

Lätzel, Martin: *Die Katholische Kirche im Ersten Weltkrieg. Zwischen Nationalismus und Friedenswillen*, Regensburg 2014.
Le Goff, Jacques: *Die Geburt des Fegefeuers. Vom Wandel des Weltbildes im Mittelalter*, München 1990.
Lessing, Gotthold Ephraim: *Werke*, 7. Bd., Theologiekritische Schriften I und II, Darmstadt 1996.
Ley, Michael, u. Schoeps, Julius H. (Hgg.): *Der Nationalsozialismus als politische Religion*, Bodenheim 1997.
Linse, Ulrich: »Zeitbild Jahrhundertwende. Der Körper im Zeichen von Industrie und Großstadt«, in: Andritzky, Michael, u. Rautenberg, Thomas (Hgg.): *»Wir sind nackt und nennen uns Du«. Von Lichtfreunden und Sonnenkämpfern. Eine Geschichte der Freikörperkultur*, Gießen 1989, S. 10–26.
Linse, Ulrich: *Geisterseher und Wunderwirker. Heilssuche im Industriezeitalter*, Frankfurt a.M. 1996
Linse, Ulrich: »Lebensreform und Reformreligionen«, in: Buchholz u.a., *Die Lebensreform*, Bd. I, S. 193–198.
Loewenfeld, L.: *Über die Dummheit. Eine Umschau im Gebiete menschlicher Unzulänglichkeit,* München ²1921.
Lotz-Heumann, Ute, Mißfelder, Jan-Friedrich, u. Pohlig, Matthias (Hgg.): *Konversion und Konfession in der Frühen Neuzeit* (Schriften des Vereins für Reformationsgeschichte, Bd. 205), Göttingen 2007.
Lotz-Heumann, Ute, Mißfelder, Jan-Friedrich, u. Pohlig, Matthias: Indifferenz und Radikalität: »Einführung«, in: Dies., *Konversion und Konfession*, S. 239–242.
Ludendorff, Erich: *Meine Kriegserinnerungen 1914–1918*, Berlin 1921.
Ludendorff, Mathilde: *Aus der Gotterkenntnis meiner Werke*, München 1937.
Lutz, Heinrich: *Reformation und Gegenreformation* (Oldenbourg Grundriß der Geschichte, Bd. 10), München/Wien 1982.
Lutz, Heinrich: *Das Ringen um deutsche Einheit und kirchliche Erneuerung. Von Maximilian I. bis zum Westfälischen Frieden 1490 bis 1648*, Frankfurt a.M./ Berlin 1987.

Malycha, Andreas, u. Winters, Peter Jochen: *Geschichte der SED. Von der Gründung bis zur Linkspartei*, Bonn 2009.
Mann, Heinrich: *Die Jugend des Königs Henri Quatre*, Reinbek 1964.
Martin, Konrad: *Die Hauptpflicht des katholischen Deutschland*, Paderborn ³1868.
Mehl, Christoph, u. Thierfelder, Jörg: »Ökumene im Krieg. Evangelisch-katholische Gespräche und innerprotestantische Vergewisserungen in der Endphase des ›Dritten Reiches‹«, in: *Zeitschrift für Kirchengeschichte*, Bd. 108 (1997), Vierte Folge XLVI, S. 342–375.
Meier, Kurt: »Evangelische Kirche und Erster Weltkrieg«, in: Michalka, Wolfgang (Hg.): *Der Erste Weltkrieg. Wirkung, Wahrnehmung, Analyse*, München 1994, S. 691–724.

Meinecke, Friedrich: *Die deutsche Katastrophe. Betrachtungen und Erinnerungen*, Wiesbaden [2]1946.

Meschler, M.: Art. »Eine wahre Großmacht«, in: *Stimmen aus Maria Laach. Katholische Blätter*, Bd. 28 (1885), S. 256–265.

Michaelis, Otto: Art. »Beichtstuhl und Mischehe«, in: *Diaspora-Blätter* Nr. 60/61 (1909), S. 76.

Mommsen, Hans: *Die verspielte Freiheit. Der Weg der Republik von Weimar in den Untergang 1918 bis 1933*, Frankfurt a.M./Berlin 1990.

Mommsen, Hans: »Umvolkungspläne des Nationalsozialismus und der Holocaust«, in: *Normalität des Verbrechens. Bilanz und Perspektiven der Forschung zu den nationalsozialistischen Gewaltverbrechen. Festschrift für Wolfgang Scheffler zum 65. Geburtstag*, Berlin 1994, S. 68–84.

Müller, Hermann: »Propheten und Dichter auf dem Berg der Wahrheit. Gusto Gräser, Hermann Hesse, Gerhart Hauptmann«, in: Buchholz u.a., *Die Lebensreform*, Bd. 1, S. 321–324.

Müller, Sven Oliver: *Die Nation als Waffe und Vorstellung. Nationalismus in Deutschland und Großbritannien im Ersten Weltkrieg* (Kritische Studien zur Geschichtswissenschaft, Bd. 158), Göttingen 2002.

Nicolai, Friedrich Christoph: *Beschreibung einer Reise durch Deutschland und die Schweiz im Jahr 1781, nebst Bemerkungen über Gelehrsamkeit, Industrie, Religion und Sitten*, 12 Bde., Berlin 1783–1795.

Niethammer, Lutz: *Deutschland danach. Postfaschistische Gesellschaft und nationales Gedächtnis*, Bonn 1999.

Nietzsche, Friedrich: *Der Antichrist. Versuch einer Kritik des Christentums*, Berlin o.J. [1941].

Nipperdey, Thomas: *Deutsche Geschichte 1800–1866. Bürgerwelt und starker Staat*, München 1983.

Nipperdey, Thomas: *Nachdenken über die deutsche Geschichte. Essays*, München [2]1986.

Nipperdey, Thomas: *Deutsche Geschichte 1866–1918*, Bd. 1: *Arbeitswelt und Bürgergeist*, München 1990.

Nipperdey, Thomas: *Deutsche Geschichte 1866–1918*, Bd. 2: *Machtstaat vor der Demokratie*, München 1990.

Nowak, Kurt: *Evangelische Kirche und Weimarer Republik. Zum politischen Weg des deutschen Protestantismus zwischen 1918 und 1932*, Göttingen [2]1988.

o. V.: Art. »Ein Gedanke über die Conversionen«, in: *Bonifatius-Blatt*, Nr. 4 (1874), S. 54f.

o. V.: Art. »Der Protestantismus im Licht der Statistik«, in: *Bonifatius-Blatt* NF 1913, Nr. 10, S. 306f.

o. V.: Art. »Freimaurer«, in: *Handwörterbuch des deutschen Aberglaubens*, Bd. 3, Sp. 23–43.

o. V.: *Darlegung des Verfahrens der Preußischen Regierung gegen den Erzbischof von Köln vom 25sten November 1837*, Berlin 1838.
Obst, Helmut: *Apostel und Propheten der Neuzeit. Gründer christlicher Religionsgemeinschaften des 19. und 20. Jahrhunderts*, Göttingen, [4]2000.

Pastor, Ludwig: *Geschichte der Päpste seit dem Ausgang des Mittelalters*. Bd. 4: *Geschichte der Päpste im Zeitalter der Renaissance und der Glaubensspaltung von der Wahl Leos X. bis zum Tode Klemens' VII (1513–1534)*, Freiburg i. Br. 1906.
Petzina, Dietmar, Abelshauser, Werner, u. Faust, Anselm: *Sozialgeschichtliches Arbeitsbuch*, Bd. III: *Materialien zur Statistik des Deutschen Reiches 1914–1945*, München 1978.
Pflanze, Otto: *Bismarck. Der Reichsgründer*, München 2008.
Pleij, Herman: *Der Traum vom Schlaraffenland. Mittelalterliche Phantasien vom vollkommenen Leben*, Frankfurt a.M. 2000.
Plöckinger, Othmar: *Geschichte eines Buches: Adolf Hitlers »Mein Kampf« 1922–1945*, München [2]2011.

Ranke, Leopold von: *Die Römischen Päpste in den letzten vier Jahrhunderten*, Frankfurt a.M. [3]o.J. [1956].
Rebenich, Stefan: *Theodor Mommsen. Eine Biographie*, München 2002.
Rémond, René: *Religion und Gesellschaft in Europa. Von 1789 bis zur Gegenwart*, München 2000.
Reinhard, Wilhelm: *Die Mischehengefahr und ihre Bekämpfung. Ein praktischer Ratgeber für Geistliche und Gemeindeorgane der evangelischen Landeskirche Preußens*, Danzig 1900.
Reinhard, Wolfgang: »Reichsreform und Reformation 1495–1555«, in: Ders.: *Probleme deutscher Geschichte 1495–1806, Reichsreform und Reformation 1495–1555* (*Gebhardt, Handbuch der deutschen Geschichte*, Bd. 9), Stuttgart [10]2001, S. 111–356.
Ritter, Gerhard A., u. Tenfelde, Klaus: *Arbeiter im Deutschen Kaiserreich 1871 bis 1914*, Bonn 1992.
Roper, Lyndal: *Hexenwahn. Geschichte einer Verfolgung*, München 2007.
Rösener, Werner: *Die Bauern in der europäischen Geschichte*, München 1993.
Rosseaux, Ulrich: »Das bedrohte Zion: Lutheraner und Katholiken in Dresden nach der Konversion Augusts des Starken (1697–1751)«, in: Lotz-Heumann u.a., *Konversion und Konfession*, S. 212–235.
Rossi, Paolo: *Die Geburt der modernen Wissenschaft in Europa*, München 1997.

Sägmüller, J. B.: *Lehrbuch des katholischen Kirchenrechts*, 3 Bde., Freiburg i. Br. 1900–1904.
Sallmann, Karl: *Luthers angeblicher Selbstmord, nach P. Majunkes Geschichtslüge*, Kassel 1890.

Scheurlen, Paul: *Die Sekten der Gegenwart und neuere Weltanschauungsgebilde*, Stuttgart [4]1930

Schilling, Heinz: *Martin Luther. Rebell in einer Zeit des Umbruchs*, München [2]2013.

Schinzel, Josef: *Seelsorgliches Wirken in Industrieorten der Gegenwart. Ein Beitrag zur Pastoraltheologie*, Wien 1907.

Schivelbusch, Wolfgang: *Die Kultur der Niederlage. Der amerikanische Süden 1865, Frankreich 1871, Deutschland 1918*, Berlin 2001.

Schmidt, Georg: *Der Dreißigjährige Krieg*, München [5]2002.

Schmidtmann, Christian: *Katholische Studierende 1945–1973. Eine Studie zur Kultur- und Sozialgeschichte der Bundesrepublik Deutschland* (Veröffentlichungen der Kommission für Zeitgeschichte, Reihe B: Forschungen, Bd. 102), Paderborn/München/Wien/Zürich 2006.

Schnabel, Franz: *Deutsche Geschichte im neunzehnten Jahrhundert*. Bd. 4: *Die religiösen Kräfte*, Freiburg i.Br. 1937 (Neudruck München 1987).

Schnabel-Schüle, Helga: »Vierzig Jahre Konfessionalisierungsforschung – eine Standortbestimmung«, in: Blaschke, *Konfessionen im Konflikt*, S. 71–93.

Schneider, J. (Hg.): *Theologisches Jahrbuch auf das Jahr 1899*, Gütersloh 1899.

Scholder, Klaus: *Die Kirchen und das Dritte Reich*. Band 2: *Das Jahr der Ernüchterung 1934, Barmen und Rom*, Frankfurt a.M. / Berlin 1988.

Schoppmeyer, Heinrich, u. Zemter, Wolfgang (Hgg.): *Über 775 Jahre Witten*, Witten 1989.

Schormann, Gerhard: »Dreißigjähriger Krieg 1618–1648«, in: *Gebhardt, Handbuch der deutschen Geschichte*, Bd. 10, [10]Stuttgart 2001, S. 205–279.

Schulhess' Europäischer Geschichtskalender, NF, 30. Jg. (1914), hg. von Wilhelm Stahl, München 1917.

Schulze, Hagen: *Staat und Nation in der europäischen Geschichte*, München 1994.

Schwaiger, Georg: Art. »Leo X.«, in: *Herders Lexikon der Päpste*, Freiburg i.Br./ Basel/Wien 2010.

Beschlüsse und Dokumente des III. Parteitages der SED, Berlin, 20. bis 24. Juli 1950, Berlin 1950.

Sievritts, Manfred: *Lied – Song – Chanson*, Bd. 2: *Politisch Lied, ein garstig Lied?*, Wiesbaden 1984.

Spehr, Christopher: *Aufklärung und Ökumene. Reunionsversuche zwischen Katholiken und Protestanten im deutschsprachigen Raum des späteren 18. Jahrhunderts*, Tübingen 2005.

Straubinger, Johannes: Art. »Die bäuerliche Siedlung und ihre Bedeutung für die Caritas«, in: *Caritas* (1931), H. 4, S. 152–155.

Treitschke, Heinrich von: *Deutsche Geschichte im Neunzehnten Jahrhundert*, Erster Teil: *Bis zum zweiten Pariser Frieden*, Leipzig 1927.

Trippen, Norbert: »Interkonfessionelle Irritationen in den ersten Jahren der Bundesrepublik Deutschland«, in: Bracher, Karl Friedrich u.a. (Hgg.): *Staat und Parteien. Festschrift für Rudolf Morsey zum 65. Geburtstag*, Berlin 1992, S. 345–377.

Troeltsch, Ernst: *Die Fehlgeburt einer Republik. Spektator in Berlin 1918 bis 1922*, Frankfurt a.M. 1994.

Trunz, Erich (Hg.): *Goethes Werke.* Hamburger Ausgabe in 14 Bänden, Bd. 12 (Kunst und Literatur), München [14]2005.

Ulbricht, Justus H.: »Die Reformation des 20. Jahrhunderts. Religionswissenschaftliche Anmerkungen zu bildungsbürgerlichen Orientierungsversuchen in der ›klassischen Moderne‹«, in: Buchholz u.a., *Die Lebensreform*, Bd. I, S. 187–191.

Ullrich, Volker: *Fünf Schüsse auf Bismarck. Historische Reportagen 1789–1945*, München 2002.

Ullrich, Volker: *Die nervöse Großmacht. Aufstieg und Untergang des deutschen Kaiserreichs 1871–1918*, Frankfurt a.M. [2]2010.

Ullrich, Volker: *Adolf Hitler. Biographie.* Band 1: *Die Jahre des Aufstiegs 1889–1939*, Frankfurt a.M. 2013.

Van Ess, J.: Art. »Antichrist«, in: *Lexikon des Mittelalters*, Bd. 1, München 2003, Sp. 703–708.

Vögel, Herfried: Art. »Ulrich von Hutten«, in: *Kindlers Neues Literaturlexikon*, Bd. 8, S. 222–226.

Weber, Max: *Die protestantische Ethik und der Geist des Kapitalismus.* Vollständige Ausgabe, hg. von Dirk Kaesler, München 2004.

Wehler, Hans-Ulrich: *Deutsche Gesellschaftsgeschichte.* Erster Band: *Vom Feudalismus des Alten Reiches bis zur Defensiven Modernisierung der Reformära 1700–1815*, München [4]2006.

Wehler, Hans-Ulrich: *Deutsche Gesellschaftsgeschichte.* Dritter Band: *Von der »Deutschen Doppelrevolution« bis zum Beginn des Ersten Weltkrieges 1849–1914*, München 1995.

Wehler, Hans-Ulrich: *Deutsche Gesellschaftsgeschichte.* Vierter Band: *Vom Beginn des Ersten Weltkriegs bis zur Gründung der beiden deutschen Staaten 1914–1949*, München 2003.

Wehler, Hans-Ulrich: *Deutsche Gesellschaftsgeschichte.* Fünfter Band: *Bundesrepublik und DDR 1949–1990*, München 2008.

Weir, Todd: »›Keine Lücke mehr im Menschen, worin das Jenseits sich einnisten könnte‹. Naturwissenschaft und Dissidenz in der frühen freireligiösen Bewegung«, in: Hölscher, Lucian (Hg.): *Das Jenseits. Facetten eines religiösen Begriffs in der Neuzeit*, Göttingen 2007, S. 95–122.

Windthorst, Ludwig: »Rede auf dem Katholikentag 1883«, in: *Verhandlungen der XXX. General-Versammlung der Katholiken Deutschlands zu Düsseldorf*, Düsseldorf 1883.

Winkler, Heinrich August: *Der lange Weg nach Westen*. Zweiter Band: *Deutsche Geschichte vom »Dritten Reich« bis zur Wiedervereinigung*, München 2000.
Wirth, Johann Georg August: *Das Nationalfest der Deutschen zu Hambach. Unter Mitwirkung eines Redaktions-Ausschusses beschrieben*, Erstes Heft, Neustadt 1832.
Wolfrum, Edgar: *Geschichtspolitik in der Bundesrepublik Deutschland. Der Weg zur bundesrepublikanischen Erinnerung 1948–1990*, Darmstadt 1999.
Wolle, Stefan: *Aufbruch nach Utopia. Alltag und Herrschaft in der DDR 1961–1971*, Bonn 2011.

Zander, Helmut: »Theosophie und Anthroposophie«, in: Buchholz u.a., *Die Lebensreform*, Bd. 1, S. 433–436.
Zernack, Julia: »Germanische Restauration und Edda-Frömmigkeit«, in: Faber, Richard (Hg.): *Politische Religion – religiöse Politik*, Würzburg 1997, S. 143–160.

Zeitschriften und Zeitungen

- *Berliner Gerichtszeitung*
- *Verhandlungen des Deutschen Reichstags*
- *Evangelisches Gemeindeblatt für Rheinland und Westfalen*
- *Die Gartenlaube*
- *Das Monistische Jahrhundert. Wochenschrift für wissenschaftliche Weltanschauung und Weltgestaltung.*

Personenregister

Orts- und Sachregister

Bildnachweis

akg-images, Archiv für Kunst und Geschichte, Berlin: 2, 3, 4, 5, 8, 10, 11, 12, 13, 14, 17, 19, 21, 22, 24, 25, 28, 29, 30, 31 (N.N.), 27 (TT News Agency)

bpk - Bildagentur für Kunst, Kultur und Geschichte, Berlin: 16, 20

Bundesarchiv, Koblenz: 23 (Graphiker: Hanns Herkendell, Plak 002-023-007), 32 (Plak 100-014-051)

Interfoto, München: 6 (Sammlung Rauch)

Picture Alliance, Frankfurt: 26 (dpa/Ticino Turismo)

Rheinisches Bildarchiv, Köln: 18 (rba_c015269)

Ullstein Bild, Berlin: 1 (Roger Viollet), 7 (Granger/NYC), 9 (N.N.), 15 (Archiv Gerstenberg),

VG Bild-Kunst, Bonn 2016: 24